平安宮成立史の研究

橋　本　義　則　著

塙　書　房　刊

目次

〈付編〉

平安宮成立史の研究

第一章　平安宮内裏の成立過程

一　はじめに

日本の古代宮都は、誕生の経緯にも明らかなように、律令国家の成立から衰退に至る歴史と歩みをともにしたと考えられ、それ故に古代宮都の歴史的展開の過程で現れる平面プラン――その構造や規模などを含めた変化には、律令国家の歴史的な展開の過程が直接反映していると考えられる。古代宮都における平面プランの変化は、それを構成する諸施設の機能や性格の変化と対応し、その背後にあって律令国家を支えた種々の支配機構や制度などの変化とも深い関連を有する、と考えることができる。

このような観点からする古代宮都及び政治制度・機構あるいは政治史に関する研究は、平城宮をはじめとする古代宮都の発掘調査の進展を受け、今日、古代史研究の上で一つの方法として確固たる地位を得、次第に研究成果を挙げつつあると言ってよい(1)。

先年、古瀬奈津子氏はこのような研究の動向を整理して総括を行い、かつまた今後の研究課題を提示した(2)。著者もまた、かつてこのような観点に立ち、平安宮を素材として、その平面プランに関接しつつ、平安時代初期の政治と儀式の問題を論じたことがある。[3] そこでは、弘仁年間における「外記政」の成立の問題と平安宮の草創期における豊楽院の機能の変化に注目して政治の「場」と儀式の「場」の問題を論じ、平安宮の構造および平安時代初期の政治機構や儀式に関する若干の問題を提起した。本章は、これまで著者が主たる研究の対象としてきた朝堂院・豊楽院や太政官をはじめとする曹司などとは些か性格を異にし、第一義的には天皇の居所である内裏を取り上げ、その空間構造の変遷に検討を加え、またその歴史的な背景を明らかにすること、就中、平城宮以降における内裏の空間構造の変遷の大要と、やがて平安宮に結実する内裏の構造とその歴史的な意義を明らかにすることを目的として検討を行いたい。なお著者は、先にこのような観点に立って長岡宮の内裏、特に発掘調査で確認された長岡宮第二次内裏（東宮）と推定される遺構について、平安宮や平城宮の内裏の構造と比較しつつ、関連する史料を援用してその空間構造の歴史的な意義の解明を試み、併せて長岡宮の内裏全般に関わる問題点にも関説する試論を公表する機会を得た。[4] 本章はその際別稿と称したものである。

ところで本章で検討を加える平安宮の内裏は、数多くの事典・辞典の類や種々の概説書、あるいは有職故実の書等に収められた平安宮内裏の図（第一図）[5]によって、今日容易に大要を知ることができる。しかしこれらの図は、概ね、平安時代の末期における平安宮の内裏や宮城等の状況を描いたいわゆる平安宮古図、あるいはまた江戸時代後半の人である裏松光世・内藤広前等がこれら古図と史料などに基づいて行った平安宮の復原的な研究の成果[6]に依拠しつつ、それらを修正した上で新たに編集・作図されたものである。従って今日一般に通行している「平安宮内裏図」は、概ね平安宮が草創された平安時代初期における内裏の様子をそのまま示したものではなく、それらの図から平安宮造営当初における内裏の姿を直ちに窺い知ることはできない。

しかし近年における平安宮研究の成果の一つとして、平安宮古図に描かれた平安時代末期における平安宮の様

第一図　『国史大辞典』第８巻所収「平安宮内裏図」

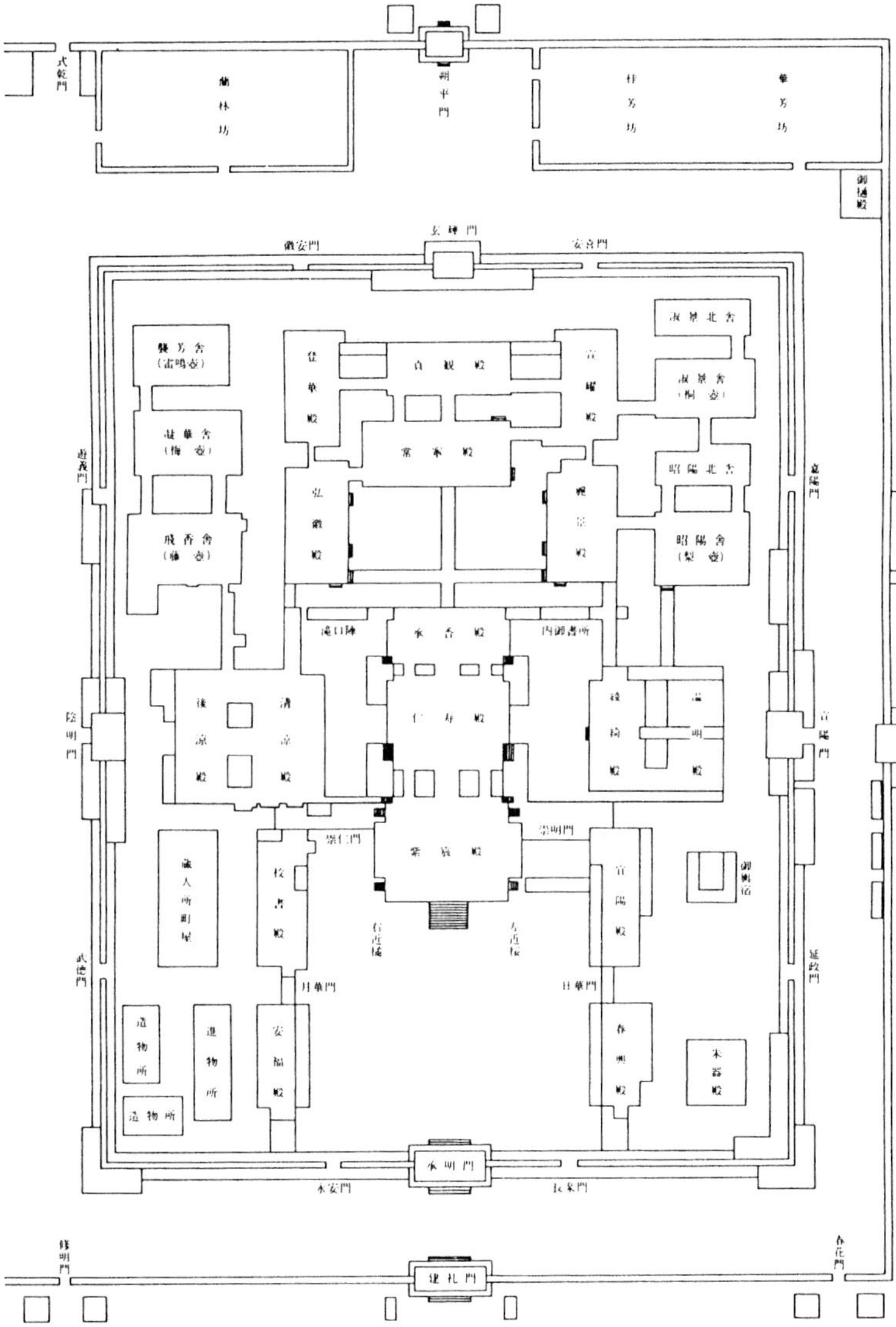

相（第四章第一図）を遡及させて、平安宮の初期における姿をある程度推定することができると考えられるようになってきた。例えば、古瀬奈津子氏の研究(7)によると、内裏や朝堂院・豊楽院など、平安宮の中枢部分は、遷都の当初から平安時代末期に至るまでその配置や内部の構造に根本的な変更がないこと、また官衙は、平安時代の数度にわたる官司の統廃合の歴史からみると平安宮内での官衙の配置を固定的に考えることはできないものの、やはりその基本的なプランに変化がないこと、従って平安宮内部における施設の基本的な配置や構造は遷都の当初から大きく変化しておらず、平安時代末期の姿を描くに過ぎないと考えられていた平安宮古図に描かれた平安宮の平面プランも、基本的には遷都の当初にまで遡らせて考えることが可能である、とした。

また鈴木亘氏は、建築史学の立場から、平安時代の前半を中心とした時期の平安宮の内裏について精力的に研究を進めてきた(8)。平安宮内裏の内部に存在した数多くの殿舎の一つ一つについては、裏松光世がその著書『大内裏図考証』で多数の関連史料を収集・整理して平面プランや規模を復原したのが先駆的な業績であるが、裏松光世の研究は内裏を構成する個々の殿舎の歴史的な変遷を捉えるようとする観点に欠けていた。鈴木氏は、このような従来の研究における問題点を克服しようと意図し、紫宸殿・仁寿殿・常寧殿など、平安宮の内裏に存在した主要な殿舎それぞれの機能や性格の歴史的な変化に留意しつつ、平面プランや規模・構造等の歴史的な変遷を史料等から丹念に跡付ける研究を進めた。その成果によると、天徳四年（九五七）の平安宮内裏の焼亡以前においても既に幾度もの改修が平安宮の内裏に加えられており、なかでも従来見逃されてきた貞観年間における大がかりな改修の可能性を指摘し、また平安宮の内裏でも特に後宮部分は平安時代前期と中期とでかなり様相が異なるとしたが、しかし内裏の主要部分には大きな変化がなく、また内裏内部の根本的な構造は平城宮以来のものを受け継ぎ、当初から大きく変化しなかった、と結論付けた。

以上のように、古瀬・鈴木両氏の研究によって、平安宮、とりわけ内裏については、遷都当初から平安時代末期の廃絶に至るまで構造に基本的な変化がないと推定され、また鈴木氏の言うように、少なくとも内裏に関しては平安宮も平城宮以来のあり方を継承している、と考えられている。しかし平安宮の内裏に見られる構造が果たして如何なる歴史的な意味を持ち、そのような構造がいったい何時どの様な背景をもって成立したのか、さらにその成立の歴史的な意義がどこにあるのか、等々については古瀬・鈴木両氏も全く関説するところがなく、また古瀬・鈴木両氏の説くように本当に平安宮の内裏は平城宮の内裏を継承し、平安遷都の当初から内裏の廃絶までの間基本的に変化することがなかったのか。また宮都を対象とした従来の研究においては、政治と権力の問題を考える視点から、宮都の中枢部、特に大極殿や朝堂院に関心を集中する嫌いがあり、そのような研究では内裏が取り上げられることがあっても、多くは大極殿や朝堂院の展開を考える上で言及されるに過ぎなかった(9)。

このような研究状況から見ても古代の宮都における内裏の研究は従来等閑に付されてきたと言っても過言ではない。しかし古瀬氏や鈴木氏による、平安宮とその内裏を歴史的な流れの中で捉えようとする研究を先駆的な業績として、今後、平安宮内裏に存在する個々の殿舎の歴史的な変遷とその要因を明らかにして行けば、やがてそれらの殿舎からなる平安宮内裏の空間構造の総体的で歴史的な変遷とその背景あるいは意義がより鮮明となり、さらには古代宮都における内裏の歴史的な展開とその意義が解明されるに至るものと期待される。しかし著者にはいま直ちにそれら全ての問題について史料を収集・整理し、解明する準備もなければ、またそのような力量もない。従って本章では、以上のような研究のための緒として、まず平安宮内裏の内部構造・内部空間の構成についておおまかな整理を行い、その基本的な空間の構成原理を明らかにし、次いで平安宮内裏の空間構造が成立する過程を平城宮内裏の空間構造の変遷の中に探り、最後にその歴史的な背景について史料を中心として考え、上述した平安宮内裏に関する基本的な問題点を解明することに努め、あわせて平城宮から平安宮に至る内裏の歴史的展開に関する見通しを得ることに努めたい。

二　平安宮内裏の空間構造

平安宮内裏の空間構造を検討する場合、まず問題となるのは、先にも触れたように、検討の前提となる平安宮の内裏を描いた古図が現存するにも関わらず、それらはいずれも基本的には平安時代末期の様相しか伝えていないと考えられる点にある。しかしまた先に紹介した古瀬・鈴木両氏らの研究によれば、平安宮の内裏に存在した個々の殿舎の内部構造や外観は、のちに再建を繰り返したために変更がみられるものの、基本的には――就中、殿舎の配置に関しては、後宮五舎を除いて[10]、平安時代末期の内裏も平安時代初期と大きく変わらないと見てよい、と考えられている。このような見通しがある程度は正しいものであることは、次節で検討を加える奈良時代における平城宮内裏の変遷の様相から、自ずから明らかになると考えるので、本節では一応このような見通しに従いつつ、ひとまず平安宮古図に描かれた平安宮内裏を平安時代初期にまで遡及させ、その空間構造について簡略な検討を行うこととする。

なお言うまでもないことであるが、ここで内裏と称するのは、内裏という語の本来的な意味と考えられる、平安宮で言えば、築地回廊によって囲まれた内重（内隔、うちのへ）の内部であり、内裏の周囲を巡る中重（中隔、なかのへ）[11]、俗に言う内裏外郭は内裏ではない。中重の問題は、別の観点から歴史的な展開と意義を検討する必要があると考えるので、本章では検討の対象としなかった。

さて平安宮の内裏の内部に存在する、数多くの殿舎の建築構造や機能・性格、あるいは複数の殿舎からなる殿舎群・空間としての構造や機能・性格に注目すると、平安宮の内裏は第二図（なお第二図は第一図を基に、空間構造を明示するために改編を施して作成した）の如く、おおよそ次に掲げる五つの空間から構成されていると考えることができる。すなわち、

㈠築地回廊で周囲を囲まれた内裏の中央最南部に位置し、正殿[12]である紫宸殿と、その東西にある四脇殿（東に宜陽・春興両殿、西に校書・安福両殿）、およびこれら五棟の殿舎によって囲まれた南庭からなる空間（以下、空間㈠と呼ぶ）。

㈡空間㈠の北に位置し、築地回廊で囲まれた内裏のほぼ中央を占め、正殿である仁寿殿とその後殿である承香殿、および仁寿殿の東西に配される四脇殿（東に綾綺・温明両殿、西に清涼・後涼両殿）、そしてこれらによって周囲を画された小さな複数の庭からなる空間（空間㈡と呼ぶ）。

㈢空間㈡の北、すなわち築地回廊で囲まれた内裏の中央最北部に位置し、常寧殿を正殿、貞観殿を後殿とし、両殿の東西に四脇殿（東に宣耀・麗景両殿、西に登華・弘徽両殿）を配し、常寧殿の南に前庭を有する空間（空間㈢と呼ぶ）。

㈣空間㈢の東西、すなわち築地回廊で囲まれた内裏の東北隅と西北隅に位置し、それぞれ築地塀で囲まれる二つの空間（総じて空間㈣と呼び、さらに二つの空間のうち東の空間を空間㈣a、西の空間を空間㈣bとそれぞれ呼ぶ。また空間㈣aと空間㈣bとはそれぞれさらに東西方向の築地塀で南北二つの空間に細分され、東の空間㈣aには南に昭陽・昭陽北両舎、北に淑景・淑景北両舎、西の空間㈣bには南に飛香舎、北に凝華・襲芳両舎がある）。

第二図　平安宮内裏の空間構造

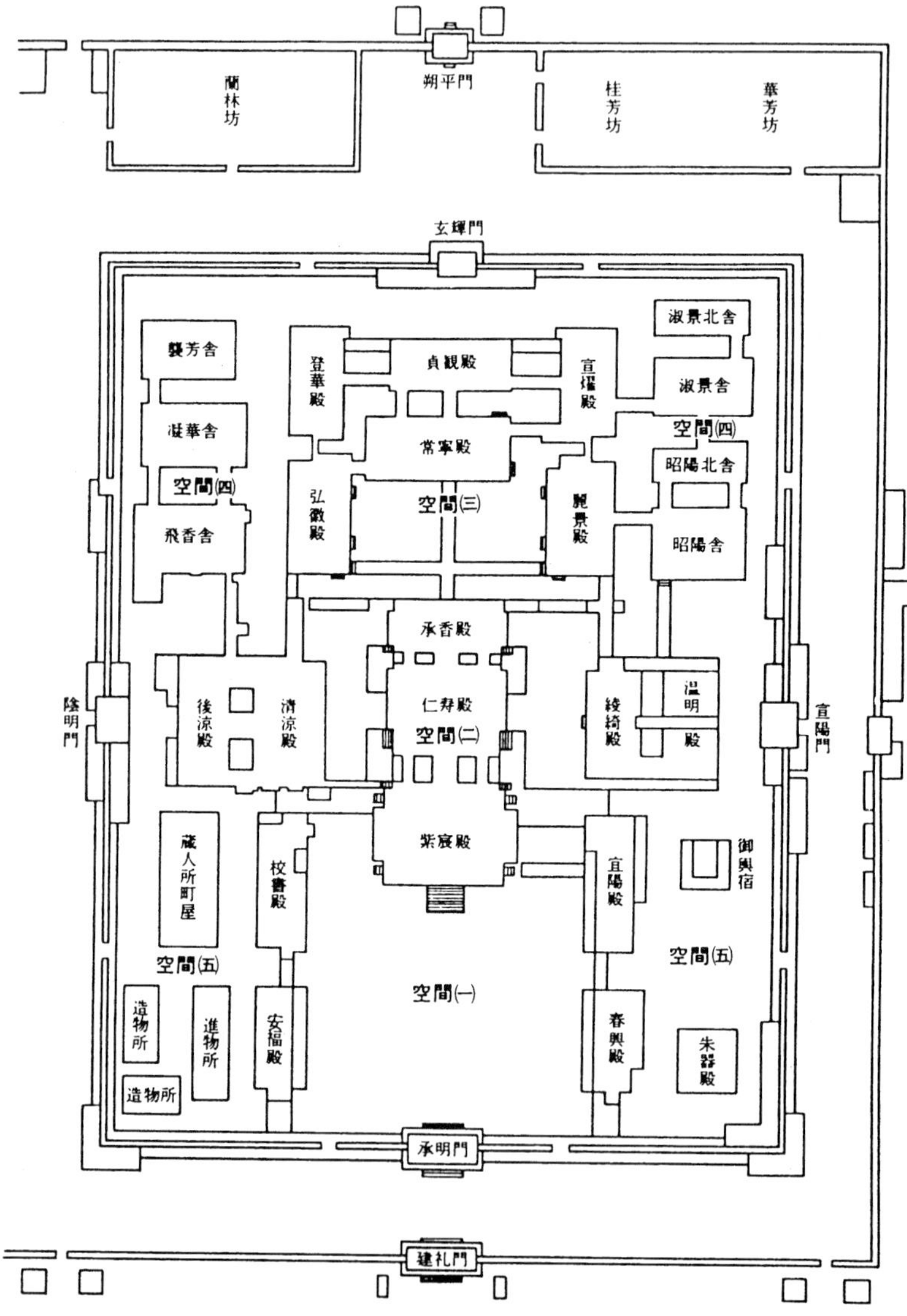

第二図　平安宮内裏の空間構造

㈤空間㈠の東西にあり、空間㈡の南に位置する空間（東の空間を空間㈤a、西の空間を空間㈤bと呼ぶ）。

次ぎに平安宮の内裏を構成するこれら五つの空間の性格と機能を検討するが、その際、既に周知のことと思われる点についても再確認の意味を込めてやや詳しく見てみることとしたい。

① 空間㈠・㈡＝天皇の空間

平安宮内裏を構成する空間㈠〜空間㈤の五つの空間のうち、空間㈠と空間㈡は天皇に直接関わる空間である。そのうち空間㈠が天皇の内裏における公的空間であるとすれば、空間㈡は本来天皇が日常的な生活を送る私的空間であったと考えるのが一般的な見方であろう。

Ⅰ　空間㈠＝天皇の公的空間

空間㈠は、正史を始めとして、儀式書・有職故実の書・日記・記録、法制史料など、平安時代の諸種の史料から容易に窺うことができるように、天皇が内裏で行う公的な儀式や宴あるいは日常的な政務のために用いられた空間で、正殿である紫宸殿はそのような際に天皇が出御する殿舎であり、南庭は臣下たちが列立する場であった。天皇出御のための殿舎である紫宸殿やその南に広がる南庭に対し、その東西にある南北棟の脇殿四棟については、平安宮創建当初において与えられていた性格や機能が必ずしも明らかでない[13]。それは宜陽・春興・校書・安福の四脇殿の初期における機能や性格を示す史料がわずかしか残されていないことに原因がある。

このうち宜陽殿については、その南庇東二間に議所が設けられたが、議所こそが公卿の議定が陣に定着する以前におけるその場であったとの理解がある[14]。のちのことであるが、天暦年間始めころ本来左近陣座にあるべき公卿座が一時宜陽殿に置かれたこともあり[15]、その可能性は十分考えられる。また平安時代の早い時期の史料には、宜陽殿の西庇や庇下が天皇不出御の場合の公卿達の宴会の場として見える以外に、宜陽殿が納殿としての機能を有していたことを示す史料もある。[16]また春興殿についても兵仗などを収める納殿であったことを示す史料がある。[17]桓武天皇不豫に当たって「使三近衛大将藤原朝臣内麻呂・中将藤原朝臣縄主等賜二兵仗殿鎰於東宮一」ったと『日本後紀』は記しているが、[18]この兵仗殿が弘仁九年の殿閣門号の制定によって春興殿と命名された殿舎のことであるとすると、既に桓武天皇の末期には春興殿に兵仗を収める納殿としての機能が付与されていたことになる。校書殿については、遅くとも弘仁年間には典籍の書写に関わる機能を有ち、特定の人物が奉仕していたことが知られる。[19]安福殿は特に史料が少ないが、内兵庫であったことや侍医や薬生の祗候する薬殿が置かれていたことを確認できる。[20]

ところでこれら四殿は弘仁九年の殿閣門号の制定の際に宜陽・春興・校書・安福をもってそれぞれ殿舎の固有名としたが、何故にこれらの四殿は宜陽・春興・校書・安福をその名称としたのか必ずしも十分な検討が行われていない。岸俊男氏は唐の長安城太極宮・大明宮や洛陽城洛陽宮の殿舎・諸門との関係を調べて整理し、[21]特に洛陽宮を模倣したものの多いことを指摘したが、さらに対象を拡げて漢の長安城や洛陽城内の諸宮との関係についても検討すべきであると考える。ただしこの場合、名称を継授しているからと言って必ずしもその機能・性格を受け継いでいると限らないことには留意が必要である。詳細は別に検討することにして、ここでは宜陽・春興・校書・安福の四殿に限ってみると、安福殿は漢唐の洛陽城に存在するが、他の三殿は対応する殿舎を漢唐の諸宮に見いだし得ない。ただ宜陽あるいは春興・校書は漢語として存在するから、何らかの基準に基づいて殿舎名として選ばれたと考えられる。そこで注意されるのは、四殿のうち西方に位置する安福・校書両殿の名称が明らかにその機能と対応していると考えられるのに対し、東方の宜陽殿と春興殿は極めて抽象的で、西の安福・校書両殿がその相対的位置を示す語を含んでいないのに対していずれもその位置が正殿から見て東方であることを示す「陽」・「春」の文字を含んでいる。この事実から、西方に位置する安福・校書両殿は中国の例を参考としつつ弘仁九年当時に実際に有していた機能をもって殿舎名としたが、東方の宜陽・春興両殿は西方の両殿に比べて殿舎の名称として採用しうるほど特定の機能をもっていなかったため、その東に位置する殿舎であることを明示する中国風の殿舎名をもって命名を行ったと考えることができる。このような東西の脇殿における機能の偏りは、恐らく東の両脇殿と西の両脇殿の内裏における位置、すなわち当時既に内裏の天皇を中心とした日常的な生活に関する空間・機能が西半に偏り、これに対して政治的な機能が東半に偏っていたからではなかろうかと憶測される。

II　空間(二)＝天皇の私的空間

空間(二)の正殿である仁寿殿は、紫宸殿が南大殿と呼ばれたのに対して北大殿と呼ばれ[22]、天皇の公的空間における正殿である紫宸殿とまさに対をなす天皇の私的空間の正殿であった。このことは、鈴木亘氏によると、仁寿殿と紫宸殿の床が同高であったことなど、建築構造上からも確認できると言う[23]。仁寿殿が、平安宮創建時より天皇の日常起居するいわゆる常の御殿であったと考えられることについては、例えば儀式で、天皇の居所である「大殿」を鎮めるための大殿祭が行われる殿舎を仁寿殿としていること、また実際に光孝天皇の代までは仁寿殿が天皇の居所であったことなどから[25]、明らかである。

仁寿殿の北に位置する承香殿は、位置的にみて仁寿殿の後殿に当たると考えられるが、通説的にはやや異なった理解がなされている。すなわち承香殿は後宮関係の殿舎で、平安宮の創建当初には存在せず、造営は前殿に当たる仁寿殿より遅れ、ようやく弘仁年間以降になって創建されたと考えられている[26]。

承香殿が平安宮の創建当初に存在していなかったとの通説的な理解は、次節で検討する平城宮内裏の遺構において、奈良時代の末期、あるいはさらにそれを遡る奈良時代の早い時期から既に平安宮内裏の承香殿に相当する位置に建物が存在し、そののち内裏の様相に変化が見られるに至ってもほぼ一貫して存続したことからみて、明らかに誤りであり、のちに承香殿と命名される殿舎は平安宮の創建当初から既に存在していたと考えて問題ないと考える。[27]また承香殿は一般にいわゆる後宮七殿の一つと考えられているが、後宮の殿舎でないと考えたほうがよいと思われる点が建築構造上で幾つか認められる。まず第一に、承香殿が、いわゆる後宮七殿のうち承香殿を除く六棟の殿舎――既に述べたようにこれら六棟の殿舎は空間㈢と言う一つの空間を構成していた――とは、空間として明確に分離されていたことにある。常寧殿の南面中央間から南に延びる柱間五間の廊は后町廊と呼ばれるが、その南端には築垣・築垣廊などと呼ばれる東西築地塀があり、築地塀の中央、すなわち后町廊の南端に中門が、また築地塀の東西両端付近にそれぞれ脇門が開いていた。この中央と東西両端の三箇所に門を開く築地塀によって後宮七殿のうちの承香殿とそれを除く六棟の殿舎とは明確に空間の上で区別されている。またこの築地塀の両端に開く門が左右を冠して「掖庭門」（「腋庭門」とも記される）とも呼ばれたことは、[28]築地塀の内側（北側）が「掖庭」であることを示している。[29]また第二に、承香殿自体が露台によって南にある仁寿・紫宸両殿と連結されて一体となっている点である。[30]以上の諸点から、承香殿は本来空間㈢に属する六棟の殿舎とともに後宮七殿として一括されるべきではなく、天皇の私的空間である空間㈡に属する殿舎と捉えるべきである。なお承香殿は平安時代前期以降には一時的に天皇の居所となったり、あるいは女御等が住むようになったりするが、その本来の機能や性格については明らかでない。

空間㈡の正殿である仁寿殿とその後殿である承香殿の東西には脇殿に相当する南北棟の殿舎がそれぞれ二棟づつ配置されている。まず、仁寿殿の西に位置する二棟の脇殿について見てみると、このうち仁寿殿に近く、東に位置する清涼殿は、弘仁年間の創建と推定され、仁明・陽成両天皇が一時的に居所とした時期を経て、宇多天皇の時から仁寿殿に代わって天皇の居所となったことが指摘されている。[31] しかしこの指摘のうち、清涼殿が弘仁年間の創建にかかる殿舎で、平安宮内裏創建当初には存在していなかった、との理解[32]は一考を要すると考えるが、この点については次節で行う平城宮内裏の遺構の検討によって自ずから明らかになると考えるので詳しく述べない。ただ清涼殿が平安遷都当初から存在していたとしてもやはりその本来的な機能や性格は不明である。清涼殿の西に位置するもう一棟の脇殿である後涼殿も、清涼殿と同様にその本来の性格や機能は明らかでないが、のちにはその東や北の部分が内侍司女官の候所、内侍の曹司、あるいは更衣の曹司など天皇に奉仕する女性達の空間に充てられ、また西や南の部分には天皇の御膳を調理する御厨子所や御膳宿が存在していたことから、空間(二)における天皇の日常的な生活を支える機能を果たすための殿舎であったと考えられる。このことはまた後涼殿なる殿舎名そのものが清涼殿の存在を前提としてその後方に位置し、これを支える殿舎であることを明示していることにも明らかである。このように仁寿殿の西に位置する二棟の脇殿の間には殿舎名の命名原則の上で密接な関連を認めることができるが、次に検討する東の二棟の脇殿である綾綺・温明両殿ではこのような関連を認めがたい。この点は先に指摘した空間(一)における東西脇殿間の相違と現象的には異なるが、平安宮の内裏、特に天皇の空間である空間(一)と(二)において弘仁九年当時既に東半と西半とが構造上対称的な配置を採りながらも機能的には異なっていたことを示唆している。

一方、仁寿殿の東にある二棟の脇殿、すなわち綾綺殿と温明殿についても、二棟の西脇殿と同様にやはり創建当初の機能や性格が明瞭でないが、綾綺殿は平安時代前期しばしば天皇の居所として使用され、[33] また温明殿には天皇に奉仕する内侍が侍候する内侍所が置かれ、賢所の神璽を奉安・守護していた。[34] 従ってこの二棟の東脇殿も、遅くとも平安時代中期以降には後涼殿と同様に本来天皇の清涼殿における日常的な生活を支える殿舎となっていたと考えられる。

さてここで注意したいのは、仁寿殿に近く位置する綾綺殿と清涼殿が臨時・常時の別はあるものの、正殿である仁寿殿とともに天皇の御在所となることがあったのに対して、仁寿殿から遠く位置する温明殿と後涼殿にはのちになっても天皇が居住することは原則としてなく、両殿舎は日常的には清涼殿や仁寿殿に居住していた天皇に仕える内侍司の女官等が控えたりするための殿舎であったことである。このことは、天皇の私的空間である空間㈡の中では、綾綺・清涼両殿が仁寿殿とともに天皇の日常的な生活の範囲に含まれていたのに対し、温明・後涼両殿はあくまでそれを支えるための殿舎に止まり、この範囲には直接含まれなかったことを示している。

なお空間㈡の構造で他の空間には見られない著しい特徴を指摘することができる。それは、仁寿殿を中心とした空間㈡が、紫宸殿を中心とした空間㈠や後述する常寧殿を中心とした空間㈢における脇殿の配列の仕方とは異なり、南北に直列にではなく南北棟殿舎を東西に並列して並べている点である。このような脇殿の配置はきわめて異例で、ここに至る歴史的変遷については次節で述べるが、発掘調査で検出された遺構でこれに近いものとしては平城宮第一次大極殿院地区第III―一期の平城太上天皇の御在所「平城西宮」のうち紫宸殿相当のSB六六二〇の東南にある二棟の東脇殿SB六六二二・八三〇〇（宣陽殿及び春興殿相当）の配置が見られるに過ぎない。[35]

以上のように考えてよいならば、空間㈡の構造は、綾綺殿と清涼殿、温明殿と後涼殿が、単に仁寿殿を挟んで位置的に対応しているだけでなく、天皇の日常居住する仁寿殿を中心にして、その外に天皇の居所ともなりうる脇殿である綾綺殿と清涼殿が、さらにその外周に天皇に奉仕する女官等が詰めるための脇殿である温明殿と後涼殿が、それぞれ対応する機能や性格を持って左右対称に配置されていたと考えることができる。従って空間㈡は、純粋な意味での天皇の私的空間としては基本的に仁寿殿・承香殿・綾綺殿・清涼殿の四棟の殿舎によって構成されていたと考えられ、仁寿殿が前庭を伴わず、やがてその周囲にあってこれを支える機能を有していた二棟の殿舎を取り込んだために、一見特殊と見られる脇殿の配置を採るに至ったと憶測することができる。なお本来天皇の私的空間における脇殿が東西一棟づつであったことについては、次節で検討する平城宮内裏における天皇の私的空間に見られる建物の配置や構成から見ても明らかなことである。

② 空間㈢＝皇后の空間「皇后宮」

空間㈢が、常寧殿を中心として貞観殿・麗景殿・宣耀殿・登華殿・弘徽殿の六棟の殿舎で一つの区画を形成していたことは、先に承香殿について述べた際にやや詳しく論じた通りである。

さて常寧殿を中心とした六棟の殿舎で構成される空間㈢は、本来、平安宮の内裏における皇后（厳密には皇后・皇太后・太皇太后を含めた律令制本来の中宮）のための空間、すなわち皇后宮（中宮）であり、またその中で皇后が居住するための殿舎は、空間㈢の中で正殿の位置を占める常寧殿であった。これらのことは、『延喜式』の関連諸条文に明らかである。まず『延喜式』にある次のような条文から、常寧殿を中心とした一郭が皇后の公的な生活のための空間であったことがわかる。すなわち皇后に対して皇太子が新年の賀詞を申し述べる儀式[36]では常寧殿の一郭を用いることが規定され、皇太子以下、皇后に対して年賀を申し上げる者の版位が常寧殿の南庭の辺りに設けられたと考えられ、またその際皇太子の版位を最も北に置き、以下版位の配置は北ほど上位の者であることから、恐らく、年賀を申し述べる皇太子以下の者に対して、賀詞を受ける皇后は南面して常寧殿に御したと推測することができる。また卯杖を皇后に献上する儀式や春日・賀茂祭における使者の出立に際して幣を託する儀、等種々の儀式や神事において常寧殿が皇后のための儀式の場として使用されている。以上の『延喜式』諸条文は、皇后が常寧殿を空間㈢における儀式の場として用いていた事実に基づく規定であると考えられる。[37]

また常寧殿が平安時代いわゆる後宮において最も重要な殿舎であり、かつ公的に後宮を代表する殿舎であったことは、天皇即位後に行われる一代一度の仁王会において高座が設けられる場所として、紫宸殿（内裏における天皇の公的空間である空間㈠の正殿）・建礼門（中重の南面に開く正門であるが、単なる門ではなく、南に大庭[38]と呼ばれる儀式を行うための前庭を付属）とともに、常寧殿がみえることにも窺うことができる。[39]

一方また常寧殿が皇后の日常的な生活の場でもあったことは、[40]内裏に物怪が現れた時に紫宸殿や清涼殿とともに物怪を払うための読経等が行われる場として常寧殿が登場することからも推測できるが、[41]さらに鈴木氏が明らかにしたように、[42]平安時代中期以降における常寧殿の構造から考えて、平安時代初期の常寧殿が、母屋の東部分に皇后のための昼御座を置いていただけではなく、母屋の西側に夜御殿を有していたことは、常寧殿が皇后の公的な生活の場であったばかりでなく、本来日常的な生活を行う場でもあったことを物語っている。

以上の諸点からみて、常寧殿は、本来平安宮の内裏における皇后の公的な生活と日常的な私的生活の場として存在し、また造営されたと考えられる。しかし皇后が日常居住する殿舎は、のちに常寧殿から弘徽殿・飛香舎へと次第に移って行った。[43]それは、恐らく天皇の常の御殿が仁寿殿から清涼殿に遷移したことに影響されて生じた現象であると考えられる。

なお岸俊男氏は、[44]常寧殿の名称が大安殿の漢字二字による唐風の嘉名表記であると理解した。しかし常寧殿なる殿舎は漢の長安城にも見られ、それは後宮の殿舎であり、[45]また次節での検討からも明らかなように、内裏正殿（岸氏のいう大安殿）が常寧殿となったとは考え難い点等からすると、岸氏の理解は明らかに誤りである。

常寧殿の後殿の位置にある貞観殿は、御匣殿とも呼ばれ、縫殿寮に代わる後宮における裁縫の中心となった殿舎であり、やがて後宮の中心となることは、所京子氏の一連の研究(46)によって明らかである。なお貞観殿にはある時期、皇后の家政機関である皇后宮職の庁が設置されていたと一般には考えられている。

空間㈢に存在する四棟の東西脇殿は、周知のように平安時代中期以降皇后・中宮以下のいわゆる天皇の后妃達が住む殿舎となったが、それ以前、皇后宮の脇殿として持っていた本来の機能や性格は史料から全く判明しない。

③　空間㈣＝皇后以外の后妃達の居所「後宮」

空間㈣に属する殿舎には、他の空間の殿舎には見られない共通した著しい特徴がある。それは、空間㈣にある殿舎の棟方向が全て東西方向である点である。全ての殿舎が東西棟の建物であることは、内裏における天皇のための公私両空間や皇后の空間と比べて、空間㈣が正殿と（あるいはさらに後殿と）脇殿からなるいわゆるコ字型殿舎配置を採らず、それゆえに明確な前庭を付属していないことを意味し、殿舎自身は勿論、それらの殿舎によって構成される空間そのものも朝儀を行うことを前提とした公的性格や機能をもたず、従って建物・空間としての格が空間㈠〜空間㈢に比べて低かったと考えられる。

ところで、従来、空間㈣に属する殿舎は全てが平安宮創建時に存在したのでなく、少なくとも飛香・凝華両舎は弘仁年間以降に遅れて建てられたと考えられてきた(47)。あるいはそのような事情が、この空間に属する殿舎の建物としての格を、天皇や皇后の空間に属する殿舎に比べて低いものとすることにつながったのかも知れないが、むしろこれらの殿舎が後宮五舎とも総称され、天皇の嫡妻である皇后を除く後宮（律令で規定する本来の後宮たる妃・夫人・嬪に加え、女御など、天皇の庶妻・妾を含む人的集団）のための殿舎であり、またそれに仕える女官たちの伺候する候所や局も置かれた空間であったこと、そして次節で検討するように、内裏内部における後宮の成立が皇后宮よりも天皇一代遅れ、しかも皇后宮が天皇の私的空間内部に成立したのに比べると、内裏内部で占めた位置が、内裏の正面である南から見て最も奥まった東北と西北であったこと、などと深い関連を有していると推測される。

なお平安時代中期以降、天皇の常の御殿が清涼殿に移り、天皇の空間の比重が内裏の西方に置かれるようになって、内裏諸殿舎の用い方に以前にも増して大きな偏りが見られるようになると、後宮の六殿五舎に臨時に天皇が住んだり、皇太子が御所としたり(48)、あるいは摂政・関白や大臣が直廬や宿所を与えられたり設けたりするようになり、空間㈣は空間㈢とともに極めて多様な機能を果たす空間へと変貌して行くことになる。

④　空間㈤＝内裏を支える空間

さて、最後の空間㈤は、既に見た空間㈠～㈣のような天皇やその妻妾たちが直接生活する空間ではない。

まず東の空間㈤ａには、性格・機能は不明であるが「朱器」を収納していたと考えられる朱器殿と、天皇の御輿の宿次である御輿宿(49)とが南北に配されている。このように朱器殿・御輿宿はいずれも朱器を収納したり、あるいは御輿を一時的に留めるための殿舎であり、また御輿宿についてはその南面に皇太子の宿次が設けられることもあった。従って㈤ａの空間は物の収納や臨時の宿次に充てられる収納を中心とした予備的な空間であったと考えられる。

一方、西の空間㈤ｂには蔵人所町屋を始め進物所・造物所（作物所）が配置されている。蔵人所町屋は一名蔵人宿屋・蔵人所宿所などとも言われたように、蔵人所に仕える雑色・所衆・出納・小舎人たちの詰所・宿所であった。また進物所・造物所はいずれも蔵人所が統率した下部機関である。進物所は本来内膳司の出先機関的な性格をもっており、内膳司盛所で作って内裏に運んで来た食膳を再度暖めたり、簡単な調理を行う所であった(50)。また造物所は宮中の調度を製作する所である(51)。従って㈤bの空間は蔵人所に統括され、天皇の日常生活を支える機関が配置された空間であったことになる。

なお蔵人所によって統轄される所々が内裏の中で西に偏った位置に配置されたのは、先にも再三指摘したように、空間㈡における清涼殿に対する後涼殿の命名原理や空間㈠における二棟の西脇殿の殿舎名に見る明確な機能の明示など、弘仁九年には既に平安宮内裏内における天皇の生活に密着した空間が西方に偏っていたことと関連をもち、より直接的には蔵人所が空間㈠の西脇殿のうち北に位置する校書殿の西庇に設置されていたことによると考えられる。ただし蔵人所が校書殿西庇へ設置されるようになった時期についてはまったく明証がない(52)。

さてここで注目したいのは、天皇の食膳に関わる所である進物所が空間㈤bに存在しているにも関わらず、空間㈡の西脇殿の一つである後涼殿の西庇にも進物所とほぼ同じ機能を果たすと考えられる御厨子所が重複して存在することである(53)。明らかに機能の重複した所が本来機能・性格の異なると考えられる二つの空間にそれぞれ存在しているのは誠に奇異なことである。さきに空間㈡の構造について述べた折に指摘したように、空間㈡にある二棟の西脇殿のうち最も西に位置する後涼殿は、それと対称の位置にある温明殿とともに、仁寿殿とその東西に存在する清涼・綾綺両殿のように直接天皇が生活する殿舎ではなく、天皇の生活を支えるためその近くで奉仕する女官や官人が勤務する場であった。従って空間㈡は本来仁寿殿とその東西に存在する清涼・綾綺両殿からなり、のちにこれらの殿舎における天皇の生活を支えるための殿舎である後涼・温明両殿が空間㈡に取り込まれたのではないか、と憶測した。そのような事情のもとで空間㈡に吸収されたと考えられる後涼殿に空間㈤bに存在する所と同様の機能をもった所が存在し、それによって機能の重複した所が二つの空間に跨って存在しているのは、恐らく、本来空間(二)に属し、天皇の常の御殿での生活に奉仕するための殿舎であった後涼殿に設けられていた御厨子所だけでは十分にその機能を果たすことができなくなったため、本来予備的な空間でありながら蔵人所の設置によってそれに統率された所々が配置された空間(四)に御厨子所と同様の機能を有する進物所が設けられるに至ったのではないかと推測される。(54) 以上の推定が正しいとすると、内裏における天皇の私的空間がその周辺に存在する性格の異なる空間や予備的な空間、あるいはそのような性格の殿舎を取り込み、次第に拡大して行った過程を想定することができる。

平安宮の内裏は、以上に述べた五つの空間から構成されているが、このうち内裏の空間構成の中で最も基本的でしかも重要な空間は、築地回廊で囲まれた内裏内部の中央に、南北に重畳して並ぶ空間(一)〜空間(三)の三つの空間である。この三つの空間は、基本的には東西棟の正殿と南北棟の四脇殿からなる（ただし空間(二)と空間(三)については正殿の北にさらに後殿を伴う）いわゆるコ字型殿舎配置を採り、前庭を付属した空間構造をもつ南面する空間である。それに対して空間(四)(五)の両空間は、空間内部の殿舎が東西棟だけで構成されていたり、あるいはまた逆に南北棟が大半を占めていたりして、空間の内部に存在する殿舎の棟方向が一定に保たれている。従って空間(一)〜空間(三)に見られるような棟の向きをかえることによって生み出される正殿・脇殿・前庭からなるいわゆるコ字型殿舎配置を採らず、前庭を付属しないことが空間(四)(五)のもつ際だった特徴である。以上のように、平安宮の内裏内部の空間は、その構造的観点から見る時、おおよそ、天皇の公私にわたる空間（空間(一)(二)）と皇后の空間（空間(三)）の南北に並ぶ内裏の主体となる三つの空間と、その東西に配置される付属・予備空間（空間(四)(五)）から成ると考えることができる。一方また内裏に居住する主体から見ると、内裏を南北に分け、その中央から南を占める空間㈠㈡と空間㈤からなる天皇が居住し、そこでの天皇の生活を支えるための空間と、内裏の北辺に位置する空間㈢㈣からなる天皇の后妃達が生活する空間とからなると考えることもできる。

三　平安宮内裏の空間構造の成立――平城宮内裏遺構の再検討

本節では、前節における検討の結果明らかとなった平安宮内裏の空間構造と基本的に一致する構造を持った内裏が、何れの宮で、いったい何時成立したのか、を明らかにすることとしたい。

この問題を検討するには、まず平安宮以前の宮都で、内裏について前節で平安宮の内裏に対して行ったと同様の検討を加え、そのうえで平安宮の内裏と比較検討する必要がある。しかし平安宮以前の宮都に関しては、平安宮のように内裏を描いた古図は勿論存在していないし、また種々の史料にもそれらの宮都の内裏の内部に存在した殿舎の規模・配置はおろか名称さえも明らかでなく、ましてやそれらの殿舎によって構成される内裏の空間構造を知る手がかりは殆どないと言ってよい。従って発掘調査の成果を殆ど唯一の手懸かりとしなければならないが、そのためには内裏に擬定される地区の発掘調査が相当に進行し、そのうえその内部にある個々の建物の規模・平面プランやそれらによって構成される空間の構造がかなりの程度判明していることが必要条件となる。しかし平安宮以前の宮都で以上のような条件を満たしているのは、現状では平城宮と長岡宮の二つのみであると言ってよい。[55]

このうち長岡宮は平安宮の直前に営まれた短期間の宮都であるが、史料から二つの内裏、すなわち西宮と東宮とが存在し、第一次の内裏である西宮（大極殿院・朝堂院の北方に存在）から、第二次の内裏である東宮（大極殿院・朝堂院の東方で検出され、築地回廊で囲まれた遺構群）に移ったと考えられている。[56] 西宮については現在まで発掘調査が行われていないが、東宮では数次に亙る調査が行われ、貴重な成果が挙げられている。[57] 著者は、先に長岡宮の第二次内裏に当る東宮の空間構造に検討を加え、その結果、平安宮に見られるような空間構造をもつ内裏が既に長岡宮の第二次内裏東宮において成立しており、さらに『続日本紀』の関係記事の検討や平城宮内裏の遺構との関連から、そのような構造はさらに第一次内裏である西宮に遡るものであると推定されること、などを明らかにした。[58] 従って本章では先に詳しく検討を加えた長岡宮の内裏については行論上必要な点に限って触れるにとどめ、省略することにする。

一方平城宮は、複都制の採られた奈良時代においてほぼ一貫して主都として維持され、しかも奈良時代の天皇のうち、最初の天皇で平城遷都を実行した元明天皇を除く七代の天皇がここで即位し、奈良時代の全ての天皇がここに居住した。従って平城宮の内裏の変遷を追いつつ平安宮や長岡宮の内裏の空間構造と比較し、平城宮内裏の空間構造の変化の様相を明らかにすることは、平安宮内裏の空間構造が成立した時期やその歴史的な背景を解明するうえで必須の作業であり、かつ十分意味があると考える。

ところで本章で検討の対象とする平城宮内裏の遺構は、従来の先行研究においても、平安宮の内裏に類似していることがしばしば説かれてきた。[59] しかしそれらの諸研究は必ずしも平城・平安両宮の内裏の構造に十分な比較・検討を加えた上で両宮の類似性を主張したものではなく、ましてや両宮の内裏の間に存在する空間構造の類似や相違、あるいはその歴史的な意味付けなどの基礎的な研究を行ったものではなかった。[60] そのような研究状況は、平城宮内裏における発掘調査の成果の全貌を明らかにした報告書が刊行されず、調査結果の概要が様々な形で報告されるにとどまっていた[61]ことにも一因があると考えられる。しかし先年刊行された平城宮内裏地区の報告書である『平城宮発掘調査報告XIII』[62]でも、細部に若干の変更が見られるものの、遺構とその変遷、あるいはその時期区分について従来の見解を大きく変更する内容のものではなく、基本的にはそれを踏襲している。[63]それ故に従来の研究では、平城宮と平安宮との内裏の間に存在するある種の類似点を「内裏的」と言った曖昧な表現で指摘するにとどまり、「内裏」なるものの本質、すなわち「内裏」を「内裏」たらしめている本質やその空間構造の特質などの検討は勿論のこと、のちに述べるような平城宮内裏の時期毎あるいは幾時期か毎に認められる特有の空間構造に対する分析や各時期に存在する個々の殿舎の機能・性格や対応などの具体的な検討さえ必ずしも十分に行われてこなかったと言っても過言ではない。[64]従って本章では、『平城宮発掘調査報告XIII』に収められた内裏地区の遺構やその変遷に関する最新の整理・研究の成果に依拠しつつ、平城宮における内裏の空間構造に独自の検討を加える。なお平城宮内裏での発掘調査で検出された遺構や出土遺物、遺構間の重複関係とその変遷、あるいはそれらの年代比定とその根拠、等の詳細は『平城宮発掘調査報告XIII』の当該箇所を参照していただくこととし、ここでは同書に示された内裏における遺構の変遷で本章と直接関連する部分のみを取り上げ、さらに詳細な検討を行って平城宮内裏の構造とその変化について述べることとしたい。

さて第三～八図として掲げたのは『平城宮発掘調査報告XIII』に収められた平城宮内裏の遺構変遷図に訂正を加えたものである。奈良時代の平城宮内裏の遺構は、これらからも明らかなように、大きく第Ⅰ期から第Ⅵ期まで六時期に亙って変遷したと考えられる。それぞれの時期の空間構造については既に前稿[65]で述べたが、本章で改めて各時期の空間構造とその間における変化の具体相について再述し、その歴史的背景・意義等を再検討したい。

(一)　平城宮内裏遺構の概要

まず平城宮内裏の遺構変遷とそれに伴う空間構造の変化を各時期毎に述べ、検討を加えることとする。

① 第Ⅰ期（第三図）

内裏の造営された地域は、奈良山から南へ伸びる丘陵の中腹にあり、平城宮の中でも最も高燥な地に当たる。内裏の造営に当たっては、古墳を削平して周濠を埋め立て、整地を行って周囲よりもさらに一段高い台形状の区画が造成された。第Ⅰ期の内裏はこの台形状の区画の上に方六〇〇尺の規模をもつ正方形に造られ、四周には掘立柱塀が繞り、内裏南面を画する掘立柱塀の中央には門が開く。

第Ⅰ期は概ね大尺を基準として内裏内部の地割を設定し、その中央と南寄りとに、同規模・同形式の大規模でともに高床の東西棟建物ＳＢ四七〇〇・ＳＢ四六〇〇の二棟が、東西両側面を揃えて建てられる。ＳＢ四七〇〇は前面を第Ⅰ期の内裏の東西中軸線上に、またＳＢ四六〇〇は棟通りの柱筋を内裏を南北に四等分する位置に置く。両建物の位置はこれ以降第Ⅵ期まで内裏の中央と南寄りとに形成される二つの区画の正殿に概ね踏襲されて行く。このことは両建物の機能・性格が奈良時代を通じて内裏の中央に存在するの二つの正殿に継承されていったことを推測させる。

まずＳＢ四七〇〇は桁行一一間、梁間五間の規模をもつ総柱の東西棟建物で、前面の中央・東西両端間、及び東西両側面中央間に木階が付けられ、特に前面には一〇尺南に細殿ＳＢ四六四〇が付設される。ＳＢ四七〇〇には前面のみならず東西両側面にも木階が付設されていたと推定される点が重要である。ＳＢ四七〇〇を中心とした空間が細殿ＳＢ四六四〇や木階によってその南方に位置する前庭、すなわちＳＢ四七〇〇とＳＢ四六〇〇の間に広がる空間を含みこんでいただけではなく、その東西にも広がっていたことを示している。これに対して背面に

第三図　平城宮内裏第Ⅰ期の空間構造

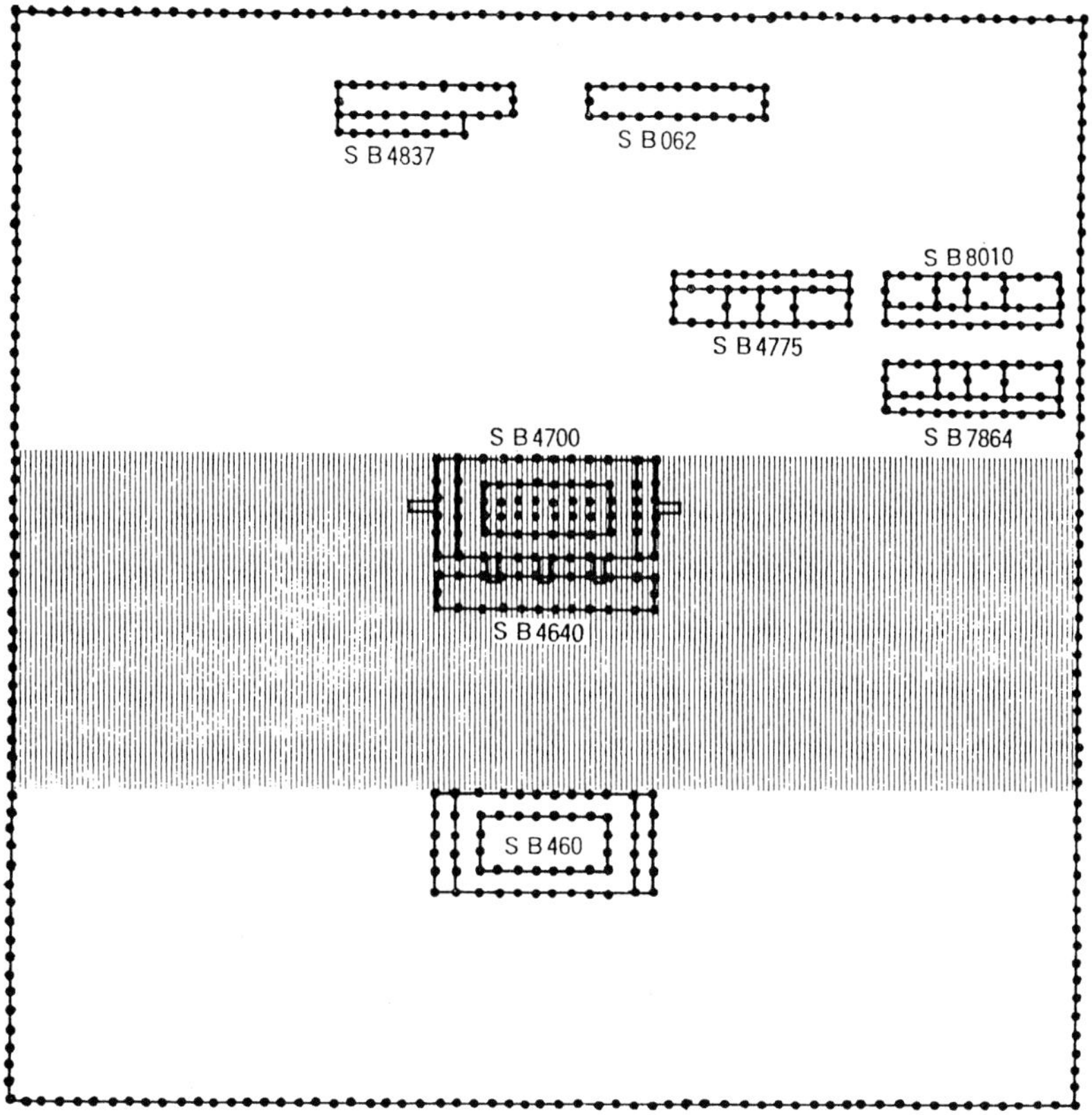

木階がなかったと推定されることは、SB四七〇〇を中心とする空間がその北方には及ばず、主としてその前面南方に限られていたことを示している。また細殿SB四六四〇がSB四七〇〇前面の木階を内部に取り込む形式であるのは、独立した建物としての機能よりもSB四七〇〇前面の木階に対する階隠としての機能が強かったことを示唆する。そしてSB四七〇〇は木階と細殿が付設されたことによりSB四六〇を遥かに凌ぐ高床の建物であったと推定される。

次にSB四六〇はSB四七〇〇と同規模・同形式の建物であるが、上述したように、SB四七〇〇には前面に細殿ＳＢ四六四〇が付属する。しかしＳＢ四六〇には細殿が付属しないことから、両建物には性格や機能の上で相違があったと考えられる。ＳＢ四六〇は、その南方にある内裏南面を限る掘立柱塀に開く門との間に前庭をもち、ＳＢ四七〇〇と同様に、ＳＢ四六〇を中心とした空間を内裏の南寄りに設定することができる。

以上のように内裏の中央および南寄りには、同規模・同形式で極めて大規模な二棟の建物を中心とし、その南方に広がる前庭を含んだ二つの大きな空間が想定される。なおこの二つの空間には共通する特徴がみられる。それはいずれも中心となるＳＢ四六〇とＳＢ四七〇〇以外に建物は存在しないこと、すなわち脇殿や後殿に相当する付属建物を全く伴わないことである。これは第Ⅱ期以降、これらの建物の位置を踏襲して営まれる建物が必ず脇殿あるいは後殿を伴うことと大きく異なる点である。

一方、内裏の北半には画一的な形式を指向した付属建物が集中して建てられる。発掘調査では細長い東西棟建物七棟が確認されたが、このうち規模の確定したＳＢ四八三七・〇六二・四七七五・八〇一〇・七八六四の五棟は、いずれも身舎が桁行一〇間、梁間二間と同規模で、さらにそのうちＳＢ四八三七・四七七五・八〇一〇・七八六四の四棟は南北いずれかに同規模の庇を有し、身舎は両端三間と、中央四間を二間づつに分け、四室を作るなど、画一的な形式を採っている。これら画一的な形式をもつ建物は内裏の北半に全般的に配置されるのではなく、特にその北寄りと東西に、南北中軸線に対称に配置され、ＳＢ四七〇〇の後方に空間が確保されている。先述したように、ＳＢ四七〇〇には南面と東西両側面に木階が取り付くと推定されたのに対し、北面には木階がなかったと考えられることから、ＳＢ四七〇〇とその北方に広がる庭とは一応区別して考えるべきで、ＳＢ四七〇〇後方の庭は内裏の北半に配置される付属建物群の前庭と考えることができる。このように内裏の北半には画一

第一表　平安宮内裏と平城宮内裏の殿舎対応表

平安宮内裏	平城宮内裏					
	第Ⅰ期	第Ⅱ期	第Ⅲ期	第Ⅳ期	第Ⅴ期	第Ⅵ期
紫宸殿	SB460	SB450A	SB450A	SB450B	SB447	SB447
宜陽殿		SB440	SB440	SB440		
春興殿		SB650	SB650	SB650	SB650	SB650
校書殿						
安福殿						
仁寿殿	SB4700	SB4703A	SB4703B	SB4645	SB452	SB452
承香殿		SB4710A	SB4710B	SB4704	SB4650	SB4610
綾綺殿		SB260A	SB260B	SB260B	SB253	SB253
温明殿						
清涼殿		SB4660A	SB4660B	SB4660B		
後涼殿						
常寧殿					SB4705	SB4705
貞観殿					SB4712	SB4784
麗景殿					SB4670	SB4670
宣耀殿					SB4770A	SB4770B
弘徽殿					SB4680	SB4680
登華殿					SB4790A	SB4790B
昭陽舎						
昭陽北舎						SB7892
淑景舎						SB7881
淑景北舎						SB8020
飛香舎						
凝華舎						
襲芳舎						

的な構造を採る建物がその中央南寄りにある前庭を取り囲むように配され、これらで一つの空間を構成したと考えられる。なおこの前庭の性格・機能は不明であるが、第Ⅱ期以降には独立して存在しなくなる点が留意される。

　以上のように第Ⅰ期の内裏はおよそ三つの空間に大別して理解することができる。すなわち、内裏の中央南寄りにあるSB四六〇とその前方にある前庭からなる空間、そしてその北にあって内裏の中央を占めるSB四七〇〇とその前方にある前庭からなる空間、さらに内裏の北寄りに画一的な構造と規模をもって配される付属建物群とそれらによって取り囲まれる前庭からなる空間、の三つである。なおこのほかさらにSB四六〇とSB四七〇〇とを中心とした二つの空間の東および西、すなわち内裏の東南部と西南部の建物の全くない部分をそれぞれ一つの空間として捉えることもできる。性格や機能については明らかでないが、第II期以降においても内裏の東南隅と西南隅に建物のない空間が確保され続けることと関連して注目される。

ところで第I期の内裏は、掘立柱塀を用いて内部をさらに細分していない点やすべての建物が東西棟で、中心となる二つの建物にも脇殿や後殿が付属せず、いわゆるコ字型建物配置をとる空間が存在しない点、などに後続する第II期以降の内裏との相違が認められる。しかし空間の構成のあり方や正殿が区画の中央と南寄りとに二棟あり、それらを中心とした二つの中心的な空間が存在することなどは、後述する第II期以降第VI期まで基本的に大きく変化せず継承されたと考えることができ、従来から第I期の遺構群が内裏的ではないとされてきた点には訂正が必要である。

以上のような第I期の内裏の空間構造と建物を平安宮の内裏と比較する（第一表）と、内裏の中央とその南寄りに配される同規模・同形式の二棟の建物を中心とした二つの空間は天皇に関わる空間で、SB四七〇〇は仁寿殿、SB四六〇は紫宸殿にそれぞれ当てることができる。すなわち第I期の内裏には天皇の御在所であるSB四七〇〇と内裏で行う儀式や宴などに際して天皇が出御するための建物、いわゆる内裏正殿であるSB四六〇がその中心を占めていたことになる。しかし二つの空間を平安宮の内裏と比較した場合、空間の構成の点で大きく異なるのは、平安宮における天皇の私的な空間である仁寿殿を中心とした一郭では、仁寿殿が紫宸殿と露台等によって連接されていることによって前庭をもっていないのに対して、第I期のSB四七〇〇は、SB四六〇の南方に広がる前庭に匹敵する規模の前庭を南方にもっていることである。後述するように、二つの前庭を有する空間が内裏の南寄りと中央に位置する構造は、平城宮の内裏では第III期まで継承されるが、第IV期に至って消滅する。一方内裏の北寄りには広範囲にわたって画一的な構造や規模をもつ東西棟建物が配され、それらは天皇の御在所や出御のための建物に対して付属する建物であると考えられる。しかし平安宮でこのような位置を占めるのは、第一節で述べたように皇后宮と後宮であるが、平城宮内裏の第I期の場合、それらと空間構造や建物の形式等が大きく異なっている。

②　第II期（第四図）

第II期の内裏は、第I期に造成した内裏の区画を新たな整地によってさらに南へ延ばし、第I期の周囲を画する掘立柱塀のうち東西両面はそのまま区画施設として利用しながら南北両面のみそれぞれ六〇尺と三〇尺南へ移動し、南北六三〇尺、東西六〇〇尺の縦長の長方形の区画を造り、それとともにより一層区画を整える造成が行われた。このようにして造成された第II期の内裏の位置と規模はこののち第VI期、すなわち奈良時代末の平城廃都まで変更されることなく踏襲されることとなる。

第II期の内裏は、二棟の正殿をその中心と南寄りに置き、これらを中心とした二つの空間を南半部に配する基本的な構成の点で第I期と同じであるが、一見して明らかなように、このような基本構成の一致点を除くと、その様相は第I期と比べ一変しているといってもよい変貌を遂げている。その最も大きな変化は、内裏の内部が掘立柱塀や掘立柱回廊によっていくつかの区画あるいは空間に明確に区分されるようになったことであり、次いで中央と南寄りの空間とで正殿・前庭に脇殿が付属するようになってコ字型建物配置が出現したことである。ほかにも細部で多くの変更が行われているが、第II期の内裏の基本的な構成は、第I期の内裏の空間構成を基本的に

第四図　平城宮内裏第II期の空間構造

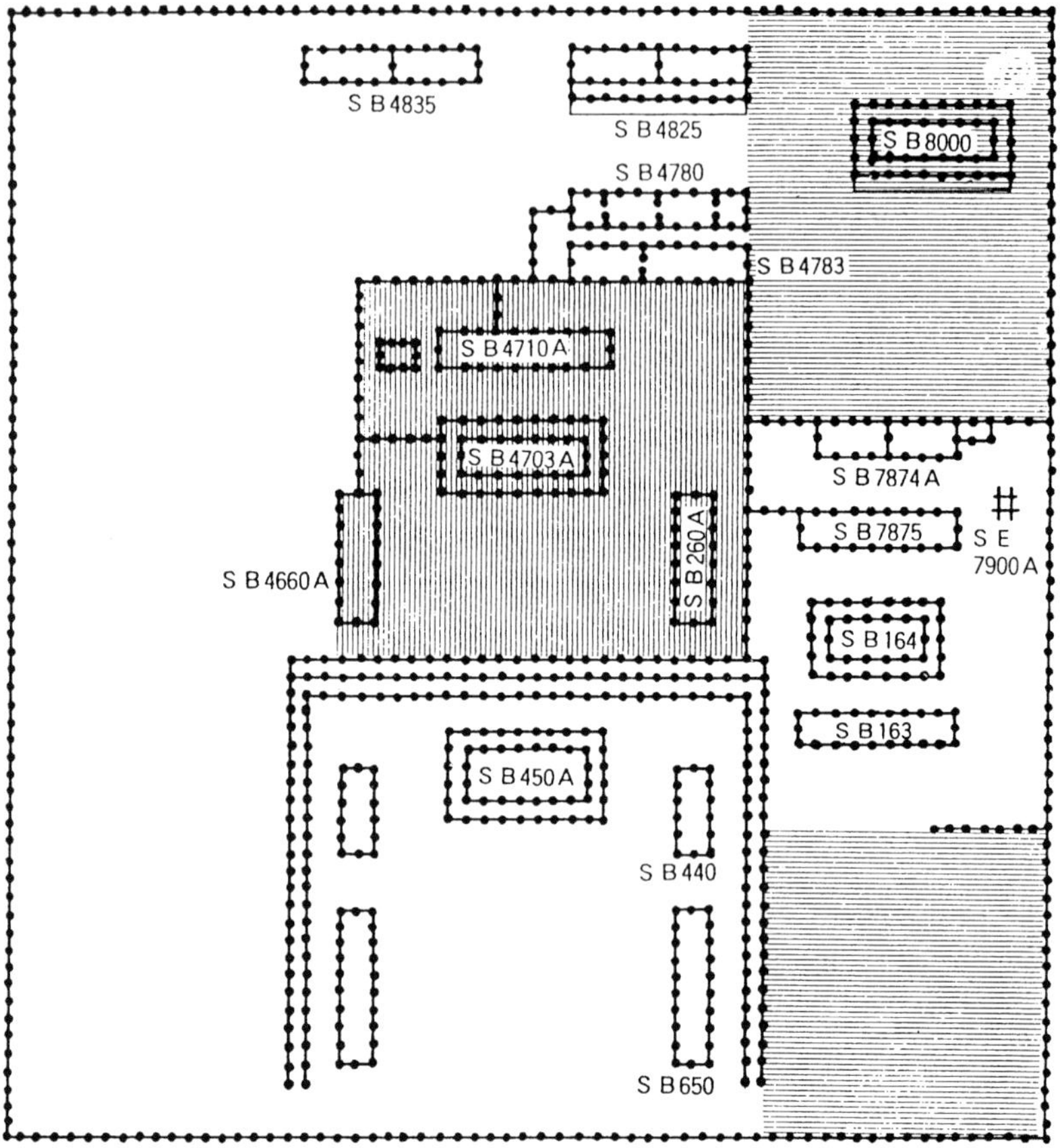

踏襲しつつ、それをより明確化したものと考えることができる。そして第II期に形成された内裏の空間構成はこののち第VI期まで継承されることになる。このことと関連して、第II期の建物は一〇尺方眼上に柱位置が割り付けられている事実、そしてこれ以後の内裏においても同様のことが行われていることから、内裏内部の区画割りの基本は第II期に成立したと考えてよい。以上は、平城宮の内裏の基本が第II期に成立したと言ってよいことを示唆する事実である。

さて第II期の内裏は、上述

したように、第I期の空間構成を継受しながらも、さらに明確に内部を区画するが、それは大きく三つの区画・空間から構成されている。

まず内裏の中央南寄りにある、南を内裏南面を画する掘立柱塀、北と東西を掘立柱複廊と掘立柱単廊によって画された区画である。北寄りに東西棟建物SB四五〇A、またその前面東方には前面と背面を揃えた二棟の南北棟建物SB四四〇・六五〇が南北に配置される。さらにSB四五〇Aを挟んでその前面西方、SB四四〇・六五〇と対称の位置にこれらと同規模・同形式で同じ配置を採る二棟の南北棟建物の存在が想定されることから、この区画にはコ字型に配置される五棟の建物があったと推定される。そしてこれらコ字型に配置される五棟の建物に囲まれた空間が前庭である。SB四五〇Aはこの区画の正殿で、桁行七間、梁間三間の身舎の四面に庇を繞らす。またSB四四〇・六五〇はともに身舎のみの建物で、脇殿に当たる。

掘立柱回廊で囲まれた空間の北に接し、内裏のほぼ中央を占める位置に、掘立柱塀で北と東西を画された区画がある。中央に東西棟建物SB四七〇三Aがあり、その後方に東西棟建物SB四七一〇Aを配し、またSB四七〇三Aの前面東西には南北棟建物SB二六〇A・四六六〇Aの二棟が対称に置かれる。SB四七〇三Aは桁行七間、梁間二間の身舎の四面に庇を付けた建物で、この区画の正殿である。またSB四七一〇Aは後殿に当たる桁行九間、梁間二間の身舎のみの建物で、桁行東西両端間を広くする。またSB二六〇AとSB四六六〇Aの二棟も桁行七間、梁間二間の身舎のみの建物で、脇殿である。第I期には内裏の中央と南寄りにあった二棟の正殿SB四六〇とSB四七〇〇とは同規模・同形式の建物であった。しかし第II期では桁行総長は同じであるが、梁間は南寄りの区画のSB四五〇Aが五間で、四間のSB四七〇三Aより広く、平面規模と棟高の点でSB四五〇AがSB四七〇三Aより格式の高い建物と考えられ、以後内裏に存在する二棟の正殿に見られる格差はここに成立した。南寄りのこれら四棟の建物はコ字型の配置を採り、これらによって囲まれた空間は前庭である。区画南半に前庭が設けられている点は、南に位置する区画と共通し、先述したように、第I期においても中央と南寄りを占める二つの空間ではそれぞれの南半に前庭が確保されていた点を踏襲したものである。この区画の西北隅、すなわちSB四七一〇Aの西方には桁行三間、梁間二間の東西棟建物SB四七一五がある。この建物は内部に正方形の土坑が重複して掘られ、貯水槽を据え付けたものかと推定され、あるいはSB四七一五は湯屋のような施設で、その周囲にある諸施設や溝は水の浄化施設や水をSB四七一五の周辺へ引くための溝であったとも憶測されている。

以上、第II期の内裏の中央とその南寄りに存在する二つの区画は、第I期に同様の位置に存在した二つの空間と対応するものと考えられる。

内裏の中心を占める二つの区画の周辺には、これらと異なり、東西棟建物ばかりが配置される空間が広がる。この空間はさらに四つの小空間に区分することができる。

まず内裏の中央北辺にあるSB四七八〇・四七八三・四八二五・四八三五の四棟の東西棟建物群からなる空間がある。四棟はいずれも桁行柱間が一〇間の偶数間で、規模・形式は異なるが、いずれも内部を間仕切って小室を設ける点で第I期の内裏北寄りに配置された東西棟建物群と共通する。

また内裏の東辺には四棟の東西棟建物SB七八七四A・七八七五・一六四・一六三がある。SB七八七四Aは桁行が八間の偶数間の建物で、その中央で東西二室に間仕切っている。このような在り方は、内裏の北辺にある四棟の東西棟建物や第I期の内裏北寄りに配された東西棟建物群とも共通する。SB七八七四Aの東妻部分には二間・一間の角屋が設けられ、内部に水を引き入れる溝が掘られている。SB七八七四Aの東南方には井戸SE

七九〇〇Ａが設けられ、周辺の排水はＳＥ七九〇〇Ａへの雨水の流入を防止する明確な意図をもって計画・実施されている。ＳＢ七八七四Ａの北側柱筋の東西両延長には掘立柱塀が設けられ、北の区画と明確に区分されている。また南に位置する三棟のうち北端にあるＳＢ七八七五の北側柱筋から西に延びる掘立柱塀によって南の三棟の建物とも画され、さらに一つの小空間を形成していると見ることもできる。なおＳＥ七九〇〇Ａと水を内部に引き込む角屋の付設などから、ＳＢ七八七四Ａを厨とする考えもある。ＳＢ七八七四Ａの南にあるＳＢ七八七五・一六四・一六二の三棟は、本来、桁行九間、梁間二間の同規模・同形式の建物として計画され建て始められたが、途中で中央に位置するＳＢ一六四だけが計画変更され、桁行五間、梁間二間の身舎の四面に庇の繞る構造に替えられた。元来同一の性格と機能をもった東西棟建物三棟を南北に平行して建てる計画であったのを変更し、中央のＳＢ一六四のみ身舎の規模を縮小する代わりに四面に庇を繞らす形式としたのは、ＳＢ一六四を他の二棟と性格・機能を異にする建物、恐らく三棟の建物で構成される空間の正殿としたもので、ＳＢ一六四を正殿、ＳＢ一六三とＳＢ七八七五を前殿・後殿とする官衙のような性格をもった空間であると想定することができる。ただし三棟とも東西棟で、コ字型建物配置を採らず、前庭も付設しない点に、この空間の特徴がある。なおこれら三棟ないしＳＢ七八七四Ａを含めた四棟の建物から構成される空間は、こののち平城宮が廃止される第Ⅵ期まで建て替えられることなく、長期に亙り一貫して内裏の東辺中央に存続した。

以上二つの区画に対して、内裏の東北隅は第Ⅱ期以降極めて変化に富む空間である。第Ⅱ期には建物はＳＢ八〇〇〇、一棟だけが北に寄せられて建てられ、南には建物などの構築物のない空閑地が広がる。ＳＢ八〇〇〇は身舎が桁行七間、梁間二間の四面に庇の繞る東西棟建物で、内裏の中心に位置する区画の正殿ＳＢ四七〇三Ａと同規模・同形式である上に、さらに南面に土庇を付ける、ＳＢ四七〇三Ａと並ぶ格式の高い建物である。ＳＢ八〇〇〇の南方には、その南辺に沿って東流する溝や空閑地の南辺から東北方へ斜行して流れる溝などがあるが、それらはいずれも暗渠とされている。これはSB八〇〇〇の南方に広がる空閑地を広く確保するために採られた措置で、この空閑地はSB八〇〇〇と一体化して何等かの機能を果たした前庭であると考えられる。前庭の規模は東西一七〇尺、南北一三〇尺あり、SB四五〇AとSB四七〇三Aとをそれぞれ中心とした区画の南方に広がる前庭に劣らぬ規模である。このことは、上述したSB八〇〇〇がSB四七〇三Aと同規模・同形式の建物であることとともに、SB四七〇三Aを御在所とした天皇と身位の上で同等に近い人物がSB八〇〇〇に居住したことを物語る。

一方、内裏の東南隅には建物の全くない空間がある。南と東西の三方を掘立柱塀・掘立柱単廊によって囲まれ、北には北方にある井戸SE七九〇〇Aの目隠しの機能をもつ掘立柱塀があり、内裏東辺の三棟あるいは四棟の建物からなる空間とは別の空間が形成されていたと考えられる。

以上のような構造をもつ第II期の内裏が、第I期のそれと基本的に同じ構成を採っていることは明らかである。すなわち東北隅にSB八〇〇〇を中心とした空間が存在する点を除くと、内裏の中心が二つの空間からなること、そしてその北あるいは東に東西棟建物からなる空間が広がり、さらに東南隅に建物の存在しない空間が置かれていることなどは、第I期と同じと見て問題はない。

第II期の内裏を平安宮内裏と比較する（第一表）と、第I期の場合より遙かに明確な対応関係を指摘することができるようになる。すなわち内裏の南寄りを占める区画にあるSB四五〇A・SB四四〇・SB六五〇の三棟がそれぞれ紫宸殿・宜陽殿・春興殿に対応し、これらによって構成されるこの区画は天皇の公的空間に当たる。また内裏中央に位置する区画は天皇の私的空間に相当し、SB四七〇三A・SB四七一〇A・SB二六〇A・SB

四六六〇Aがそれぞれ仁寿殿・承香殿・綾綺殿・清涼殿に対応する。しかしこれら二つの区画の周辺に広がる空間の建物を平安宮内裏の殿舎と厳密に対応させることは極めて困難である。

③　第III期（第五図）

内裏の位置および規模が第II期以降踏襲され、変更されないことについては先に述べた通りであるが、内裏の周囲を画する施設は第III期に変更される。すなわち第II期の掘立柱塀が解体・撤去され、本体の心を第II期の掘立柱塀の心とほぼ揃えて築地回廊が造営される。築地回廊の四面には各面三門、計十二の門が開くが、いずれも潜門の形式で、南面の諸門のみ基壇上面に石敷舗道が敷かれるに止まる。内裏の周囲を画する施設の変更は、恐らく、内裏の南方に位置する第二次大極殿院地区や第二次朝堂院地区における建物・塀から礎石建物・築地回廊・築地への変更と揆を一にするもので、外観を第二次大極殿院・朝堂院地区と統一するために採られた措置であろう。第III期以降、内裏の周囲を画する施設の形式は築地回廊に固定され、以後最後の宮城である平安宮まで内裏は常に外周を築地回廊で画されることとなる(66)。しかし内裏の外周施設の外観変更は必ずしも内裏自体にとって根本的な変更を意味するものではなく、築地回廊内部の地割り計画が第II期と殆ど変更されなかったことも第II期と第III期との連続性を示唆している。

第III期の内裏の建物も、第II期と比べ若干の変更が見られるが、配置は基本的に第II期を踏襲しており、ほぼ同様の空間構成を採っていると見てよい。すなわち内裏の中央とその南寄りに、コ字型建物配置を採り、周囲の空間と掘立柱回廊や掘立柱塀によって画された二つの中心的な区画が存在する点は、基本的に第II期と同じで、またその周囲に東西棟建物が配される空間が広がる点もまた同じである。

第五図　平城宮内裏第III期の空間構造

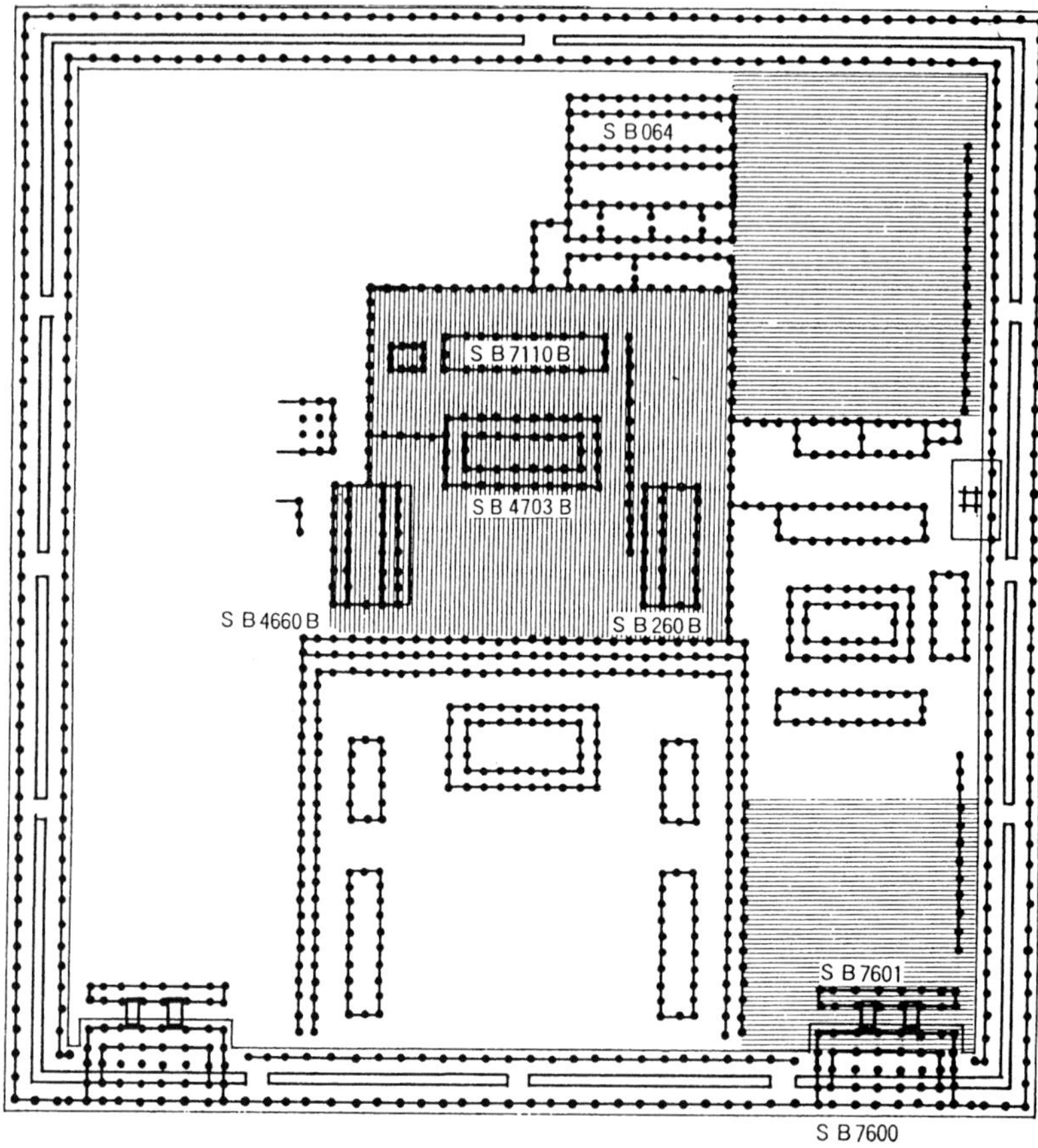

内裏の中心的な二つの区画のうち南寄りの区画を構成する建物には大きな変更がないが、中央の区画の建物には若干の変更が加えられている。SB四七〇三・四七一〇・二六〇・四六六〇はそれぞれAからBへ変更され、SB四七〇三Bは庇の出を一二尺に拡幅し、SB四七一〇Bは桁行の両端間を一五尺に拡げ、SB二六〇Bは西に庇を増築し、SB四六六〇Bは東西両面に庇を増築する。中央の区画における全面的な建物の増改築は、南寄りの区画で全く変更が行われていないことと対蹠的で、この区画を一層整

備したものであったと考えることができる。

これらの東に位置する空間でも中央南寄りの区画と同様に全く変更が行われず、第II期の建物をそのまま使用している。ただしSE七九〇〇は周辺部に石敷が行われて井戸屋形が設けられ、内裏の東辺では第II期と同様にSE七九〇〇への雨水の流入防止を意図した排水計画が実施されている。

また北辺では建物の建て替えが行われるが、基本的な形式は第II期と同じであると見て問題ない。SB〇六四は桁行一〇間、梁間二間の身舎に南北両庇が付き、さらに南面中央東寄り四間に縁が付く。SB〇六四は平面規模や形式の同一性から第II期のSB四八二五の建て替えと考えられる。

一方、第II期と比べて大きく異なるのは、内裏の東北隅の空間である。第II期にここに存在したSB八〇〇〇が撤去され、建物のない空閑地とされた。しかしこの空間は、第II期と同様に大きな広場として維持される必要があったようで、この部分を通る溝は第II期同様暗渠とされた。内裏の東北隅に広い空閑地が確保された理由は明らかでないが、あるいは第II期と同様にSB八〇〇〇の如き建物が建てられる可能性があったためであろうか。

また東南隅では南面築地回廊の東端近くに重閣の建物SB七六〇〇が建てられる。SB七六〇〇は北面の東西両端から三間目に木階が各々設けられ、その北にSB七六〇〇と桁行を同じくし、SB七六〇〇へ昇る木階の階隠にも当たる桁行七間、梁間一間の東西棟建物SB七六〇一が設けられる。SB七六〇〇が南面回廊の東端近くに設けられた点は第II期と大きく異なるが、その北に第II期同様建物のない空閑地が広がる点は基本的に大きな変化が起こっていないことを示している。SB七六〇〇とその北に広がる空閑地との関係は明らかでないが、あるいは一体となって使用されたのであろうか。

以上のように、第III期には内裏の中心的な二つの区画や、その周辺の画一的な建物が配置される北辺あるいは東辺でもその性格や機能を変化させるような変更は加えられず、建物の増改築が行われた中央の区画においても基本的な性格や機能の変更はなく、特にこの区画を整備したに止まる。従って第III期の内裏は基本的に第II期の構造を踏襲していると考えることができ、平安宮内裏との比較（第一表）においても第II期の場合と基本的に同じで、大きく異なるところはないと見てよい。なお平安宮内裏と比較した場合、中央の区画における増改築は天皇の私的空間である御在所の整備を意味すると解される。また第III期の内裏で主たる変更が行われたと考えられる内裏の東北隅におけるＳＢ八〇〇〇の撤去は、ＳＢ八〇〇〇を居所とした人物の死去ないしは居所の変更に伴うものと考えられ、これによって内裏が天皇のみの居住する区画に戻ったことを示すと考えられる。ただし第III期に空閑地として意図的に維持されたことは単純に内裏が天皇のみの居住する区画に戻ったと考えてよいか問題を残す。

④　第IV期（第六図）

第IV期の内裏は第II・III期の地割りを踏襲するが、第IV期に新たに建設された建物の中には第II・III期の地割り計画と微妙にずれるものが見られ、第IV期の特殊性を示すと考えられる。

さて第IV期の内裏も第III期同様第II期の建物配置を基本的に踏襲し、大きく三つの空間から構成されている点に変更はない。しかし第II期や第III期と比べると、細部においていくつかの点で注目すべき相違が見られる。

まず内裏の中央を占める二つの区画で正殿の建て替えが行われている点である。内裏の南寄りの掘立柱回廊で画された区画では正殿の建て替えが行われ、第II・III期に亙って存続したＳＢ四五〇Ａが撤去されてほぼ同位置で同規模ではあるが形式の異なるＳＢ四五〇Ｂが建てられる。ＳＢ四五〇ＢはＳＢ四五〇Ａの身舎の梁間が三間

第六図　平城宮内裏第Ⅳ期の空間構造

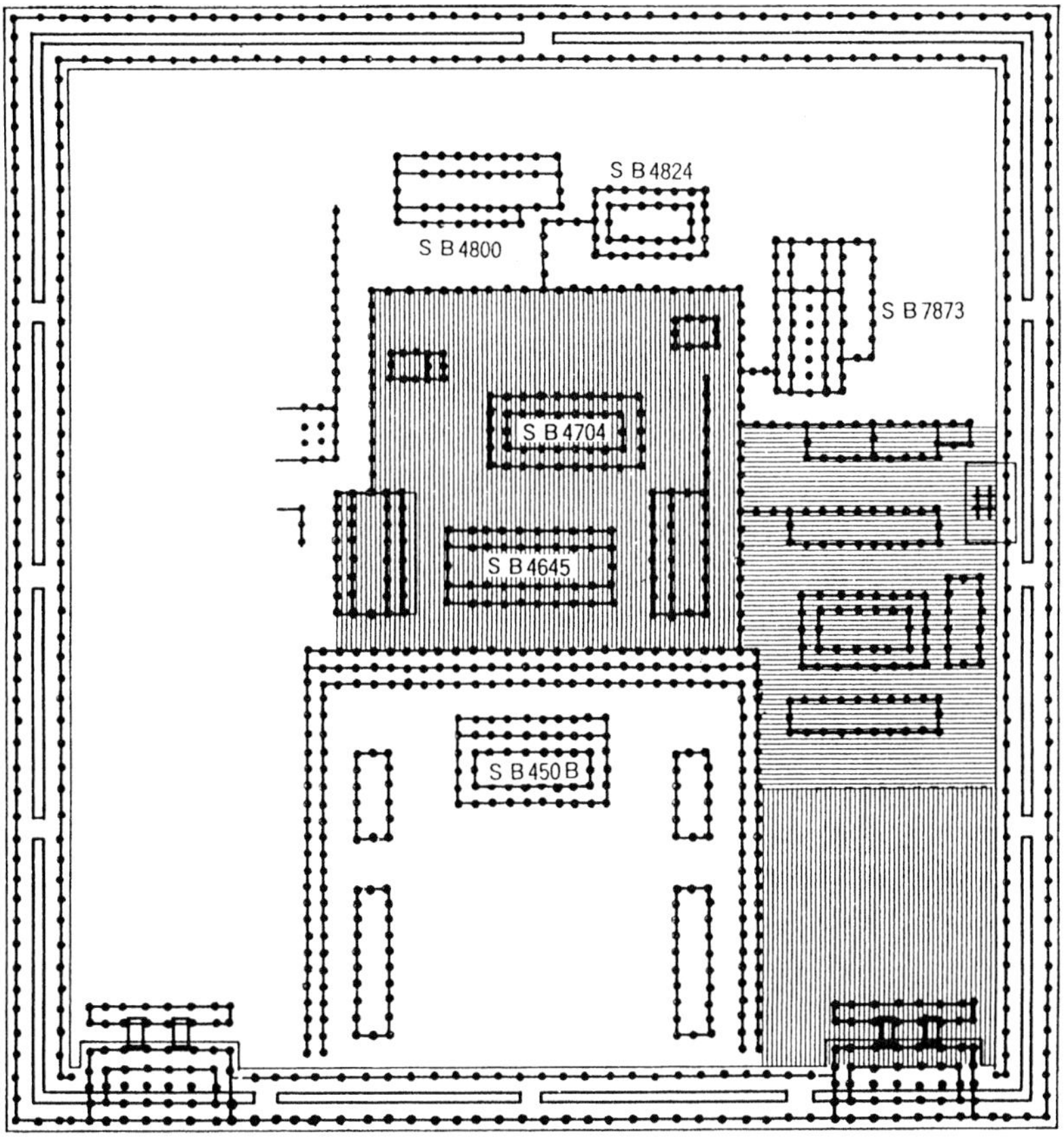

であったのに対して二間に狭められるが、代わりに北に孫庇を付け、また従来同様四面に庇を繞らすことによって平面規模をSB四五〇Aと同じくし、格式の保持につとめている。しかし梁間を二間としたことによって棟の高さが従来に比べ低下したと考えられる。

また内裏の中央を占める区画では正殿と後殿がともに建て替えられる。すなわちSB四七〇三BとSB四七一〇Bが撤去され、ともに位置を南に移してSB四六四五とSB四七〇四の東西棟建物二棟が新たに建てられる。正殿であるＳＢ四六四五は平面形式が従来の四面庇から二面庇に改められている点でやや格下げの観は否めないが、平面規模は桁行を九間にし、しかも両端の間を広くして南の区画の正殿ＳＢ四五〇Ｂより桁行を長くし、前面を大きく見せ、第Ⅲ期のＳＢ四七〇三Ｂと同じにしている。この改築はＳＢ四五〇Ｂにおける梁間の縮小・北孫庇の付属と揆を一にすると考えられる。ＳＢ四六四五の後方に位置する後殿ＳＢ四七〇四は、ほぼ第Ⅲ期の正殿ＳＢ四七一〇Ｂの位置を踏襲して建てられるが、建物の南北軸を内裏の東西中軸線と一致させず、東へずらしている。規模や形式は第Ⅲ期のＳＢ四七一〇Ｂと同じで、これを移建した可能性があることについては既に述べた通りである。[67] 建物としての格式はＳＢ四六四五に優るが、その位置に問題があり、後殿と考えるべきであろう。この区画における変化で最も注目すべきは、正殿が南寄りに建てられることによって、第Ⅰ期から第Ⅲ期にかけてこの区画の南半に存在していた前庭が消滅したとみられる点である。前庭の消滅という事態はこの区画の性格を大きく変えるものであったと考えられる。

さてこれら二つの区画の周辺でも建物の建て替えが行われている。まず内裏の北辺では、第Ⅰ期から第Ⅲ期にかけて一貫して存在した、桁行が偶数間で、しかもその内部を間仕切り二間あるいは三間などの小室を設ける画一的な形式を採る東西棟建物群が廃され、桁行が奇数間で、両面あるいは四面に庇を付ける建物ＳＢ四八〇〇・四八二四に建て替えられている。ＳＢ四八〇〇は桁行九間、梁間二間の身舎の南北に庇を付け、桁行の両端間を広くする点も含め、形式は中央の区画の正殿であるＳＢ四六四五と同じであるが、中央の区画の北を限る塀から北へ延びて東折しＳＢ四八二四に取り付く掘立柱塀が近接して設けられたために南庇の東端二間分を欠く。また梁間は狭いが、ＳＢ四八〇〇の平面規模はＳＢ四六四五に匹敵するほどである。ＳＢ四八二四は桁行五間、梁間二間の身舎の四面に庇を繞らせた建物である。

また第Ⅲ期に空閑地であった内裏の東北隅の空間でも大型で東西両面に庇の付く南北棟建物SB七八七三が建てられる。SB七八七三はさらに東に孫庇を付け、内部は南六間と北三間の南北二室に分けられている。しかしその床束の径が異なることから床高は異なり、南六間が高床で、両室は階段によって結び付けられていた可能性も考えられる。南寄りの区画の正殿SB四五〇〇Bや第Ⅱ期にこの空間に存在していたSB八〇〇〇に匹敵するほどの規模をもつが、SB八〇〇〇とは形式が異なる。SB八〇〇〇が東西棟建物でしかもその南方に前庭を有していたのに対し、SB七八七三は南北棟建物で、孫庇の架かる東方と北妻の北方に建物のない空閑地があるが、これらの空閑地がはたしてSB八〇〇〇の南方に存在していた前庭と同じ性格や機能を有していたかは疑問である。それはこの空間を走る溝が第Ⅲ期には暗渠であったが、第Ⅳ期にはいずれも廃されて開渠に換えられた点にも明らかであり、SB七八七三の性格や機能はSB八〇〇〇と明らかに異なる。むしろ内裏の北辺に存在するSB四八〇〇などとの共通性が考えられ、この部分の空間としての性格や機能が従来に比べて大きく変化し、第Ⅱ・Ⅲ期に確保・維持された広い空閑地が必要でなくなったことを示している。独立した一つの空間を構成せず、内裏北辺の建物群とともに一連の空間を構成したと考える方が妥当であろう。

以上のように、第Ⅳ期における内裏の変化は極めて注目すべきものであるが、しかしそれは内裏の従来からの空間構成を一変するようなものではなく、第Ⅱ期および第Ⅲ期、さらには第Ⅰ期の内裏における空間構成を基本的に継承したものであったと見ることができる。従って平安宮内裏と比べた場合(第一表)、第Ⅳ期が第Ⅱ期や第Ⅲ期と基本的に同じ空間構成を採っていることから、平安宮の内裏との類似あるいは相違の様相は第Ⅱ期・第Ⅲ期の場合と大きく異なるところはないと言える。しかしただ内裏の中央にある区画における前庭の消滅という事態は、平安宮の内裏における仁寿殿を中心とした空間のあり方、すなわち仁寿殿が紫宸殿と渡殿・露台で連接されることによって前庭が存在しないという状況に類似し、平安宮の内裏において紫宸殿と仁寿殿とが連接されるに至る第一段階を示すと考えられる。なおこのような内裏の中央の区画における前庭の欠如は、第Ⅳ期に引き続く第Ⅴ期および第Ⅵ期においても認めることができる。また内裏東北隅における空閑地の消滅は、天皇と同等の身位をもつ人物が内裏に住むことを考慮しなくなったこと、すなわち内裏が天皇の御在所として純化したことを示すと考えられるが、想像を逞くすれば、これは同時に第一次大極殿院地区で新しい天皇の御在所である中宮院の造営が進められたこととも関連し、内裏である西宮が太上天皇の居所となったことに伴う措置で、内裏の中央を占める二つの区画における変化もあるいはそのことと関わっていると考えることもできる。

⑤　第Ⅴ期（第七図）

第Ⅴ期の内裏の地割りは第Ⅱ期から第Ⅳ期のそれを踏襲し、建物もおおむね一〇尺方眼のもとに計画的に配置されるが、中央の区画では二度地割りの設定を実施しながらも途中で計画変更が行われ、三度目の施工でようやく建設されるに至ったことが指摘されている。

内裏は、第Ⅴ期に至って第Ⅰ期あるいは第Ⅱ期から第Ⅳ期までほぼ一貫して辿ることが可能であった空間構造を大きく変更され、基本的な点で第Ⅳ期以前と重大な相違が見られるようになる。すなわち第Ⅰ・Ⅱ期から第Ⅳ期までの建物配置や空間構成と基本的に一致するのは、外見上、内裏を大きく三つの区画に分ける点だけである。まず内裏の中央南寄りには東西と北の三面を掘立柱塀で囲まれ、東西棟建物一棟と南北棟建物二棟によってコ字型建物配置を採る東西に細長い区画があり、その北、内裏の中央に掘立柱塀で東西南北四面を囲まれ、東西棟七棟と南北棟三棟からなる南北に長い区画が存在し、さらに内裏中央に位置するこれら二つの区画の周囲に東西棟

第七図　平城宮内裏第Ⅴ期の空間構造

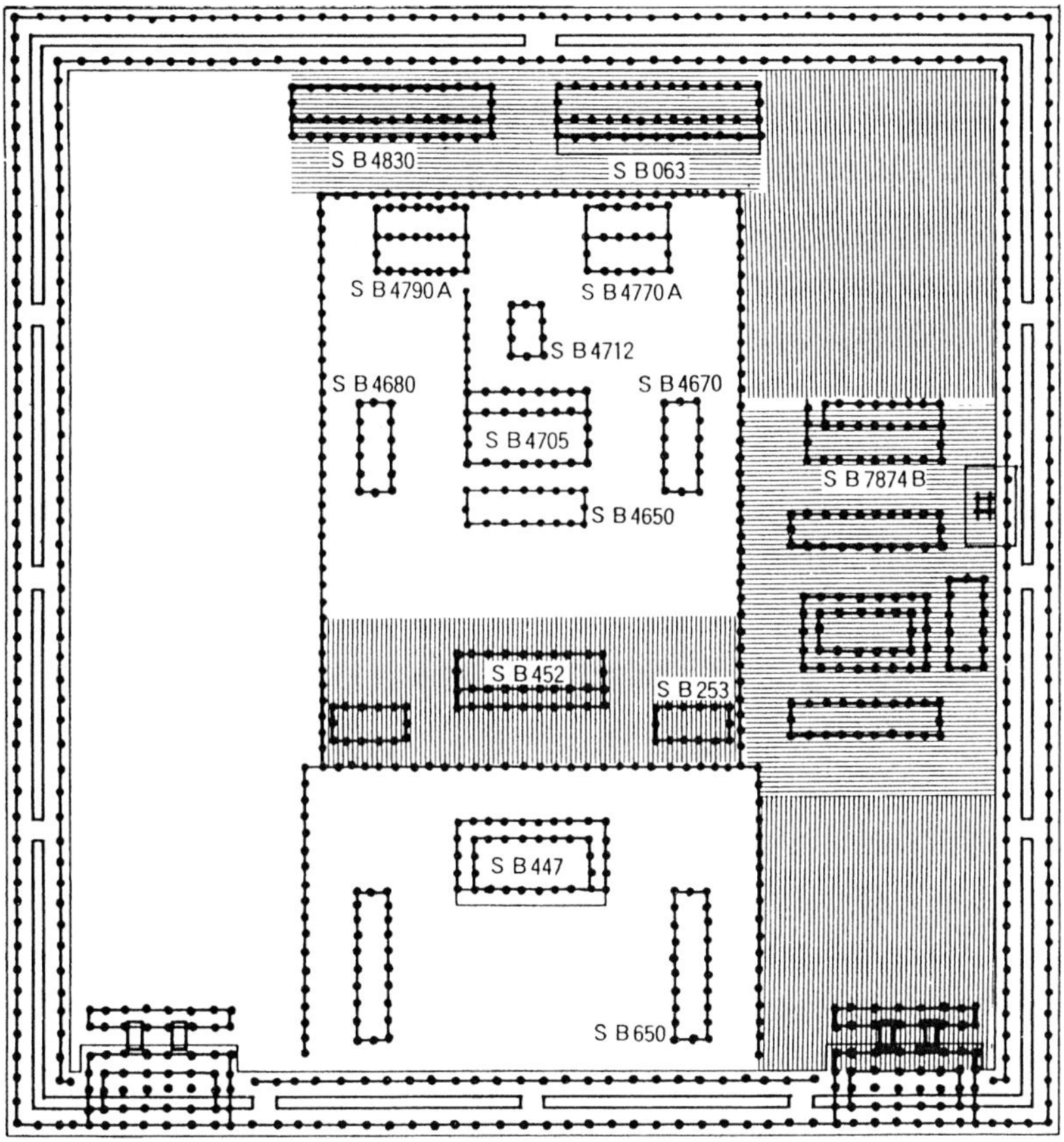

建物を主とした空間が広がっている。

　このような基本的な空間構成は、確かに第Ⅰ・Ⅱ期から第Ⅳ期にかけて見られる内裏の空間構成と共通するものがある。しかし各区画の内部を子細に検討してみると、内裏の空間構成が第Ⅴ期に至って従来の構成とはその様相を大きく異にするようになったことが明らかになる。

　まず内裏の南寄りにある区画では、その北寄りに正殿である東西棟建物ＳＢ四四七と、その前面東にある脇殿である南北棟建物ＳＢ六五〇およびＳＢ四四七を挟んでＳＢ

六五〇と対称の前面西方に想定される南北棟建物の脇殿の、三棟から構成される点は、従来第II期から第IV期にこの位置を占めた同様の区画で東西棟建物の正殿一棟とその前面東西に各二棟の脇殿に当たる南北棟建物を配置し、計五棟から構成されていたのと比べ、南北棟建物が二棟に減少し、また正殿も北を画する塀も南に移されて内裏で占めるこの空間の面積が小さくなっている。この空間の正殿であるSB四四七は第II期から第IV期のこの区画の正殿とは桁行が同規模ながら、梁間が一間縮められて四間となり、桁行七間、梁間三間の身舎の東西北三面に庇が付く形式となっている。身舎梁間が三間になったのは第III期以前の正殿の身舎の形式に復したことを示している。しかし身舎内の東北・西北両隅に独立柱を立てたのは、棟を身舎中央に通さず、北に寄せて庇を含めた梁間四間の中央を棟通りとする形式にしたものと考えられている。また南には縁を付けるが、それは従来の南庇を省略したものと推測される。このようにSB四四七は平面形式・構造とも従来にない特異な形式の建物である。また東の脇殿は二棟から一棟に減らされ、SB四四〇が撤去されてSB六五〇だけが残されている。このことは脇殿の性格・機能を考える上で注目すべき事実である。それは第II期から第IV期まで四棟で果たしていた脇殿の機能を第V期には二棟で果たすことが可能であったことを意味すると考えられるからである。

これに対してその北に接し内裏の中央を占める区画は南北に広がる巨大な空間となり、従来よりもはるかに広い面積を占めるようになった。しかしこの区画の変貌は単に占有面積が増大したにとどまらず、その内部における建物の構成や配置にも大きな変化が生じているのである。すなわち、第II期から第IV期は、この区画に相当する位置に、東西棟の建物が中央と北寄りに二棟あり、その東西に各一棟の南北棟建物を配するいわゆるコ字型建物配置をとる空間が存在していた。しかし第V期には様相が一変し、この区画には全部で一〇棟もの建物が配置され、またその構成も従来のように単純ではなくなった。この区画の内部は建物配置や後に述べる平安宮との比較から大きく二つの空間によって構成されていると考えることができる。すなわち区画の南寄りの東西棟三棟から構成される空間と、それからやや離れてこの区画の中央から北寄りに存在する東西棟四棟と南北棟三棟とからなる空間である。

このうち南寄りの空間は、そのやや北寄りに位置するSB四五二と、その前方東にあるSB二五三と、SB四五二を挟んで西にSB二五三と対称の位置に存在すると想定される東西棟建物の、三棟から構成される。SB四五二はこの空間の正殿に当たる、桁行九間、梁間二間の身舎の南のみに庇を付けた東西棟建物で、第Ⅳ期のSB四六四五の北庇を省略した形式と考えられる。またSB四五二の東南方にあるSB二五三は桁行が短くなっているが、第Ⅱ期から第Ⅳ期まで同位置にあった南北棟を東西棟に変更した建物で、脇殿に相当する。この東西棟建物三棟によって構成される空間は、建物の棟方向が異なることや建物が一棟少ないことに相違がみられるものの、その南に存在している区画との位置関係から、第Ⅰ・Ⅱ期から第Ⅳ期の内裏で中央に存在していた区画と同じ性格・機能をもつと推測することができる。またこの点は、第Ⅱ期から第Ⅳ期にかけて内裏の中央と南寄りとに形成された二つの区画の正殿がいずれも共通して桁行九間で、総長が同じであるように、第Ⅴ期の場合も南寄りの区画の正殿SB四四七と中央の区画の南寄りの空間の正殿であるSB四五二とがともに桁行九間であることから、掘立柱塀SA二五一を隔てているとはいえ、両者は建物配置の上でも、また機能的にも結び付きが強いと考えることができることにも窺うことができる。

これに対して同一区画の中に存在しているものの、中央の区画の中央より北を占める空間の正殿SB四七〇五とその前殿SB四六五〇とがともに桁行を七間で揃えている点は、明らかにこの二棟に建物配置の計画上、また機能的にも緊密な関係の存在を認めることができ、また南寄りの三棟とやや距離を置いて配置されている点なども考慮すると、これらの建物や空間はSB四五二と直接的には機能上結び付き難いと考えられる。一方また、これ以前の内裏と比べると、この区画の中央より北に位置する空間は第Ⅰ・Ⅱ期から第Ⅳ期までは存在せず、第Ⅴ期に至って新たに創出された空間である。SB四七〇五を中心にして、その前面に桁行の長さをSB四七〇五と揃えるSB四六五〇、東西にはそれぞれSB四六七〇とSB四六八〇、後方にはSB四七一二を配し、さらにSB四七一二の後方東西にSB四七七〇AとSB四七九〇Aを配置する。SB四七〇五はこの空間の正殿である、桁行七間、梁間三間の身舎に北庇を付けた東西棟建物で、身舎の梁間が三間である点で南に離れて位置するSB四五二より格上の如くであるが、正面はSB四五二が九間であるのに比べ七間と狭いことから、必ずしもSB四五二より格上の建物とは言い難い。また身舎梁間が三間であるのは、あるいはこの建物の前身となった建物の形式によったのであろうか。SB四七〇五の前殿に当たるSB四六五〇の南方には、同規模・同形式のSB四六一〇が発掘調査で検出されているが、両者の前後関係を決定する調査知見は得られていない。しかしSB四六五〇が背面をSB四六七〇・四六八〇の南妻柱筋に揃えていることから、SB四六五〇が先行し、のち位置を南に移してSB四六一〇に建て替えたと考えることができる。またSB四七一二はSB四七〇五の後殿の位置に当たるが、桁行三間、梁間二間の南北棟の建物で、正殿であるSB四七〇五と棟方向を異にする点で問題が残る。また第Ⅵ期にこれを建て替えたSB四七八四も東西の両面に庇を付けた南北棟建物で、いずれも後殿としてはやや特殊な性格・機能をもった建物であったかと推測される。

以上のような二つの区画における新たな様相の現出に対して、その周囲に存在する空間のうち東辺ではSB一六四を中心とした建物群の北端に位置するSB七八七四Aに北庇が付けられてSB七八七四Bとなる他は大きな変更は見られないが、東北隅や北辺で変更が見られる。

まず第Ⅳ期に内裏の東北隅に存在していた南北棟建物SB七八七三が廃され、一時、掘立柱塀でつながれた仮設の建物SB八〇〇五・八〇〇七が建てられることもあったが、再び第Ⅲ期のように空閑地となる。一方北辺では内裏の中央に存在する空間が南北に長大な空間となったために、東西に細長い空間しか確保できなくなり、第Ⅳ期に存在していた東西棟建物二棟SB四八〇〇・四八二四が撤去され、東西に側柱筋を揃えた二棟の東西棟建物SB〇六三・四八三〇が建てられる。SB〇六三・四八三〇は構造的には東に位置するSB〇六三が南に孫庇を付ける点でやや異なるが、ともに桁行が一二間と偶数間で、身舎と南庇の規模が一致する点は両者の機能に共通性のあることを示す。また間仕切りのない点は異なるが、桁行柱間数が偶数であることや建物配置の状況から、第Ⅰ期や第Ⅱ・Ⅲ期に内裏の北辺に配置された東西棟建物群と共通する性格・機能をもつ建物と考えられる。

以上のように第Ⅴ期の内裏は、第Ⅱ期から第Ⅳ期に見られた空間構造を基本的に継承する点も見られるが、様相を大きく異にする部分も生まれ、特にその中央に位置する区画に大きな変更が加えられた時期である。

このような第Ⅴ期における内裏の空間構造やその変更点を平安宮内裏と比較する（第一表）と、内裏の南寄りの区画ではSB四四七が紫宸殿、SB六五〇が春興殿、中央の区画のうち南寄りの空間のSB四五二が仁寿殿、SB四六五〇が承香殿、SB二五三が綾綺殿、また北半の空間ではSB四七〇五が常寧殿、SB四七一一が貞観殿、SB四六七〇が麗景殿、SB四七七〇Aが宣耀殿、SB四六八〇が弘徽殿、SB四七九〇Aが登華殿に、それぞれ対応する。このように、第Ⅰ期、第Ⅱ～第Ⅳ期に比べてはるかに多数の建物が平安宮内裏の殿舎と対応関係を見出せるようになり、平安宮内裏との類似が明確になってきている。そして第Ⅴ期における変更の眼目は、新たに内裏の中央北半に七棟の建物からなる空間を創出したことにあり、上記した平安宮内裏の諸殿舎との対応関係から、明らかに平安宮の皇后に関わる空間、皇后宮に相当する空間が第Ⅴ期の平城宮内裏の中央北寄りに成立したことにあると理解できる。

⑥　第VI期（第八図）

第VI期の内裏の地割りは第V期と基本的に同じで、また建物の改築も第V期の部分的な改築に止まり、その位置にも変更がなく、その空間構成は、建物の規模や棟方向の変更など細部の点を除けば、基本的に第V期と一致する。

内裏の中央南寄りの区画は第V期の建物と配置をそのまま踏襲し、また中央を占める区画も南寄りの三棟の東西棟建物では全く改築を行わず、そのまま第V期の建物を用い、位置も変更していない。ただその北半に広がる空間では、正殿SB四七〇五の前後に置かれるSB四六五〇・四七一二・四七七〇A・四七九〇Aの四棟をSB四六一〇・四七八四・四七七〇B・四七九〇Bに建て替えている。しかし基本的には第V期の建物の位置や規模を踏襲し、それらの配置にも大きな変更は加えられず、建物の建て替えによって個々の建物やそれらによって構成される建物群・空間の性格や機能に大きな変更が行われたとは考えられない。以上のように内裏の中央を占める南北二つの大きな区画では建物の配置やその空間の構成に変更はなく、第V期の空間構造や機能と同じであると考えられる。

これに対して、中央を占める二つの空間を取り巻く周囲の空間、特に東北隅において大きな変化が生じている。先に指摘したように、第V期の内裏の東北隅では、造営に関わると考えられる仮設の建物が一時的に設けられることがあったが、この部分は基本的にほぼ第V期を通じて建物のない空閑地であった。それに対し第VI期には、東と北を内裏の東面と北面を画する築地回廊の東北隅部分、また西と南は新たに建てた掘立柱塀によって画した

第八図　平城宮内裏第Ⅵ期の空間構造

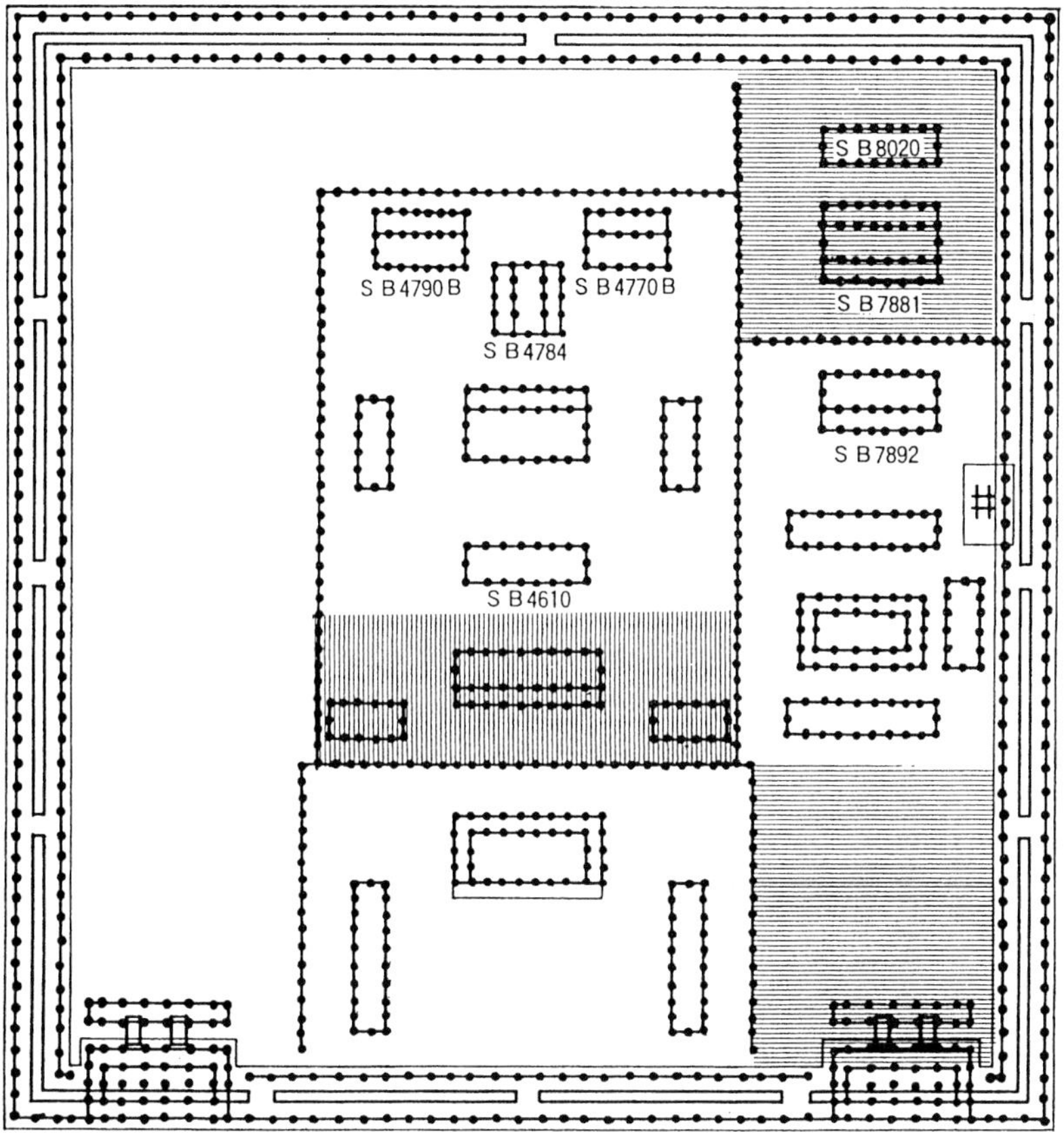

一つの区画を設け、内部に二棟の東西棟建物SB七八八一・八〇二〇を並列して配置する。さらにこの区画の南にも第Ⅴ期のSB七八七四Bに代わって東西棟建物SB七八九二を建てる。SB七八九二はSB七八八一・八〇二〇と平面形式が異なるが、いずれも身舎が桁行七間、梁間二間と同規模で、また三棟は内裏の北面を画する築地回廊の築地心を基準に、東西両妻柱筋を揃えて配置されている。掘立柱塀によって区画としては別とされているが、上記のような建物の規格性や配置の計画性から、北の区画にある二

棟の東西棟建物とその南に掘立柱塀を隔てて位置する東西棟建物とは同じような性格をもち、同様の機能を果たす建物であったと考えることができる。

また内裏の北辺でも変化が見られ、第Ⅴ期に存在した二棟の東西棟建物ＳＢ〇六三・四八三〇は撤去され、内裏の北辺には建物が存在しなくなった。これは、恐らく東北隅における新たな区画の成立と関連をもつ事態であると推定される。

第Ⅵ期の内裏は、以上のように、中心部では第Ⅴ期の内裏の空間構造をそのまま踏襲するが、東北隅において新たな区画・空間の創出が行われるなど、中心となる区画の周辺に広がる空間で積極的な空間構成の再編成が進められたと見ることができる。このような第Ⅵ期における内裏東北隅における変化は、平安宮の内裏と比べる（第一表）と、内裏東北隅の区画内部にあるＳＢ七八八一が淑景舎、ＳＢ八〇二〇が淑景北舎にそれぞれ対応し、掘立柱塀を隔て南に位置するＳＢ七八九二が昭陽北舎に相当すると考えることができることから、後宮に関わる空間を新たに創出したと見ることができる。第Ⅴ期から第Ⅵ期への変化で、更に一層平安宮内裏との類似の度合が高まり、ここにようやく前節で述べた平安宮内裏の空間構造のうち、基本となる天皇の空間とその后妃である皇后・後宮の空間がすべて揃ったことになる。

以上、平城宮の内裏で検出された建物等は第Ⅰ期から第Ⅵ期まで六期に亙って変遷し、それぞれの時期は固有の空間構造をもっていたことが知られた。そこで次に上記した各時期の空間構造を踏まえ、各時期のあいだに見られる変化の様相にさらに検討を加え、その意義を明らかにすることとする。

㈡　平城宮内裏の歴史的変遷とその画期

①　第一の画期＝第Ⅰ期から第Ⅱ期への変化

第Ⅰ期から第Ⅱ期への変化は、次の二点に整理することができる。すなわち、第一に、建物配置が、第Ⅰ期の遺構に顕著に見られた特徴である、東西棟建物を並行・並列させる配置から、第Ⅱ期以降に一般的に見られる、東西棟の正殿と南北棟の脇殿によって前庭を囲むいわゆるコ字型配置へと変わり、それとともに二棟の正殿を核とした二つの空間が掘立柱塀や掘立柱回廊等の区画施設によって明確に区画されるようになった点。第二に、第Ⅱ期に、内裏の中央部を占める区画の正殿ＳＢ四七〇三Ａと同規模・同形式の四面庇付きで、さらに南面に縁を付設した東西棟建物ＳＢ八〇〇〇が内裏の東北隅に造営された点、である。

このうち第一の点は、第Ⅰ期が一見第Ⅱ期以後の内裏における遺構の変遷と大きくかけ離れ、第Ⅱ期以後と全く様相を異にする特異な構造をもつ遺構群であるかのように見せかけ、事実、従来第Ⅰ期を第Ⅱ期以降の内裏と異なる性格をもつ区画で、内裏ではないと一部の研究者に誤らせるに至った最も大きな要因であった。しかし既に述べたように、第Ⅱ期の内裏において見られ、以後第Ⅵ期まで五時期を通じて確認することのできる、内裏が天皇の公私両生活に関わる二つの空間を中心として成立しているとの点では、第Ⅰ期もそれ以後と同様に内裏の基本的な空間構造をもっていた。このような第Ⅰ期から第Ⅵ期を通じて確認できる空間構造は、内裏が本来天皇の宮であったことを再認識させる。一方、この問題はまた内裏における脇殿を伴わない正殿と前庭のみからなる空間構造から脇殿を伴ういわゆるコ字型建物配置への移行の問題で、その変化を歴史的にどのように評価するかに関わってくる。ただし内裏の場合はやや複雑で、第Ⅰ期には脇殿を伴わないが前庭をもつ空間が二つあり、第Ⅱ期に突如としてその両空間で揃って脇殿が出現し、しかもその場合さらに複雑なのは脇殿の数が中央の空間では二棟であるのに対して南寄りの空間では四棟と異なっている点、さらにまた第Ⅳ期から第Ⅴ期への移行に当たって南寄りの空間で脇殿の数が四棟から二棟に減らされ、中央の空間では南北棟が東西棟に変更されていること、などがある。これらの諸点は同じ脇殿と言っても内裏の中央と南寄りの空間とで性格や機能に相違する点があり、また歴史的な変遷があったことなどを示唆するが、現在のところ明らかでない。これは前期難波宮から飛鳥浄御原宮を経て藤原宮で成立する大極殿の、内裏からの析出などとも関わらせて検討すべき問題であると考える。

次に第二の点は、ＳＢ八〇〇〇に居住した人物が如何なる身位を有する人物であったのか、あるいは具体的に誰であったのか、と深く関わる問題で、それ故に第II期の内裏が第I期と異なって天皇以外の人物も内裏に住むようになり、天皇の宮であるとの内裏の本来的な性格が第II期に変化した可能性のあることも示唆する点である。結論を先に言えば、ＳＢ八〇〇〇は元明太上天皇（あるいはさらに元正太上天皇）がこの時期に起居した建物であったと考える。この見通しが正しいとすると、ＳＢ八〇〇〇の問題は大宝令で初めて制度化された太上天皇が平城宮ではどこにどのような形で住んだのか、さらにそれを遡る藤原宮では如何であったのか、また律令制初期における天皇・太上天皇制と内裏の関係、太上天皇宮と呼ぶべきものの存否や形成の問題とも関わってくる。従って慎重な検討が必要となるが、別稿でやや詳しく述べた(68)ので、ここでは簡単にその概略を述べるに止める。

奈良時代の太上天皇のうち御在所が史料に見えるのは、元明・元正・聖武・孝謙の四人で、光仁太上天皇の場合は、崩御の記事もその場を記さず、御在所の所在に関する手懸かりは全くない。

まず元明太上天皇は、崩御の時点で「平城宮中安殿」に住んでいたことが知られる(69)。前稿(70)で「平城宮中安殿」とは、他の「平城宮」を冠した諸施設の例から(71)「平城宮中」の「安殿」と読まれる可能性のあることを指摘したが、「安殿」が本来安息を意味する建物の称であるとすると、ただ一棟、第II期の内裏の東北隅に営まれ、天皇のように公私両空間に機能分化してないＳＢ八〇〇〇こそ上記のような意味での「安殿」に相応しく、ここが元明太上天皇の御在所「平城宮中安殿」であったと考える。

次の元正太上天皇の場合、恭仁遷都までの平城宮における御在所の所在は明らかでないが、恭仁宮と還都後における平城宮での太上天皇の御在所には手懸かりがある。まず恭仁宮における太上天皇の御在所であるが、以前、新宮と呼ばれる新たに造営された宮を太上天皇の御在所と推定でき、さらに『続日本紀』の関連記事から、その完成以前、恭仁宮と反対の木津川左岸に御在所が存在したと推測される、とした(72)。しかし新宮を太上天皇の御在所と断定した点は武断に過ぎたと考える。それは新宮が恭仁宮を指す可能性と恭仁宮の中に営まれた内裏を指す可能性も考えられるからである。ただいずれの場合であっても元正太上天皇の御在所の構造は明らかにならないが、元正太上天皇が新宮の完成後、天皇の御在所のある恭仁宮ないしはその近くに居するに至ったことは、太上天皇が新宮の造営まで天皇と別に御在所を営んでいた形態が本来的でなく、あくまで新宮造営中の臨時のことであり、また逆に新宮完成後天皇と太上天皇が恭仁宮、さらに言えば内裏において同居していた事実を示唆するのではなかろうか。次に還都後の平城宮で元正太上天皇は「中宮西院」を御在所としたことが『万葉集』に見える(73)。聖武天皇はこの時中宮院（正しくは中宮）(74)を御在所とした(75)。聖武天皇が御在所とした中宮については前稿で詳しく検討を加え、平城宮の第一次大極殿院地区で検出された第I—三・四期の遺構に相当することを明らかにした(76)。従って『万葉集』に見える元正太上天皇の御在所「中宮西院」は聖武天皇の御在所である中宮の西に位置する一院、あるいは中宮の内部に存在した複数の院のうちの一つの院に設けられたことになる。なお『万葉集』の歌の左注には、「白雪多零、積レ地数寸也、於レ時、左大臣橘卿率二大納言藤原豊成朝臣及諸王臣等一、参二入太上天皇御在所(中宮西院)一、供二奉掃雪一、於レ是、降レ詔、大臣参議幷諸王者令レ侍二于大殿上一、諸卿大夫者令レ侍二于南細殿一、而賜レ酒肆宴、(後略)」と記され、「中宮西院」に太上天皇の常の御殿と考えられる「大殿」と「南細殿」のあったことが知られる。当日酒宴に参列した者のうち諸大夫達の侍したのが「細殿」であることは、「細殿」が廊であることからすると、「中宮西院」には太上天皇の御在所である「大殿」だけで脇殿などの付属殿舎はなく、南面には「中宮西院」の外周を画する「細殿」が繞っていたと考えられる。また当日、太上天皇の御在所に積もった雪を掃くために左大臣以下が参入して奉仕したことは、「中宮西院」にはただ「大殿」だけが存在したのではなく、「大殿」の南に前庭が付属していたことを示している。このように「中宮西院」の構造も平城宮内裏の第II期の東北隅に存在したSB八〇〇〇を中心とする空間と同じで、平城宮内に設けられた太上天皇の御在所には「大殿」あるいは「寝殿」と呼ばれる大規模な建物を中心としてその南に広い前庭を置き、周囲を築地や廊・塀で囲って一院を構成するが、他に臣下の坐するような脇殿等を伴わない、共通した構造が採られていたと推定される。因みにこの構造が基本的に第I期の内裏の中央と南寄りに存在した空間とも一致することについては既に述べたが、恐らく太上天皇の御在所は第I期の内裏の中央及び南寄りを占める空間の構造を模倣して造られたと考えられる。このように太上天皇御在所の構造は、南北に、天皇の公的空間と私的空間とを機能的に分化・重畳して配置する内裏とは異なり、「大殿」や「寝殿」を中心としながらも前庭を付属することによって公的空間としての機能を保持し、公私両性格の空間を融合した形態であった。しかも天皇の御在所である内裏の一郭に、あたかもそれに寄生するかの如くに太上天皇の御在所が設けられた点は天皇と比べた太上天皇の身位と機能の限界を示すとともに、太上天皇制の制度としての問題点の所在をも明らかに示すものとして注目される。

聖武太上天皇の場合は、天平勝宝元年閏五月に譲位に先立って孝謙天皇に譲るため内裏を去り、薬師寺宮に入御して御在所と定めた(77)。聖武太上天皇が譲位のために平城宮を出たことについては既に瀧波貞子氏(78)によって検討が加えられ、太上天皇が初めて平城宮外に御在所を設けたことに大きな歴史的意義のあることが指摘されているが、詳細は必ずしも明らかでない。

ところで『続日本紀』は天平勝宝八歳五月に太上天皇が崩御した場所を「寝殿」としか記さないが[79]、『東大寺要録』所引の勝宝感神聖武皇帝菩薩伝が「平城宮」と明記していることからすると、『続日本紀』の「寝殿」は平城宮内に設けられた聖武太上天皇の御在所にあった建物であったことになる。聖武太上天皇の場合も、元明・元正の両太上天皇と同様に、御在所は「寝殿」を中心とし、付属建物を伴わない、公私一体となった機能分化のない区画として存在したのではなかろうか。ただ平城宮へ戻った聖武太上天皇の御在所が何処に設けられたかは明らかでない。

孝謙天皇は皇太子大炊王に皇位を譲るが、そののち太上天皇として御在所を何処に定めたかは明らかでない。ただ淳仁天皇の治世前半に孝謙太上天皇が天皇とともに「内安殿」に出御し、朝儀に臨んでいる点[80]には注意が必要である。なお内裏の場合ではないが、太上天皇が天皇・皇太后と一緒に東常宮（東院・東宮）の南大殿に出御したことを伝える記述が『万葉集』に見える[81]。一方これに対応する『続日本紀』の記事[82]には東院へ出御したのが天皇一人であったかの如き記載がなされている。両者を比較すると、『続日本紀』に天皇のみが出御したと記載されていても、それは正史たる『続日本紀』が天皇を中心とした記述をしたからで、太上天皇や皇后・皇太后などの出御に関する記述は省略されるのが体例であったことが知られる。しかしまた上記した元正太上天皇のようにその御在所で単独で宴を催した場合もあったことが知られ、また第II期の内裏のSB八〇〇〇のように、太上天皇が内裏の中央と南寄りに存在する天皇のための二つの区画と同様に朝儀を行い得るほど広い前庭を備えた空間を独自にもっていたことからすると、内裏での朝儀や宴に際して太上天皇が常に天皇とともに出御したか否かは疑問である。ただ淳仁天皇と孝謙太上天皇の場合は、孝謙太上天皇が淳仁天皇を領導することを意図したために

「内安殿」に出御したもので、太上天皇の御在所の在り方とは全く関係ないとも考えられる。

ところで淳仁天皇と孝謙太上天皇は、天平宝字四年頃から始まった平城宮の大規模な改作の最中、保良宮へ移御していた時期がある。この時二人が保良宮に一緒に住んでいたことは『続日本紀』にも見え(83)、それは天皇と太上天皇の居所の形態として本来的な姿であったと考えられる。しかし両者はそこで道鏡を繞って不仲となったため、結局保良宮を去り、改作途中の平城宮へ還御して淳仁天皇が平城宮の中宮院へ、また孝謙太上天皇が法華寺へ入り、それぞれ御在所を平城宮の内外に異とすることになり、遂にここに至って太上天皇は御在所を天皇の内裏と「別宮(84)」とすることになった。孝謙太上天皇自身はこののち平城宮の西宮、すなわち内裏に入ったと考えられるが、両者は平城宮内でも「別宮」のまま同じ区画に住むことはなく、中宮院と西宮とに別れて住んだ。

最後に、平安宮で最初に太上天皇となった平城太上天皇の場合、嵯峨天皇への譲位に先立ち、その前日、すなわち大同四年四月三日に東宮に遷御し(85)、その後平城宮への遷宮を断行するまで、病を避けるため五遷したと言われる(86)。五遷の場所として「東宮」以外に具体的に知られるのは「左兵衛府(87)」・「東院(88)」だけで、このうち「東院」の所在は明らかでないが、仮に平城宮と同じで「東宮」のことを意味するのであれば、今日知ることのできる平城太上天皇「五遷」の場所は全て平安宮内であったことになる。さらに「五遷」が全て平安宮内で行われたとすると、太上天皇は譲位後も天皇と同じ宮の中に御在所を営むのが本来的な形態であることを示唆する行動であったとも推定しうる。なお平城太上天皇の平城遷幸が遷都と考えられたのは、当時まだ太上天皇の御在所、太上天皇宮を宮都外に設けることがなかったことにもよるのであろう。平城太上天皇の御在所である平城宮第一次大極殿院地区第Ⅲ―一期の構造の詳細については別稿(89)に譲り、結論だけを述べれば、太上天皇の御在所は平安宮の内裏を模倣したものであったと言えるが、それを含んだ平城宮自体は平安宮に比べて極めて小規模かつ不十分なものでしかなく、太上天皇がもはや国政の総攬者ではないことを雄弁に物語っている。

以上簡単に見たところからも明らかなように、天皇と太上天皇とが同じ宮の中、あるいは天皇の宮である内裏の内部に御在所を営むのが天皇と太上天皇の居所の当初の在り方で、太上天皇の御在所は天皇の宮である内裏の一郭に寄生するかの如き形態を採っていた。しかし天皇と太上天皇の併存がしばしば問題を生じたところから、天皇と太上天皇の同宮を避ける別宮の考えが生まれ、まず宮内での別宮が行われ、ついで太上天皇は宮外に出て別宮を営むようになった。やがて平安宮を模した太上天皇宮が平城に営まれようとしたが、薬子の変によって挫折し、天皇の内裏を模倣した御在所と一部の官司だけが平城で営まれるに止まった。そののち変貌を遂げた太上天皇が登場するようになると、後院が造営されるようになる。

②　第二の画期＝第II期から第III期への変化

第II期まで内裏の外周を画する施設は掘立柱塀であったが、第III期に築地回廊に変更され、以後平安宮に至るまで内裏の外周には基本的に築地回廊が繞ることとなることについては既に述べた。問題は、内裏の外周を区画する施設の築地回廊への変更が如何なる意味をもち、何時行われたのかである。またこの問題は、内裏の南に位置する第二次大極殿院・朝堂院地区における遺構の変遷の理解とも深く関わり、さらに平城宮全体の遺構の変化を考えるに当たっても重要な論点となると考える。

ところで内裏の南にある第二次大極殿院・朝堂院地区における遺構の変遷は、基本的に下層遺構から上層遺構への変更として把えることができる。すなわち、この時これらの区画を画する施設が掘立柱塀から築地塀あるいは築地回廊に替えられ、またその内部に存在した建物も掘立柱から礎石建に建て替わる。既に見たように、内裏でも周囲を画する施設が掘立柱塀から築地回廊に変更される第II期から第III期への移行が丁度これに当たると考えられる。そして恐らく平城宮全体における掘立柱塀や掘立柱建物を主体とした遺構から築地塀・築地回廊や礎石建物へと変更されるのも同じ意図のもとで、ほぼ同じ時期に相前後して行われたと考えられる。従って第二次大極殿院・朝堂院地区と一体となった変化、さらには平城宮全体における遺構の変遷を重視する観点に立つ場合、内裏でも第II期から第III期の間に大きな画期を求めることが可能である。

しかし内裏に限れば、第II期から第III期への変更は区画施設を掘立柱塀から築地回廊へ変更した点を除くと、第二次大極殿院・朝堂院地区や平城宮全体における変化のように、区画・施設の配置、あるいは空間構造やその性格・機能を大きく変えたとは考えられない。既述の通り、内裏の建物は、第III期に一部の建物で柱間を広げたり庇を付け加えたり、あるいはまた一部の建物を壊ち、新たに建物を建てたりしているが、主要な建物には建替えがみられず、第II期の遺構の配置や空間の構造を根本的に変更したとは考えられない。そのような点は、内裏の区画施設の位置にも認められ、第III期の築地回廊は第II期の掘立柱塀の位置をほぼ踏襲している。従って内裏における第II期から第III期への改造は、単に区画施設の構造を掘立柱塀から築地回廊に変更したに過ぎず、内部に存在する建物については極めて小さな変更に止まり、第II期の建物とその配置を基本的に踏襲したと考えることができ、内裏にとって決して本質的な変更を加えたと見ることはできない。それ故に、内裏における第II期から第III期への改造は、第二次大極殿院・朝堂院地区とともに一連の中国風意匠でその外周を巡る区画施設を装飾したに過ぎないと見做すことができる。ただしここで注意を要するのは、厳密に言えば必ずしも内裏における第II期から第III期への改造と第二次大極殿院・朝堂院地区における下層遺構から上層遺構への変更とが同時期に行われたとは限らない点である。内裏あるいは第二次大極殿院・朝堂院地区のいずれかが先行し、やや時をおいて他方もそれに統一された可能性を十分考慮しなければならず、さらにまた周辺の曹司を含めた平城宮全体の改作と連動するのであれば、さらに長期間を要したと考えられるからである。私見では平城宮全体における下層遺構から上層遺構への改作は平城還都後から徐々に始まり、天平勝宝年間を経て天平宝字年間に本格化し、天平宝字年間後半に行われた大規模な改作で最終的に完了したと理解している。恐らく、このとき大極殿・朝堂院ばかりでなく、平城宮内に配置された曹司も基本的に掘立柱から礎石建の建物に変更されたのであり、これによって平城宮の様相は一変したと思われる。

③　第三の画期＝第Ⅲ期から第Ⅳ期への変更

平城宮の内裏は、第Ⅰ期から第Ⅲ期まで脇殿の存否に相違がみられるが、東西棟の正殿と前庭をもつ区画を中央とその南寄りとに南北に重ねて配置していた。しかし第Ⅳ期以降、内裏の中央を占める区画で前庭が縮小あるいは消滅し、それが第Ⅴ・Ⅵ期に継承されて行き、やがて平安宮内裏に見られるような紫宸殿と仁寿殿の連接による内裏中央を占める区画における前庭の完全なる消滅に至ると考えられる。

前庭の消滅に関する問題には、大きな見通しとして、大極殿あるいはいわゆる内裏正殿の分化・成立による天皇の居所の大殿から安殿への変化、そして安殿の機能分化による複数の安殿の成立、すなわち大安殿・内安殿の分立、さらに大安殿・内安殿から前殿・寝殿への変化、という内裏や御在所における正殿の変遷が背後に存在すると考えられる。さらにそれは内裏における前庭を有する空間の重複形成とその機能・性格の問題、あるいは平城宮における朝儀の場の変化及びそれに伴う朝儀の再編成の問題とも深く関わる。この問題についても先にやや詳しく検討を加えたことがある(90)ので、ここでは中央の区画における前庭の消滅の事態を平城宮内裏における大安殿・内安殿二棟の安殿から前殿・寝殿への変化として把える立場に立ち、その概要を述べるに止める。

さて平城宮の内裏には内安殿と大安殿と呼ばれる二棟の安殿が存在した。まず、内安殿は、史料上では平城宮のみで確認でき、その上限が養老五年九月(91)、下限が天平宝字四年正月(92)で、以後見えなくなることから、天平宝字四年に始まる平城宮の大改作によって内安殿と呼ばれる建物は内裏からなくなったと考えられる。内安殿は、天皇が出御して詔によって文武百寮主典以上や諸司主典以上を召し入れ、詔勅の宣告を行い、あるいは参列者の一部に特殊なあるいは重要な意味をもつ叙位・任官を行う時などに使われている。『続日本紀』で儀式に参列した官人が特に明記されていない場合も、全官人が呼ばれたのではなく、一定の範囲の官人たちに限定されていた可能性が強い。従って天皇が出御した内安殿とその一郭は、天皇の詔勅による「召喚」によってはじめて一定の限られた階層の官人が入ることを許される空間で、また諸司主典以上を入れ得るほどの規模をもつ前庭をもっていたことを確認できる。またここで行われた儀式は、いずれも天皇が出御するための殿舎である内安殿以外に特に臣下の場としての殿舎を必要とするものではない点も注目される。

一方、平城宮の大安殿の場合、史料に見えるのは、神亀二年十一月(93)から天平勝宝六年正月(94)の間で、大安殿で天皇が出御して儀式や宴を行う場合、参加を認められる官人の範囲は一定の階層に限られ、それは基本的に五位以上で、しかもそれを越えた範囲の官人の参加を許す時には「引」と表現された。これらの点は上述した内安殿の場合とほぼ同じである。

ところで『続日本紀』などに現われる限り、内安殿も大安殿もその一郭は大極殿院と同じ天皇の独占的空間で、いずれも儀式を行う場合、一定の範囲の官人達を召し入れているが、両者を比較すると明確な相違がある。すなわち大安殿が主として宴に使用され、そこには五位以上の官人達が参列を許されたのに対して、内安殿はおもに特殊な叙位・任官や宣勅の場合に使用され、大安殿に比べてより広い範囲の官人達、すなわち諸司主典以上等が召され、上記したように、決して宴が催されることはなかった。以上の点は、第一に、内安殿の一郭が内安殿と前庭を中心とした空間であったのに対して、大安殿一郭が大安殿と前庭以外に宴に際して官人たちの就くことのできる殿舎などが他に存在していた可能性を示唆する。第二に、内安殿に比べ大安殿がより内向きの殿舎で、規模も小さかったことを示すとも考え得るが、必ずしもそのように把える必要はない。それは、大安殿の「大」と内安殿の「内」とが対をなし、同様の意味における対概念が大舎人と内舎人の場合に認めることができると考えるからである。大舎人も内舎人もともに本来天皇に近侍する舎人でありながら、その出身階層や官人制における位置付け、あるいは職掌の相違と職掌の天皇からの距離において明確な相違がみられる。特に職掌の上では、内舎人が侍臣として常に内裏の内部にあって天皇に近侍したのに対し、大舎人は中重と内重の仲介役として叩門を担当するなど内舎人の外側に位置し職務を果たしたこと、など両者には大きな相違が認められる。以上のように内裏には大安殿と内安殿の二つの正殿を中心とし、前庭を有する区画が併存していたことは間違いなく、それが第Ⅲ期までの内裏の中央と南寄りとに存在する二つの区画に相当すると考えられる。

一方、前殿と寝殿のうち寝殿に相当する「寝」を冠した建物は、大安殿と内安殿が『続日本紀』に見える養老五年九月から天平宝字四年正月までの間にも散見される。例えば、天皇に関しては、元正天皇の「内寝」[95]と孝謙天皇の寝殿[96]がある。これ以外では既に述べた元正太上天皇と聖武太上天皇の崩御した寝殿が知られるに過ぎない。元正天皇の「内寝」が内裏の寝殿の意味であることは既に前稿で述べた[97]。従って元正天皇と孝謙天皇の寝殿はともに内裏に存在した建物で、その御在所であったと推定される。しかしこの時期寝殿と対になる建物としての前殿は知られない。寝殿が、本来安殿の漢語表現であることは既に指摘されている通りで[98]、この時期の寝殿は次に述べる前殿の対概念の寝殿とは明らかに異なり、安殿の漢語表現と考えられる。

寝殿に対して前殿の存在が確実に知られるのは、称徳天皇の西宮になってからで、それはまさしく安殿系の建物が『続日本紀』から姿を消した直後である。西宮は、言うまでもなく、藤原仲麻呂の乱に勝利し、淳仁天皇を廃して重祚し再び皇位に即いた称徳天皇が在位中御在所として用いた宮で、内裏とも呼ばれた(99)。寝殿は、称徳天皇が崩御した場所として見えることから、西宮における称徳天皇の居所であったことが明らかである。その規模は、慶雲の出現によって僧六百口を喔した斎が寝殿に設けられていることから(100)、六百人に及ぶ僧を収容しうるほどの大規模な空間をもっていたことがわかる。一方、前殿は、称徳天皇あるいは法王となった道鏡が官人達の朝賀や大臣以下の拝賀を受けていることから(101)、平安宮内裏の紫宸殿に相当する、西宮における儀式や宴などに際して天皇が出御するための建物であったことがわかる。さらに前殿に対してその南には朝儀に際して百寮官人達が居並びうるほどの広大な前庭が存在していたことも想定できる。以上のように、『続日本紀』の記事から、西宮は内部に前殿及び寝殿と呼ばれる二棟の中心的な建物を配し、前殿の南方に広い前庭をもつ構造で、前殿は前庭と一体になって行う朝儀などに用いられる天皇出御の建物、また寝殿は称徳天皇の居所であったことが知られる。なお従来、称徳天皇の西宮を平城宮第一次大極殿院地区の第II期の遺構と内裏の第IV期の遺構のいずれに当てるか意見が分かれていたが、後者に比定すべきであることは既に前稿で述べた(102)。また寝殿は以後『続日本紀』に見えないが、光仁天皇の時代には前殿が見える(103)。

以上、称徳天皇の西宮を画期として、従来の安殿系建物を正殿としたコ字型建物配置を採り、南に前庭を置く区画を内裏の中央と南寄りとに重複して構える在り方から、前殿を正殿とするコ字型建物配置を採り、前庭を配置する区画を内裏の南寄りにのみ置き、その北には前庭を伴わない寝殿を正殿とする区画を置く形態に変化したと考えられる。そしてこれによって内裏における儀式のための空間が二つから一つに変更され、内裏の中央を占める空間は、前庭を伴わない寝殿を中心とした区画となり、天皇の私的空間としての性格を明確にし、純化したと言うことができる。『続日本紀』による限り、天平宝字年間を境として朝儀の場が大きく変化すると言われるのは、内裏におけるこのような変化とも対応するものと考えられる。(104)

④ 第四の画期=第Ⅳ期から第Ⅴ期への変更

第Ⅴ期には、従来と比べて内裏の中央を占める区画にはるかに多数の建物が建ち並ぶに至り、それによって区画自体の規模も南北に拡大された。これに対して南寄りの区画は規模を縮小され、脇殿も四棟から二棟に減らされた。しかし第Ⅴ期に内裏の中央の区画で建物が激増したのは、この区画自体のもつ天皇の私的空間としての性格や機能が大きな発展をみせたことによって拡大したのではないと考えられる。それは、従来の内裏中央を占めていた区画に相当するのが第Ⅴ期ではその中央を占める区画のうち南寄りの三棟の建物だけで、その北に離れて配置される七棟の建物から成る空間は、先にも指摘したように、平安宮の内裏と比較(第一表)した場合、皇后宮に相当すると考えられるからである。従ってこの変化は、第Ⅴ期に至って新たに内裏の中に皇后宮が成立したことを意味する。一方、内裏の南寄りの区画の規模が縮小されるのは、当然中央の区画での皇后宮の成立と内裏自体の南北規模に規定されて生じた事態で、この区画の性格や機能を根本的に変更、あるいは縮小するような性格をもったものではなかったと考えられる。それは、長岡宮や平安宮でこれに相当する区画の脇殿が四棟に戻されているからである。ただ既に指摘したように、南寄りの区画で脇殿が四棟から二棟に減少し、また中央の区画で脇殿が南北棟から正殿と同じ東西棟へ変えられた事実は、内裏でコ字型建物配置を採る空間における脇殿の性格・機能、あるいはその意味を検討する余地があることを示唆している。

以上のように、第Ｖ期に至って、第Ｉ期あるいは第II期から第IV期を通じて見られる、天皇の公私両生活を支える二つの空間を中心としていた内裏の空間構成が大きく変貌し、皇后宮が成立したことを示す。しかもそれは天皇の私的空間に相当する区画で起こったのであった。

⑤　第五の画期＝第Ｖ期から第VI期への変更

第VI期が第Ｖ期と同様に、第IV期以前と異なる構造をもち、第Ｖ期に成立した新しい内裏の空間構造を基本的に継承し、さらにそれを整備・拡充した段階に当たることについては既に述べた通りである。すなわち、内裏の南寄りを占める区画では全く改造が行われず、また中央に位置する区画では北寄りの空間で若干の改造が行われるものの、第Ｖ期の建物の基本的な配置や棟数に変化がなく、第Ｖ期の皇后宮を改作・整備したのが第VI期であると考えられる。一方第Ｖ期と比べ、第VI期に内裏の東北隅に新たな区画の成立したことが大きな相違である。第Ｖ期以前の内裏では、第II期にここに太上天皇の御在所と推定されるＳＢ八〇〇〇が建てられ、これを中心に南に前庭を置く構造を採る空間が設定され、第III期にも前庭を確保しようとする意図が見られたが、ＳＢ八〇〇〇に相当する建物は結局建てられず、第IV期には全く異なる性格の建物が建てられ、第Ｖ期にまた空閑地に戻ったと推測される。内裏の東北隅は、第II期あるいは第III期に意図的な区画設定が行われたと考えられるが、その他は必ずしも一定した利用が行われず、また第VI期がそれに先行する第Ｖ期を継承、あるいは整備した様相のものでもない。

ところで先に指摘したように、第VI期の内裏の東北隅に成立する区画は、平安宮の内裏と比較（第一表）すると、平安宮では後宮五舎のうちの淑景舎と淑景北舎の位置に当たり、またその南にあって同一の計画のもとに造られた建物は、昭陽北舎に相当する。平安宮の淑景舎・淑景北舎も築地塀と築地回廊によって周囲を画されて一つの区画を形成している点で第VI期の東北隅の区画と共通し、さらにその内部に二棟の東西棟のみを南北に配するだけで、南北棟建物を伴わず、コ字型建物配置とそれによって形成される前庭をもたない点でも同じ構造である。以上の点から見て、平城宮第VI期の内裏の東北隅に存在する空間は平安宮内裏の後宮五舎のうち淑景舎・淑景北舎の区画に相当するとみて間違いなく、この区画の成立こそ平安宮の後宮五舎の原型であると考える。(105)

第VI期における内裏の変化の様相を以上のように把握して大過ないとすると、第VI期における内裏の整備・改造は、基本的には皇后の空間と後宮の空間に関するもので、前者は上述したように皇后宮の整備、恐らく皇后の交替に伴う改作であったと理解できる。また後者については平安宮に見られる形態での後宮のための空間を創出したと捉えることができる。従って第V期から第VI期への移行によって、皇后宮と後宮を伴う平安宮と基本的に同じ構造の内裏が成立したことはもはや明白である。なおここで注意しておきたいのは平安宮内裏の原型が成立する過程で、後宮五舎の原型が皇后宮よりも一時期遅れて出現・成立した点である。この点についてはのちに詳しく述べる。

以上、平城宮の内裏で確認された六期に亙る遺構の変遷では、その全ての時期の間に何らかの画期を設定しうるほど重要な変化が見られ、とりわけ、第一と第三の画期および第四・第五の画期には平城宮以降の内裏・宮城の構造や儀式の構造とその場の問題を考える上で極めて重大な論点を含んでいると考えられる。しかしこのうち第一と第三の画期の概要は上述した通りで、また別にやや詳しい検討も行った(106)ことがあるのでこれ以上言及することは避けたい。従ってこれ以後、本章で検討の対象とするのは、第四および第五の両画期である。それは、第一に、上記した平城宮内裏の変遷の概要からも明らかなように、平安宮内裏に見られる空間構造の成立とは内裏における皇后宮と後宮の成立にあり、第Ⅴ期に平安宮的な空間構成をもつ内裏が誕生し、次の第Ⅵ期には第Ⅴ期を基本的に継承して、ここに平安宮内裏の空間構造の原型が完成したからである。第二に、第一の画期、特にSB八〇〇〇の問題とともに、内裏の空間構成原理の変更、またそれゆえに天皇を中心とした古代の皇権の所在やその在り方を繞る諸問題を理解する上で極めて重要な論点であると考えるからである。(107)

さて本節における検討によって平安宮の内裏と基本的に一致する構成をもつ内裏が、平城宮の内裏の第Ⅴ・Ⅵ期に成立し、それが皇后と後宮のための空間をもつ内裏の成立であったとの結論を得たが、それでは第Ⅴ期以前の時期には皇后や後宮の居所である皇后宮・後宮はいったい何処にあり、それは内裏と全く関係のない存在であったのか、また第Ⅴ・Ⅵ期に皇后と後宮のための空間と考えられる区画が内裏に成立したことが如何なる意味をもつのか。これらの諸点を含めて、本節で明らかにした、奈良時代末期の平城宮内裏で生じた内裏における皇后宮・後宮の成立の歴史的意義や背景について節を改めて検討することとしたい。

なお本節では平城宮内裏の六期に及ぶ変遷とその間における画期の具体的様相について検討したが、その際六期の具体的な年代に触れることは敢えてしなかった。本節の最後にこの点について結論のみを述べれば、第Ⅰ期が元明天皇、第Ⅱ期が元正天皇〜聖武天皇（前半）、第Ⅲ期が聖武天皇（後半）〜孝謙天皇〜淳仁天皇（前半）、第Ⅳ期が淳仁天皇（後半）〜称徳天皇、第Ⅴ期が光仁天皇、第Ⅵ期が桓武天皇となると考える。このうち第Ⅳ期については先に論拠を示したし、また第Ⅱ期が元正天皇の時期を含むことも上記における検討から明らかである。また第Ⅴ期と第Ⅵ期については後述する。残る第Ⅱ期の終わりと第Ⅲ期の始まり、すなわち第Ⅱ期から第Ⅲ期への移行の時期については、俄かに決定する材料をもちあわせていないので、しばらく平城宮内裏の報告書である

『平城宮発掘調査報告XIII』に従っておくこととする。

四　平安宮内裏成立の歴史的背景

本節では、第二節及び第三節の検討によって平安宮内裏の空間構造が平城宮の末期の内裏で成立したことが明らかとなったことを承け、平安宮内裏と基本的に同じ空間構造をもち、天皇とその后妃達が同居するような内裏がいったい何時如何なる歴史的背景によって生れたのか、あるいはまたそのような構造をもった内裏の出現が如何なる歴史的意義を持つのか、等の点について検討を行うことにしたい。

ただし具体的には後述するが、まず皇后宮と後宮とで内裏での成立の時期に天皇一代の差違が認められ、また上述したようにその具体的な様相でも皇后宮が天皇の私的空間の北半部である内裏中央北半に営まれたのに対して、後宮は従来から固定的な使用の行われなかった内裏東北隅に設けられた点やその際の建物配置に見られる空間の構成原理も両者で大きく異なっていたことなどは、同じ内裏での居住の開始とは言っても皇后と後宮とで身位が相違し、またその歴史的意義も大きく異なることを予測させる。従って本節では皇后宮と後宮とを区別して検討を加える。

(一)　皇后宮の退転

まず皇后宮が平城宮内裏の第V期に内裏に成立する歴史的背景や意義について考えてみたい。

さて皇后宮が内裏空間の内部に設定されるに至る平城宮内裏第V期以前、皇后はいったい何処に皇后宮を営んでいたのであろうか。

(1)　聖武天皇皇后藤原光明子の皇后宮

奈良時代の皇后として最も著名な聖武天皇の皇后であった藤原光明子の皇后宮については、皇后宮およびそこでの皇后の生活を支えるために置かれた皇后宮職に関連する史料が比較的豊富に残存していることから、既に先学に幾多の研究がある。[108] それらによると、藤原光明子は、首皇太子の妃に立てられるとともに、平城宮の東院に隣接し、平城京の左京一条二坊から二条二坊にかけて存在した父藤原不比等の邸宅内の居宅に居住するようになった。そして養老四年（七二〇）に至り父不比等の死とともにその邸宅を伝領し、夫首皇太子の即位後、夫人となってもここに居住し続け、やがて皇太子基王をここで出産した。皇太子基王が誕生に満たず死去してのち、天平元年（七二九）皇后に立てられると同時にこの地はそのまま皇后宮とされ、光明皇后の皇后宮での生活を支える家政機関として皇后宮職も新たに設置された。そののち恭仁・紫香楽・難波と四年余に及ぶ彷徨を経、天平十七年再び主都となった平城京へ帰還すると、皇后宮は宮寺とされたが、その後も光明子はここに居住した。夫である聖武天皇の譲位によって娘の阿倍内親王が即位して孝謙天皇となったのに伴い皇太后となると、皇后宮は皇太后宮（のち坤宮ともいう）と呼ばれるようになった。そして皇太后宮には、皇后宮時代の家政機関である皇后宮職の組織と権力を拡大強化し、国政を担当する太政官と並ぶ官司となった紫微中台（のち坤宮官と改称）が設置され、また天皇の権力の象徴である内印や駅鈴等もここに置かれ、光明子は天平宝字四年（七六〇）六月の死去に至るまで皇太后として皇太后宮にあって実質的に皇権を掌握し続けたのである。

以上のように、この間三十年余り藤原光明子は皇太子の妃、天皇の夫人・皇后あるいは天皇の生母皇太后として平城宮に東接した父藤原不比等の旧邸の地に一貫して居住し続け、そこに皇后宮・皇太后宮等を営んだ。[109] 従って藤原光明子は夫たる聖武天皇と平城宮の内裏に共に住むことは原則としてなかったと推定される。

ところで、光明皇后が営んだ皇后宮は、皇后自身の置かれた政治的に特殊な立場[110]によって、特に平城京にある父藤原不比等の旧邸に設けられたのであろうか。それとも皇后が天皇の住む内裏の外に独自に皇后宮を営むことが、当時の制度または観念から当然のことと考えられていたことによるのであろうか。

光明皇后の場合、平城京に主都が置かれていた時は諸先学の理解の通り、一貫して平城宮に東接した位置にある旧藤原不比等邸に居住したとみて間違いないと考えるが、ここで問題としたいのは、天平十二年末から同十七年五月に至る約四年半のあいだ、主都が平城京に置かれず、恭仁京・紫香楽宮・難波京を点々としていた[111]間、聖武天皇と行動をともにしたと考えられる光明皇后が、果たしてそれぞれの宮で何処に居所を定めていたのか、である。天皇の居住する内裏と別に独立して皇后宮を営んだのか否か、もしそうであるとすればそれはその時々の主都の何処に営まれたのであろうか。

平城京に存在していた皇后宮は主都が点々としていたあいだも皇后宮職のもとで維持管理されていたと思われる[112]が、また一方この間、聖武天皇と行動をともにし、その時々の主都で過ごした光明皇后は、やはり各宮都で内裏から独立した皇后宮を営み、そこに皇后宮職が設置されていた、と考えられる。それは、『続日本紀』の記事に皇后宮が恭仁宮に存在したことを明示する史料がある[113]からである。しかもこれらの記事は単に皇后宮が恭仁宮に存在していたことを示すだけでなく、恭仁宮外に存在していたことを示唆していると考えられる。すなわち、いずれの記事も聖武天皇が恭仁宮に存在した皇后宮に趣き、群臣や五位以上を宴したことを記す記事であるが、その際天皇が皇后宮に趣く行動を、一方は「幸」と記す[114]のに対し、いま一つは天皇が皇后宮に「御」したとしている[115]のである。『続日本紀』が天皇の移動を「幸」とも「御」とも表記する例には、今問題としている皇后宮の他[116]

に、恭仁宮では石原宮があり[117]、平城宮の場合には大蔵省[118]と松林宮（松林苑[119]）が知られる。既に平城宮の二つの事例については、岸俊男氏が「用語の原則的用法から推して、その地域が平城宮外でありながら」、「宮の付属施設であるという複雑な事情が潜んでいるから」である、と推測している[120]。従って大蔵省や松林宮は平城宮に近接した位置に存在した[121]ことによって、天皇の出御が「幸」とも「御」とも表現されたと考えられる。それ故に恭仁宮の皇后宮や石原宮の場合も、平城宮の大蔵省や松林宮と同様に、恭仁宮に隣接した宮外に、宮の付属施設として存在していたと推定される。以上から、恭仁宮においても皇后藤原光明子の皇后宮が、平城宮におけると同様に、恭仁宮外の、しかも宮に隣接した地に設けられた[122]ことは、当時皇后宮が内裏と別に独立して経営されるのが通例であったことによるのであり、また平城宮において皇后宮が宮外の藤原不比等邸に設置されたのも、光明子が権力者父藤原不比等の娘であったことやその邸宅を相続したというような特殊な事情によったのではないことを示唆していると考えられる。

恭仁宮の次の主都である紫香楽宮においても皇后宮が存在したことは間違いないが[123]、その位置を確かめることはできない。しかし恭仁宮の場合を考え併せると、恐らく紫香楽宮においても皇后宮は宮外に設けられたのではなかろうか。

以上、聖武天皇の皇后であった藤原光明子は、平城京を離れ主都が各地を転々としていたあいだも、その時々の主都であった恭仁京や紫香楽宮において、平城京と同様に、天皇の住む内裏と別に宮外に皇后宮を営み、そこに居住していたのである。そして天皇は必要に応じて宮外にある皇后宮へ趣き、また皇后は宮内に入ったと推定される。

なお平城京の場合でもまたそれ以外の宮都の場合でも、皇后宮にはそこでの皇后の日常的な生活や皇后の発意による写経を初めとする仏教事業等を支えるために、多様な機能をもった皇后宮職が置かれていた。鬼頭清明氏[124]が、皇后宮職には多様な機能を果たす多くの下級官司が付属し、また湯沐や封戸・庄等独自の私的経済基盤もあったこと等からみて、律令官司全体の財政機構から相対的に自立した財政機構の上で、独自の財源を中心に皇后宮が運営されていたことを明らかにしたように、光明皇后の皇后宮は極めて強い家産的な性格を有し、相対的に高い独立性を持つ宮であったと言えよう[125]。

(2) 藤原光明子以前における皇后宮

それでは光明皇后以前の皇后の場合、皇后宮は天皇の住む宮とは別に営まれたのであろうか。もし皇后宮が独立して営まれたとするならば、光明皇后のように天皇の居住する宮から独立して宮外に設けられたのであろうか。

近年、三崎裕子氏[126]は、通俗的な天皇の後宮観に基づく従来のキサキの宮の研究のあり方を批判する立場から、大化前代より律令制下に至る天皇のキサキ達の居所の基本的な存在形態について考察し、天皇の支配体制との関係からキサキの宮を論ずべきことを主張した。そこでの三崎氏の結論は、要約して記せばほぼ次のようになろう。

(一)大化前代、キサキの宮は天皇宮とは別の所に存在し、その経営も天皇宮とは別の基盤にあった。そして(二)大化前代のキサキの宮の存在形態は天武朝の皇后宮、すなわち天武天皇の皇后であったのちの持統天皇の皇后宮にも継承された。しかし(三)律令制下に至ると、令の規定によって皇后と他のキサキは明確に分離されることとなり、天皇の支配機構下に位置づけられたが、キサキの居所自身は大化前代のキサキ達の居所の存在形態であるキサキの宮を継承して天皇宮とは分離された状態で存在した。そして(四)そのようなキサキ達の居所の存在形態はキサキ自身に付属する経済的な基盤によって支えられていた、と。

要するに、三崎氏によれば、律令制以前もそれ以後も天皇のキサキ達の居住形態に基本的な変化はみられず、キサキ達は天皇の宮とは別に宮・居所を営み、天皇とは別の経済的な基盤がそれを支えていたということになる。キサキの宮に関する三崎氏の研究は、光明皇后以前の皇后宮の問題を考える上で必要かつ十分な史料を集め、それらを詳しく検討した上で結論を出しているので、光明皇后に至るまでの皇后宮の歴史的な変遷に関して得られた結論はおおむね妥当と考えられる。従って三崎氏の見解に従えば、光明皇后以前の皇后達も光明皇后と同様に、天皇の宮から独立して皇后宮を営んでいた可能性が高いと言える。[127]

(3)　藤原光明子以後、奈良時代の皇后宮

皇后宮の存在形態を考える上で問題となるのは、むしろ三崎氏が不明とした光明皇后以降の皇后宮の所在にある。そこで次にこの問題と、またそれと表裏の関係にある第三節で平城宮内裏の遺構を検討した際に得られた結論の一つ、すなわち第Ⅴ期の内裏における皇后宮成立の事態を考えることとしたい。

聖武天皇の皇后藤原光明子以後、奈良時代に、平城宮で皇后に冊立されたのは、光仁天皇の皇后井上内親王と桓武天皇の皇后藤原乙牟漏の二人である。三崎氏は、この二人の皇后の場合、「皇后宮の存在が認められるのみで、その具体的な内容は明かではない」とした。しかし果たしてそうであろうか。まず史料に即して検討してみることにしたい。

まず、光仁天皇の皇后井上内親王は、聖武天皇の皇女で、母は聖武天皇の夫人縣犬養広刀自であった。広刀自所生の安積親王や不破内親王とは同母兄妹に当たる。井上内親王は養老五年九月斎内親王に卜定され、[128]神亀四年（七二七）[129]から天平十八年（七四六）[130]まで二十年ほどのあいだ伊勢国の斎宮にあった。帰京後無品から二品に昇叙し、[131]時期は不明であるが、そののち白壁王の妃となり、宝亀元年（七七〇）称徳天皇の崩御に伴い夫白壁王が皇太子を経て天皇の位に即くと、それから一月ほど経た同年十一月六日、冊立されて皇后となった。[132]次いで翌二年正月二

十三日には皇后所生の他戸親王が皇太子に立てられ、春宮坊官人の任官が行われるとともに、この時ようやく皇后のための官司である皇后宮職官人の任命も行われた[133]。皇后宮職官人の任命の遅れは、恐らくこのころになるまで皇后井上内親王の皇后宮が体裁を整えていなかったことなどによると思われるが、井上内親王が皇后宮を何処に営んだのか、すなわち光明皇后のように聖武天皇の住む内裏と別に皇后宮を構えたのか、あるいは天皇とともに内裏に居住しその一郭に皇后宮を営んだのか、管見の限りでそれを明確に示す史料は見あたらず、確かに三崎氏の言われるように、井上内親王の場合は皇后宮の具体的な内容は勿論、その所在さえ史料からは不明であると言わざるを得ない。しかし如何なる史料に基づくのか不明であるが、角田文衛氏は「井上内親王は、皇后として内裏の後宮に住んでいた」、と断言した[134]。しかし角田氏は三崎氏の言ういわゆる通俗的な後宮観に基づいて述べたに過ぎず、井上内親王の皇后宮の所在については、やはり史料からは不明とすべきであろう。

さて、井上内親王の次ぎに皇后に冊立されたのは桓武天皇の皇后藤原乙牟漏である。藤原乙牟漏は式家藤原良継の娘で、山部親王の皇太子時代に妃となり、安殿親王（のち平城天皇）や神野親王（のち嵯峨天皇）、等を儲けている。夫である皇太子山部親王が即位して二年足らずした延暦二年（七八三）二月七日に、藤原乙牟漏は南家藤原是公の女藤原吉子とともにまず夫人となり[135]、それから二月余りした四月十八日に至り独り皇后に冊立された[136]。その二日後には早くも皇后宮職の官人の任命が行われており[137]、先に見た井上内親王の場合と大きく異なる。そしてのちにも述べるように延暦九年閏三月十日に三一歳で亡くなるまで七年余りのあいだ皇后の位にあった[138]。この間宮都は延暦三年十一月に平城から長岡へと遷されており[139]、藤原乙牟漏は桓武天皇の皇后として最末期の平城宮と長岡宮の両方に住んだことになる。

ところで藤原乙牟漏の場合、井上内親王と異なり、長岡宮における皇后宮の内部の様子が僅かではあるが判明するばかりか、その所在を推定する手掛かりもあると考える。この点については既に前稿(140)で詳しく述べたので、簡潔に結論のみを記すと、長岡宮では第一次の内裏である西宮と第二次の内裏である東宮の二つの内裏が設けられたが、皇后藤原乙牟漏はいずれの内裏においても皇后宮をその内部に営み、天皇とともに居住していた。しかもその皇后宮のなかには皇后の家政機関である皇后宮職も設置され、そこで皇后宮職の官人達が執務をしていた。

このように長岡宮では創建当初から既に皇后宮が内裏の内部に造営されていたのであるが、そうであるならば最末期の平城宮で皇后に冊立された藤原乙牟漏の皇后宮は平城宮では如何であったのだろうか。光仁天皇皇后である井上内親王の場合と同様に、『続日本紀』等の史料には関連する記事や史料がなく、この点について史料から明らかにすることはできない。

しかしここであらためて第三節で明らかにした、奈良時代末期の第Ⅴ・Ⅵ期の平城宮内裏における平安宮内裏と基本的に一致する空間構造の成立の事実に注目したい。このうち平城宮最末期の内裏である第Ⅵ期を、主都としての平城京に住んだ最後の天皇である桓武天皇の内裏に当てることに異論はなかろう。従って長岡宮内裏における皇后宮との関連からみて、平城宮第Ⅵ期の内裏における天皇の私的空間に登場した皇后宮と見られる空間は、桓武天皇の皇后である藤原乙牟漏の皇后宮であると考えてよい。

第Ⅵ期の内裏を桓武天皇の時のものに比定すると、第Ⅵ期の内裏の始まりの時期とそれに先立つ第Ⅴ期の内裏を如何に考えるかが次の問題となる。第Ⅴ期から第Ⅵ期への変化については既に指摘しておいたが、そこで確認したのは次の点であった。すなわち、第Ⅵ期の内裏において、第Ⅴ期の建物の位置をほぼ踏襲して建て替えを行ったり、あるいは空間が新たに構成されたりしたのは、皇后宮に関する建物と後宮に相当すると考えられる空間についてだけであるという点であった。このことから、第Ⅵ期は単に皇后宮を一新しただけではなく、皇后を含めた天皇の后妃達に関わる空間を整備し、のちの平安宮の内裏に見られるのとほぼ同じ空間構造を創出するに至った時期であると把握することができる。もしこのような第VI期の内裏における天皇の后妃達に関わる空間の整備を、第V期と同一の天皇の在位中に考えるとなると、当然桓武天皇の時代に大小二度にわたり内裏の修造が行われたことを想定しなければならないことになる。しかし桓武天皇の平城宮における在位期間が僅か三年半に過ぎないこと、そして何よりも皇后藤原乙牟漏の立后が延暦二年四月であり、長岡遷都までに一年半余りしかないことから、桓武天皇一代に大小二度の内裏修造を想定するのは実際問題として不可能であろうし、また『続日本紀』等の史料からもそのような想定は困難である。一方、第V期から第VI期への改築を桓武天皇より一代前の光仁天皇の時に行われたものとすることも決して不可能ではないが、その場合今度は光仁天皇の皇后であった井上内親王の在位中に皇后宮の改造を想定しなければならないことになり、この場合も、井上内親王が宝亀三年三月二日に早くも廃后に遭っている[14]から、井上内親王の皇后在位はわずか一年三カ月余りに過ぎず、その皇后在位中に皇后宮の改造を想定するのはやはり困難ではなかろうか。

当初から第V期のこの空間が皇后宮として設けられたものであるとの前提に立った上で、先に述べた平城宮末期における天皇や皇后の在位期間等を考慮し、さらに藤原光明子以後皇后に立てられた女性が光仁天皇の皇后井上内親王まで存在しないことなどから、第V期の皇后宮に居住した皇后は光仁天皇の皇后である井上内親王でなくてはならず、また第VI期の皇后宮に住んだのは藤原乙牟漏以外にないことになる。それ故に前節で結論のみを述べた如く、第V期は光仁天皇の内裏、第VI期は桓武天皇の内裏に比定でき、第V期から第VI期への内裏の改造は光仁天皇から皇位を譲られた桓武天皇の即位の時に伴って行われたと考えられる。

以上の検討からも明らかなように、先に史料の上からは所在不明であるとした光仁天皇の皇后井上内親王の皇后宮は、その前に皇后の位にあった聖武天皇の皇后藤原光明子の如く宮外に設けられることなく、平安宮の内裏における と同様に平城宮の内裏の中に営まれたと推定される。なお平安宮の場合、先述の如く、『延喜式』の諸条文などでは、皇后宮に当たる空間(三)は、皇后の専有空間のごとくに規定されているが、現実には必ずしも皇后がこの空間を独占的に居所としたのではなく、皇后以外に皇太后や太皇太后、あるいは中宮が居住することもあり、むしろ当時における後宮を代表する女性が居住していたといったほうが正鵠を射ているといえる。しかし光仁天皇の時代にはその生母紀橡姫は既に生存しておらず、また後世の中宮のような存在もなかった。従って第V期の内裏が光仁天皇の内裏であるとすると、平安時代のように皇后以外に皇太后や太皇太后、あるいは中宮がこの皇后宮に相当する空間に居住することはありえず、この空間を井上内親王が独占する皇后宮であると理解して問題ない。

それでは、光仁天皇即位の時に生じた、内裏内部における皇后宮の成立とは、いったい如何なる歴史的事象と関わるのであろうか。

まずここで注目したいのは、前述したように、平城宮において皇后宮が天皇の居所である内裏とは別に営まれ独立して存在する形態から天皇の居所である内裏の内部に設けられるようになるが、それが内裏に後宮の居所が設けられるよりも天皇一代早い事実である。もし皇后宮の存在形態の変化が、直接婚姻に関係する事象の変化によるのであれば、少なくとも両者の変化が同時か、あるいはむしろ後宮においてこそより早く起こってもよいと考えられるが、むしろ事実はそうでなく、まず皇后宮に変化が生じているのである。このことは、皇后宮の存在形態の変化が婚姻に伴う居住形態の変化よりむしろ古代における皇后の地位の変化と深い関わりをもつことを示唆するのではなかろうか。次に述べるように、皇后が天皇あるいは太上天皇と並び、律令国家における政治上最も重要な身位であったと考えられることからも、政治史的な次元で、日本の古代における皇后の政治上、国制上の地位について考える必要があろう。

日本の古代における皇后については、岸俊男氏の研究[142]以来、先学によって幾多の研究が行われ、律令制以前の大王時代の大后をめぐる諸問題や律令制下の皇后、特に光明皇后の立后からその死後にまで至る政治史と彼女を支えた皇后宮職・紫微中台等、政治機構の問題を取り上げることによって、次第に律令制下の皇后の地位と権能が明らかにされてきている。それら先学の研究によると、研究者によって歴史的な過程やその評価に相違がみられるものの、ほぼ次のような点が明らかにされていると言ってよいであろう。すなわち、古代の日本におけるいわゆる皇権は天皇がひとり独占するものでなく、律令国家は天皇とともに譲位した天皇である太上天皇や皇后・皇太子がそれぞれ国政の一翼を担う共同統治に近い体制を採っており、律令国家において皇后が国政上天皇と並ぶ極めて重要な政治的地位を占めていたこと、また七世紀の古代国家が支配のための制度・機構として律令制を導入し、完成させる時期に特徴的な現象として、天皇の死後、その妻である皇后が天皇の位に即く女帝が出現したことは、皇后が国政の担当者としてばかりではなく、皇位継承の権利あるいは機会を有する、国制上きわめて重要な存在であったことを示していること、そして皇后は奈良時代中頃まで天皇宮と別に独自の宮を営み、またそれを維持する基盤をもつなど、皇権の一翼を担ったこと、等である。

しかし奈良時代、律令制下における皇后の地位・権能と平安時代の皇后・中宮のあり方との間にはきわめて大きな懸隔がある。いったいそのような隔たりが何時、如何にして生じたのかを解明することは、奈良時代から平安時代への移行を考える上での重要な鍵の一つである。本章では、以上の検討から、皇后が本来天皇等とともに国政を担い、皇太子と同等の皇位継承の権利を有する重要な地位であり、そのような天皇と共治の権能を持った皇后の最後が聖武天皇の皇后である藤原光明子であり、次の光仁天皇の皇后井上内親王から皇后はそのような権能を持たず、単に天皇の正妻・嫡妻としての地位でしかなくなったのではないか、と考える。称徳天皇の崩後、天武天皇系に替わって天智天皇系の光仁天皇が即位した。それを可能にした最も大きな要因はその嫡妻井上内親王が天武天皇系の聖武天皇の娘であったことにあるが、のち皇后井上内親王がその子で皇太子の他戸親王ととも に廃され、やがて死に追い込まれたことは、その立場や基盤が極めて微妙かつ脆弱であったことを示すものに他ならない。このような点を考慮すると、井上内親王が皇后に冊立された時点で皇后宮が内裏に吸収されたことを容易に理解でき、これ以後天皇は皇后をその下に位置づけ、その容喙を排除し皇権を独占するに至ったと考えることができる。このように奈良時代の中頃以前にみられた皇后の地位が光仁天皇の即位を契機として変化あるいは変更されたのではないかと推定する。またこのことは、佐藤宗諄氏が、孝謙天皇を古代における女帝の最後とし、以後「女帝の世紀」から「皇后・中宮の時代」へと移ったと言い、その転換期を孝謙（称徳）天皇に求めた(143)ことと、時期的にも揆を一にすると考えられる。

以上、皇后宮の内裏における成立という現象は皇后の地位の変化と直接関わると憶測するのであり、それはまさしく「皇后宮の退転」と呼ぶに相応しい事態であった。

(4)　嵯峨天皇皇后橘嘉智子立后に伴う皇后宮職再編

さてこのような皇后の地位の変化とそれに伴う居所の移動は当然皇后宮を支える機構のあり方にも影響を与えずにはおかなかったと推測される。

光仁天皇の時代に、皇后である井上内親王の皇后としての地位に、従来の皇后とは異なるものがあったとすると、それに伴って井上内親王以降の皇后の皇后宮における生活を支える皇后宮職の組織や経済的な基盤にも、当然何らかの変化が生じたのではないかと考えられるが、そのうち皇后宮を支える経済的な基盤については関連史料がほとんどなく[144]、その変化を明らかにすることは極めて困難である。

しかし皇后宮の組織の問題については、先に簡略に紹介するにとどめた鬼頭清明氏による詳細な研究がある[145]。鬼頭氏は、聖武天皇の皇后藤原光明子の皇后宮に付属させられた皇后宮職について関連史料を博捜した上で周到な検討を加えた。その結果、皇后宮職の管下に多くの司・院・所と呼ばれる下級官司が配置され、皇后宮での皇后光明子の生活を支えていたことを明らかにしたが[146]、その一方で皇后宮の経営は皇后宮職管下の多数の下級官司によってだけでなく、さらに皇后宮内に分置されたいわゆる後宮十二女司の支所によっても支えられていた、とした。鬼頭氏が指摘した事実のうち、後宮十二女司の支所の皇后宮分置については、鬼頭氏が挙示した史料から確証を得ることはできない。むしろ、いわゆる後宮十二女司が本来天皇に奉仕する存在であること、また天皇の住む内裏と皇后の住む皇后宮とは区別されるべき存在であること、さらにわざわざ皇后宮を意味する「宮」を官司名に冠していることなどから見て、鬼頭氏が後宮十二女司の分置されたものと解された官司「宮之酒司」[147]は、決して後宮十二女司ではありえず、むしろ皇后宮職管下の下級官司と推定した方がよいのではなかろうか。

ところで聖武天皇の皇后藤原光明子の皇后宮に付属機関として皇后宮職が設置されて以降、皇后に立てられた女性には皇后宮職を付属させることが慣例化するが、組織を中心として皇后宮職の制度的な変遷を細かに跡付けることは、関連する史料が限定されており、極めて困難である。しかしそのようななかで、鬼頭氏も注目した、嵯峨天皇の皇后橘嘉智子立后ののちにとられた一連の措置には、皇后宮職の組織に関する制度的な変遷を考える上で特に注目されるものがある。

嵯峨天皇の夫人橘嘉智子は弘仁六年（八一五）七月に冊立されて皇后となるが、同日直ちに皇后宮大夫以下皇后宮職官人の任命が行われた[148]。皇后橘嘉智子のための皇后宮に設けられた皇后宮職では、今日史料的に知られる範囲でその初期に二度にわたって組織的な変更が加えられている。それはいずれも『類聚三代格』に収められた弘仁六年八月七日・同年十月十三日・七年六月八日・同年九月二十三日付けの四通の太政官符[149]から知ることができる。

年代は前後するが、このうち弘仁七年の二通について、鬼頭氏は後宮十二女司の皇后宮における支所の設置ないしは増員による拡充を目的とした措置であると解したが、二通の太政官符はいずれも宮内省管下の造酒司・主水司から所管省を通じて両司に配属される酒部・水部の増員を申請したことを承けて出されたもので、しかも増員を申請した理由は両部が天皇の内裏や平城太上天皇の居所である平城宮、そして皇后の居所皇后宮の三箇所に奉仕することになったからであると述べていることから、内裏、平城太上天皇の平城宮、皇后宮で奉仕する酒部や水部は明らかに後宮十二女司の所属ではなく、宮内省管下の造酒・主水両司に属しているのである。従って皇后橘嘉智子の皇后宮で彼女に奉仕した酒部や水部は宮内省管下の内廷的な官司である造酒・主水両司から皇后宮に派遣されたもので、上述したように光明皇后の皇后宮職ではその下級官司として酒司が存在した事実と比べた場合極めて対照的である。これは恐らく弘仁七年以前に皇后宮職管下の酒司や主水司相当の官司が廃止されていたことに伴う措置であったと推定される。

一方、弘仁六年、皇后宮職官人の任命ののち程なくして採られた措置を伝える二通の太政官符は、鬼頭氏によれば、皇后宮職管下の官司の改変で、八月七日官符が奈良時代には皇后宮職の下級官司であった浄清所に置かれていた作土器手を内膳司に所属させること、また十月十三日官符は皇后宮職の下級官司である染所に所属した染手を縫殿寮に所属させることを命じている。いずれも本来は皇后宮職に所属し、そのもとで皇后宮で使用する御器（木器・土器）の製作と皇后の着する御服の染色・裁縫を担当していたと考えられる人達であるが、それを宮内省の被管官司である内膳司と縫殿寮とに所属させ、それによって皇后宮のための仕事を行わせることにしたのである。これは明らかに皇后宮職の組織の改編とその規模の縮小を意味する措置である。

以上、弘仁六・七両年に出された四通の太政官符によって採られた措置は、皇后宮職の管下あるいは皇后宮職内に下級官司や人員を直接置くのではなく、宮内省管轄下にある内廷的な官司の人員を増したり、あるいは所属をそれらに移すことによって、皇后宮における「公事」を済ませることにした、共通の性格を持つ一連の施策であったと言える。恐らくこのような措置は史料として残存しなかったものの他にも多く採られたのではないかと考えられる。

ところで鬼頭氏が明らかにしたように、光明皇后の皇后宮職の如く、本来皇后宮に関する種々の政務は皇后宮職やその管下にある多数の下級官司によって処理されるべき性質のものであり、事実光明皇后の場合、それを十分処理しうる組織と機構を有していた。しかし弘仁年間に行われた皇后宮職に関する組織の縮小・変更の様相からみると、本来皇后の住む皇后宮の諸事万端を取り扱うために皇后宮職管下に配属されていた多数の下級官司が廃止ないしは縮小され、それらに代わって本来天皇に奉仕する内廷的な官司がその職務を代行するようになったと見ることができる。このような意味では、鬼頭氏が言ったように弘仁年間における皇后宮職の組織の縮小は明白な事実である。従って弘仁六年の橘嘉智子の立后に際して皇后宮職の組織としての縮小が図られ、皇后宮職は組織としての独自性を次第に弱め、喪失していったと推定することができる。それは光明皇后の場合に見られた天皇の内廷官司にも比すべき皇后宮の機能や組織の上での規模・独自性が後退しつつあることを意味し、そしてさらに皇后の国政上における独自な権能の喪失によって皇后宮そのものが天皇の居住する内裏から独立して存在する必要性を失って、内裏の内部へ吸収され、それに伴い皇后宮職管下の多くの下級官司も次第にその存在意義を失い、内裏に存在する内廷官司によってその機能が代替されるようになって行ったことによると考えることができる。鬼頭氏も指摘するように、内裏の機能が、嵯峨天皇の蔵人所の設置を始めとした一連の政策や独自性の強い皇后宮職の機能を吸収することによって強化・拡充されたことは明白な事実であるが、その背後には、本章で明らかにした皇后宮の内裏への退転という事実が存在していたことを見逃してはならないし、恐らくこの時と前後して内裏の組織や宮人・女官の組織・存在形態に大きな変化が生じたと憶測される。(150)

(二)　後宮の形成

次に後宮が平城宮の内裏に成立した歴史的背景について検討することにしたい。

第三節で述べたように、第VI期の内裏の東北隅には、南と西を掘立柱塀、北と東を内裏を囲繞する築地回廊で囲まれた空間が新たに成立し、その内部には庇の有無に相違があるものの、身舎の規模を同じくし、東西両妻の柱筋を一致させた東西棟建物二棟が配された。第VI期の内裏の東北隅に成立した空間は、平安宮の内裏と比較する(第一表)と、位置的に後宮五舎のうち、淑景舎と同北舎が存在する空間に相当し、また区画の内部の様子、すなわち建物の配置は勿論、建物の規模や構造においてもそれらと類似する点を指摘することができた。これらの点から、平城宮内裏では第VI期に至って平安宮の淑景舎と同北舎に相当する後宮の空間が東北隅に形成されるに至ったと考えられ、平安宮内裏のいわゆる後宮五舎の原型をここに求めることができると考える。(151)

一方、前項での検討からも明らかなように、平城宮内裏第VI期の遺構は桓武天皇の内裏で、それに先立つ第V期が光仁天皇の内裏であると考えられることから、平城宮内裏第VI期における変化は、桓武天皇の即位に伴い、内裏のうちでも天皇のキサキ達の居住する空間について、皇后宮では基本的な空間構造を踏襲しつつ桓武天皇の皇后藤原乙牟漏のために一部の建物を建て替えるに止まったのに対し、その他のキサキである後宮のために内裏の一郭に新たな空間が設けられるようになったことにある、とみることができる。

さて奈良時代については、天皇の后妃では皇后以上に妃・夫人・嬪のいわゆる後宮に関する史料が少なく、居住形態を含めてその実態を明らかにすることは極めて困難であるが、先に紹介した三崎氏の研究によると、天武朝にはキサキの居所として出身氏族の居地に営まれた居所だけでなく、天皇の宮である飛鳥浄御原宮内にキサキの居所・天皇に対して奉仕する宮人達の職務遂行の場あるいは天皇の私的な生活の場としての後宮が成立し、皇后宮と並存しており、後宮は律令制下に至り令によって天皇宮と一体のものとして明確に規定されるようになった。しかしキサキ達にとって後宮のみが唯一の居所であったのではなく、おのおのが天皇の住む内裏とは別に家や宅を経営し居住していた、とする。

現実の問題として、奈良時代に在位した八代の天皇には元明・元正・孝謙・称徳の四代の女帝が含まれており、平城宮でキサキを中心とした後宮を形成することが可能であった天皇は残る四代の男性の天皇だけとなる。しかしそのうち淳仁天皇については全くキサキの存在が知られず[152]、残る三代のうち二代は平城宮最末期の光仁・桓武両天皇で、奈良時代前半では聖武天皇のみとなる。

(1)　**聖武天皇の後宮**

聖武天皇のキサキ達については、夫人から皇后に昇った藤原光明子を除いて、藤原武智麻呂の女・藤原房前の女・縣犬養広刀自・橘古那可智の四人の夫人の存在が推定されている[153]。このうち光明皇后は、既に指摘したように、立后以前まだ夫人であった時、さらにそれ以前皇太子首皇子の妃であった時から、父藤原不比等の邸宅に一貫して居住していたと考えられる。また残る四人の夫人のうち藤原武智麻呂の女および藤原房前の女については、既に三崎氏が正倉院文書に見える両夫人家関係文書に検討を加え、天皇の住む平城宮の外に家を営み、そこには家政機関としての「務所」が置かれ、ここを拠点として種々の活動を展開していたことを明らかにしている。

ところで三崎氏が検討した両夫人以外にも、その家に関わる史料を残している夫人がいる。[154] それは橘古那可智である。彼女の家に関する史料とは、法隆寺の東院に関する資財を書き上げた東院資財帳に見える「瓦葺講堂壱間（前略）、奉納橘夫人宅、者、（後略）」との記載である。ここに言う講堂とは今日法隆寺東院に現存する伝法堂のことで、従来主として建築史の研究者によってこの記載および現存の伝法堂の研究が進められてきた。[155] その成果によれば、「橘夫人宅」とは建物そのものを指すのではなく、橘夫人家とでもいう意味で、東院資財帳の「奉納橘夫人宅」という記載は住宅の移建を直接示すものではない。しかし昭和十三年から十八年にかけて行われた伝法堂の解体修理によって、移建の事実が確認され、しかもその結果復原された前身建物の平面形式からは住宅の移建と考えられるようになった。[156] 一方この建物が施入された時期については二つの見解が対立しているが、そのいずれを採るにしても東院資財帳の作成年代から移建の時期が天平宝字五年を降ることはない。問題は伝法堂前身建物が聖武天皇夫人である橘古那可智の家に存在していた建物群の中でいかなる位置を占める建物であったのかである。この点について、浅野清氏は、その間取りから南北棟の建物で、寝殿造建築においては対屋に当たる大陸風の意匠をもつ建物であったと推定し、また橘古那可智によってわざわざ法隆寺に施入された建物で、しかも福山敏男氏の推定のように夫人の死（天平宝字三年）後間もなくの施入であったとすると、当然この建物は同夫人家における中心的な建物の一つであった可能性が高いと推定することができる。天平宝字年間と言えば既に聖武太上天皇は崩御し、天皇は当時淳仁天皇であったから、かりにその内裏に後宮が形成されていたとしてもこの建物がこのころまで内裏の中に存在したはずがない。また遡って第三節で述べた聖武天皇の時期に相当する可能性のある平城宮内裏の第II期ないし第III期の建物に伝法堂前身建物と同規模の南北棟建物を求めることもできない。従ってこの建物が橘夫人の家の建物であるとすると、夫人の家はやはり平城宮外に求めなければならない。以上のように聖武天皇の四人の夫人のうち三人まで、そして夫人時代の藤原光明子を含めると五人のうち四人の夫人が家を平城宮外に営んでいたことを確かめることができる。これに対してこれらの夫人が内裏の内部に住んでいたことを示す史料はない。

このように夫人から皇后に冊立された光明皇后も含め、それ以外の夫人達も貴族として天皇の住む宮の外に家・宅を営み、そこを拠点として種々の活動を展開していたと考えられる。しかし一方で光明皇后やその他の夫人達がその地位にあった頃の平城宮の内裏は平城宮内裏の第II期あるいは第III期に求めることができ、その間基本的な空間構成に変更は見られないものの、内裏の北辺や東北隅では若干の建物の建て替えや新築・廃絶が見られる。かりにその間に内裏の内部に五人ないし四人の夫人が居住していたとして、その居所を前節で詳しく検討したこれらの時期の内裏の建物に求めることは極めて難しく、聖武天皇のキサキ達は内裏の中に天皇とともに居住することはなかったと推定される。この推定が正しいとすると、聖武天皇の時期の内裏には光明皇后ばかりでなく、他のキサキ達も居所を有していなかった可能性がきわめて高いことになる。従って先に記したように、律令制下に至り令によって後宮が天皇の宮と一体のものとして明確に規定されるようになり、しかもそこには後宮達が居所を構えていたとの三崎氏の見解には直ちに従うことはできない。このことは例えば後宮職員令等を検じても三崎氏の主張を裏付ける明確な規定は見いだし得ないことにも明らかであり、事実、三崎氏は聖武天皇の後宮達が独自の家と家政機関をもつ貴族の一員であったことを論証したのであって明らかにその主張と矛盾する。

(2) 光仁天皇の後宮

聖武天皇の次に後宮を持った天皇は光仁天皇である。天皇には皇后であった井上内親王以外に、後宮に属する夫人として知られるのは、桓武天皇の生母高野新笠と藤原曹子の二人である。(157)この二人の夫人のうち藤原曹子の居所を史料から確認することはできないが、高野新笠についてはその居所が従来から推定されている。すなわち『続日本紀』に「叙二田村後宮今木神従四位上一」と見える(158)「田村後宮」こそが光仁天皇の即位後、高野新笠が入って居所とした施設と推定され、また立太子以前の山部親王が高野新笠とともにここに居住していたとも考えられている。(159)しかし「田村後宮」の所在地については、いまの楊梅天神の付近とし、田村後宮が平城宮の東院の内部に営まれたと見る説(160)と藤原仲麻呂の田村第の地にあったとする説(161)とが対立している。ただし前者の解釈を採った場合、天皇の後宮が平城宮の中に居所を営んだことになり、なぜそのような場所に後宮が設けられたのか何らかの解釈が必要となる。またこの説にはその前提となる現在のウナタリ神社（楊梅天神）が今木神であるとの論証が必ずしも十分でなく、また岸俊男氏によると田村の地は平城宮東院の地に営まれた楊梅宮の南に位置すると考えられることなどから、にわかに従うことはできない。むしろ名称が類似する点からすると、藤原仲麻呂の田村第との関係を想定した方がよいのではあるまいか。しかしいずれの考えを採るにしても夫人である高野新笠が光仁天皇とともに内裏に住まなかったことは間違いない。

またもし光仁天皇の代に当たる平城宮内裏第Ｖ期で後宮に当てることがきるとすれば、それは皇后の空間の北を画する掘立柱塀の北にある二棟の東西棟建物からなる空間だけである。しかし第Ⅳ期を除くと、これ以前、この位置には第Ｖ期の二棟の東西棟建物と同様東西棟で、しかも桁行き柱間数が偶数で内部を間仕切った建物が存在していた。建物の構造や状況からすると、第Ｖ期は従来この位置にあった建物やそれらからなる空間の性格を大きく変更したものとは考えられない。従って第Ｖ期の二棟の東西棟建物が二棟であるからと言って直ちにこれを桓武天皇の二人の夫人の居所であったとすることはできない。

以上から光仁天皇の他の後宮たちも高野新笠と同様に内裏の内部に居所を営むことはなかったものと考えられる。

(3)　桓武天皇の後宮

平城宮最後の天皇である桓武天皇の場合、正式の後宮に属すると考えられる女性は、妃として酒人内親王がおり、夫人としては藤原吉子を始め四人を考えることができるが[162]、平城宮が宮都であった時に桓武天皇の後宮に属していたと考えられるのは、このうち妃の酒人内親王と藤原吉子の二人だけである。二人の居所については史料に手がかりがないが、長岡京では妃酒人内親王、夫人藤原吉子・藤原旅子が京内に邸宅を営み、後宮自身が貴族の一員として邸宅に家政機関を置いたことを以前指摘したことがある[163]。これに対して桓武天皇の後宮が内裏の内部に住んだことを示す確実な史料はない[164]。このように史料からは後宮が独自に邸宅を営んだことのみを確認するに止まるが、むしろ平城宮内裏の第VI期に確認された、のちの平安宮に直結すると考えられる後宮の成立こそ史料では知り得なかった事実を我々の眼前に示したものと評価することができる。

ところで奈良時代は女帝の在位が長く、上記したようにいわゆる後宮の繁栄は見られなかったのに対して、桓武天皇の時代は、一般に後宮が従来になく異常なほど膨張・繁栄した時代で、平安時代における内裏後宮の繁栄につながる要素を持った時期であったと言われる。そしてその背景として桓武天皇の専制的な性格が存在したことが夙に指摘されている[165]。事実、桓武天皇の時代、その後宮は人数の増加と構成員の拡大（女御の成立）の両面において従前に比べはるかに規模を拡大した。従って平城宮における桓武天皇の内裏である平城宮内裏第VI期における後宮の成立も、単に同天皇による後宮の繁栄・拡大政策に伴って整備されただけのものと解することもできる。しかし第VI期における後宮の成立がそれだけの意味しか持っていなかったとは考え難い。後宮とは、言うまでもなく後宮職員令の規定に従う限り妃・夫人・嬪、天皇の后妃達の集団のことであり、後宮という特定の場を意味せず、それ故に必ずしも彼女達が後宮なる場でともに居住・生活することを想定してはいない。このような点を考慮すると、桓武天皇による内裏における後宮の形成とは、それ以前の後宮がそれ自体一つのまとまりを有する人的集団とは考えられていても、それを実現するための特定の場をもたず、それぞれが独自に居所を構え一貴族として生活していたのに対して、キサキ達を天皇の居所である内裏の内部に一緒に住まわせることによって、人的にもまた空間的にも一つの集団として捉えようとしたと見ることができる。このように考えてよいならば、内裏における後宮の形成が持つ歴史的意味はきわめて重大であることになる。すなわち、従来から指摘されているような桓武天皇の時代が単に「やがて来る後宮の繁栄につながる要素を持つもの」に止まったのではなく、むしろその繁栄を積極的にもたらすことになる一つの実体としての後宮を本来天皇の居所である内裏内部に形成し、後世における後宮の繁栄をもたらす基礎を築き、今日一般的に考えられているような人と場とが基本的に一致する後宮という実態を生み出した時代であったとより積極的に評価すべきであろう。

以上、皇后宮の退転と後宮の形成の二項に分け、平城宮内裏第V期と第VI期における新たな空間の出現、すなわち皇后宮と後宮の成立の実態とその歴史的意義について検討した。その結果、第V期、光仁朝における内裏での皇后宮の成立が皇権の一翼を担う身位にあった皇后の政治的地位の失墜とそれに伴う独立した皇后宮の解体による内裏への退転を意味し、一方、第VI期、桓武朝における内裏での後宮の成立は皇統の保持・継続を意図した政策の一貫として後宮の居所あるいは生活の場を内裏に確保するために場としての後宮を形成したことを意味すると考えることができることが明らかとなった。恐らくこのような政策が採られた背景には、皇統が天武天皇系から天智天皇系へ移ったことにより、まず天智天皇系の新天皇光仁天皇のもとに権力の集中を図るべく皇権の中枢にある皇后を内裏へ吸収して皇后独自の基盤である皇后宮を奪い、それに伴う独自で巨大な組織を縮小・解体させ、さらに皇后の廃立によって天武天皇系の皇統を一掃し、次いで桓武天皇が前朝における皇后の天皇への従属を前提として天武天皇系の皇統の失敗に鑑み、皇統の維持のため内裏における場としての後宮の形成とその人的規模及び構成員の拡大を図ったことがあったと推測された。

(三)　平安宮内裏の固定

ところで本章の冒頭で平安宮に関する近年の成果として紹介した古瀬奈津子・鈴木亘両氏の見解、すなわち内裏や朝堂院・豊楽院など、平安宮の中枢部分は、遷都の当初から平安時代末期に至るまでその配置や内部構造に根本的な変更がないとの古瀬氏の研究や、また平安宮内裏の主要部分は当初から大きく変化することはなく、内裏内部の根本的な構造は平城宮以来のものを受け継いだとの鈴木氏の見解は、以上の検討の結果から一見したところ妥当であったとの解答が導かれる可能性もあるが、両氏の見解は果たして正鵠を射ているのであろうか。

平安宮内裏のような空間構造をもつ内裏が光仁・桓武両天皇の時に平城宮から長岡宮を経、さらに平安宮へと段階を追って形成されていったとしても、果たして造営当初の平安宮の桓武天皇の内裏でその構造が再び実現され、さらに以後固定されていったとは考え難い。なぜなら平安宮内裏の基本的な構成要素であった皇后宮の主人たる皇后が、平安遷都直後の桓武天皇には存在せず、また次の平城天皇も皇后を立てることがなく、平安宮の内裏に住んだ天皇で最初に皇后を冊立したのは嵯峨天皇まで降る事実があるからである。

林陸朗氏は平安京の新内裏に移って間もない延暦十六年多治比真宗の夫人任命や女御の成立に伴って後宮の再

編成が行われた可能性があり、それは平安宮内裏の後宮空間と関連するのではないかと推測し、桓武朝のそれ以前の内裏と以後とで後宮が異なる空間構造をもっていた可能性を示唆した(166)。

　しかし林氏の示唆を待つまでもなく、桓武天皇の内裏がのちの平安宮内裏と異なっていた可能性を示す史料が存在する。それは『内裏儀式』七日宴会式で、そこに付けられた割注に「延暦庭広大、青馬未レ度之前、建二舞台一」と記す箇所がある。正月七日に行われる白馬節会について、『内裏儀式』は蕃客入朝時を除いて通常は内裏を場とし、天皇の出御のもとで五位以上の叙位、御弓奏を行い、次いで南庭で白馬渡が行われ、そののち群臣に宴を賜ると記している。問題の割注は同式本文に青馬が左右馬寮の官人によって牽かれ内裏の南庭を渡ってのち木工寮等の諸司が庭中に舞台を構え飾るとある文に対する注記で、宴に際して行われる妓楽で用いる舞台を木工寮等がいつ庭中に構え飾るのかに関して付けられたものである。本文が白馬渡終了後、舞台を南庭に構えるとするのに対し、この割注は白馬渡の前に予め舞台を建てておくと記している。白馬渡の前に舞台を建てることは、延暦以後の内裏では白馬渡の障害となったから、その終了後に建てるようにしたのであろうが、割注は白馬渡の前に舞台を建てた理由を「延暦庭広大」であったことに求めている。『内裏式』上巻七日会式では白馬節会は場を豊楽院に移しているが、その場合舞台は前日に豊楽殿の前に、その南階から南へ十一丈七尺離して設置するとし、その舞台は高さが三尺で、方六丈の大きさとされている。平安宮内裏の規模が東西五十七丈、南北七十二丈であったことからすると、舞台はわずかに平安宮内裏の南北長でその十二分の一の大きさでしかないが、天皇の出御する殿舎との距離や白馬渡の行われる空間との間隔などを考慮に入れると、実際にはさらに広い空間を占有したと考えられる。

　桓武天皇の時代の平安宮内裏で予め舞台を設置しても障害とならないほど紫宸殿の南に広がる南庭が広大であ

ったのは当時の桓武天皇に皇后がおらず、それゆえに内裏に皇后宮が設置されなかった（常寧殿を始めとして貞観・宣耀・麗景・登華・弘徽の諸殿を欠いていた）からではなかろうか。

また同様に創建からしばらくたった平城天皇の内裏がのちの平安宮内裏の構造と異なっていた可能性を示唆する事実として、平城太上天皇の「平城西宮」に比定される平城宮第一次大極殿院第Ⅲ―一期の空間構造を挙げることができる。「平城西宮」の空間構造については、のちに本章の付論で詳しく検討を加えるが、結論を先に述べれば、「平城西宮」は平城太上天皇に皇后がいなかったために皇后宮の空間を欠き、そのような意味で「平安宮内裏の省略形態」であった。

ところで平城太上天皇の御在所「平城西宮」が「平安宮内裏の省略形態」となった理由として次の二つを想定することができる。一つは、平城太上天皇の天皇在位中の内裏が父桓武天皇の内裏を受け継いだため、桓武天皇が藤原乙牟漏の崩後皇后を立てなかったことによってその内裏は皇后宮を欠いた構造であり、太上天皇が譲位後自らの御在所として造営した「平城西宮」はそれを踏襲したことによって生まれた。また一つは、平城宮末期や長岡宮における内裏の構造を継承し、平安宮では既に創建時から内裏に皇后宮の空間が存在したが、「平城西宮」の造営に当たっては皇后不在のために意図的に皇后宮を欠くことにし、在位中の内裏と異なる構造とした。この二つの考えのうち、前者は初期における平安宮の内裏の構造はまだ固定しない極めて流動的なもので、天皇に関わる空間を除いて基本的な構成要素（皇后宮や後宮等）においてさえ場合（皇后や後宮等の存否）によっては省略されることがありえたことになる。一方、後者の場合は、既に平安宮草創の時点で皇后の存否に関わらず内裏の構造が固定し、基本的にのちの平安宮内裏と同じと決められていたと考えねばならない。しかし後者の理解では平城太上天皇の「平城西宮」が皇后宮を欠いた理由を説明し難く、また説明しようとした場合に自己矛盾に陥ってしまう。従ってここでは前者、すなわち平城太上天皇の「平城西宮」は天皇として在位した時の内裏の構造を基本的に踏襲していた可能性が強いと考える。

それでは平安宮で内裏がのちの内裏古図に描かれるような構造に固定されるのはいったい何時のことであろうか。それは恐らく嵯峨天皇の時からであったと推定される。既に述べたように、平安宮で最初に冊立された皇后は嵯峨天皇の皇后橘嘉智子である。従ってこの時あわせて内裏の改造が行われた可能性がある。また周知のように、弘仁九年には殿閣門号の制定が行われた(167)。これは現象的には内裏をはじめとした平安宮の諸殿閣門に固有の名称を付与した措置でしかないが、それは単なる固有の名称の付与に止まらず、個々の殿閣門の配置や規模・構造等、そしてとりわけ集中的に殿閣門号の命名が行われた内裏では、その基本的な構造——殿舎相互の配置やそれらによって形作られる空間の構造——を固定するに当たって極めて大きな意味をもったと考えられる。

ただし以上のように考えるには、当然平城天皇から嵯峨天皇へ譲位したのち、内裏の大規模な改作、少なくとも皇后宮の設置とそれにともなう天皇の空間の移動が行われたことを想定しなければならない。嵯峨天皇は大同四年四月即位すると、ほどなく内裏（西宮）に入ったらしいが、それから一年三カ月ほどした翌五年七月に東宮に遷御している(168)。その理由は明らかでないが、それから七カ月余り経って再び内裏（西宮）に還御した(169)。この間に内裏の改作が行われた可能性も考えられるが、この場合は、即位直後の嵯峨天皇が体調を大きく崩していたことによるものとも推定される(170)。橘嘉智子が皇后に冊立されるのは弘仁六年七月で(171)、しかも同日に皇后宮職官人の任官も行われているから、これに先だって内裏の改作が行われたことを示唆する史料があってよいが、そのような史料は全くない。これに対して翌七年二月には内裏修造のためと明記した天皇の弁官曹司遷御の記事がある(172)。しかしこの時の修理はさほど大規模ではなかったらしく、わずか二カ月後の四月には還御している(173)。この時の内裏の修造は、弘仁五・六年頃に行われた朝堂院の修造[174]に引き続いて行われたものと考えられ[175]、その計画や準備は既に弘仁七年以前から進められていた可能性が強く、また天皇の弁官曹司への遷御の事実からすると天皇の常の御殿など主要な建物に関する改作も行われたと考えられる。従って修造の期間がわずか二カ月とはいえ、極めて周到な準備のもとに行われた内裏のかなりの範囲にも及ぶ改作であった可能性も高い。橘嘉智子立后以後の改作であるが、一応弘仁七年に行われた内裏の修造によってその構造がのちの平安宮内裏と同じ空間構造をもつようになり、弘仁九年の殿閣門号の制定によってそれが固定したと推測しておきたい。

以上のように桓武・平城両天皇の時代の平安宮内裏は嵯峨天皇以後と異なり少なくとも皇后宮を包摂しない形態を呈していた可能性が強く、平安宮内裏の構造が固定化するには嵯峨天皇による弘仁六年橘嘉智子冊立とそれに続く同七年の内裏修造、そして同九年に行われた平安宮の諸殿閣門への固有名の付与を待たねばならなかった。

五　おわりに

本章ではこれまで三節に亙り、平安宮内裏の空間構造の成立とその歴史的な背景をめぐる迂遠な検討と考証を重ねてきた。本章を終えるに当たって以上の検討で得られた結論を、簡略にまとめると、次のようになる。

(1)平安宮の内裏に見られる空間構造は、内裏の南北中軸線上に南から天皇の公的空間・私的空間、北に皇后の空間を配し、その周辺に天皇の内裏における公私の生活を支える官司や所々の位置する空間と後宮のための空間を配置したものである。従って平安宮の内裏は本来、天皇と皇后の空間を中心とした基本構成を採っているが、そこにさらに後宮の空間が付属することによって天皇とその后妃達の同居が内裏で実現していたと考えられる。

ただし天皇との同居が完全に実現していたのは皇后の場合のみで、後宮は内裏に彼女たちの空間をもつとともに、貴族の一員として京内に独自の邸宅を構えていた。

(2)(1)のような平安宮内裏に見られる空間構造の基本、すなわち天皇と皇后の空間を中心とする内裏の構造は、平城宮の末期、光仁天皇の時代の内裏において成立した。その空間構造の特徴は、従来内裏が天皇の居住空間として公私両面にわたる空間と天皇の内裏での生活を支える後宮十二女司の官衙や宮人・女官の詰所・宿所等から成り、皇后の居所である皇后宮は天皇の住む内裏から独立して宮外に存在していたが、この時に至って皇后宮が内裏のなかの天皇の私的な空間の内部に設けられるようになったことにある。そしてさらに平城宮最末期の桓武天皇の内裏において、光仁天皇の時の皇后宮の成立を前提として後宮が整備され、のちの後宮五舎に相当する空間の原型が成立した。ここに平安宮内裏の空間構造の原型、すなわち天皇とその后妃達が内裏で同居する形態が成立するに至る。

(3)平城宮末期、光仁天皇の時代の内裏で平安宮内裏の空間構造の基本が成立するに至った背景には、律令国家において天皇とともに皇権を掌握し、また皇太子とともに皇位継承の機会を有した皇后の性格や権能に大きな変化が生じ、平安時代の皇后や中宮のように政治上の権能を有さない単なる天皇の嫡妻でしかなくなった事実があると推測される。内裏における皇后宮の成立はまたそれを支える皇后宮職以下の組織の縮小を意味し、まさしく皇后宮の退転と呼ぶに相応しい事態であった。このような事態が光仁天皇の皇后である井上内親王の時に起こったのは、彼女が前皇統である天武系を嗣ぐ唯一の存在であり、またのちに彼女が廃されたことからも明らかなように、彼女のおかれた政治的な位置の複雑さによると考えられる。また一方、桓武天皇の時代の内裏における後宮の成立は、前朝における皇后の天皇の単なる嫡妻化を承け、皇后以外の后妃の居所あるいはその職務を遂行する場である後宮の内裏における常置を意味し、桓武天皇による皇統維持政策のための後宮繁栄策として採られたと考えられる。

(4)造営当初の平安宮内裏は平安宮古図に見るような内裏の空間構造を採らず、皇后宮を欠いていた。それは当時の桓武天皇や次の平城天皇が皇后を冊立しなかったためで、内裏における皇后宮の設置が皇后の有無と関わり内裏の構造が流動的であったからである。しかし嵯峨天皇の時代、皇后に橘嘉智子が冊立されると内裏の改作が行われ、皇后宮を伴う内裏が造営された。そして嵯峨天皇による平安宮や儀式・政務を繞る諸政策の一環として採られた弘仁九年の殿閣門号の制定によって内裏の構造は基本的に固定されるに至り、ここに平安宮古図に見る平安宮内裏の空間構造が出来上がったと考えられる。

ところで今日まで光仁・桓武朝が平安時代の璧頭を飾る時代であるとの研究成果が多数公表されている。勿論、光仁・桓武両朝が平安時代を考えるに当たって重要な時期であるが、著者はさらに光仁・桓武両天皇によって切り開かれた平安時代が一定の固定化を見、以後の平安時代を規制するのが嵯峨朝であったと考えている。そのような意味からも本章で明らかにした諸点、特に平安宮内裏の原型の成立が光仁朝に求められ、その背景に皇后の性格の変化があり、また桓武朝に光仁朝を承けて皇后宮につぎ後宮が形成され、皇統の安定政策が採られたことを明らかにしたことは、平安時代の原点としての光仁・桓武両朝の研究を進めて行く上で重要であるが、さらにそれが光仁・桓武両朝を経て嵯峨朝において平安宮内裏の基本的構造として固定されたと推定されるに至った点で、本章が今後における嵯峨朝研究の一つの礎になれば幸いであると考える。

なお本章では第二節で平安宮の内裏の基本的な空間構造を抽出するために、その複雑な様相を可能な限り簡略化・単純化してしまい、かえって大きな誤りを犯していないとは断言できない。事実、平安時代の史料を通覧すると、平安宮の内裏内部に存在する諸殿舎がきわめて多様な用いられ方をし、その性格や機能に一定の性格付けを行うことがきわめて困難であるかのように思われる。しかしそのような現象は、実際には平安時代も前半以降になってから特に顕著となるのであって、恐らく平安宮造営当初における内裏の諸殿舎の有した性格や機能は、平安時代中期以降に史料に見えるそれらが有したものとは異なり、嵯峨天皇の時に固定化されて平安宮末期に及んだ内裏における殿舎配置や空間構造の原理に強く規制され、その配置や構成原理に基づく性格や機能をもっていたと考えることができる。

註

（1）先駆的な研究として、『日本古代宮都の研究』昭和六十三年に纏められた岸俊男氏の一連の研究や、狩野久「律令国家と都市」『大系日本国家史』一古代、昭和五十年、今泉隆雄『古代宮都の研究』平成五年、などがある。

（2）古瀬奈津子「平安京と律令政治」『古代史研究の最前線』二〈政治・経済編〉下、昭和六十一年。

（3）拙稿「「外記政」の成立—都城と儀式—」『史林』六四—六、昭和五十六年（本書第五章）・「平安宮草創期の豊楽院」『日本政治社会史研究』中、昭和五十九年（本書第四章）。

（4）拙稿「長岡宮内裏小考—内裏の構造と長岡宮の皇后宮・後宮の所在をめぐって—」『長岡京古文化論叢Ⅱ』平成四年（本書第二章）。

（5）例えば第一図は『国史大辞典』第八巻、昭和六十二年の「内裏」の項に収められた「内裏図」であるが、他の辞典・事典類に収められた図もこれと大同小異である。なお内裏図を始めとするいわゆる平安宮・平安京を描いた古図に関する主要な研究には次のものがある。桃裕行「延喜式附図に就て」『歴史地理』七〇—二、昭和十五年、奈良国立文化財研究所『平城宮発掘調査報告Ⅱ』昭和三十八年、田中稔「京図について」『田山方南華甲記念論文集』昭和三十八年、福山敏男「平安京とその宮城の指図」『日本建築史研究　続編』昭和四十一年、東野治之「南都所伝宮城図残欠について」『古文書研究』二〇、昭和五十八年。

（6）裏松光世編輯・内藤広前補正の『大内裏図考証』新訂増補故実叢書、昭和二十七年および『中古京師内外地図・中昔京師地図・大内裏図』新訂増補故実叢書、昭和三十年。

（7）古瀬奈津子「初期の平安宮」『続日本紀研究』二一一、昭和五十五年。なお近年、瀧浪貞子氏は、平安宮の平面規模が九世紀の末に北に二町分伸ばされ、それまで宮の北に配置されていた大蔵等を取り込み、今日我々が一般に知る平安宮の姿になったと推定される、との注目すべき見解を提示した（「初期平安京の構造―第一次平安京と第二次平安京―」『京都市歴史資料館紀要』創刊号、昭和五十九年、等）。瀧浪氏が推定した平安宮の北への延伸は、確かに平安宮の基本的な姿が造営ののちにも大きく変えられたことを示していると理解することもできるが、しかしそれによって朝堂院や豊楽院あるいは内裏等、平安宮の中枢部の諸施設やその周辺の官衙の配置に至るまで、遷都以来の基本的な配置をも一変させるような大きな変更であったと理解するのは正しくない。従って瀧浪氏の研究にも関わらず、平安宮の中枢部や周辺の官衙のような基本的な部分は、官衙の統廃合による変更を除いて、古瀬氏の言うように、平安宮造営以降それを一変させるほど大きな変更は基本的に行われなかったと理解して一応問題ないと考える。なお最近、井上満郎氏は「瀧浪貞子著『日本古代宮廷社会の研究』」『史学雑誌』一〇二―三、平成三年で、瀧浪氏の依拠した『山槐記』の史料解釈に根本的な批判を加え、瀧浪説の問題点を明確にする見解を発表した。また山中章氏も「初期平安京の造営と構造」『古代文化』四六―一、平成六年など一連の論考で種々の観点から瀧浪説を批判している（ただその際に論拠の一つとして用いた南都所伝宮城図残欠は、東野註（5）論文による詳細な検討にも関わらず、まだ疑問とすべき点を多々含んでいる）。しかしいずれにしろこれら諸氏の研究によって瀧浪説は史料解釈の上で相対化されたと言え、今後は発掘調査によって検証されることが待たれる。

（8）鈴木亘「平安初期における平安宮内裏の修造について」『日本建築学会論文報告集』二一八・二一九、昭和四十九年、「平安時代後期の平安宮紫宸殿について」『日本建築学会学術講演梗概集（東北）』昭和五十七年、「平安宮紫宸殿の建築様式について」『QUADRATO』II、昭和六十三年、「平安宮仁寿殿の建築について」『日本建築学会論文報告集』二五七・二五八、昭和五十二年、「平安宮常寧殿の建築について」『日本建築学会論文報告集』二五九、昭和五十二年、など。なお近年、鈴木氏は、これらの研究を『平安宮内裏の研究』平成二年、なる一書にまとめた。当該書に対する著者の見解は橋本義則・山岸常人「鈴木亘著『平安宮内裏の研究』を読む」『建築史学』一七、平成三年で明らかにしたので参照されたい。

（9）近年における大極殿・朝堂院に関する精力的な研究として、今泉隆雄氏の「平城宮大極殿朝堂考」『日本古代史研究』昭和五十五年・「再び平城宮の大極殿・朝堂について」『律令国家の構造』昭和六十四年（ともにのち今泉註（1）著書に再録）があるが、いずれも内裏は大極殿・朝堂院の付け足し程度の記述に止まっている。
(10) 平安宮内裏の後宮の殿舎には、平安時代の初期には存在せず、のちやや遅れて建造されたと考えられている殿舎もあることは周知の通りである。なおこれらに関してはのちに従来の見解を紹介しつつ述べることとしたい。
(11) 中重が内裏でないことは、平安時代、中重内に所在した中和院や中重の正門とも言うべき建礼門への天皇の移動を行幸と呼び、また天皇はその際御輿に乗って移動したことにも明らかである。拙稿「古代御輿考―天皇・太上天皇・皇后の御輿―」『古代・中世の政治と文化』平成六年参照。
(12) 本稿において用いる正殿・後殿・前殿・脇殿など、殿舎に関する用語は、現在一般に通行している意味で使用する。勿論、これらの語のほとんどは、本来それ自体歴史的な名辞であるが、今日これらを用いる場合、そのような歴史性は全く無視されているといってよい。またこれらは必ずしも同一の基準に基づいて命名・使用されているわけでもなく、僅かに正殿が機能や性格を加味した用語であるのに対して、他はその機能や性格をほとんど問うことなく、相対的な位置関係に基づいて命名された用語である点に留意を払う必要がある。従って同じ語でありながら、今日通行している学術用語としての殿舎呼称は、当然歴史的な名辞と明確に弁別して用いなければならないし、またそのような歴史的名辞については慎重な検討が必要である。例えば、歴史的な名辞としての「前殿」や「寝殿」については村田治郎「前殿の意味」『日本建築学会研究報告』一六、昭和二十六年・「寝殿について」『史蹟名勝天然記念物』一五―八、昭和十五年が検討を加えているが、これ以後木村徳国『上代語にもとづく日本建築史の研究』昭和六十三年、による和語に関する研究以外に、基礎的な研究は行われていない。
(13) 最近、吉田歓氏は「内裏脇殿小考」『歴史』八〇、平成五年において、内裏正殿に付属する四脇殿が本来納殿であったとの見解を発表した。吉田氏の、平安宮では内裏正殿の四脇殿が納殿として機能していたという指摘自体には、新味はないが、それを平城宮、さらに内裏正殿一郭に脇殿が成立した当初からのものであるとした点に吉田説の新鮮さがある。しかし吉田氏が依拠した史料は主に平安宮のもので、それが平城宮まで遡り得るか否か大きな問題があり、吉田氏の注目すべき指摘にも関わらず、依然としてまだ解決しなければならない問題点が残っている。ここでは吉田説の当面の問題点を指摘するに止め、詳細は別に検討を行いたい。吉田説の問題点として取り敢えず、一、前期難波宮の大極殿あるいは内裏正殿に相当する建物と同一の区画内にあり、その前方東西に存在する二棟の脇殿をどのような性格のものと理解するのか。たとえ、この区画とその正殿が大極殿院と大極殿に継承されるものであったとしても、内裏における脇殿の形成とその性格を検討するためにはその理解を示す必要がある。

二、飛鳥浄御原宮が大殿―前庭という構成を採るのは、脇殿が存在しなかったからで、それは小澤毅「伝承板蓋宮跡の発掘と飛鳥の諸宮」『橿原考古学研究所論集』第九、昭和六十三年、等が主張する飛鳥浄御原宮が古い「旧宮」に「新宮」を付加したものであったからであろう。前期難波宮から藤原宮へ至る宮城の発展過程の中に飛鳥浄御原宮をそのまま位置付けてよいかどうかに大きな問題がある。三、平城宮の内裏については、のちに詳しく述べるが、なぜ第II期に突然脇殿、しかも吉田氏のいう納殿としての脇殿が内裏正殿の一郭、しかもその前方東西に建てられねばならなかったのか、という疑問が解けていない。また平城宮内裏の場合、第III期までコ字型建物配置を採る区画はその中央と南寄りとに二箇所存在し、しかもそれぞれに存在する脇殿の数も二棟と四棟で同じでない。これらの点についても何等かの理解を示さぬ限り、平安宮以前における内裏の脇殿の問題を解き得たことにはならない。四、平城宮の事例として『万葉集』の史料を挙げているが、これは例外である可能性もあり、また内裏正殿の一郭でのことであったとの保証も存在しない。五、「堂」と「殿」における意味と構造の相違の問題であるが、周知のように朝堂は弁官殿や式部殿あるいは東一殿など古く「殿」の文字をもって呼ばれていた。また豊楽院や朝堂院の正殿である殿舎自体が大極殿や豊楽殿の名で呼ばれていることにも問題がある。

(14)　瀧浪貞子「議所と陣座―仗議の成立過程―」『史窗』四四、昭和六十二年（のち『日本古代宮廷社会の研究』平成三年に再録）。

(15)　『日本紀略』天暦二年三月朔庚戌・天暦二年五月乙丑条。

(16)　『日本三代実録』元慶二年十月十一日癸酉条。なお『西宮記』巻八所々によると、宜陽殿は綾綺殿や仁寿殿とともに納殿と呼ばれ、累代の御物が収納された。

(17)　『続日本後紀』承和四年十二月辛卯条、『日本紀略』貞観十三年六月二日丁卯条、『日本三代実録』元慶八年二月二十一日壬子条、等。

(18)　『日本後紀』延暦二十四年四月己酉条。

(19)　『日本文徳天皇実録』天安二年正月二十四日丁巳条、等。なお高野山正智院などに分蔵されている『文館詞林』の奥書に「校書殿写、弘仁十四年歳次癸卯二月為二冷然院一書一」と記されたものがある。

(20)　『扶桑略記』寛平元年十二月六日癸亥条、『西宮記』巻八所々薬殿。

(21)　「平安京と洛陽・長安」『日本政治社会史研究』中、昭和五十九年（のち『日本古代宮都の研究』昭和六十三年に再録）。

(22)　『類聚符宣抄』巻六弘仁五年七月二十日宣旨。なお拙稿註(8)書評参照。

（23）　鈴木註（8）「平安宮仁寿殿の建築について」。

（24）　『儀式』巻一大殿祭儀。なお『儀式』が大殿祭の対象となる殿舎を明確に「仁寿殿」と規定しているのに対して、『延喜式』巻一神祇一四時祭上大殿祭は一般名詞的に「御殿」とするだけで、固有の殿舎名を挙げていない。恐らく、このことは、『延喜式』が編修された段階で天皇の常の御殿が仁寿殿ではなく、清涼殿へ移りつつあったが、しかしいまだ固定していないと考えられたことによるのか、あるいは『延喜式』がそれ以前、そのような移行期の段階に編纂された式の古い規定をそのまま踏襲していることによるのか、のいずれかであろう。いずれにしても大殿祭挙行の場所は平安時代の当初には仁寿殿に固定されていたが、やがて平安時代も前半の終り頃になると仁寿殿に一定しなくなっていったのは、天皇の居所である「御殿」が仁寿殿に一定しない状況となったことに伴う現象であることを示していることは間違いない。

（25）　目崎徳衛「仁寿殿と清涼殿」『宇津保物語研究会会報』三、昭和四十五年、角田文衛「平安内裏における常御殿と上の御局」『平安博物館研究紀要』二、昭和四十六年。

（26）　承香殿については、『大内裏図考証』に「東寺所レ伝大内図曰、承香殿弘仁巳後所レ建」とあり、例えば『国史大辞典』第七巻、昭和六十二年の「承香殿」の項（藤岡通夫執筆）にはやや遅れて弘仁年間以降の創建にかかると書かれ、また鈴木註（8）「平安初期における平安宮内裏の修造について」でも、内裏の修造の経過と承香殿の内裏内での位置から考えて仁寿殿の移築が考えられる貞観年間の初頭に造営された可能性があるとされている。

（27）　ただし長岡宮の第二次内裏である東宮の発掘遺構では、承香殿をその内部に配置するのが困難な状況にある（拙稿註（4）論文、本書第二章）ので、あるいは奈良時代末期の平城宮内裏における殿舎とその配置が長岡宮にそのまま持ち込まれたのではなく、一部に変更が行われ、それが天皇の私的な空間において行われた可能性が考えられる。しかしその意味は明らかではなく、ここでは後述するように、創建当初の平安宮において長岡宮第二次内裏東宮の空間構造がそのまま引き継がれた可能性もあることを指摘するに止めたい。

（28）　例えば、『延喜式』巻一三中宮職春日祭・賀茂祭・神今食・進暦条。

（29）　「掖庭」とは、唐長安城の掖庭宮（皇城の北半中央部に位置する皇帝の宮殿である太極宮の西に位置するいわゆる後宮）にも明らかなように、いわゆる後宮のことであり、それを冠した「掖庭門」とは正に後宮へ入るための門である。なお第一図のように内裏を固める腋陣と滝口陣が承香殿の北庇に近く、その東西に置かれたのは、天皇に関する空間が承香殿の北庇辺り、すなわち承香殿の北にある築地塀までであったことと関連をもつと考えられる。

(30)　村山修一氏は「後宮の殿舎とその構造」『国文学　解釈と教材の研究』八―五、昭和三十八年において、「この六つの殿舎（著者註…後宮七殿のうち承香殿を除く六棟の殿舎）は東・西・北の三方を溝で囲まれ、溝の内側は壇になっている」こと、承香殿は「建築上は仁寿殿・紫宸殿と連結し」ていること等から、承香殿は後宮七殿の他の六棟の殿舎とは別の一郭を形成し、「天皇の正殿と後宮を結ぶかなめに当り、両者の通路の如き役目をもつ」殿舎であったと指摘している。しかしそれにも関わらず、村山氏は他の六棟の後宮の殿舎と一体のものとして叙述を行っている。

(31)　目崎徳衛「文徳・清和両天皇の御在所をめぐって―律令政治衰退過程の一分析―」『史元』一〇、昭和四十五年。

(32)　清涼殿が平安宮内裏の創建当初に存在していなかった可能性があるとの点については、目崎註(25)論文参照。なお、目崎氏は嵯峨天皇の時代に内部を唐風にしつらえ唐風の雅名を与えられた休息所的な宮殿として新設されたかとする。

(33)　綾綺殿については、福田敏朗「平安内裏の綾綺殿について」『日本建築学会大会学術講演梗概集』昭和五十五年参照。

(34)　内侍所および賢所については、所京子「平安時代の内侍所」（『皇学館論叢』二―六、昭和四十四年）、須田春子「「内侍所」序説」（『古代文化史論攷』創刊号、昭和五十五年）、渡部真弓「内侍所神鏡奉斎考」（『國學院雑誌』九三―二、平成三年）、等参照。

(35)　本書第一章付論参照。

(36)　『延喜式』巻一三中宮職二日受皇太子朝賀・同日早朝受群官朝賀。なお拙稿「延喜式校訂考証一題」『神道大系』一〇三延喜式上月報、平成二年、栗林茂「皇后受賀儀礼の成立と展開」『延喜式研究』八、平成五年参照。

(37)　『延喜式』巻一三中宮職卯杖・春日祭・賀茂祭・神今食・墓使条。

(38)　大庭については神谷正昌「平安宮の大庭と儀式」『國史學』一五三、平成六年参照。

(39)　例えば常寧殿の初見記事でもあるが、『続日本後紀』承和元年六月甲午条によると、仁明天皇の即位にともなう一代一度の仁王会の時の仁王経の講読は、内裏では紫宸殿・建礼門とともに常寧殿で行われている。なお『延喜式』では、巻二一玄蕃寮仁王会条で、一代一度の仁王会における仁王経の講読が行われる場として、大極殿・紫宸殿・後宮院・東宮を挙げるのに対して、巻三八掃部寮では、大極殿・紫宸殿・御在所・中宮・東宮を挙げている。巻二一玄蕃寮の規定に御在所が見えない事情は明らかでないが、後宮院が巻三八掃部寮の規定に見える中宮に相当することは記載の順序から見て間違いない。上記のように仁明天皇の一代一度の仁王会の場として特に常寧殿が用いられていることを考え併せると、常寧殿が本来『延喜式』に規定されている後宮院・中宮を代表する殿舎として、皇后宮の正殿、すなわち皇后の公的生活を行うための殿舎であったことを意味している。しかし『延喜式』巻一一玄蕃寮において後宮院とのみ記して、特定の殿舎名を挙げていないのは、あるいは当時既に皇后の居す殿舎が常寧殿ではなくなり、他に移っていたこと、すなわち常寧殿が後宮院を代表する中心的な殿舎とは見なされなくなっていたためであろうか。なお、仁明天皇には皇后がいなかったから、仁王経の講読が常寧殿で行われたことは既に常寧殿が単なる皇后の居所としてではなく、中宮・後宮院の中心殿舎であったことを示唆する。

(40) ただしこのことは必ずしもその当時皇后が在位し、かつまた実際に皇后が常寧殿に居住していなければならないということを意味しているのではない。すなわち常寧殿は本来皇后が日常生活を行うべき殿舎であるとの規範あるいは共通の認識が存在していればそれでよい。

(41) 『続日本後紀』承和六年七月甲申・十年五月丙申条、等。

(42) 鈴木註(8)「平安宮常寧殿の建築について」。なお拙稿註(36)論文参照。

(43) なお『延喜式』巻一三中宮職の条文のなかには、皇后の御す殿舎名を具体的に記さず単に「御殿」とか「殿」とのみ記す場合がある(白馬条・殿祭条・進暦祭・女官朝賀条等)。このうち殿祭条の「御殿」が皇后の日常居住する殿舎を指していることは、この条文が天皇の大殿祭に対応する皇后の大殿祭についての規定であることから確実である。既に註(24)で大殿祭について天皇の「大殿」に関して指摘したと同じように、この場合も当時既に皇后の日常居住する殿舎が常寧殿からそのほかの殿舎に移っていたか、あるいはその殿舎が一定していなかったことによって、「御殿」とのみ表記されたものであろう。なお拙稿註(36)論文参照。

(44) 岸註(21)論文。

(45) 『文選』巻一賦甲京都上に収める班孟堅の両都賦二首のうち「西都賦」に「後宮則有二掖庭椒房一、后妃之室、合歓・増成・安処・常寧・茝若・椒風・披香・発越・蘭林・蕙草・鴛鸞・飛翔之列」と詠まれているように、漢の長安城後宮には常寧殿なる殿舎が存在した。

(46) 所京子「「所」の成立と展開」『史窗』二六、昭和四十三年・「御匣殿の別当」『芸林』二一―六、昭和四十五年・「御匣殿の別当・補遺」『芸林』二二―六、昭和四十六年。

(47) 後宮五舎の建築が平安宮内裏の創建より遅れ、本来後宮は南北に並ぶ七殿だけだった可能性が指摘されている。例えば、目崎徳衛氏は「後宮の成員と殿舎」『解釈と鑑賞』昭和四十七年四月号で、『大内裏図考証』巻一八所収の南都所伝図の注記に「凝華飛香二舎不㆑載㆓弘仁九年勘文㆒、爰知㆓後代所㆒㆑造也、其年未㆑詳」とあることから、この両舎が後世の所造であることがわかると解釈している（ちなみに、飛香舎・凝華舎については『口遊』『掌中歴』等に『大内裏図考証』所引南都所伝図注記と同文がある）。また角田文衛『日本の後宮』昭和四十八年は後宮五舎が始めて造営されたのは承和九年四月から十一月にかけてのことであるとし、凝華・飛香両舎のほかに淑景舎等ものちの増築によるとしている。しかし次節で詳しく述べるように、少なくとも淑景舎と同北舎に相当する殿舎は平城宮最末期の内裏において成立していたと見られ、従来の見解には再検討の余地があると考える。

(48) 山下克明「平安時代初期における『東宮』とその所在について」『古代文化』三三―一二、昭和五十六年。

(49) 拙稿註(11)論文参照。

(50) 永田和也「進物所と御厨子所」『風俗』一〇二、平成二年。

(51) 所註(46)「所の成立と展開」。

(52) 例えば、『京都の歴史』一平安の新京、昭和四十五年の第三章平安京の形成第三節大内裏と内裏（村井康彦氏執筆）は、蔵人町屋を弘仁元年蔵人所設置以降の創建とする。

(53) 所註(46)「所の成立と展開」、永田註(50)論文。

(54) 玉井力「九・十世紀の蔵人所に関する一考察―内廷経済の中枢としての側面を中心に―」『名古屋大学日本史論集』上、昭和五十年。

(55) 平城宮・長岡宮以外でも内裏の構造が一部判明している宮都がある。例えば、難波宮の場合、前期難波宮・後期難波宮のいずれも、天皇の内裏における公的な空間に相当すると考えられる部分の様相が明らかになっている。しかし内裏全体の構造については依然不明であり、ここでは検討の対象となしえない。なお難波宮内裏の発掘調査の成果については、大阪市立大学難波宮址研究会『難波宮址の研究』研究予察報告第二、昭和三十三年、難波宮址顕彰会・大阪市立大学難波宮址研究会『難波宮址の研究』研究予察報告第三、昭和三十五年・『難波宮址の研究』研究予察報告第四、昭和三十六年・『難波宮址の研究』第六、昭和四十五年、難波宮址顕彰会『難波宮跡研究調査年報』一九七三、昭和四十九年・『難波宮跡研究調査年報』一九七四、昭和五十年、難波宮址顕彰会『難波宮址の研究』中間報告Ⅰ、昭和三十七年・『難波宮址の研究』中間報告Ⅱ、昭和四十年・『難波宮址の研究』中間報告Ⅲ、昭和四十一年、中尾芳治『難波京』昭和六十一年、等を参照されたい。また恭仁宮でも内裏に相当すると考えられている区画が遺構として検出されているが、内部の様相については必ずしも明確になっていない。なお恭仁宮内裏に関する報告には、久保哲正「恭仁宮跡における最近の調査」『京都府埋蔵文化財論集』一、昭和六十二年などがある。さらに確実に都城を伴う最初の宮都である藤原宮においても発掘調査は進展しているが、内裏の存在したと推定される大極殿院北方の地には醍醐池と呼ばれる溜池があり、今後とも内裏中枢部の構造を知ることはほとんど不可能であると思われる。ただ奈良国立文化財研究所西口寿生氏のご教示によれば、同池の北岸に内裏正殿に相当する建物の基壇と思われる高まりが見られるとのことである。しかしその南方の池の中は勿論のこと、池の北方についても地形が大きく北に下がることから、発掘調査を実施したとしてもこの建物以外あまり多くの建物を内裏の内部に検出することは期待できない。

(56)　長岡宮では延暦八年に西宮から新しい内裏である東宮に移ったことが、『続日本紀』延暦八年二月庚子条に記されている。発掘調査で大極殿院・朝堂院の東方で検出した築地回廊で囲まれた遺構群は、その位置から見て東宮に当たると考えられている。なお内裏の西宮から東宮への遷移については、今泉隆雄「長岡宮造営と木簡」『長岡宮木簡』一、昭和五十九年、清水みき「長岡宮造営論―二つの画期をめぐって―」『ヒストリア』一一〇、昭和六十一年、等参照。

(57)　第二次内裏東宮の発掘調査に関する報告としては以下のものがある。京都府教育委員会『埋蔵文化財発掘調査概報』一九六八、昭和四十三年・『埋蔵文化財発掘調査概報』一九六九、昭和四十四年・『埋蔵文化財発掘調査概報』一九七〇、昭和四十五年、『埋蔵文化財発掘調査概報』一九七三、昭和四十八年、向日市教育委員会・財団法人向日市埋蔵文化財センター『向日市埋蔵文化財発掘調査報告書』第二六集、平成元年・『向日市埋蔵文化財発掘調査報告書』第二八集、平成二年、等。なおその概要については山中章「長岡京から平安京へ―都城造営にみる律令体制の変質―」『新版〔古代の日本〕』⑥近畿Ⅱ、平成三年に詳しい。

(58)　拙稿註(4)論文（本書第二章）・「内裏空間構造の歴史的変遷」『平城宮発掘調査報告XIII』平成三年。

(59)　奈良国立文化財研究所刊行の報告書・概報以外で平城宮の内裏について検討を加えた主な研究としては、阿部義平「平城宮の内裏・中宮・西宮考」『研究論集』Ⅱ、昭和四十九年・「古代宮都中枢部の変遷について」『国立歴史民俗博物館研究報告』三、昭和五十九年、今泉註(9)「平城宮大極殿朝堂考」・「再び平城宮の大極殿・朝堂について」等がある。

(60)　先行研究のうち、阿部・今泉の研究の問題点は、既に拙稿「平城宮の内裏」註(58)『平城宮発掘調査報告XIII』の一節「平城宮「内裏」及び内裏地区をめぐる研究史」で詳しく述べたので、繰り返さない。
(61)「平城宮跡と平城京跡の発掘調査」『奈良国立文化財研究所年報』一九七五、昭和五十年に収められた第三図推定第二次内裏変遷図が、平城宮内裏の変遷を考える上で基本となった。
(62) 註(58)『平城宮発掘調査報告XIII』。
(63) 同報告書が基本的に踏襲しているのは、註(61)「平城宮跡と平城京跡の発掘調査」に収められた第三図推定第二次内裏変遷図に示された内裏の遺構変遷の大要である。因みに同図と註(58)『平城宮発掘調査報告XIII』における時期区分の対応関係は、A一期が第I期、B一期が第II期、B二期が第III期、C期が第IV期、D一期が第V期、D二期が第VI期、となる。
(64) 平城宮内裏の遺構変遷に関する従来の見解については、拙稿註(60)「平城宮の内裏」の一節「平城宮「内裏」及び内裏地区をめぐる研究史」で不十分ながらも簡単に概要の紹介と批評を試みたので、参照されたい。
(65) 拙稿註(58)報告。
(66) 因みに前期難波宮は掘立柱複廊、後期難波宮は築地回廊、恭仁宮は掘立柱塀をそれぞれ内裏の区画施設としている。
(67) 註(58)『平城宮発掘調査報告XIII』では第III期のSB四七〇Bを南に移築して北と南に庇を付加したとの理解を示している。
(68) 拙稿「天皇宮・太上天皇宮・皇后宮」『古代王権と交流』五ヤマト王権と交流の諸相、平成六年。
(69)『続日本紀』養老五年十二月己卯条。
(70) 拙稿註(60)報告。なお前稿で「いずれにしても平城宮に存在する施設であることを強調しているのは、太上天皇は本来天皇の住む御在所のある平城宮とは別に、恐らくその外に太上天皇のための宮を営むべきであったが、何等かの事情で元明太上天皇は平城宮内の「中安殿」あるいは「安殿」に御在所を設定したと考えることができる。」と述べた点は訂正が必要である。太上天皇として二人目の元明太上天皇の時に、果たして太上天皇のための宮なるものが天皇の宮である内裏と別に存在し得たか否かは問題である。むしろ当初は天皇と太上天皇がともに内裏に居する形態が採られたのではなかろうか。
(71) 岸俊男「難波の都城・宮室」『難波宮と古代国家』昭和五十二年（のち註(21)著書に再録）。
(72) 拙稿註(60)報告。
(73)『万葉集』巻一七―三九二一～三九二六番左注。
(74) 拙稿註(60)報告。

(75)『続日本紀』天平十七年五月戊辰条。
(76) 拙稿註(60)報告。
(77)『続日本紀』天平勝宝元年閏五月壬寅条。
(78) 瀧浪貞子「奈良時代の上皇と「後院」―後院の系譜（その一）―」『史窗』三九、昭和五十七年（のち註（14）著書に再録）。
(79)『続日本紀』天平勝宝八歳五月乙卯条。
(80)『続日本紀』天平宝字三年六月庚戌・四月正月丙寅条。
(81)『万葉集』巻二〇―四三〇一番題詞。
(82)『続日本紀』天平勝宝六年正月癸卯条。
(83)『続日本紀』天平宝字六年六月庚戌条。
(84)『続日本紀』では平城宮、すなわち本来の宮に対してその外に設けられた宮を「別宮」と呼んでいる（天平宝字二年十二月戊申・同六年六月庚戌・宝亀三年四月丁巳条）。
(85)『日本紀略』・『類聚国史』大同五年七月丁巳条。
(86)『日本後紀』大同四年四月戊寅条。
(87)『類聚国史』大同四年七月甲寅条。
(88)『日本紀略』・『類聚国史』大同四年十月丁丑条、『日本紀略』・『類聚国史』大同四年十月癸未条。
(89) 本書第一章付論及び拙稿註(68)論文参照。
(90) 拙稿註(68)論文。
(91)『続日本紀』養老五年九月乙卯条、『政事要略』巻二四所引官曹事類。
(92)『続日本紀』天平宝字四年正月丙寅条。
(93)『続日本紀』神亀二年十一月己丑条。
(94)『続日本紀』天平勝宝六年正月壬子条。
(95)『続日本紀』養老四年八月癸未条。
(96)『続日本紀』天平宝字元年三月戊辰条。

(97) 拙稿註(60)報告。
(98) 岸註(71)論文。
(99) 拙稿註（60）報告。
(100) 『続日本紀』神護景雲元年八月乙酉条。たとえこの斎が寝殿だけでなくその周囲の殿舎や庭を含めた空間をも利用して行われたのであったとしても、その規模の大きさが知られる。
(101) 『続日本紀』天平神護元年正月癸巳朔・神護景雲三年正月壬申条。
(102) 拙稿註(60)報告。
(103) 『続日本紀』では宝亀七年正月から翌八年正月までの間、節会や宴などの行事を行う場として光仁天皇の在位中ほぼ一貫して御在所であったと考えられる内裏が全く登場せず、それに代わって前殿がその場として見える。詳しくは拙稿註(60)報告参照。
(104) 『続日本紀』による限り、内裏の構造変化が朝儀に与えた明確な影響を直ちに指摘することは難しい。特に朝儀の場に関しては、むしろ奈良時代の前半に存在した中宮が解体することによって生じた変化・再編成のほうが明確に現われている。
(105) 第VI期にはこの空間の南にも、以前この位置に存在した建物とは構造的に異なる、一棟の東西棟建物SB七八九二が建てられている点が注目される。南庇である点で東北隅の区画の南に位置する規模の大きい方が建物SB七八八一とは相違するが、内裏東北隅の空間に存在する二棟の建物と同時に建て替えられていることから、それら二棟の建物と同じ性格の建物であった可能性が強く、あるいは平安宮の昭陽舎と昭陽北舎からなる空間の基となるものではないだろうか。
(106) 拙稿註(68)論文。
(107) 拙稿註(68)論文。
(108) 福山敏男「大和法華寺」『日本建築史の研究』昭和十八年、林陸朗『光明皇后』昭和三十六年、藤井一二「法華寺の造営と寺領」『ヒストリア』六三、昭和四十八年、鬼頭清明「皇后宮職論」『研究論集』I、昭和四十九年、太田博太郎「法華寺の歴史」『大和古寺大観』第五巻、昭和五十三年、関口裕子「日本古代の豪貴族層における家族の特質について(下)」『原始古代社会研究』六、昭和五十九年、等参照。
(109) 法華寺の境内地やその周辺では、法華寺あるいはその前身の皇后宮、さらに藤原不比等の邸宅にまで遡ると思われる礎石建物、掘立柱と礎石を併用した建物、あるいは石敷を伴う巨大な井戸など、重複した時期の多数の建物を検出している。

(110)　光明皇后の場合、皇后自身がきわめて政治的に特殊な立場にあったことは、その評価の如何に関わらず、衆人の認めるところであろう。光明皇后の当初の政治的立場については、一方で積極的にその政治上の意義を評価する通説的な立場があるとともに、他方で瀧浪貞子「光明子の立后とその破綻」『史窗』四一、昭和五十九年・註(7)論文のように、消極的に評価する向きもある。いずれの立場に立つかによって、光明皇后の皇后宮が平城宮内に営まれなかったことに対し歴史的な評価を下す場合、大きな相違が生じてくる。例えば、瀧浪氏の場合、光明皇后を含め藤原氏の勢力が通説ほどに強くなく、むしろ皇后宮を父不比等邸に営んだのは、当時律令制下の皇后が内裏に皇后宮を営む権利を有していたとの前提のもとに、藤原氏が譲歩したことを意味する、とされた。しかし瀧浪氏の場合その前提である「律令制下の皇后が内裏に皇后宮を営む権利」なるもの自体が証明されているわけではない。いずれにしろ以上のように皇后の当時の政治情勢の中に占める位置から歴史的な評価を試みようとする立場とは別に、その政治的な立場と関わりなく、制度的に皇后宮の問題を考えることも可能である。もし政治的に皇后宮の問題を考えるのであれば、当然瀧浪氏のように捉える場合、実際問題として光明皇后が次第に権力をもつようになっていった時、なぜ皇后が内裏の中に居住する権利をのちになって行使していないのかも疑問である。決して通説的な立場に立つものではないが、この点が十分に説明されない限り、瀧浪説に左袒することはできない。

(111)　なお離宮であった紫香楽宮が恭仁宮に次いで主都となり、宮号を甲賀宮と改めたことについては、拙稿「紫香楽宮の宮号について—紫香楽宮攷(一)—」信楽町教育委員会『平成五年度遺跡発掘事前総合調査事業にかかる紫香楽宮関連遺跡発掘調査報告』平成六年・「朝政・朝儀の展開」『日本の古代』第七巻、昭和六十一年（本書第三章）参照。なお櫛木謙周「天平十七年大粮申請文書についての覚書」『古代文化』三二—一、昭和五十五年によると、同年四月に各官司から民部省に出された大粮を申請する文書には、支給物資の紫香楽宮への偏在によって仕丁・衛士の配属に人為的な操作が行われている可能性のあることを指摘された。それは単なる机上の人為的な操作という重要な事実を摘出したにとどまらず、物資の偏在こそ当時紫香楽宮が天皇のいる主都であったことによるものと考えることはできないであろうか。

(112)　正倉院文書に収めるいわゆる天平十七年の大粮申請文書の中には、皇后宮職から所管の官司である中務省に宛てた皇后宮職解なるものが三通ある。二通は四月のもので(うち一通は同年四月十八日の日付を有するが、もう一通は尾欠である。しかし書かれた内容からみて四月のものと推定される)、残る一通は十月(同年十月十八日の日付を有する)のものである。櫛木註(111)論文では、大粮申請文書が同じ月に複数出された事情を検討し、例えば式部省の二月の二通の移については追加申請があったためと推定したが、皇后宮職の四月の解については十月の一通の解で大粮を申請した仕丁四十二人のうち六人分が尾欠で発行の日付が不明な文書の方に書かれ、残る三十六人分については日付を有するがその内容が不明の前欠文書に書かれて各々別途に申請された可能性があるとした。しかし櫛木氏の示唆にも関わらず、皇后宮職の場合、何故に四月に複数の文書が作成され、十月には一通で済んだのか明瞭でない。ここで注目したいのは鬼頭註(108)論文の所説である。鬼頭氏によると、四月の文書のうち尾欠の方は十月の文書に記された仕丁のうちの奈良宮（平城宮）に配属されていた仕丁に関するものではないか、と言う。著者も鬼頭氏の考えに賛成で、さらに尾欠の文書は、紫香楽宮に主都が置かれている天平十七年四月の段階で、平城宮で維持されていた皇后宮に残存していた皇后宮職から、そこで使役されていた仕丁六人分の大粮を請求するために出された文書で、一方また前欠の文書は、恐らく、残る三十六人の分を請求するために、当時光明皇后のいた紫香楽宮の皇后宮職から出された文書であった可能性があるのではないかと憶測する。ただし後者の文書の場合、このように解すると、染所の仕丁の分も紫香楽宮の皇后宮職から請求していることになり、染所自体が紫香楽宮に置かれていたことになるが、しかし染所は実際紫香楽宮以外にあり、染所の仕丁の分について請求したものと別にもう一通の皇后宮職解がなかったとは断言できない。従ってこの染所の仕丁二十人分については不明とすべきかも知れない。ただ天平十七年十月の段階には、同月の皇后宮職解の書式から考えて、皇后宮職の仕丁は甲可宮（甲賀宮）の皇后宮職と奈良宮の皇后宮職および奈良宮に存在した染所に配置されていたと推定されることからすると、少なくとも四月の段階で平城の皇后宮職から出された文書に染所の仕丁の分が見えないことは、平城の皇后宮職の管下に染所がなかったことを示唆しているとも考えられる。それ故に染所が当時の主都甲賀宮に所在していた可能性は否定しきれない。また天平十七年十月十八日付け民部省宛て皇后宮職解には、仕丁の勤務先として「奈良宮」以外に「甲可宮」も記され、しかも両宮に配分された仕丁の数が同数とされていることは注目される。当時既に平城宮に遷都していたにも関わらず「甲可宮」に「奈良宮」と同数の仕丁が配置されていたことについては、櫛木註(111)論文にも指摘があるように、平城宮遷都後も甲賀宮の後始末のために諸司が両宮に分置されていたことを示しているのであろう。そうであれば、平城京還都以前の甲賀宮にはより多くの仕丁が配置されていたと考えられる。なおここに言う「奈良宮」と「甲可宮」は勿論平城宮と甲賀宮のことであるが、当時皇后光明子は平城宮の旧皇后宮である宮寺に居住していたのであるから、この文書にいう「奈良宮」は平城宮そのものを意味するのではなく、宮寺を含めての呼称であることになる。従って「甲可宮」の場合も、このことがそのまま皇后宮が紫香楽宮の中に存在していたことを意味するものではない。

(113)『続日本紀』天平十四年二月丙子朔・四月甲午条。
(114)『続日本紀』天平十四年二月丙子朔条。
(115)『続日本紀』天平十四年四月甲午条。
(116) なお平城京にあった光明子の皇后宮については事例が少ない（『続日本紀』天平二年正月辛丑・九年十二月丙寅条）が、天皇の出御を「幸」と表現している点が注目される。
(117)『続日本紀』天平十四年八月甲申・十五年七月庚子条。
(118)『続日本紀』天平十年七月癸酉・宝亀三年六月己卯・同七年九月甲戌条。
(119)『続日本紀』神亀六年三月癸巳・同五月甲午・天平二年三月丁亥・同七年五月庚申・同十年正月丙戌条。
(120) 岸俊男「難波の大蔵」『難波宮址の研究』七（論考篇）、昭和五十六年（のち註（21）著書に再録）。
(121) 松林宮の位置や規模・形状、あるいはその構造の一部については奈良県立橿原考古学研究所『松林苑跡Ｉ』平成二年参照。
(122) 山田弘通氏は「鹿背山の際の宮柱（上）―恭仁宮河南説―」『芸林』一四―三、昭和三十八年の中で、わずかに四カ月余りしか隔たっていない天平十四年二月丙子条と同年四月甲午条とに見える恭仁宮の皇后宮への天皇の移動を、前者では「幸」とするのに対して後者では「御」とする点について疑問を呈し、前者の通りであるとすると、皇后宮は天皇の住む大宮から離れたところに所在していたとしなければならないので、これは「御」の誤りであると考えられるとしている。これに対して奥野建治氏は「山田弘通氏の『恭仁宮河南説』の評（上）」『芸林』一五―一、昭和三十九年において、「幸」と「御」の相違は「幸」は行幸＝「みゆきす」、「御」は臨御＝「おわします」にあるとして、山田の論法で行くと『続日本紀』中に散見される同一場所に対する「幸」と「御」の用法は総ていずれかが誤りとされ、なりゆきによって宮外とも宮内ともされるとしたが、その相違については必ずしも明確に述べられていない。
(123) 註(112)参照。正倉院文書中のいわゆる天平十七年大粮申請文書中の天平十七年十月十八日皇后宮職解に奈良宮とともに甲可宮にも仕丁が置かれていたことは、紫香楽宮における皇后宮・皇后宮職の設置あるいは存在を示す。なお平成五年度に宮町遺跡で実施された発掘調査において、年未詳ながら皇后宮職に宛てて出された山背国解を記した木簡が出土したことも注目される。註(111)『平成五年度遺跡発掘事前総合調査事業にかかる紫香楽宮関連遺跡発掘調査報告』参照。
(124) 鬼頭註(108)論文。

(125) なお森公章氏は、平城京の二条大路路面に掘られたごみ捨てのための溝から出土したいわゆる二条大路木簡の中に門の警備に関わる一連の木簡があることに注目し、それが皇后宮の周囲に開いた諸門を兵衛が守備していたことを示すもので、またそれらの木簡から、皇后宮がこれを中心にして南北に門を開き、東西に南から一・二・三門と三門を開く構造をもち、さらにこれに外郭が繞り、その南面に外南門が存在したこと、また西面に開く門のうち二門が平城宮に対する皇后宮の正門であったこと、などの諸点を明らかにした（「二条大路木簡の門関係の木簡」『文化財論叢Ⅱ』近刊）。森氏の見解にはなお検討すべき点もないわけではないが、概ね妥当であると考えられる。皇后宮の構造とその警固体制を考える上で重要な研究であり、参照されたい。

(126) 三崎裕子「キサキの宮の存在形態について」『史論』四一、昭和六十三年。

(127) 光明皇后以前の皇后の場合、まず問題となるのは、天皇のキサキのうちから特に皇后と呼ばれるキサキが立てられるようになった時期である。その場合、皇后の称号はまだ成立していないものの、それに相当する実体、すなわち大王のキサキのうちから特に一人のキサキを区別して扱うことが行われるようになった段階と、皇后という称号が成立し、天皇のキサキのうちから特に一人のキサキを立てて皇后とするに至った段階とを想定することができる。前者の成立時期やその歴史的背景などは大后を含めて検討する必要があり、いまここでそれを果たす用意はない。一方後者については、皇后という称号の成立が天皇号の成立と密接に関連し、その用字からみて天皇号の成立を前提としてはじめて成立しうるものであると考えられる。従って天皇号の成立時期を検討しなければならないことになる。天皇号の成立時期には諸説があるが、皇后が天皇を前提とした身位・称号であるとすれば、最初の皇后が天武天皇皇后鸕野讃良皇女、のちの持統天皇であったことは間違いない。三崎氏によれば、天武天皇皇后鸕野讃良皇女も天武天皇の宮である飛鳥浄御原宮とは別に独立した皇后宮を営んでいたと考えられる。

(128) 『続日本紀』養老五年九月乙卯条。

(129) 『続日本紀』神亀四年九月壬申条。

(130) 『続日本紀』天平十八年八月壬寅条。

(131) 『続日本紀』天平十九年正月丙申条。

(132) 『続日本紀』宝亀元年十一月甲子条。

(133) 『続日本紀』宝亀二年正月辛巳条。

(134) 角田文衛「宝亀三年の廃后廃太子事件」『律令国家の展開』昭和四十年。

(135)『続日本紀』延暦二年二月甲寅条。
(136)『続日本紀』延暦二年四月甲子条。
(137)『続日本紀』延暦二年四月丙寅条。
(138)『続日本紀』延暦九年閏三月丙子条。
(139)『続日本紀』延暦三年十一月戊申条。
(140)拙稿註(4)論文（本書第二章）。
(141)『続日本紀』宝亀三年三月癸未条。
(142)岸俊男「光明立后の史的意義―古代における皇后の地位―」『日本古代政治史研究』昭和四十一年。
(143)佐藤宗諄「女帝と皇位継承法」『日本女性史』一原始・古代、昭和五十七年。
(144)鬼頭註(108)論文。なお井上内親王には「皇后宮職封」があり、封戸における租税の収取が国司を媒介として行われたことは宝亀三年三月二十八日朝集雑掌臺此身解（『大日本古文書』巻六―二九〇頁）に明らかである。また兵庫県袴狭遺跡では延暦十六年の年紀をもつ木簡と伴出した木簡に「皇后宮税」の収取に関わるものが出土している（小寺誠「兵庫・袴狭遺跡」『木簡研究』一一、平成元年）。残念ながら年紀を欠くが、伴出した遺物からここに言う「皇后宮」とは恐らく桓武天皇皇后藤原乙牟漏の皇后宮のことであろう。
(145)鬼頭註(108)論文。
(146)井村哲男「天平十一年「皇后宮之維摩講仏前唱歌」をめぐる若干の考察」『記紀万葉論叢』平成四年は、『万葉集』巻六―一〇一一番の題詞に見える「歌舞所」なる音楽機関を皇后宮職に所属する公的な性格の音楽機関で、皇后宮職の舎人たちが所属し、もっぱら聖武天皇・光明皇后内廷の音楽を預かったと推測している。このような皇后宮職下部機関は他にも多数存在したと思われる。
(147)『大日本古文書』巻一四―八六頁。
(148)『日本後紀』弘仁六年七月壬午条。
(149)『類聚三代格』巻四弘仁七年六月八日太政官符・同九月廿三日太政官符、巻六弘仁六年八月七日太政官符・同六年十月十三日太政官符。

(150) 内裏における皇后宮・後宮の成立に伴う宮人・女官組織の再編成については概要を述べた別稿を用意したい。
(151) なお平城宮内裏第VI期の東北隅に形成される区画の南方に一棟の東西棟建物が存在する。この建物は第V期には存在せず、第VI期に新たに建てられたもので、その北方にある区画の二棟の東西棟建物と東西両妻の柱筋を一致させ、身舎や庇の規模を同一にしている。これに対してその南方にある第II期以降引続き存在すると考えられる三棟の東西棟建物とは、建物として関連を求めることはできない。以上の点からこの建物は明らかにその北方の区画にある二棟の建物と同じ計画のもとで造営されたもので、塀によって画されることこそないものの、南方の建物群とは性格を異にする建物であると推定することができる。従って平安宮の淑景舎および同北舎のみならず、その南方に位置する昭陽舎についてもその原型が既に平城宮内裏第VI期には成立していたとすることができる。
(152) 淳仁天皇と婚姻関係を結んだ女性として粟田諸姉と安倍内親王の母の二人がいるが、即位後もその関係が維持され、二人が後宮となったとは考えがたい。角田註（47）著書参照。
(153) 柳たか「日本古代の後宮について―平安時代の変化を中心に―」『お茶の水史学』一三、昭和四十五、角田註(47)著書、等参照。
(154) 『大日本古文書』巻四―五一八頁。
(155) 福山敏男「平城法華寺・東大寺大仏殿・法隆寺伝法堂に就いて」『日本建築史の研究』昭和十八年、若井富蔵「法隆寺伝法堂に関する疑」『史迹と美術』一〇四、昭和十四年、等。
(156) 浅野清『奈良時代建築の研究』昭和四十四年。
(157) 柳註(153)論文、角田註(47)著書、等参照。
(158) 『続日本紀』延暦元年十一月丁酉条。
(159) 林陸朗「高野新笠をめぐって」『折口博士記念古代研究所紀要』三、昭和五十二年、上田正昭「渡来神の面影」『日本の中の朝鮮文化』四五、昭和五十五年、和田萃「今来の双墓についての臆説」『史想』一九、昭和五十六年・「率川社の相八卦読み」『古代史論集』下、平成元年、等。
(160) 和田註(159)論文。
(161) 林及び上田註(159)論文。

(162) 林陸朗「桓武天皇の後宮」『國學院雑誌』七七―一二、昭和五十一年、柳註(153)論文、角田註(47)著書、等参照。
(163) 拙稿註(4)論文、等参照。
(164) 時代はやや降るが、『続日本後紀』承和六年六月己卯条に「女御従四位下藤原朝臣沢子卒、(中略)、寵愛之隆、独冠二後宮一、俄病而困篤、載二之小車一、出レ自二禁中一、纔到二里第一、便絶矣」と記されるように、仁明天皇の時、天皇の寵愛を独り占めした女御藤原沢子は後宮のある禁中(内裏)で生活していたが、重い病にかかると里第に下げられた。このように沢子は禁中の後宮に生活の基点を置くとともに、従四位下の位階を帯びる貴族として里第を保有していた。
(165) 林註(162)論文、柳註(153)論文、大和典子「桓武天皇の後宮と所生皇子女についての考察」『政治経済史学』二九九、平成三年、西野悠紀子「桓武朝と後宮―女性授位による一考察―」『長岡京古文化論叢Ⅱ』平成四年、等。
(166) 林註(162)論文。
(167) 『日本紀略』弘仁九年四月庚辰条。
(168) 『日本紀略』・『類聚国史』大同五年七月丁巳条。
(169) 『日本後紀』弘仁二年二月庚辰条。
(170) 『日本紀略』弘仁元年正月壬寅朔・七月辛亥・丙辰・戊午・戊辰条、等、この頃嵯峨天皇の病が篤かったことを示す史料は枚挙に遑がない。
(171) 『日本後紀』弘仁六年七月壬午条。
(172) 『日本紀略』・『類聚国史』弘仁七年二月甲子条。
(173) 『日本紀略』弘仁七年四月庚申条。
(174) 『日本後紀』弘仁六年正月癸巳条。
(175) 鈴木註(8)著書。
(補註) 本章では平安宮内裏の発掘調査とその成果について全く触れなかった。この点に関して若干の補足を行っておくこととする。平安宮内裏における発掘調査成果とそれに基づく殿舎配置や規模の復元などを行った新しい研究に寺升初代「平安宮の復元」『平安京提要』平成六年がある。発掘遺構をもとにして内裏の規模や殿舎の配置・規模を復元しようとした意欲的な研究であるが、寺升氏の研究はやはり平安宮古図の内裏図を前提にしたもので、平安宮内裏の長期に亙る歴史的な変遷を必ずしも念頭に置いていない。従ってこの復元図は一体何時の内裏であるのかが明白にされていない。ところで寺升氏の論文にも書かれているが、平安京内裏の発掘調査は種々の制約から残念ながら極めて部分的なものに止まっている。ただそのような中で注目すべきは、まず昭和六十二年度に内裏図で蔵人所町屋と書かれている箇所に相当する位置で行われた調査である（財団法人京都市埋蔵文化財研究所・京都市文化観光局「平安宮内裏（二）」『平安京跡発掘調査概報』昭和六十二年度、昭和六十三年）。この調査では平安時代の初期・前期・中期の三時期に亙る遺構を検出している。すなわち、平安時代初期の遺構としては校書殿に付随する施設と考えられるL字に曲がる垂直な掘り込みを検出した。また前期に属する遺構には玉石敷きの雨落ち溝と基壇・掘り込み地業などがあり、これらは蔵人町屋に関わる遺構と考えられる。さらに蔵人町屋の後身と考えられる中期の礎石建物も見つけている。これらの成果によると、平安時代初期、蔵人町屋が既に存在したとしてもその所在は内裏図と異なり、校書殿の位置も一〇mほど西に寄っていた可能性があり、平安時代初期には南庭が内裏図よりも東西に広かったとみることが可能である。あるいはこのことが『内裏儀式』の割注に書かれた「延暦庭広大」と関わる事実であるかとも憶測される。また最近の調査では内裏の西面回廊の調査が重要な知見をもたらした（財団法人京都市埋蔵文化財研究所「平安宮内裏内郭回廊発掘調査現地説明会資料」平成六年）。この調査では西面回廊の内側を発掘し、基壇の凝灰岩製切石の地覆石、玉石敷の雨落溝を検出した。そしてさらにこの回廊が九世紀中頃から後半にかけての頃に大きな修築を受け、これらを埋めた新たな基壇が構築されたことが明らかとなった。また十世紀の中頃に大きな火災に遭った証拠が炭や焼土の堆積などからわかった。九世紀の中頃から後半にかけての回廊の修築は鈴木亘氏が指摘・強調していた清和朝における内裏の改作と関わる可能性が考えられ、注目される。ただこの調査知見はかつてやや離れた位置で実施された西面回廊外側での調査成果（平安博物館『平安博物館研究紀要』三、昭和四十六年）と異なっており、今後内外両側を含めた西面回廊の調査実施が待たれる。

五　おわりに

第一章付論　平城太上天皇御在所「平城西宮」考

一　はじめに

平安宮内裏の基本構造を第一章の如くに把握して大きな誤りでないことは、平城太上天皇が平城宮に営んだ御在所「平城西宮」に当たると考えられる平城宮第一次大極殿院地区第Ⅲ―一期の遺構配置にも明らかであると考えるので、本論でこの点について検討を加え、第一章における検討の支証としたい。

二　平城宮第一次大極殿院地区第Ⅲ―一期遺構の再検討

平城太上天皇のために平城宮に直していた官人達の官衙(1)については必ずしも明確でないが、平城太上天皇自身が居住したと考えられる「平城西宮」については、奈良国立文化財研究所『平城宮発掘調査報告Ⅺ』（以下『報告Ⅺ』と称する）で検討が行われ、平城宮第一次大極院地区の第Ⅲ―一期の遺構をこれに比定した。『報告Ⅺ』では、第Ⅴ章考察において第一次大極殿地区の第Ⅲ―一期の遺構に検討を加えているが、重要な点で事実誤認があり、その結論に誤りがあると考えられるので、独自にその空間構造を検討し、従来の見解に訂正を加えることとする。なお個々の建物遺構等に関しては『報告XI』の第III章遺跡の記載を追認するにとどめ、ここでは再検討の対象とはしない。

第一次大極院殿地区では、第III―一期に、第II期の築地回廊を踏襲した位置において東西五九〇尺・南北六二〇尺の規模の方形の区画を形作る築地が設けられる（第一図）。築地にはその四面に各三門が設けられ、その内部には中央やや北寄りの、築地内部の空間をほぼ南北に二分する位置に石積擁壁SX九二三〇がある。築地内部の第III―一期の遺構は、石積擁壁SX九二三〇を境として、大きく擁壁上、すなわち擁壁の北にある遺構群（殿舎地域）と擁壁の南方にある一段低い庭上の遺構群（広場地域）とに二分される。このうち殿舎地域は、平城宮内裏の遺構や平安宮内裏の殿舎と比較して、「建物配置」が「内裏的」であるなどきわめて注目すべき点がある。一方擁壁下の広場地域は、庭自身がその北寄りに設けられた東西塀SA七一三〇によって庭としての存在意義を喪失しており、『報告XI』の推定の如く、庭としての広場が不用であったために東西塀によって遮蔽したのであろう。従って後者、すなわち石積擁壁下の広場地域について検討を加える意味はほとんどないことになり、ここで平城太上天皇の御在所として検討の対象とするのは、石積擁壁上に展開する殿舎地域の遺構群である。

石積擁壁上には、建物を始め、塀・溝などがあるが、それらの中で特に建物と塀の配置に注目して、石積擁壁上に配される遺構群を空間構造の観点からみると、大きく三つの空間に分けて考えることができる。すなわち、第一は、石積擁壁上の殿舎地域を南北にほぼ二分する位置にある掘立柱東西塀SA六六二四より南の空間である。また第二は、SA六六二四以北の空間の中央部を占め、北を掘立柱東西塀SA六六二六、東を掘立柱南北塀SA六六二五によって、それぞれ画される空間である。そして第三は、SA六六二四以北の空間の東辺部に存在する

第一図　平城宮第一次大極殿院地区第III-一期の空間構造

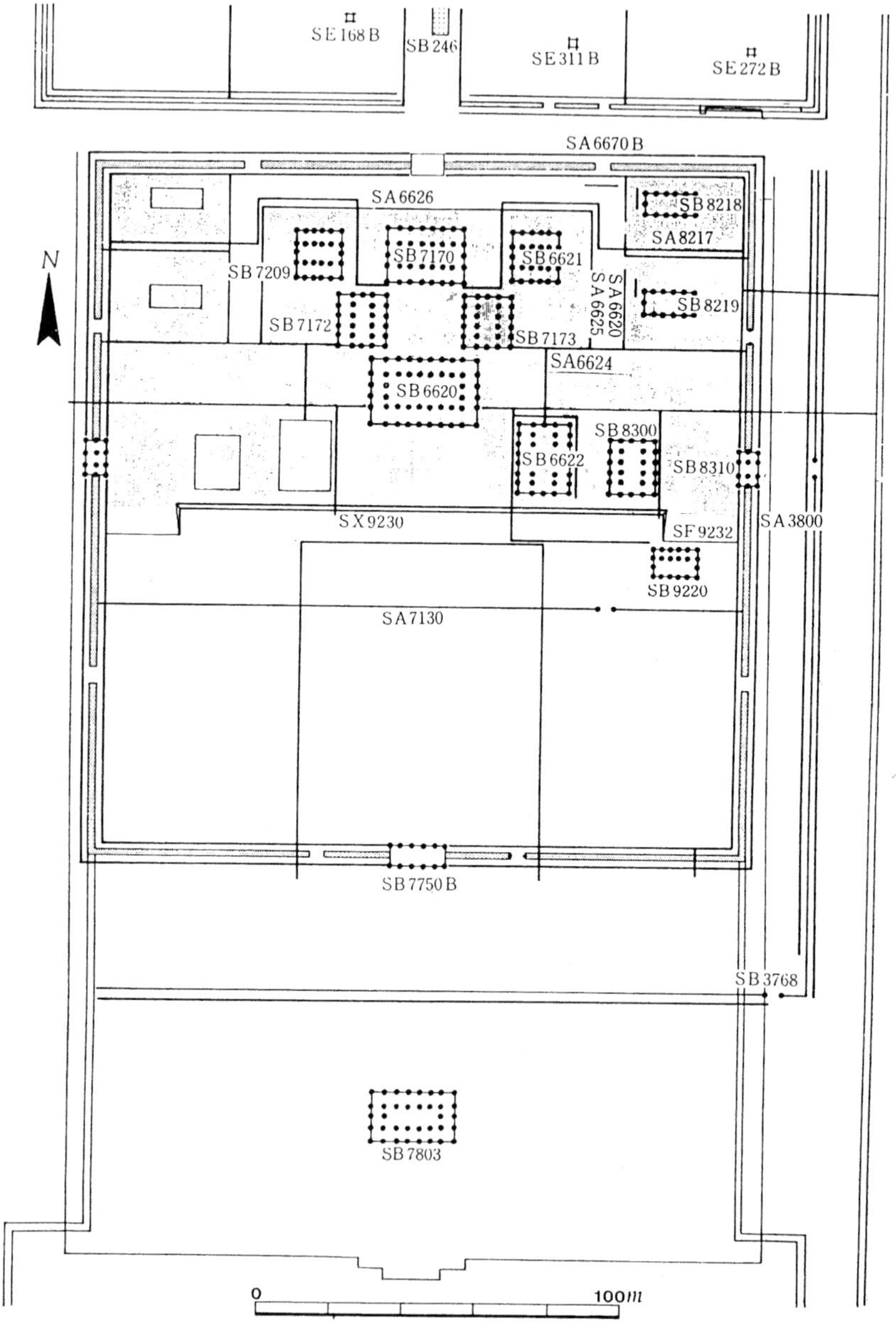

空間である。

第一のSA六六二四以南の空間には、その中央北寄りに四面に庇の繞る桁行九間・梁間五間の東西棟建物SB六六二〇があり、その東南には南北棟建物SB六六二二、さらにその東にも南北棟建物SB八三〇〇がある。SB六六二〇は、空間の北寄りに位置し、最大の建物であることや身舎の梁間が三間であることなどから、この空間の正殿に当たる。またSB六六二二は桁行五間以上・梁間四間、SB八三〇〇は桁行三間以上・梁間四間で、ともに建物の全容が判明していないが、他の脇殿との関係から、いずれも東西両面に庇の付く桁行五間・梁間四間の規模の建物であったと推定される。SB六六二二とSB八三〇〇の二棟は正殿であるSB六六二〇の東脇殿に当たる。なお発掘調査では設定した調査範囲の関係から確認するに至っていないが、正殿SB六六二〇を挟んで東脇殿であるSB六六二二・SB八三〇〇の二棟と対称の位置に西脇殿二棟が存在していると見てよいであろう。従ってこの空間は中央北寄りに正殿を配し、その前面東西に脇殿を配する、いわゆるコ字型建物配置を採っていることになる。しかし東西それぞれ二棟の脇殿が南北に配置されるのではなく、東西に並行して置かれている点は、コ字型建物配置としてはやや特殊である。それは、『報告XI』も指摘するように、殿舎地区の空間が南北に狭いために生じた特殊な現象であると考えられる。既に第一章で述べた平安宮内裏の殿舎と比較対応させると、正殿SB六六二〇は紫宸殿に当たり、SB六六二二・SB八三〇〇はそれぞれ宜陽殿・春興殿に相当する。

次に、第二のSA六六二四以北中央部を占める空間は、発掘調査では確認されていないが、この空間の西を画するための塀がSB七一七〇を挟んでSA六六二五と対称の位置に存在するものと考えられるから、北と東西の三方を掘立柱塀によって囲まれ、南は次に述べるSB七一七〇の桁行総長分だけ開けて他は掘立柱塀によって閉じられていたことになる。この空間の北寄りにはこの中で最大の規模をもち、正殿に相当する東西棟建物SB七一七〇がある。桁行七間・梁間四間で、南北両面に庇が付く。SB七一七〇を挟んでその東西両側には対称の位置にSB六六二一とSB七二〇九がある。ともに桁行五間・梁間四間の南北両面に庇の付く東西棟建物である。さらにSB七一七〇の前面東西にもSB七一七〇を挟んで対称の位置にSB七一七三とSB七一七二がある。この二棟はともに東西両面に庇の付く桁行五間・梁間四間の南北棟建物である。これら正殿SB七一七〇を挟んで東西対称の位置に配される四棟の建物は、SB六六二一・SB七一七三とSB七二〇九・SB七一七二の二棟づつで一つの群をなし、前者は東脇殿、後者は西脇殿に、それぞれ相当する。『報告XI』では、平安宮の内裏と比較して、正殿SB七一七〇を「天皇が日常的に起居する後宮の殿舎」である常寧殿、東脇殿SB七一七三・SB六六二一を麗景殿・宣耀殿、SB七一七二・SB七二〇九を弘徽殿・登華殿に、それぞれ比定した。しかし「天皇が日常的に起居する後宮」とあるのは明らかな誤りであるから論外としても、『報告XI』がSB七一七〇以下SB七一七三・六六二一・七一七二・七二〇九の五棟の建物に比定した上記平安宮内裏の諸殿舎は、既に第一章第二節で述べたように、皇后宮に相当する空間に存在する殿舎で、天皇が内裏において日常的に生活する空間はその南に存在していた仁寿殿を中心とした空間であったことから、上記の比定には大きな問題があり、むしろ平安宮内裏の仁寿殿を中心とした空間に存在する諸殿舎に比定すべきであると考える。従って正殿SB七一七〇は仁寿殿、東脇殿SB七一七三・SB六六二一は綾綺殿・温明殿、西脇殿SB七一七二・SB七二〇九は清涼殿・後涼殿に、それぞれ相当することになる。なおここで仁寿殿の後殿に当たると考えられる承香殿に相当する建物がない点には留意する必要がある。この点については後述する。

第三の殿舎地区東北隅に存在する空間は、東と北を南北築地塀SA三八〇〇と東西築地塀SA六六七〇Bによってそれぞれ画され、また南は東西掘立柱塀SA六六二四、西は南北掘立柱塀SA六六二九によって画されている。そしてこの空間はさらにその中央やや北寄りに位置する東西掘立柱塀SA八二一七によって南北二つの小空間に分けられる。この南北両小空間には、ともにその内部に桁行五間・梁間二間の東西棟建物があり、また両空間の西限を画するSA六六二九に門を開き、この門に対して目隠の役割を果たす南北掘立柱塀を建物の西側に置いている。このような画一的な空間構成からみて南北両小空間が同一の性格を持っていたことは間違いなく、従って両小空間を南北に分ける位置にあるSA八二一七は単に両小空間を分けるだけの塀に過ぎず、他の区画のための塀とは性格が異なっていることになる。なお殿舎地区の東北隅に存在する以上二つの小空間からなる空間と対称の位置、すなわち殿舎地区の西北隅にも同様の空間が存在していたものと考えられるが、実際には調査区外で、建物や塀を確認するには至っていない。この空間を平安宮内裏と比べると、同じく東北隅に存在して同様の建物配置と特色を有する、昭陽舎と淑景舎を中心とした後宮の空間に対応する。『報告XI』では、平城太上天皇の親王達が居住した空間であった可能性を指摘しているが、後宮五舎が本来皇后以外の天皇の妻妾達の居住する殿舎であったと考えられることからすると、むしろ平城太上天皇の妻妾達の居住する空間であった可能性の方が高いのではなかろうか(2)。

三　平城宮第一次大極殿院地区第III―一期遺構の空間構造とその歴史的意味

前節での検討結果のように、石積擁壁SX九二三〇上に展開する殿舎地区の遺構群を大きく三つの空間に分けて考えることができる。いまそれらの空間を平安宮の内裏の空間と比較してみると、SA六六二四以南のSB六六二〇を中心とした空間は平安宮内裏の紫宸殿を中心とした天皇の公的空間に相当し、またその北に位置するS

B七一七〇を中心とする空間は平安宮内裏の仁寿殿を中心とする天皇の私的空間に比定することができる。そしてさらにその東西に存在する南北二つの小空間からなる空間は平安宮内裏のいわゆる後宮五舎に相当するものと考えられる。

さて『報告Ⅺ』は、「太上天皇内裏が平安宮古図ときわめて類似している」が、しかし「平安宮内裏における仁寿殿およびそれに付属する脇殿の区画が、太上天皇内裏では欠落している」という「決定的な差異」が両者のあいだにみられ、「太上天皇内裏」は「平安宮内裏の省略形態とみな」されると指摘している。そしてその理由を「平安宮内裏の機能の大きさにくらべて太上天皇内裏の機能が格段に小さかったこと」に求め、それは当時この地区が「太上天皇の御在所にすぎなかったことをしめしている」とした。また阿部義平氏は、『報告Ⅺ』が第一次大極殿院地区の第Ⅲ—一期を平城太上天皇の御在所「平城西宮」に比定したことを承認した上で、内部における建物配置が典型的な後宮部分の配置を採り、居住空間として完成したものであるが、紫宸殿に相当する建物にまでは及ばず、簡略化した建物配置・構造を採っているに過ぎないとした。(3)しかし以上の検討結果にも明らかなように、平城太上天皇の御在所である第一次大極殿院地区第Ⅲ—一期の遺構において欠落していたのは、紫宸殿や仁寿殿とその東西脇殿などではなく、むしろ常寧殿とその東西脇殿などであったのである。従ってそこから直接読み取ることのできる歴史的な事実は、平城太上天皇の御在所には常寧殿を中心とした皇后の空間に相当する区画が欠落していたことである。(4)そしてこのことは平城太上天皇が現実に皇后を持たなかった事実を反映しているものと考えられる。そのような意味においてこそ平城太上天皇の御在所は「平安宮内裏の省略形態」であったのである。(5)

四　おわりに

以上簡略に述べたところからも、平城宮の第一次大極殿院地区第III－一期の遺構のうち、所謂殿舎地区の遺構群が平城太上天皇の御在所「平城西宮」と推定して問題のない空間構造をもっていたことは明らかである。従って平城宮・長岡宮・平安宮の内裏及び平城太上天皇御在所「平城西宮」を本章でくり返し述べた観点から検討し、その歴史的意義を探ること自体が、古代の宮都における内裏の構造とその歴史的変遷を考える上で一つの方法として成り立ちうることを示している。

註

（1）渡辺直彦「嵯峨院司の研究」『日本古代官位制度の基礎的研究』昭和四十七年。

（2）因みに平城太上天皇の後宮としては、妃として大宅内親王と朝原内親王の二人が確認され。その他数人が存在していたと推定されている（角田文衛『日本の後宮』昭和四十八年）。

（3）阿部義平「古代宮都中枢部の変遷について」『国立歴史民俗博物館研究報告』三、昭和五十九年。

（4）平城太上天皇は皇位にあった時も退位してのちも皇后ないしは皇太后に相当するような女性をもっておらず、ただ太上天皇の皇太子時代に東宮妃でありながら即位以前に死去した藤原帯子が、即位後に皇后を贈られているだけである（『日本後紀』大同元年六月辛丑条）。

（5）ただし平安宮の古図に見られるような内裏の殿舎配置や空間構造がいったいいつ固定的なものとなったのかについては必ずしも明らかではなく、従来漠然と嵯峨天皇のころであると推定されているが、もしそうであるならばそれ以前の内裏の殿舎配置や空間構造については別に検討が必要であり、平城太上天皇の御在所である「平城西宮」を「平安宮内裏の省略形態」と評価するのは誤り、あるいは不正確な表現であることになる。第一章でも述べたように、平安宮・長岡宮にみられる構造をもつ内裏の採用はやはり嵯峨天皇の時であり、それ以前は皇后宮を欠くなど様相を異にしていた可能性が高い。すなわち、皇后の有無によって構造が変化することがあったと考える。また従来あまり検討されていない太上天皇の宮についても一般的なあり方を把握しておかなければ単に「平安宮内裏の省略形態」と評価しただけでは不十分である。なお、太上天皇の宮については御在所のみならず、そこに勤務・奉仕した官人たちの曹司の問題も含めて、拙稿「天皇宮・太上天皇宮・皇后宮」『古代王権と交流』五ヤマト王権と交流の諸相、平成六年でやや詳しく検討を加えたので参照されたい。

第二章　長岡宮内裏考

一　はじめに

長岡宮の時代は、『続日本紀』と『日本後紀』の二つの正史に亙って記録されているが、周知のように、『日本後紀』はその大半の巻を欠失し、しかも長岡宮の末期を記録した諸巻が丁度これに当たっている。そのため必ずしも史料から長岡宮の様相を明らかにすることができない。このような困難な史料の残存状況の中にあって、本章で検討の対象として取り上げる内裏は、長岡宮の中でも比較的史料に恵まれ、また幸い発掘調査によって一部の遺構も確認されている。従って内裏については史料と発掘調査の成果の双方をつきあわせて比較・検討することが可能であり、それによって得ることのできる成果も皆無ではないと思われる。

ところで、長岡宮の内裏は、『続日本紀』延暦八年二月庚子条に記された「移㆑自㆓西宮㆒、始御㆓東宮㆒」との記事から、延暦八年（七八九）二月に第一次の内裏である「西宮」から第二次の内裏である「東宮」に遷ったものと推定されている[1]（以下では叙述の都合上、第一次と第二次の内裏をそれぞれ西宮・東宮と称する[2]）。西宮は所謂大極殿院・朝堂院の北方に存在したものと推定されているが、その所在はまだ発掘調査によって確認されていない[3]。

これに対して東宮は、大極殿院・朝堂院の東方で検出された、築地回廊で囲まれた方約一六〇mの区画に比定されている。従って現状において長岡宮内裏の構造について発掘調査の成果に基づいた検討が可能であるのは二つの内裏のうち東宮に限られる。(4)それ故に史料と発掘調査の成果を相互に比較し、長岡宮の内裏の構造を解明するための本章での検討対象も、自ずから東宮に限定され、西宮については主として史料からの検討に限られるとともに、東宮の検討結果を援用して述べるにとどまらざるを得ない。

以上のように、本章では、長岡宮の第二次の内裏である東宮で検出された遺構を主たる素材として、史料をも援用しつつ長岡宮の構造の一端を歴史的に解明するための試論を呈示し、大方の御教示を仰ぎたいと考えている。

二　史料に見る長岡宮内裏の諸相

本節では、史料に現われる長岡宮内裏の様子を検討することとする。

上述したように、長岡宮の内裏について史料を検討しようとする時、延暦八年二月における西宮から東宮への遷御の事実によって、この時点を境として、内裏を遷都以前の西宮と以後の東宮とに区別する必要がある。

(一)　西宮に関する史料の検討

まず長岡宮遷都当初から延暦八年二月の東宮への遷御までの間、桓武天皇の御在所であった西宮について検討する。

長岡宮に遷都した当初から既に内裏、すなわち西宮が存在していたことについては、『続日本紀』延暦四年正月丁酉朔条に、天皇が大極殿に出御して朝を受けたことを記したのち、五位以上を内裏に宴したと見えることからも明らかである。

そこで延暦八年二月以前の西宮に関する史料を整理してみると、延暦六年三月三日に行われた曲水宴(5)の例を除いて、西宮は平安宮の内裏における儀式・行事での使われ方とほぼ同様の使われ方をしていることがわかる。(6)問題は例外とした延暦六年三月三日の曲水宴である。『続日本紀』には、当日宴が五位以上を対象として内裏で行われたが、その際文人も召され、曲水の詩を賦さしめられたと記されている。(7)通常、三月三日に行われる宴は曲水宴で、言うまでもなく、流水の辺において詩を賦すものである。従ってそのためには当然何等かの流水施設が西宮に存在していたことが前提となる。

藤岡通夫氏は、初期の平安宮では内裏で曲宴を行った記事が屢々見られることから、紫宸殿の前庭である南庭の様子はのちと異なって寝殿造の寝殿の前庭のように遣り水が流れていた可能性があり、また紫宸殿も住居的な性格が強かったのではないか、と推定した。(8)これに対して鈴木亘氏は、藤岡氏が掲げた曲水宴に関する史料はいずれも曲宴の史料で、曲水宴が紫宸殿一郭で行われた確実な史料がないことを示した上で、藤岡説を否定した。(9)平安宮に関する限り藤岡説の成立する余地は全くないが、(補註1)もし仮に藤岡説が成り立つことがあるとすれば、長岡宮内裏における曲水宴開催を示す上記の史料こそその可能性を示唆するものであろう。しかし史料に文人を召して曲水を賦さしめたとあったとしても、それは流水施設などを全く必要としない形式的なものであったとも考えられ、上記の史料は直ちに流水施設が長岡宮の内裏（西宮）に存在したことを意味するのではなく、むしろその可能性は極めて低いのではなかろうかとも考えられる。(10)いずれにしろこの点については今後における西宮の発掘調査によって明らかになる可能性もあると期待される。

ところで西宮の構造を考える上で最も注目されるのは、皇后藤原乙牟漏の皇后宮に関する一連の史料である。藤原乙牟漏は、式家の藤原良継とその妻で尚侍に至った阿倍古美奈の女で、[11]山部親王の皇太子時代に妃となり、安殿親王（のち平城天皇）や神野親王（のち嵯峨天皇）等を儲けた。[12]夫である皇太子山部親王が即位して二年ほどした延暦二年二月七日に南家藤原是公の女藤原吉子とともに夫人となり、[13]次いでそれから二月余りたった四月十八日に至って独り皇后に冊立された。[14]その二日後には早くも皇后宮職官人の任命が行われている。[15]後述するように、藤原乙牟漏は延暦九年閏三月に三十一歳で亡くなるまで七年余りのあいだ皇后の位にあった。この間、宮都は延暦三年十一月に平城から長岡へと遷され、[16]藤原乙牟漏は桓武天皇の皇后として平城・長岡両京で在位したことになる。[17]またその崩御の年次からも明らかなように、彼女は長岡宮にあっても内裏が西宮と東宮とにあった両時期に亙って皇后であった。

さて長岡遷都当初、内裏が西宮に置かれていた時期に皇后藤原乙牟漏が営んだ皇后宮の内部の様子を僅かではあるが伝える史料が『続日本紀』にある。それらによると、[18]延暦四年四月晦日、赤雀一隻が皇后宮（「椒庭」とも「皇宮」とも表記される）に現われ、その「庁」の上や「庭」の中に舞い降り、旬日去らなかった。そこで皇后宮大夫佐伯今毛人以下皇后宮職の官人達が、皇后宮における赤雀出現のことを天皇に奏上した。これに対して、天皇は赤雀を祥瑞とする所司の勘申を受けて詔を下し、天下の有位者等の位階を進め、のちまた特に祥瑞を報告した皇后宮職官人のうち主典以上の位階を昇進させる措置を採った。さらに右大臣藤原是公等が百官を率いて祥瑞を慶ぶ表を奉り、天皇と皇后の徳を称え、これに対して天皇は報答を行っている。

皇后藤原乙牟漏の皇后宮における祥瑞出現に関するこれら一連の『続日本紀』の記事は、それが遷都後五カ月足らずの長岡宮とそこに遷都した桓武天皇およびその皇后藤原乙牟漏の徳を称える極めて政治的な演出であったことを示しているが、[19]ここではむしろ藤原乙牟漏の皇后宮の様子を、部分的にではあるが窺わせてくれる貴重な史料であることに注目したい。すなわち、これらの記事によると、まず赤雀が出現した場所は、皇后宮（「椒庭」とも「皇宮」とも表記される）であると言われる[20]とともに「宮司」であるとも言われ、[21]また皇后宮大夫佐伯今毛人ら皇后宮職官人による奏にも明らかなように、赤雀を発見した時には皇后宮職の官人達が皇后宮にいて赤雀の様子を観察していたと考えられることから、皇后宮には「宮司」である皇后宮職が置かれていたこと、すなわち皇后宮と皇后宮職が一体の存在であったことを確認できる。また赤雀が止まったり飛んだりした場所として「庁」や「庭」が挙げられていることからすると、皇后宮には「庁」や「庭」が備わっていたことが判る。「庁」とはこの時赤雀を見つけた皇后宮職の官人達が執務していた建物のことと思われ、また「庭」は『続日本紀』の関連記事からみて「庁」に面するような位置にあり、恐らくは皇后宮での種々の儀式や日常的な政務等に際して用いられた前庭であったと推定される。

以上のように、長岡宮遷都直後における皇后藤原乙牟漏の皇后宮の様子がある程度判明するのであるが、上記の史料から皇后宮が長岡宮内にあったのか、さらに平安宮のように宮内でも内裏のなかにあったのか、あるいは長岡宮の外、長岡京にあったのか、などその所在を明らかにすることはできない。皇后宮と言う表現だけからすると、聖武天皇皇后藤原光明子の場合[22]のように、内裏とは別に独立した皇后宮の存在を想定することもできないわけではない。この点については次項以下において再び述べることとしたい。

(二)　東宮に関する史料の検討

次ぎに延暦八年二月の遷御から、平安遷都のために東院へ遷御した延暦十二年正月二十一日[23]までほぼ四年に亙って桓武天皇の御在所であった東宮に関する史料について検討する。

東宮の使われ方は前項で見た西宮とほぼ同じで、基本的には平安宮内裏におけるそれと大きく異なる所はない[24]。

東宮の構造を考える上で問題となるのは、まず延暦九年六月に神今食が神祇官曹司で行われたことを記す『続日本紀』の記事である[25]。この記事では、当年の神今食が神祇官曹司で行われたことを記したのち、それに続けて「先レ是、頻属二国哀一、諒闇未レ終、故避二内裏一而作二於外一設焉」と書かれている点が注目される。まず「頻属二国哀一、諒闇未レ終」とは皇太夫人高野新笠が延暦八年十二月に[26]、また桓武天皇の皇后藤原乙牟漏が延暦九年閏三月[27]に相継いで死去し、その服喪の期間が満ちていないことを指し、続けて「故避二内裏一而作二於外一設焉」とあるのは、今回はそれ故に内裏を避け、「外」すなわち内裏外の神祇官曹司に神今食の神事を行う場を設定したことを述べたものである。このことは、通常、長岡宮では神今食が内裏で行われることになっていたことを示している。平安宮では神今食や新嘗など、天皇が自ら執行する神事のための常設の神殿として神嘉殿が設けられ、神嘉殿を含めた中和院なる施設があった[28]。従って長岡宮で神今食など、天皇親祭の神事のために内裏が用いられていたことは、神嘉殿・中和院を平安宮において創設した問題や長岡宮内裏の構造を考える上で極めて重要な論点の一つとなる。因みに奈良時代に神今食や新嘗などの神事がどこで行われたかは明らかではない[29]。しかし上記の史料から常設の神殿を内裏と別区画に設けて天皇親祭の神事を行う形態は、恐らく平安宮で始められたもので、長岡宮以前は内裏で行うのが通常の形態であったのではなかろうかと推定される。そのような施設が長岡宮以前の宮都の内裏において、何処に如何なる形で設けられていたのか、常設の施設であったのか臨時のものであったのか、等の点は今後なお検討を要する問題であるが、現在のところ史料によってもまた平城宮内裏などの発掘調査によってもそれを明確にすることはできない。

また東宮の構造と関わって次ぎの二つの史料も問題となる。

まず延暦八年十二月桓武天皇は、生母高野新笠の崩御に際してその翌日錫紵を服し、正殿を避けて西廂に御し、(30)皇太子および群臣を率いて挙哀したとの記事が『続日本紀』に見える。(31)桓武天皇が正殿を避けて西廂に御した行為は所謂倚廬であるとされている。(32)この記事から東宮の正殿に西廂が付けられていたことを確認することができる点は東宮の正殿の構造を考える上で重要である。

また延暦九年閏三月十日、桓武天皇の皇后であった藤原乙牟漏が崩御した記事が『続日本紀』にあるが、(33)崩御の場所を明記していない。しかし藤原乙牟漏の崩御した翌日に桓武天皇が近衛府に移御したことを記す記事があり、(34)それに続けて乙牟漏の御葬司・山作司・養民司・作路司等の任命のことが書かれている。もしこれが皇后の死にともなう措置であったとするならば、(35)天皇は何故、高野新笠が崩御した場合と異なり、内裏そのものを避けたのであろうか。それは、恐らく天皇が皇后と内裏内部において同居していたために、内裏を避けて移御したものと解することができるのではなかろうか。このように理解してよいとすると、皇后藤原乙牟漏は東宮に天皇とともに居住し、皇后宮は東宮内に営まれていたと推定することができる。なおこの点は、次節で検討を加える東宮の空間構造からも自ずから明らかとなる。

三　長岡宮東宮の空間構造

最初にも触れたように、長岡宮に存在したと推定される二つの内裏のうち、第一次の内裏である西宮については現在まで発掘調査が行われていないのに対して、第二次の内裏である東宮では数次の調査が行われ、貴重な成果が挙げられている。しかし東宮の空間構造については、まだ部分的な指摘がなされているだけで[36]、それらを総合して東宮の空間構造全般およびその歴史的な意義について論じた研究は行われていない。

先に、平城宮内裏で検出された奈良時代の六時期に及ぶ内裏の遺構の空間構造とその変遷について歴史的な検討を行ったことがある[37]。その際、内裏における遺構変遷の歴史的な意義を解明するために、平安宮内裏・平城宮第一次大極殿院地区第Ⅲ—一期（平城太上天皇宮「平城西宮」）の遺構とともに、長岡宮東宮の遺構についても簡単な検討を加えた。平城宮内裏や平安宮内裏あるいは平城宮第一次大極殿院地区第Ⅲ—一期の遺構については前稿[38]及び本書第一章付論を参照していただくこととして、ここでは長岡宮の東宮に限ってその空間構造に関する検討の結果をやや詳しく再述するとともに、またそれと平安宮内裏の空間構造とを比較して、長岡宮東宮の歴史的な位置を解明するための糸口を得るように努めたい。

㈠　長岡宮東宮に関する発掘調査知見

長岡宮東宮に関する現在までにおける発掘調査の成果をとりまとめたのが第一図[39]である。この図にも明らかなように、東宮において検出された建築遺構は、東宮の周囲を囲む築地回廊とその内部で検出された六棟の掘立柱建物だけで、塀などの内部を区画する施設を確認するには至っていない[40]。従って平安宮内裏・平城宮第一次大極殿院地区第Ⅲ—一期あるいは平城宮内裏におけると同じように、塀などの区画施設を目安として、長岡宮東宮の空間構造を考えることはできない。しかし僅かではあるが、その内部で検出された六棟の建物を、第一章の第二図に掲げた平安宮内裏の殿舎配置及びその空間構造と比較することによって、東宮のおおよその空間構造を明らかにすることができる。

第一図　長岡宮第二次内裏東宮の遺構配置

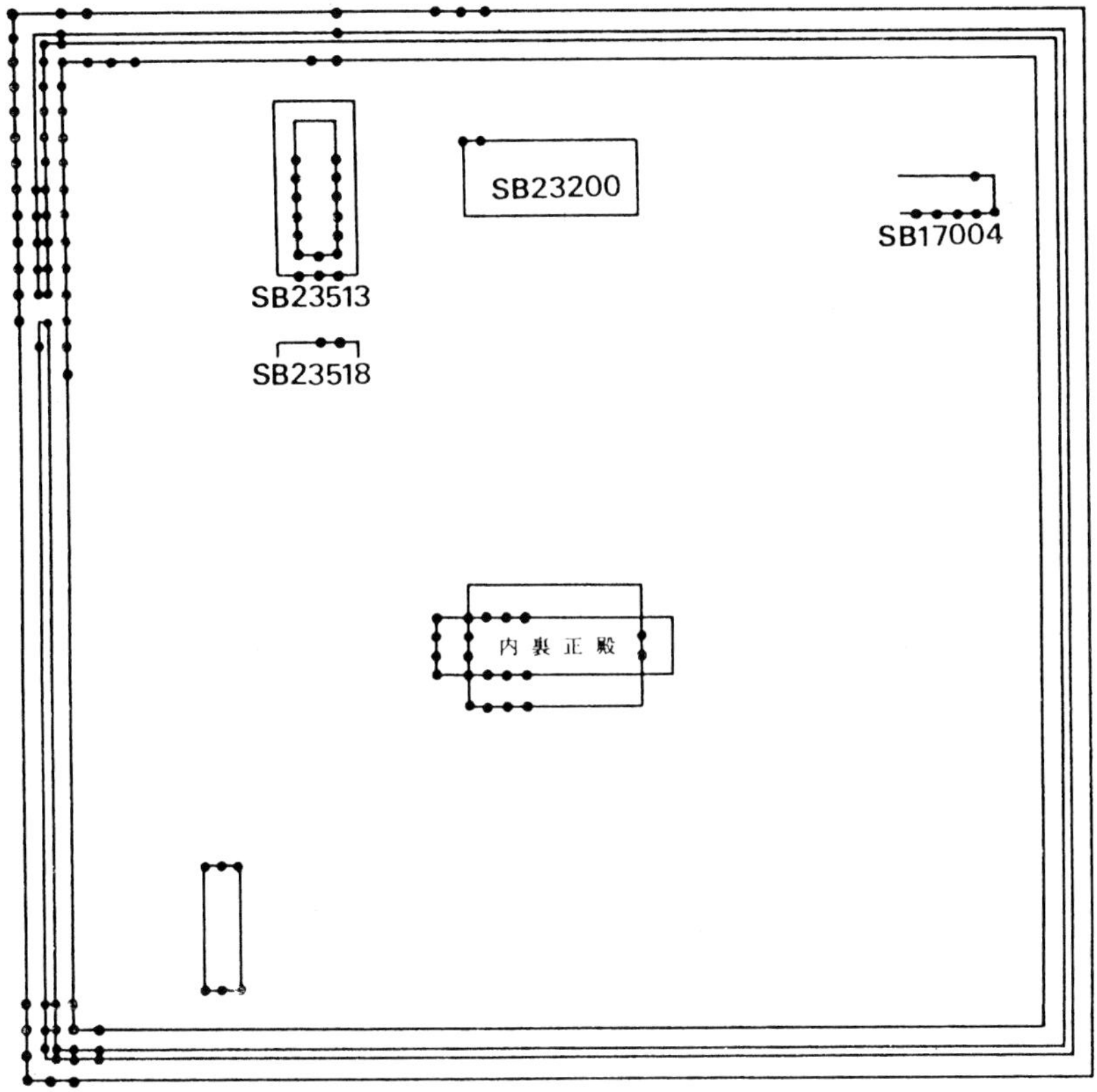

まず東宮で確認された建物について概略を見ておくと、東宮のほぼ中央部に、身舎の規模が桁行九間・梁間三間で、四面に隅を欠く庇を付ける掘立柱東西棟基壇建物[41]がある。この建物は、これまで内裏内部で検出された建物のなかで最大の規模を有するばかりか、その形式もこれ以前に例のない特異なもので、平安宮内裏の紫宸殿との類似性などから、東宮の正殿（内裏正殿）に比定されている。その北方、北面築地回廊に近接して位置する建物ＳＢ二三二〇〇は、規模・形式が明らかでないが、掘立柱東西棟建物と推定されている。ＳＢ二三二〇〇の西南方では二棟の掘立柱南北棟建物が検出されて

いる。そのうち北に位置するＳＢ二三五一三は、身舎の規模が桁行七間・梁間二間で、四面に庇が繞る。またＳＢ二三五一三の南にあるＳＢ二三五一八は柱穴二個が検出されているに過ぎないが、掘立柱南北棟建物で、規模や形式は恐らくＳＢ二三五一三と同じと推定される。一方ＳＢ二三二〇〇の東方では東面回廊に接するような位置で掘立柱東西棟建物ＳＢ一七〇〇四が確認され、桁行四間以上・梁間二間の規模を持つ。また内裏正殿に比定されている建物の西南方でも南北棟と推定される掘立柱建物一棟が検出されている。

(二)　平安宮内裏の空間構造

次ぎに東宮で確認された上記六棟の建物を平安宮内裏の諸殿舎及びその空間構造と比較・検討することとするが、その前に比較の対象となる平安宮内裏の基本的な空間構造について前稿(42)及び本書第一章における結論のみを簡略に述べておくこととする。

平安宮内裏の基本的な構造は、第一章第二図の如くに、おおよそ次ぎの五つの空間から構成されていると見ることができる。(一)築地回廊で周囲を囲まれた内裏内部の中央南半部に位置し、正殿である紫宸殿と、その南方東西にある四脇殿である宜陽・春興・校書・安福の諸殿、およびこれら五棟の殿舎によって囲まれた南庭からなる空間、(二)(一)の北に位置し、ほぼ築地回廊で囲まれた内裏の中央部を占め、正殿である仁寿殿とその後殿である承香殿、および仁寿殿の東西に配される四脇殿である綾綺・温明・清涼・後涼の諸殿、そしてこれらによって周囲を画された小さな複数の庭からなる空間、(三)(二)の北、すなわち築地回廊で囲まれた内裏内部の中央北半部に位置し、常寧殿を正殿、貞観殿を後殿とし、両殿の東西に宣耀・麗景・登華・弘徽の四脇殿を配し、常寧殿の南に前庭を有する空間、(四)(三)の東西、すなわち築地回廊で囲まれた内裏の東北隅と西北隅に位置し、それぞれ築地塀で囲まれた二つの空間で、それぞれがさらに東西方向の築地塀で南北二つの空間に細分され、東には南に昭陽・昭陽北両舎、北に淑景・淑景北両舎があり、西には南に飛香舎、北に凝華・襲芳両舎がある、㈤内裏の東南・西南両隅、すなわち㈠の東西、㈡の南方に位置する空間、の五つである。

これら五つの空間が有していた機能や性格について簡単に述べると、まず平安宮内裏の中央部を占める三つの空間のうち㈠と㈡が内裏において天皇に直接関係を有する空間で、そのうちの南に位置する㈠が儀式・節会・宴・政務などが執り行われる公的な空間であるのに対して、内裏の中央部にある㈡が天皇の日常的な生活の場を中心とした私的な空間である。これに対して常寧殿を中心とした㈢は基本的には皇后が居住していた空間である。従ってこれら平安宮内裏の中央部を占める㈠～㈢の三つの空間は天皇とその嫡妻である皇后に関する公的及び私的空間であったことになる。

一方、天皇と皇后に関わるこれら三つの空間に対して、内裏の方形区画の四隅に配された四つの小空間のうち東北と西北の隅を占める㈣は、後宮五舎と呼ばれる殿舎が配置され、皇后を除く天皇の庶妻たちである後宮が居住する空間、また東南と西南の隅を占める㈤は内裏での天皇の生活を支える機能をもつ空間であった。

以上のように、平安宮内裏は五つの空間からなるが、さらに大きく二つの空間、すなわち内裏の中央部を占める大きな空間（㈠～㈢の三つの空間）と内裏の四隅に存在する空間（㈣・㈤）に分けることができる。この両空間の間にはその内部にある建物の配置とそれによって作り上げられる空間の構造に明確な差異があり、それはこのうち前者が天皇と皇后のための公私両面にわたる空間で、内裏の中心的な空間であったのに対して、後者がそれを支えるような付属的あるいは予備的な空間であったことによると考えられる。

㈢　長岡宮東宮の空間構造

次ぎに長岡宮の東宮で検出された六棟の建物を、その位置や建物の形式・規模・棟方向などの点を考慮して平安宮の内裏と比較すると、内裏正殿と推定されている建物は紫宸殿、SB二三二〇〇は常寧殿、SB二三五一三は登華殿、SB二三五一八は弘徽殿、SB一七〇〇四は淑景舎、また内裏正殿西南方で検出された建物は進物所に、それぞれ相当すると理解することができる。(43) 従って長岡宮内裏の空間構造やその構成原理は、内裏正殿の北に仁寿殿に相当する建物を確認していないが、基本的に平安宮内裏と同じであるとみて大過ない。すなわち内裏の中央部には南北に列なる三つの主要な空間があり、その四隅にそれらに付属する空間が配置される。まず東宮の中央部を占める三つの空間としては、中央南寄りに天皇出御のための殿舎である内裏正殿を中心とした天皇の公的な空間があり、恐らくその北に東宮の中央部に位置して天皇の常の御殿を中心とした天皇の私的な空間があったものと思われ、さらにその北に皇后の居所たる常寧殿に相当するSB二三二〇〇を中心にその前方に南北棟の脇殿を配した皇后の公的及び私的な空間、すなわち皇后宮がある。次ぎに東宮の四隅に配される空間のうち東北隅には淑景舎に相当するSB一七〇〇四のような後宮の居所たる建物が配され、一方西南隅には進物所に相当するような南北棟建物があることから、天皇の内裏での生活を支えるための内廷官司の出先機関の一部が置かれたものと見られる。

㈣　長岡宮内裏における皇后宮・後宮の存在

長岡宮における天皇のキサキ達の居所である皇后宮と後宮について、上述した発掘調査成果の検討と前項で行った史料の整理とを考え併せ、さらに検討を進めることとする。

皇后の居所である皇后宮については、まず前節で、桓武天皇の御在所が東宮に置かれていた延暦九年閏三月に皇后藤原乙牟漏が崩御し、翌日天皇が内裏から近衛府に移御したとの『続日本紀』の記事を、天皇が皇后と内裏で同居していたために、内裏を避けて移御したものと解することができるのではないかと考え、さらにこのことから皇后藤原乙牟漏は天皇とともに東宮に居住し、皇后宮は東宮内に営まれていたと推定することができるとした。以上のことが成り立つことを明瞭に示すのが、上述した東宮におけるＳＢ二三二〇〇を中心とした平安宮内裏の皇后宮に相当する空間の存在である。これは史料と発掘調査の成果とが一致した極めて稀な事例の一つであると言える。

次ぎに前節における検討で内部の様子がかなり詳しく判明した長岡遷都直後における皇后藤原乙牟漏の皇后宮が、桓武天皇の御在所が西宮に置かれていた時期に何処に営まれていたかである。この問題については明確な史料を呈示することができない。むしろ桓武天皇の皇后藤原乙牟漏が皇后に冊立された平城宮で彼女の皇后宮が何処に設けられていたのかを検討し、上述した長岡宮東宮での検討結果と併考して西宮における皇后宮の存否を推定する以外に方法はない。平城宮の時代における皇后藤原乙牟漏の皇后宮については、先に平城宮内裏の遺構の変遷とその歴史的意義について簡単な検討を行った際に[44]、平城宮内裏の奈良時代最末期に当たる桓武天皇の時代の内裏と推定した第Ⅵ期の遺構で、その中央北辺部に平安宮内裏における常寧殿を中心とした皇后宮と殿舎の配置等が全く同じ空間が成立しており[45]、種々の状況からこれが皇后藤原乙牟漏の皇后宮であると推定することができるとした。この推定には現在も大きな誤りはないと考えている。この検討結果と上述した長岡宮の東宮における皇后宮の存在とを併せ考えると、桓武天皇の皇后であった藤原乙牟漏はその皇后宮を長岡遷都当初から一貫して長岡宮の内裏の内部に営み、しかもその皇后宮のなかには皇后の家政機関である皇后宮職も設置され、そこで皇后宮職の官人達が執務をしていたと推測することができる。

一方後宮については、上述したように長岡宮の東宮において平安宮の後宮に相当する空間がその東北隅に成立していることを確認することができた。これも既に検討を行った[46]が、その萌芽を平城宮内裏第VI期に求めることができる。しかしこれに反するかのごとく、後宮が長岡京内に邸宅を構えていたことを示唆する史料が『続日本紀』と長岡京跡出土の木簡にある。

まず『続日本紀』の記事とは、新京である長岡京での貴族達の邸宅の造営を促進するために、勅によって諸国の正税六八万束を彼等に賜ったことを記す延暦三年六月壬戌条である。その勅によると、この時具体的に正税下賜の対象となったのは、右大臣以下参議以上と内親王・夫人・尚侍等であった。まず右大臣以下参議以上とは、当時太政官の議政官であった、右大臣藤原是公、大納言藤原継縄、中納言藤原小黒麻呂・藤原種継・大伴家持、参議藤原家依・佐伯今毛人・石川名足・紀船主・神王・大中臣子老・紀家守の十二人、また内親王・夫人・尚侍等とは、内親王が桓武天皇の妃酒人内親王と光仁天皇女弥努摩内親王[47]、夫人が桓武天皇の夫人藤原吉子、尚侍が先に触れた皇后藤原乙牟漏の母阿倍古美奈である。

ここで注目されるのは、この勅によって邸宅造営促進のために諸国の正税の下賜を受けたのが、公卿と桓武天皇の後宮関係者にほぼ限られた事実である[68]。このことは桓武天皇の後宮に当たる妃酒人内親王や夫人藤原吉子が邸宅造営を行ったこと、さらにそのための宅地が京内に班給されたことを示している。

また延暦七年五月四日、桓武天皇の夫人藤原旅子[49]が三〇歳で薨去したが、そのことを記した『続日本紀』の記事[50]に、この時中納言藤原小黒麻呂らが遣わされて夫人藤原旅子の喪事を監護するとともに、中納言石川名足らも遣わされ、「第」について詔を宣し、旅子に妃および正一位を贈ったと見える。石川名足らが遣わされて詔を宣した「第」は、藤原旅子の喪事が行われた場所で、しかも長岡京内に設けられた旅子の邸宅であったと思われる。夫人藤原旅子の場合も夫人藤原吉子や酒人内親王と同様に長岡京内に邸宅たる「第」を営んでいたのである。

長岡遷都当初の内裏である西宮の内部構造が明らかでない以上、上記のごとき京内の邸宅と別に西宮の内部に後宮のための空間が設けられたか否かは断定できないが、前稿[51]及び第一章でも述べたように平城宮内裏第VI期に後宮に相当する空間が成立していた事実と長岡宮の東宮の内部にも後宮の殿舎と考えられる建物が存在したことを併せ考えると、遷都当初の内裏である西宮にも後宮の空間が存在していたことは確実である。従って桓武天皇の時代には、天皇の後宮は天皇の御在所たる内裏と京内とに各々居所を有していたことになる[52]。

『続日本紀』延暦三年六月壬戌条でさらに留意を要するのは、桓武天皇の後宮に関わる女性達の中に桓武天皇の皇后藤原乙牟漏と桓武天皇の生母で中宮と称された高野新笠が含まれていないことである。このことはこの二人が長岡京内にその邸宅ないしは宮を営まなかったことを直ちに意味しないとしても、少なくともその可能性があることを示唆している。特に皇后藤原乙牟漏の場合、皇后の身位から、また上述したように長岡遷都当初の西宮に皇后宮を設け、そこには皇后の家政機関と言える皇后宮職も存在していたと推測されることからも、京内における邸宅の班給は考え難い。一方中宮高野新笠は、平城京では一貫して田村後宮に居住していたものと推定され[53]、事実その夫光仁天皇が営んだと推定される平城宮内裏第V期の遺構に、平安宮の如き後宮の空間を認めることはできなかった[54]。長岡京ではその居所が中宮の称によって「中宮」と呼ばれたと思われ[55]、それは長岡宮内にあった可能性があるが、何処に所在したかは不明である。これも天皇の生母として皇太夫人（中宮）と称されるようになったことによって、一般の邸宅とは異なる「宮」として「中宮」を営んだことによるのではなかろうか。

次ぎに長岡京跡出土の木簡とは、財団法人京都市埋蔵文化財研究所が昭和六十三年から平成元年にかけて実施した長岡京左京一条三坊六・十一町の調査において出土した「□酒人内親王所」等酒人内親王の名を書いたと推定される数点の削屑である。これらの削屑を含めた四〇〇〇点にものぼる多量の木簡は調査区内で検出した八世紀末の流路から出土した。調査地は、その立地や木簡の記載内容などから、長岡京の時代、京の造営に伴う材木など物資の陸揚げ地や集積場、又はその加工場であったと推定され、(56)ここから京内各地あるいは宮内の各所に材木が運ばれたと見られる。出土した木簡には衛府など複数の官司や施設・個人名が見え、その中には材木を受け取る側も含まれていると考えられる。従って酒人内親王に関わる削屑は、当然ここから材木の供給を受けた側に関する記載であると思われる。

さてこれらの削屑で問題となるのは「酒人内親王所」と記されている点である。当時酒人内親王は桓武天皇の妃であったと思われ、上述した長岡宮東宮の構造に関する検討結果からすると、長岡宮の西宮の中に後宮の一員として居所を有していたと推定される。それにも関わらず、木簡からは材木が酒人内親王の居所と思われる「酒人内親王所」に送られたと考えられることである。木簡に見える「酒人内親王所」が長岡宮の西宮内にあった居所である可能性も皆無ではないが、むしろ長岡宮外、長岡京内に求める方が妥当であろう。そうすると、酒人内親王は少なくとも長岡宮の内裏と長岡京とに二つの居所を有していたことになる。

酒人内親王は、光仁天皇の皇女で、宝亀三年（七七二）伊勢斎王となり、同五年頃に伊勢に向かったと考えられ、そののち母である皇后井上内親王の死去にともない、同六年にその任を解かれて平城京に帰り、やがて桓武天皇の妃となったと思われる。東大寺文書の神護景雲元年（七六七）八月三十日作成にかかる阿弥陀悔過料資財帳(57)に追記された別筆の書き入れに、牙水角一口を、宝亀九年十二月四日に法華寺上座の宣によって酒人内親王宮に入れたことが書かれている。ここに見える「酒人内親王宮」とは恐らく伊勢斎王としての任を解かれて帰京した酒人内親王が平城京内で居所とした邸宅のことであろう。当時、酒人内親王は皇太子山部親王の妃であったと推定されることから、「酒人内親王宮」とは皇太子妃であった内親王が営んだ宮でもあったことになる。(58)

以上のように、『続日本紀』の記事と長岡京跡出土の木簡については、必ずしも長岡宮の第一次と第二次の内裏である東宮と西宮において平城宮内裏第VI期や平安宮内裏のように東北隅部分に後宮の空間が存在したことに反する内容ではなく、後宮達はむしろ京内に独自の邸宅を構えるとともに、内裏の内部に後宮としての空間を有していたことを示すものと考えられる。そして内裏と京内とにあったこれら二つの居所は自ずから異なる機能を果たしたと考えるのがよいであろう。すなわち京内に与えられた邸宅は貴族の一員としてその位階に応じた「家」あるいは「宅」を営むためのもので、もう一方の内裏内に設けられた居所は後宮として天皇のキサキの機能を果たすために設定されたものであった。桓武天皇は、周知のように、後宮繁栄の政策を積極的に採った人物で、(59)後宮のための空間が内裏に設定されたとすれば、それは桓武天皇による後宮政策の一環として検討すべき余地がある。それはまた平城宮・長岡宮・平安宮の三カ所に宮都を営んだ桓武天皇の時代を考える上でも極めて注目すべき点である。

四　おわりに

本章で述べたところからも明らかなように、長岡宮に営まれた二つの内裏、すなわち西宮と東宮とは大きく異なる空間構成を採っていたのではなく、ほぼ同じ空間構造を採っていたと推定された。(60)それは平安宮の内裏や平城宮内裏第VI期と基本的に同じ構造で、内裏の中央部に南から北に三つの空間（中央にある天皇の私的空間を挟んで、南に天皇の公的空間、北に皇后宮）があり、東北隅（と西北隅）には後宮の空間、西南隅（と東南隅）には天皇の内裏での生活を支えるための空間があった。

このような長岡宮内裏は空間構造の点において奈良時代から平安時代への過渡期に位置した。平城宮では光仁天皇の時から内裏内部に皇后宮が営まれるようになった。次ぎの桓武天皇の時代にも平城宮では内裏内に皇后宮が置かれ、また同じ桓武天皇が新たに営んだ長岡宮でも皇后は内裏内部に皇后宮を設けて住んだ。以上から、皇后が在位する時、その居所である皇后宮を内裏の内部に設けることが最末期の平城宮と長岡宮において定着したと言うことができる。これに対して平城宮でも桓武天皇の時代に至ってはじめて内裏の内部に独自の空間をもつに至った後宮は、長岡宮でも内裏にその空間を有したが、それは恐らく後宮がその機能を果たすためにのみ設けられたもので、彼女達の生活の拠点は依然として京内の邸宅にあったものと思われる。後宮はその位階に応じて貴族としての公的な「家」を構え、そこには家政機関が置かれて独自の家政を営んだのであろう。しかしやがて平安宮においては後宮も皇后と同様に内裏の内部で基本的な生活を送るようになっていったと推測される[補註2]が、その過程についてはいまだ十分な史料の収集と検討を行い得ていないので、今後の検討課題としたい。

以上がほぼ本章で述べた点であるが、本章での史料と発掘調査の成果に基づく長岡宮の内裏に関する初歩的な検討において対象とし得ず、今後に残された問題としてとりあえず次ぎの二点を挙げることができる。

まず第一は、平安宮において内裏に侍候する参議以上の所謂議政官の姿が既に長岡宮で確認でき[61]、それは長岡宮で加速された可能性が極めて高いと考えられる点である[62]。参議以上の議政官が内裏へ侍候することがいかなる意味を有するものか、またそのような事態が何時どの宮で起こったのかについては、今後も慎重な検討が必要であるが、それが平安宮における内裏、天皇を中心とした政治空間の構築の始まりであったことは間違いなく、長岡宮を平安時代の中において如何に位置付けるかといった作業が必要となってくる。

第二は、長岡宮の内裏の遺構についてさしづめ次ぎの三点を明らかにする必要がある。一つは、内裏が東宮へ移ったのちの西宮の性格と機能についてであり、二つは遷御以前の東宮の機能と性格の問題である。[63] そして最後の一つは、所謂内裏外郭（正確には中重・中隔）の存否とそれが存した場合の構造と性格・機能の問題である。[64]

しかしこれらの問題はいずれも史料からの解明が極めて困難であり、むしろ長岡宮跡の発掘調査の進展によってはじめて明らかにすることが可能となるものである。従ってこれらの問題については今後における発掘調査の進捗を待って再び検討を加えたいと考えている。

以上のほかにも多くの問題が残されているが、ひとまず本章での長岡宮の内裏に関する基礎的な検討を終えることとしたい。

註

（1）鈴木亘氏は、近著『平安宮内裏の研究』平成二年において、長岡宮の内裏に第一次・第二次の変遷はなく、現在第二次内裏「東宮」に推定されている遺構をもって長岡宮の創建当初からの内裏であるとしている。なお氏の見解に対する私見は、橋本義則・山岸常人「鈴木亘著『平安宮内裏の研究』を読む」『建築史学』一七、平成三年において詳しく述べたので、ここでは繰り返さない。

（2）厳密には長岡宮の内裏が創建当初から桓武天皇の遷御まで「西宮」と呼ばれ、遷御を境としてその廃絶まで「東宮」と呼ばれたとの理解には全く保証がない。なぜなら本来「西宮」・「東宮」なる宮殿名は天皇の御在所が宮内に複数存在しているときに初めて互いを区別するために必要であったのであり（拙稿「平城宮の内裏」奈良国立文化財研究所『平城宮発掘調査報告XIII』平成三年）、遷都当初の御在所が内裏一つであったとするならば、かかる称の必要はない。また遷御後「西宮」が天皇の御在所でなくなったとすると、「西宮」なる称は必要なく、またそれ故に「東宮」なる称も不要となる。あるいは、遷御の時期の前後に限って両者を区別するために「西宮」と「東宮」（「東大宮」）が併称された可能性も考えられる。従って本章で用いる西宮ないしは東宮の称は第一次内裏および第二次内裏の意味に過ぎず、それぞれの内裏の構造や性格・機能などを検討する際には内裏とある史料をそれぞれの時期にあわせて西宮および東宮と読み換えて行うことをあらかじめ断っておかねばならない。なお「西宮」「東宮」なる宮名は皇太子の居所たる東宮の有無とも関わる点があり、なお検討を要する。

（3）　中山修一「長岡京発掘調査の略史」（京都府教育委員会『埋蔵文化財発掘調査概報』一九七三、昭和四十八年）及び福山敏男「長岡京と宮城の遺跡」『仏教芸術』五一、昭和三十八年には、昭和三十四・三十六年に行われた宅地造成の際に、小字オワン・荒内の地で、平城宮や難波宮の大安殿跡とほぼ同様な関係位置にある数本の掘立柱穴や、桁行三間・梁間二間の門とその北方三〇mほどにある桁行一一間・梁間三間の建物が見つかったことが記されている。しかし向日市教育委員会の山中章氏のご教示によれば、これらの遺構を直ちに西宮のものとするには位置的に問題があるとのことである。

（4）　山中章「長岡京から平安京へ―都城造営にみる律令体制の変質―」『新版〔古代の日本〕』⑥近畿Ⅱ、平成三年は、平城宮・後期難波宮・平安宮などの内裏と長岡宮の東宮との比較を試みている。

（5）　『続日本紀』延暦六年三月丁亥条。

（6）　『続日本紀』延暦四年正月丁酉朔・同七年正月甲子・同十二月庚辰条。①延暦四年正月朔に行われた元日の宴会（元会）は内裏で五位以上の官人を対象として催された。朝賀のあとに行われる元日の宴会は、平安宮では嵯峨天皇の一時期に豊楽院で行われたこともあったが、この時期を除いて内裏の紫宸殿一郭で行われるのが通例であった（拙稿「平安宮草創期の豊楽院」『日本政治社会史研究』中、昭和五十九年、本書第四章）。なお平城宮においても奈良時代の後半には元日の宴会が内裏で行われるのが通例となっていた（拙稿註（2）報告）。②延暦七年十二月七日、征東大将軍に任命され東北の地に発つこととなった紀古佐美が天皇に辞見し、天皇より節刀を下賜される儀式が行われた。『続日本紀』には節刀下賜の場所を「殿上」とのみ記し、殿舎名を明記していないが、詔によって召された紀古佐美が昇って天皇から節刀を賜った「殿上」は当然天皇が出御していた殿舎で、平安時代の儀式書（『儀式』巻第一〇賜将軍節刀儀、等）では、将軍が節刀を受ける場所を紫宸殿の一郭としていることから、延暦七年に行われた節刀下賜の場である「殿上」は内裏正殿であったと推定される。③延暦七年正月十五日に皇太子安殿親王が元服の儀式を執り行った。その儀式の様子については『続日本紀』に詳しく、当日は天皇と皇后がともに「前殿」に御し、大納言で皇太子傅たる藤原継縄と中納言の紀船守の二人をして天皇自らが皇太子に冠を加え、終了後皇太子は笏を執って天皇を拝した。そののち天皇の勅があり、皇太子は「中宮」すなわち祖母の高野新笠のもとに参った。そしてこの日には、群臣が引かれて殿上において宴飲が行われた、とある。元服の儀式そのものは平安時代のそれと何等変わるところがなく、その場となった「前殿」とは平安宮の紫宸殿に相当する長岡宮内裏の正殿のことである。

(7)『続日本紀』延暦六年三月丁亥条。
(8)『京都御所〈新訂〉』昭和六十二年。
(9)鈴木註(1)著書。
(10)平安宮内裏や平城宮内裏の遺構をみても、空間として曲水宴が可能であるのは、所謂内裏正殿の一郭とその北の御在所に限られ、また流水施設をもち得るような空間があるとすれば、平城宮内裏第Ⅴ期以降平安宮の内裏まで内裏正殿・紫宸殿一郭に限定されてくる(拙稿「内裏地区空間構造の歴史的変遷」註(2)『平城宮発掘調査報告XIII』)。
(11)『続日本紀』延暦三年十月乙未条阿倍古美奈薨伝・九年閏三月甲午条藤原乙牟漏崩伝。
(12)『続日本紀』延暦九年閏三月甲午条藤原乙牟漏崩伝。
(13)『続日本紀』延暦二年二月甲寅条。
(14)『続日本紀』延暦二年四月甲子条。
(15)『続日本紀』延暦二年四月丙寅条。
(16)『続日本紀』延暦九年閏三月丙子条。
(17)『続日本紀』延暦三年十一月戊申条。
(18)『続日本紀』延暦四年五月癸丑及び六月癸酉・辛巳条。
(19)祥瑞の出現が桓武天皇と皇后藤原乙牟漏の徳を称えることにあったことについては、『続日本紀』延暦四年六月辛巳条所載の右大臣藤原是公らの慶瑞の表に明らかである。
(20)『続日本紀』延暦四年五月癸丑及び六月癸酉・辛巳条。
(21)『続日本紀』延暦四年六月癸酉条。
(22)聖武天皇皇后藤原光明子が平城京にあっても、また恭仁京にあっても皇后宮を平城宮や恭仁宮の外に営んだことは『続日本紀』の関連史料に明白である。この点については拙稿註(2)報告で触れたが、また本書第一章においても検討を加えた。

(23)『日本紀略』・『類聚国史』延暦十二年正月庚子条。

(24)『日本紀略』・『類聚国史』延暦十一年正月丁巳条、『日本紀略』・『類聚国史』七一延暦十二年正月庚辰朔条、『続日本紀』延暦九年十月丙午条。①延暦十一年及び十二年の正月元日の宴はともに侍臣を対象として「前殿」において行われた。②延暦九年十月、高年の人である道守東人が内裏に引見された記事が『続日本紀』に見える。平安宮でもしばしば高年の人や身体的に特徴のある人を内裏などに招くことが行われている。③なお仏事が内裏で行われたのではないかと推測される事例として延暦十一年五月に「禁中」で行われた灌頂経法と同十二年正月に「宮中」で読まれた薬師経の二例がある(『類聚国史』一四八延暦十一年五月丁巳・十二年正月癸巳条)。

(25)『続日本紀』延暦九年六月戊申条。

(26)『続日本紀』延暦八年十二月乙未条。

(27)『続日本紀』延暦九年閏三月丙子条。

(28)丸山茂「平安時代の神嘉殿について」『日本建築学会論文報告集』三二六、昭和五十八年。ただし丸山氏は神嘉殿の成立を平安遷都当初のことではなく、天長年間ないしは弘仁年間に下ると考えている。

(29)丸山註(28)論文は、神嘉殿が常設の神殿として造営される以前、新嘗・神今食を行う場所として内裏内と朝堂院を想定できるとする。しかし朝堂院を新嘗や神今食の神事挙行の場として想定する丸山氏の史料解釈には俄に従うことはできない。

(30)平安宮での事例ではあるが、桓武天皇が「正寝」で崩御した時、側に付き添っていた皇太子安殿親王は坂上田村麻呂らに扶けられて「殿」(「正寝」)を下り、「東廂」に遷った(『日本後紀』大同元年三月辛巳条)。ここに言う「東廂」とは恐らく「正寝」の「東廂」のことであろう。一旦天皇の崩御した「正寝」から下り、その「東廂」に再び遷御したことは、践祚を行い、かつ服喪する一連の行為のために採られた行動として注目される。

(31)『続日本紀』延暦八年十二月丙申条。

(32)古典文庫『完訳注釈続日本紀』第六分冊、平成元年。なお倚廬については、丸山茂「倚廬、休廬、廬—建築形式からみた大嘗宮正殿の形式についての一試論—」『建築史学』六、昭和六十一年参照。

(33)『続日本紀』延暦九年閏三月丙子条。

(34)『続日本紀』延暦九年閏三月丁丑条。

(35) 註(32)古典文庫『完訳注釈続日本紀』第六分冊では倚廬に当たる行為としている。また天皇は皇后の死にともないその死の穢れを避けて内裏から近衛府に移御したものとみることができる。
(36)「長岡宮跡昭和四十四年度発掘調査概要」京都府教育委員会『埋蔵文化財発掘調査概報』一九七〇、昭和四十五年、「長岡宮跡昭和四十七年度発掘調査概報」京都府教育委員会『埋蔵文化財発掘調査概報』一九七三、昭和四十八年、「長岡宮跡第一七〇次(七AN四E地区)〜内裏内郭、内裏下層遺跡〜発掘調査概報」向日市教育委員会・財団法人向日市埋蔵文化財センター『向日市埋蔵文化財発掘調査報告書』第二六集、平成元年、「長岡宮跡第二三一・二三五次(七AN九T・九V地区)〜第二次内裏内郭北西部、内郭北面築地回廊、内裏下層遺跡〜発掘調査概要」向日市教育委員会・財団法人向日市埋蔵文化財センター『向日市埋蔵文化財発掘調査報告書』第二八集、平成二年、あるいは山中註(4)論文など。
(37) 拙稿註(10)報告・本書第一章参照。
(38) 平安宮内裏に見られる空間構造が成立する過程とその意義については本書第一章で述べた。
(39) 註(36)「長岡宮跡第二三一・二三五次(七AN九T・九V地区)〜第二次内裏内郭北西部、内郭北面築地回廊、内裏下層遺跡〜発掘調査概要」及び山中章「長岡宮跡」『図説日本の史跡』四古代一、平成三年所収の図に基づいて作成した。
(40) 山中註(4)論文には、長岡宮では内裏の内部を細分割するための塀や回廊は存在しなかった可能性のあることについての指摘がある。
(41) 橋本・山岸註(1)書評参照。
(42) 拙稿註(10)報告。詳細は本書第一章参照。
(43) これらの点については、註(36)に掲げた各報告および山中註(4)論文に詳しい。
(44) 拙稿註(10)報告。
(45) なお皇后宮は、これより前の光仁天皇の内裏と推定される平城宮内裏第V期の遺構において登場している(拙稿註(10)報告)。
(46) 拙稿註(10)報告。
(47) 当時内親王と呼ばれた可能性のある皇親の女性は、既に聖武天皇女の井上内親王・不破内親王なきあと天武天皇系になく、天智天皇系の新皇統も桓武天皇がまだ二代目であるので、光仁・桓武両天皇の姉妹あるいは女以外には考え難い。まず光仁天皇には姉妹の存在を確認できず、また皇后井上内親王所生の酒人内親王を含めて、夫人高野新笠所生の能登内親王、県主島姫所生の弥努摩内親王の三人の女を確認できるが、このうち能登内親王は天応元年二月に薨去（『続日本紀』天応元年二月丙午条）しており除外できる。弥努摩内親王は当時在世しており、三品であった。また桓武天皇には当時三人の妻を確認できるが（その一人が酒人内親王である）、この時までに女を生んだのは妃酒人内親王一人で、その所生である朝原内親王は延暦元年八月一日に伊勢斎宮に卜定され、伊勢神宮へ群行する延暦四年八月まで平城に斎居していた。従って彼女が長岡宮において邸宅を構えた可能性は全くないといってよい。以上から本条の内親王については桓武天皇妃酒人内親王と光仁天皇の女弥努摩内親王の二人である可能性がある。しかしこの場合内親王が酒人内親王のみを指していた可能性もあると考えられる。もしそうであるとすると、本条において妃ではなく、内親王の称で書かれている理由について検討する必要がある。それはまた酒人内親王が桓武天皇の妃となった時期とも関わる問題である。ただし本条の内親王が酒人・弥努摩両内親王を指してのものであるとすると、酒人内親王が妃となった時期を考える史料とはならない。

(48)　弥努摩内親王が神王の妻であったとすると、必ずしも後宮と言うことはできない。なお同様の措置は平安遷都に際しても採られている（『類聚国史』延暦十三年七月己卯条）。

(49)　藤原旅子は延暦五年正月に夫人となっている（『続日本紀』延暦五年正月戊申条）。

(50)　『続日本紀』延暦七年五月辛亥条。

(51)　拙稿註(10)報告。

(52)　ただしこの二つの居所には自ずから相違があったものと推定される。何故なら内裏の後宮の殿舎は一棟ないしは二棟のみからなるに過ぎないのに対して、京内にあった「第」はその位階に応じた広い敷地に多数の建物が整然と並び、そこでは後宮（彼女達はその位階から言えば公的な家として認められ、家令を配備される貴族であった）のための家政が家政機関によって処理されていたものと推測される。そういう点からすると、内裏内部に設けられた後宮のための空間・殿舎は天皇に侍するための機能のみを有するものであったことになるのではなかろうか。なお平安京においても桓武天皇の後宮関係者が京内に独自の家を構えていたことが、『類聚国史』延暦十三年七月己卯条から知られる。

(53)　林陸朗「高野新笠をめぐって」『折口博士記念古代研究所紀要』三、昭和五十二年、上田正昭「渡来神の面影」『日本の中の朝鮮文化』四五、昭和五十五年、和田萃「今来の双墓をめぐる臆説」『史想』一九、昭和五十六年・「率川社の相八卦読み―日本古代の陰陽師―」『古代史論集』下、平成元年、義江明子「平野社の成立と変質―外戚神説をめぐって―」『日本歴史』四二九、昭和五十九年、等。但し高野新笠の居所たる田村後宮を具体的にどこに比定するかについては見解の相違がみられ、これを平城京の田村第の地とする見解（林陸朗説）と平城宮内の東院の地とする見解（和田萃説）がある。

(54) 拙稿註(10)報告。

(55) 註(6)参照。

(56) 百瀬正恒「京都・長岡京跡（三）」『木簡研究』一二、平成二年、財団法人京都市埋蔵文化財研究所『昭和六十三年度京都市埋蔵文化財調査概要』平成五年。

(57) 『大日本古文書』巻五―六七一頁。

(58) 酒人内親王と桓武天皇の女である朝原内親王は、『日本紀略』弘仁八年四月甲寅条に載せる同内親王の薨伝によって、宝亀十年生まれであったことがわかる。従って宝亀九年末には酒人内親王が山部親王の妃であった可能性は極めて高い。

(59) 林陸朗「桓武天皇の後宮」『國學院雑誌』七七―二、昭和五十一年、柳たか「日本古代の後宮について―平安時代の変化を中心に―」『お茶の水史学』一三、昭和四十五年、角田文衛『日本の後宮』昭和四十八年、等参照。

(60) 山中註(4)論文では、西宮と東宮とで使用された瓦の割合が異なることや、東宮の周囲を囲む施設が後期難波宮と異なり、平城宮内裏と同じ築地回廊であることなどから、西宮が後期難波宮の資材を用いて移建された可能性が高いのに対して、東宮は西宮の移建ではなく、平城宮後期の宮殿を解体し、その資材を用いて造られたものと推定している。このことが直ちに西宮および東宮がそれぞれの造営のための資材を求めた後期難波宮や平城宮後期の内裏と同じ空間構造をもったことを意味しないとしても、今後発掘調査によって両宮の構造については明らかにされねばならない。

(61) 『類聚符宣抄』巻一〇延暦十一年十月二十七日宣旨、等。

(62) 拙稿「「外記政」の成立―都城と儀式―」『史林』六四―六、昭和五十六年（本書第五章）。

(63) 註(36)「長岡宮跡昭和四十四年度発掘調査概要」に、内裏正殿が当初身舎と南庇部分のみからなり、のち西庇その他の部分が増築されたとの指摘がある。この西庇は上述した延暦八年の東宮への遷御から数カ月後には存在していたことが史料で確認できるから、途中での計画変更の可能性もあるが、また一方で本来ここが東宮となる以前に南庇のみの付く建物があり、それが東宮となるに際して西庇等を増築された可能性も皆無ではない。その当否は別として、この一郭が東宮となる以前にどのような性格と機能を有する区画であったのかは重要な課題である。なお山中章氏によれば、東宮の下層には明らかに遺構が存在しているが、その構造は明確ではないとのことである。

(64) 蘭林坊（平安宮内裏の西北方、中重（中隔）内に存在）に相当する位置で行われた調査では、掘立柱の柵や建物が見つかっている（「長岡宮跡昭和四十六年度発掘調査概要」京都府教育委員会『埋蔵文化財発掘調査概報』一九七二、昭和四十七年）。

（補註1）　曲水宴は通常神泉苑などで行われたが、『北山抄』巻三花宴事に掲げる康保三年三月三日の記事や故実叢書本『西宮記』巻三の裏書に引く「康保三、三、三、御記」には内裏での曲水宴挙行の記載がある。それらによれば、当日、先ず御禊を行い、そののち清涼殿の東孫庇に天皇の御す御倚子を立て、また東簀子や御溝辺の東西に殿上人や文人などの座を設けた。そして文人達などが紫宸殿の西北に位置する仙華門から入って着座し、「探韵」の事が終わってのち、公卿以下に酒肴を賜り、盃を溝水に流して文人等がこれを飲んだ、と記されている。これによれば、康保三年には清涼殿東面の一郭で、それに東接して流れる御溝を用いて曲水宴が行われたことが知られる。従って本文で「平安宮に関する限り藤岡説の成立する余地は全くない」として、平安宮の内裏では流水を用いた形の曲水宴が行われなかったと述べたのは誤りである。ただし『日本紀略』康保三年三月三日戊辰条は、天皇が射場に御して曲水宴を行ったと記し、『北山抄』や『西宮記』の記事と異なり、また御溝を用い、流水のもとで行ったとの記載もない。ところで御溝が平安宮創建当初から存在したか否かは明らかでないが、『禁秘抄』は御溝について「御溝　近日、東庭潺湲、任レ甃流、上古、或ハ風流様々也、流非二一脈一、且古立石等在二籬砌一也」と記し、当時（近日）の御溝は清涼殿の東庭をさらさらと音を出し、御溝の石組・石敷に任せて直線的に流れているが、古く（上古）は直線的でなく、古い立石などが立てられた曲折した流れであった、と言う。それが単に「風流様々」を目指したものに過ぎなかったのか、あるいは曲水であることに固有の意味、例えば曲水宴に用いることを主たる目的として造られたのか、『禁秘抄』の言う「上古」が一体何時のことか問題である。

（補注2）　『続日本後紀』承和六年六月己卯条に「女御従四位下藤原朝臣沢子卒、（中略）、寵愛之隆、独冠二後宮一、俄病而困篤、載二之小車一、出レ自二禁中一、纔到二里第一、便絶矣」とあるのが比較的早い例である。

第三章　朝政・朝儀の展開

一　はじめに

「まつりごと」という日本語は、周知のように、政事（政治）と祭事（祭祀）の両者を包括する広い意味をもった言葉である。すなわち、「まつりごと」とは政事・祭事が一体不可分のもとで行われるのが本来の姿で、そうした神意に基づいて政治を運営する形態は一般に神権政治とか神裁政治とか呼ばれることがある。神意に基づく政治はけっして日本に限られるのではなく、史上世界の各国に認められる政治形態である。

日本の古代において神意による政治といえば、誰しも『魏志』倭人伝に書かれた卑弥呼とその男弟による邪馬台国の政治を思い起こすだろう。

シャーマン卑弥呼による神意に基づく邪馬台国の政治が大きく変わり、「まつりごと」が政事と祭事とに分化したのは推古朝であるとされる。それを示すものとしてよく引かれるのが、『隋書』倭国伝にみえる隋の高祖（文帝）が倭王の聴政（政務をみること）のありかたを改めさせたという記述である。当時の倭王の聴政は、天を兄、日を弟とする、中国の天の観念や礼の思想と相反する日本的な日の神の崇拝に基づき、日の出前に行われる呪術的な祭事に近いもので、中国的な朝政とは異なっていたようである。このとき高祖によって倭王の聴政は改めさせられ、日の神の崇拝と切り離された中国的色彩の濃い、のちの朝政に近いものになったのではないかと考えられる。ただこのような変革が『隋書』の記述どおり隋の圧力だけによったものかどうかは判断がむつかしいが、推古天皇の治世における一連の政治改革実施の事実を考えあわせると、対外的な交渉のなかで、日本の古代社会がしだいに成熟してきたのをうけてのことであったのではないだろうか。このころになってようやく「まつりごと」は神秘的な祭事の段階をぬけ出て政事の段階へ入ったことになる。

さて、本章では、「まつりごと」が政事と祭事とに分化してのちの政事、とくに朝政と朝儀について、奈良時代を中心に推古朝あたりから平安時代の初めごろまで、その展開をあとづけることを試みたい。そこで、まず二、「朝堂院の構造」では朝政・朝儀の場としての朝堂院について、文献史料だけに基づくのではなく、また歴代宮都の発掘調査成果を遺構のみならず遺物についてもとりあげて概観し、三、「朝堂政治の変遷」ではそれをうけて具体的に朝堂政治の変遷する様子をさぐってみたいと考えている。

二　朝堂院の構造

㈠　朝堂院の概観

朝堂院について詳説する前に、ごく簡単に宮城の構造に触れておこう。

宮城の構造と朝堂院

宮城は四方を宮城垣によって画されていた。宮城四面の宮城垣にはそれぞれ三カ所に、全部で十二の門が開かれていた。この十二の門は衛門府門部が守衛を担当した宮城門（外門）である。宮城の中には、中央部にこれから詳しく述べる朝堂院、天皇の日常の居所である内裏がある。朝堂院南面に開く門は衛門府と衛士府とが共同して守衛を担当し、宮門（中門）と呼ばれた。また大極殿院と内裏に開く諸門は閤門（内門）と呼ばれ、兵衛府兵衛が警備した。このように、宮城には内裏にいたるまでに宮城門、宮門、閤門の三種の門とそれに取りつく宮城垣・宮垣・閤垣の三重の垣がめぐらされ、従って宮城は少なくとも三重の構造をもっていたことになる。そして朝堂院・内裏など宮城の中枢部を形成する施設の周囲を取り巻くように宮城内の周辺部には多くの官司の曹司（官衙）が配置されていた（第四章第一図）。

以上のような構造をとる宮城のなかで、朝堂院はその中枢部に位置していたことになるが、ここで朝堂院という語について簡単に説明しておきたい。朝堂院という語は、歴史的には、八世紀末の長岡宮で内裏が朝堂院から分離し、大極殿がその正殿となってはじめた現われたのであって[1]、正確には奈良時代にこの語を用いるのは正しくない[2]。しかし、一般に朝堂院の称を用いており、本章でもこの語を使いたい。ただしその際朝堂院には広狭二義、すなわち、狭義では朝堂と朝庭によって構成される空間を、広義ではこの狭義の朝堂院に、大極殿を中心とした大極殿院と朝集殿の存在する朝集院とを加えた空間を、それぞれ意味させることとする。ちなみに、大極殿院や朝集院は歴史的名辞である。

以下では広義の朝堂院について、朝集院・狭義の朝堂院・大極殿院の順でその構造と性格をさぐってゆくことにするが、まず、朝堂院の性格や構造とも深くかかわる宮城の正門朱雀門から説き起こすことにしよう。

正門・朱雀門

朱雀門という名は、宮城の南面中央に開く門であることから、南の方向を指し示す四神の一つ朱雀に由来することは明らかで、唐長安城でも皇城南面の中央に開く門は朱雀門と呼ばれた。朱雀門はまた大伴門・重閣御門・南門・大門などの別称をもっている。このうち大伴門は元来この門の警備にあたっていたのが大伴氏であったことによると考えられていて、弘仁九年（八一八）平安宮での殿閣門号の改称までは、その伝統によって慣習的に大伴門と称されることもあった。(3)重閣御門の称は、もちろん門の構造に由来し、南門は宮城の南面正門であるその位置によったものである。また大門は奈良時代に大極殿門や朝堂院南門のことをいったらしいが、(4)平安宮にいたって大極殿門がなくなると、大門は朝堂院南門だけとなり、かわって応天門・朱雀門を加え三大門と称されるようになる。(5)大門と呼ばれる門が次第に南へ下がってきている点が注目される。本来、大門とは天皇の御す大殿の前面に開く門のことで、天皇の権威・権力を象徴する門としての名称であったと考えられる。小墾田宮では、のちの朝堂院南門に相当する南門の内側にひろがる朝庭と天皇の御す大殿との間に大門があった。また前期難波宮ではこの大門に相当する門が宮最大の門であったことが確かめられている。そうであるとすると、大門と呼ばれる門が南下してゆく事実(6)は、天皇の権力の拡大、宮の発展、さらに京の成立といった問題とも深くかかわると考えられる。

平安時代最末期の治承年間（一一七七〜八一）に成立したかと推定されている『伴大納言絵詞』には、のちにみる応天門や会昌門とともに朱雀門が描かれている。それによると、朱雀門は切石を用いた壇正積みの基壇の上に建っている。基壇の上面は基壇の端を葛石がめぐるだけで内部は土間である。門は桁行七間・梁間二間の二重門で、下層の桁行両端の間をのぞく中央五間に扉口を設ける。上層には高欄がめぐり、桁行の中央一間が土壁、その両脇それぞれ二間が板扉で、両端の間には連子窓がはいる。上層の屋根は入母屋造りで、構図上、大棟から上は画面の外にはみ出すために描かれていないが、大棟の両端には当然鴟尾が上げられていたであろう。平安宮の朱雀門はおよそ以上のようであったが、朱雀門は他の十一の宮城門がいずれも五間三戸の門（桁行五間・梁間二間で、桁行の中央三間に扉口が開く門）であったのに対して桁行柱間の数をふやすことでひとまわり大きい七間五戸の門に造られていた。おそらく宮城南面の中央に位置する正門であったことによるのだろうが、平安宮以前の宮都ではどうであったのだろうか。

発掘調査で朱雀門の規模が確認されているのは藤原宮と平城宮とである。(7)ともに桁行五間・梁間二間で、まったく等しい平面規模をもつ。平城宮朱雀門は、基壇の築成が入念に行われていることから、重層入母屋造りの屋根をもち、五間三戸の二重門に復原されている。(8)平城宮では、朱雀門以外の宮城門も桁行五間・梁間二間の平面規模をもつが、(9)朱雀門は桁行・梁間とも柱間の寸法を他の宮城門より広くすることで、ひとまわり規模を大きく造っている。一方、藤原宮では朱雀門相当の門も他の宮城門も等しい平面規模をもっていて、(10)他の宮城門よりひとつ格上の門として復原するのはむつかしい。こうした藤原宮における事実は、文献史料の上で藤原宮に朱雀門の語がみえないこと、(11)そして朱雀門という、氏族名で呼ばない門号がいつ成立したのかということとも関連して興味深い点である。

いま藤原宮はしばらくおくとして、平城宮や平安宮で朱雀門が宮城最大の門として造られたのは、宮城の正門であったこととともに重要な儀式の場としての性格をもっていたからでもある。大祓や歌垣(12)が天皇臨御のもとに行われたり、また国家的な儀式の場合、朱雀門から宮城へ入城して儀式が始められることもあった。(13)このような朱雀門の性格を考えるとき、朱雀門が南面した朱雀大路や二条大路についても述べておかねばならない。

朱雀大路の景観

宮城の正門朱雀門を一歩宮外へ出ると、南はるか都城の正門羅城門まで、一直線の道路が延びる。都城のメイン・ストリート朱雀大路である。朱雀大路は、都城のなかを碁盤の目状に縦横に走る、数多くの条坊道路のなかでもひときわ広く、道路としての幅をはるかに越えた広さをもち、(補注1)その広い路面の東西両側には排水のための道路側溝、朱雀大路に面した坊を囲む築地塀があり、また『万葉集』巻一九—四一四二番や『催馬楽』律、大路・呂旋、浅緑などに詠まれて著名な柳が街路樹として植えられていた。(14)朱雀大路に面しては、築地塀に各条ごとに坊門が設けられていたのをのぞくと、庶民はもちろんのこと有力貴族の邸宅の門もほとんど開かれておらず、(15)都城内に存在した官衙（左右京職・大学寮・東西市司・左右獄など）やこれに類した施設（鴻臚館など）でも朱雀大路に向かって正門を開くことはけっしてなかった。こうした朱雀大路の景観を保持するために、一般の条坊道路(16)とは異なり、左右京職が溝の掘削・掃除、街路樹の維持・手入れなどを直接行っていた。(17)

朱雀大路の本質は、いうまでもなく他の道路とはかけはなれ、実用の域をはるかに越えた幅の広さにあったと思われる。つまり、朱雀大路は、儀式や祭祀・仏事、ことに外国使節の迎接などに使われていることからもわかるように、宮城の正面と都城の正面とを結ぶ道路として、都城の威厳を誇示するためにとくに巨大な道路に造られたのである。(18)こうした朱雀大路の性格は、岸俊男氏が指摘したように、(19)平安京では朱雀大路に沿う東西各一坊のそれぞれ西と東の半分、つまり一町から八町までが「坊城の地」と呼ばれ、その周囲には坊城をめぐらし、これを整備・維持するための機関として修理坊城使がとくに設置されていたことにも端的に現われている。

二条大路の空間

朱雀大路と直交して、宮城南面にそい東西の京極大路まで通ずる条坊道路が二条大路である。宮城南面を東西に走る道路が、都城制が始まった藤原京以降、一貫して朱雀大路につぐ幅をもっていたことは、藤原京六条大路や平城京・長岡京二条大路の発掘調査成果、『延喜式』の平安京二条大路に関する規定など(20)から間違いない。

岸俊男氏によると、[21]宮城南面大路の広さの淵源は中国の都城に求められるという。唐長安城では、皇城前面を走る第五街（東すれば東都洛陽・北都太原、西すればいわゆるシルク・ロードに通ずる）という東西道路が他のいずれの東西道路よりも圧倒的に広く、むしろ日本の朱雀大路に相当する朱雀門大街に近い数値を示す。それはこの第五街が朱雀門大街とともに長安城のメイン・ストリートであったことによる。さらに岸氏は、平城京の東辺に接して位置する東大寺の正門が南大門ではなく、東京極大路に面して建つ西大門であり、この門が二条大路の東の終点に開かれていた事実に注目し、東大寺建立のさいに二条大路がもった特別の意味を指摘している。岸氏の指摘は、たしかに東大寺と二条大路との関係から二条大路の重要性を示唆するものではあるが、こうした事実を含めて二条大路の広さがはたして直接に中国の都城、とくに唐長安城にさかのぼるのかどうかは慎重な検討を経る必要がある。事実、平城京に先立つ藤原京でも宮南面の六条大路が朱雀大路に次ぐ幅をもっていた。

二条大路が一般の条坊道路に比して広いのは、むしろ宮城の南面であるということに思想的な背景があるのではないだろうか。そうしたことを示すと思われる事実を二つ示そう。まず、これは従来からも注目されていたことではあるが、平安宮では朱雀門だけでなく宮城の南面に開く三門すべてが他の宮城門とは異なり二重門であったことである。[22]また、平城京における二条大路の路面幅が一定ではなく、宮城南面とそれをはずれた箇所とでは異なり、宮城南面の二条大路が幅広かったことも重要な事実である。[23]こうした事実から、二条大路も朱雀大路ほどではないにしても、その宮城南面部分だけは宮城南面を威厳づけるための特別な空間であったのではないかと思われる。

二条大路が右のような性格を持つとしても、これを積極的に示す史料はあまり多くはない。ただここで注目されるのは朱雀門での大祓の場に関する金子裕之氏の見解である。[24]金子氏は、『法曹類林』に引用された式部文に大祓を「大伴・壬生二門間の大路に於てす」とあることや平城宮での宮城南面における発掘調査で得られた大祓関連祭祀遺物の分布状況などから、朱雀門大祓の場は朱雀門を中心とした宮城南面の二条大路全体とみるのが妥当だとする。大祓に関する金子氏の見解も宮城南面の二条大路が儀式を意識した特殊な空間であったことを示唆している。

朝集院と応天門

朱雀門から宮城内へ入ると、朝集殿あるいは朝集堂と呼ばれる建物のある朝集院がある。朝集殿を中心に朝集院を構成するのは平城宮以降のことで、藤原宮では朱雀門と朝堂院南門との間に配置され、まだ院を構成していない。藤原宮における朝集殿のありかたこそ、のちに述べる朝集殿の機能から考えて本来的なものであり、平城宮以降における朝集院の構成は、朝集殿の機能が変質する中で生まれた後次的なものと考えられる。

朝集院の南面に開く門は平安宮では応天門と称され、また朝堂院の南門である会昌門が南内門と称されたのに対して南外門とも言われた(25)。応天門という門号は朱雀門の古称大伴門の唐風表記と考えられ、それを朝集院の南門が受けついだのである(26)。しかし、門号を受けついだ事情や弘仁九年の殿閣門号の改称以前の門号については、文献史料に明証がなく不明といわざるをえない。ただ、『続日本紀』にみえる難波宮中外門(27)や平城宮の中壬生門(28)は、それぞれの宮城における応天門相当の門であった可能性が強く、平城宮での壬生門と中壬生門の関係を考えあわせると、応天門が朱雀門の古称を継いだ経緯はほぼ推察がつく。

応天門が発掘調査で確認された例はないが、平安宮については種々の史料から応天門や朝集院南面の様子がある程度わかる。平安宮の朝集院南面の中央には応天門があり、その左右に回廊がとりつき、回廊は途中で南に折れて、その先端に棲鳳楼・翔鸞楼という楼風の建物がつく。応天門は貞観八年（八六六）に起こった応天門の変で炎上した著名な門で、応天門の変をあつかった『伴大納言絵詞』に描かれている。『伴大納言絵詞』では当然のことながら応天門は炎に包まれ黒煙をあげていて、残念ながらその全貌をうかがうことはできない。わずかに大棟の西端にあがる瓦製と思われる鴟尾と入母屋造りの屋根の一部がかいま見られるばかりである。しかし、鎌倉時代中ごろの成立とされる『拾芥抄』[29]等では、応天門を桁行五間・梁間二間の二重門で、桁行中央三間に扉口が開く五間三戸の門としている。応天門が二重門であったことは、『伴大納言絵詞』でも応天門とその手前西寄りに描かれた翔鸞楼の屋根とを比べてみると間違いなさそうだ。

朝集院のなかに東西相対して一棟づつ存在した朝集殿は、岸俊男氏によると[30]、朝集院での執務のために毎日朝早く出勤してきた官人たちが、朝堂院南門の開門を待つために設けられた施設で、唐の長安城大明宮の建福門の東西に存在した百官待漏院も朝集殿と同じ機能を果たすものであったと考えられる。

東朝集殿の前身建物

さて、数少ない天平建築遺構の一つとして著名な唐招提寺講堂が平城宮東朝集殿を施入されたものであることは、『唐招提寺建立縁起』『唐大和上東征伝』や『扶桑略記』[31]などに記されていて、広く知られている。唐招提寺の講堂は明治と昭和の二度にわたり解体修理が行われ、その時々に得られた史料に基づいた研究によって、その前身建物、つまり唐招提寺に施入されて改造をうけ講堂として使用される以前の建物の規模や形態が復原されるにいたった[32]。その復原によると、講堂の前身建物は、切妻造りの南北棟建物で、桁行九間・梁間二間の身舎（古代の建物では、柱が二重にめぐっていて、内側の柱列の内部を身舎といい、その外側を庇という。ただし庇のない建物もある）の東西にそれぞれ一間の庇が付く。又、前身建物の南北両端の妻の部分と東面の両端の柱間一間に壁が設けられ、西面は吹き放したままで、西を正面とする（西向きの）建物であった。復原結果のなかでもとくに講堂の前身建物が西向きであったことが判明したのは重要で、文献史料が前身建物を平城宮にあった朝集殿のうち東のものとする記録とも一致する。また二度目の解体修理（昭和四十二・四十七年）とほぼ時を同じくして行われた平城宮第二次朝堂院地区東朝集殿の発掘調査においても、建物の柱位置は後世の削平をうけていて確認できなかったものの、基壇や階段の痕跡から、平面規模は解体修理の結果わかった講堂前身建物と合致することが確かめられた。(33)

以上、唐招提寺講堂の解体修理に基づく復原、文献史料の記載、平城宮東朝集殿の発掘調査の成果を総合してみると、唐招提寺講堂の前身は平城宮の東朝集殿であったと考えてまずまちがいない。

ところが、この東朝集殿もじつは古材を再利用した建物で、その前身と思われる建物の梁間の柱間を縮めていることが、二度目の解体修理のときに判明したのである。東朝集殿の前身建物が本来どこに存在したいかなる性格の建物なのか、また、いついかなる理由で東朝集殿に転用されるにいたったのか、といった点に興味がもたれるが、現在のところそれを解き明かす手がかりはない。

(二)　大楯桙と宮中儀礼

会昌門

朝集院の北には朝堂院がある。朝堂院の南面に開く門は平安宮では会昌門と呼ばれ、あるいは朝堂院南門とも南内門とも呼ばれた。しかし、平安宮以前の宮都でいかなる門号が与えられていたかは明らかではない。(34)

発掘調査で朝堂院南門の規模が判明しているのは藤原宮だけである。前期難波宮でも朝堂院南門に相当する門の規模が確認されている。(35)藤原宮では桁行五間・梁間二間、前期難波宮では梁間の柱間が若干縮まるがほぼ藤原宮と同じ規模である。しかし朝堂院南門の復原はまだ試みられておらず、わずかに『伴大納言絵詞』だけがその様子を伝えてくれる。『伴大納言絵詞』に描かれた平安宮の会昌門は桁行五間のうち中央三間に扉口のある五間三戸の楼門である。上層の周囲には高欄がめぐり、桁行五間のうち中央の柱間は土壁で、その両脇の間には板扉が入り、両端の間は連子窓である。屋根は入母屋造りで、大棟には鴟尾があがる。しかし、下層の様子、基壇の有無などは、応天門の炎上を見物しに集まった群集の姿にかくされていてよくわからない。

大楯桙と神楯桙

さて、宮門（本来は朝堂院の南門を指したが、平安宮で応天・会昌門が内外の南門とも呼ばれたように、朝集殿が院を構成するようになってからは朝集院の南門も含まれるにいたったものと考えられる）には、元日朝賀や即位の儀式、あるいは遷都のときに大楯桙（大楯槍）と呼ばれる儀仗が、平安宮以前の宮都では樹てられた。大楯桙はしばしば大楯（大盾）と略称されることもあったが、いずれの場合も楯と桙の二種類の儀式用兵器である。語頭の「大」は美称で、天皇にかかわりのあることを示す文字である。大楯桙の大きさや形態、材質については文献史料に明証を欠くが、天皇即位儀礼の一つである大嘗祭において用いられた神楯桙が大楯桙を考えるさいに参考となる。神楯桙は、大嘗宮で天皇自身が大嘗の神事を執り行うとき、その南北二門に樹てられ、大嘗宮を守護するとともに天皇の居所を示す働きをしたのである。『延喜式』(36)(補注2)によると、神楯は長さ約三・七m、幅は下端が約一・四m、中央が約一・七m、上端が約一・二m、厚さが約六㎝の胴張形で、木の面に黒牛皮を張り、その上に長さ約一・二m、幅約一五㎝、厚さが約〇・三㎝の面金という鉄板を十六本の鉄の平釘で打ち止め、墨を塗り漆をかけて作る。また神桙は、長さ約五・四mで、その鋒は鉄で作られ、鐔・棹は黒漆塗の木製であった。大嘗宮では神楯が四枚、神桙が八竿それぞれ用いられた。

大嘗宮に樹てられる神楯桙も大楯桙も石上・榎井の両氏が樹てることになっていた。石上氏は物部連の本宗で、天武十三年（六八四）の八色姓の制定・賜与の時、朝臣の姓をうけるとともに石上と氏名を改めたと考えられている。また榎井氏も物部の流れを受け、石上氏につぐ有力枝族で、両氏ともに武者としての伝統を有する氏族である。石上・榎井両氏が大楯桙・神楯桙を樹てる役割をうけもつ氏族としての由緒については直木孝次郎氏の論文がある。(37)

大楯桙と神楯桙には、いずれも天皇の即位にかかわる儀式に用いられ、しかも石上・榎井両氏がそのことにあたったなど、共通する点があるのも事実だが、根本的な性格の相違を示す事実のあることも見逃してはなるまい。つまり、神楯桙は、平安時代には天皇一代に一度しかない大嘗祭のためだけに、その他の調度や施設とともにそのたびごとに新しく造られたのに対して、大楯桙はのちに詳しく述べるように、衛門府が管理を担当し、修理を加えられつつ代々伝え用いられたと考えられるのである。(38)むしろ大楯桙のこのような側面は、平安宮において大嘗祭のときに大門、すなわち朱雀門・応天門・会昌門の三門に樹てられた楯桙に引きつがれているように思われる。

大楯桙の変遷

さて、大楯桙の史料上の初見は、『日本書紀』に記された、持統四年（六九〇）正月朔の持統天皇即位式にある。(39)この持統天皇即位式の史料は、またしばしば、日本の古代における天皇の即位式と元日朝賀の儀式とが、儀礼構造や儀礼の意味などの点で本来まったく同じものであったことを物語る例として引用される重要なものでもある。(40)即位式に大楯桙を樹てたことが確認できるのは持統天皇の場合だけで、文武天皇以降についてはまったく不明である。平安時代にはもはや行われなくなっていたようで、平安時代初めごろの儀式を詳しく記した『儀式』

『延喜式』にはまったくあらわれない。

一方、即位式とともに天皇の即位儀礼のなかで重要な位置を占める大嘗祭においては、奈良時代、少なくとも文武・聖武・光仁の三天皇の大嘗祭で石上・榎井両氏が神楯桙を樹てており[41]、また平安時代に入っても神楯桙の樹立は行われた。

このように、大楯桙の樹立が即位式で行われなくなっていったのに対して、大嘗祭では神楯桙の樹立が受けつがれていったのは、天皇の即位をめぐる両儀式で行われていた大楯桙樹立の本来的なありかたが変質して、日本固有の要素が濃厚な大嘗祭にだけ残ったものとも考えられる。こうした例には忌部氏による神璽鏡剣の奉呈・中臣氏による寿詞の奉読などが知られている。

元日朝賀における大楯桙樹立のほうは、天平十四年（七四二）恭仁宮、同十七年紫香楽宮、延暦四年（七八五）長岡宮の三例があるが[42]、こののち平安時代には行われなくなったようで『儀式』や『延喜式』などにはまったく記述がない。右に掲げた元日朝賀における大楯桙樹立の三例は、のちに述べるように、いずれも特殊な意味を持っていて、これらの例からでは、はたして奈良時代に毎年元日朝賀のときに大楯桙樹立が行われたのか確言できないが、さいわいなことに平城宮跡出土の木簡の中に、大楯桙の樹立が毎年行われたことを示唆するものがある[43]。

・造兵司移衛門府（大楯并桙事 以前等物修理已訖宜）

・承状知以今日令運仍具状以移

天平三年十二月廿日従七位上行大史葛井連「□足」

これは、天平三年末の十二月二十日の日付をもち、衛門府にあてて出された造兵司からの移という様式の文書木簡である。そこに書かれた文言によると、大楯桙を造兵司が修理し終わり、その管理を担当する衛門府へ運ぶ旨を記している。文書発信の日付から見て、天平四年の元日朝賀の儀式に向けて大楯桙の修理が行われたものと思われる。ちなみに『続日本紀』の天平四年正月朔条には、聖武天皇がはじめて冕服を着て受朝したとの記述があるが、大楯桙を樹てたということは書かれていない。恐らく、奈良時代中ごろまでは少なくとも毎年元日朝賀の儀式に大楯桙樹立のことが行われたと考えてよいだろう。

遷都と大楯桙

即位の儀式やそれと歴史的に深いかかわりをもつ元日朝賀の儀式とは異なって、遷都の直後にその宮城で大楯桙樹立が行われる事例のあることが注目される。たとえば、天平十六年三月十一日に難波宮中外門に大楯桙が樹てられた例[44]や同十七年六月十四日に平城宮の宮門に樹てられた例[45]が挙げられる。前者は前月二十六日の左大臣橘諸兄による恭仁京から難波への遷都の宣言をうけ[46]、また後者は紫香楽宮から平城への遷都をうけて[47]、ともに一カ月前後をへて大楯桙が樹立されたのである。遷都直後にそのことを示すために行われた大楯桙樹立の事例として、先に掲げた延暦四年正月朔、長岡宮での最初の元日朝賀における大楯桙の樹立を加えることができる。なぜなら、長岡遷都は前年十一月中旬に行われているからで、遷都後一月あまりたった元日を選んで大楯桙の樹立を行ったと考えることができる。

紫香楽宮の問題

さらに奈良時代の例として、天平十七年正月朔、紫香楽宮での事例を挙げうる。紫香楽宮は元来離宮として天平十四年から造営が開始され[48]、翌十五年末には当時主都であった恭仁京の造営を中止してまで紫香楽宮の造営に力を注ぎ[49]、宮内には内裏や朝堂ばかりでなく百官の曹司も造営されたようだ[50]。ところで、天平十六年には一時難波宮に遷都されたが[51]、そのことについては、当時聖武天皇は紫香楽に行幸して不在であったにもかかわらず、元正太上天皇と橘諸兄は難波宮に残留し、難波宮を都とする勅（おそらくは元正太上天皇の勅）を橘諸兄が宣しているることから、（聖武天皇・）光明皇后と元正太上天皇（・橘諸兄）に対立があったとみる考えがある。[52]こうした考えには魅力を感じるが、ここでは仮にそうだとしても、むしろ両派の対立解消によって難波宮が主都（複都制がとられたとき中心となる都）ではなくなったとすると、この時期いったいどこが主都であったのだろうか。この新しい主都こそ紫香楽宮であったのではないかと考える。

紫香楽宮の評価については従来も定見を見ず、正式に主都となったとする考えや事実上あるいは実質的に主都であったと解する考え、またあくまで離宮にとどまったとする考えなど、まちまちである。[53][補注3]ここであらためて注目したいのが天平十七年正月朔の『続日本紀』の記述である。[54]この日は「たちまちに新京に遷り、山を伐って地を開き、もって宮室を造るも、いまだ垣牆ならず、めぐらすに帷帳をもってす」る状態であったために、廃朝、すなわち朝賀の儀式をとりやめている。ここにいうにわかに遷った「新京」とは、もちろん紫香楽宮のことである。紫香楽宮がはたして「京」と呼びうる実態をともなったものか否かはのちに触れることとして、紫香楽宮への移動を「幸」ではなく「遷」で表していることは注目してよいだろう。もう一つ注目されるのは「廃朝」とある点で、宮室がいまだ整わない段階の紫香楽宮で、元日朝賀の儀式が意識されていることがわかる。元日朝賀の儀式は、本来、その時々の主都の大極殿に天皇が出御して執り行われるのが原則であったようで、大極殿が改作・新造工事中には、廃朝されたり、仮の殿舎をそこに建てて行ったりしている。紫香楽宮の場合も遷都後の新都で元日朝賀を行おうとしていた可能性が高いのではないだろうか。

さらに紫香楽遷都をにおわす事実として、『続日本紀』に記された紫香楽宮末期に続発した山火事がある。まず天平十七年四月朔には市の西の山で、[55]三日には寺の東の山で、[56]十一日には宮城の東の山で、[57]それぞれ火災が発生した。一連の火事の記事のうち三日の寺はいうまでもなく廬舎那仏造立中の甲賀寺、また十一日の宮城も紫香楽宮のことである。そうすると、残る朔の市ももちろん紫香楽宮に存在した市ということになるのではないだろうか。ただ、この市が紫香楽に置かれたものだとしても、どれほどの内実をともなった市なのか問題が残る。それは、天平十六年難波宮遷都の後も市人たちは恭仁京に残っていたから、(補注4)紫香楽宮に大規模な官市があったとみるのはむつかしいからである。

紫香楽宮が当時主都であったことを示唆する状況証拠はほかにもあるが、話をここで大楯桙にもどすと、天平十七年正月朔における大楯桙の樹立こそ紫香楽宮が主都となったことを正式に宣言した行為であろう。そう考えるのは、すでにみたようにこの日は廃朝されたのであって、そのような日にわざわざ大楯桙を樹てることにむしろ重要な意味があったとみられ、またこの日の大楯桙樹立に石上・榎井両氏を召集できなかったにもかかわらず、大伴・佐伯の両氏によって樹てさせているからである。

奈良時代、元日朝賀の日に大楯桙を樹てた天平十四年の事例についても触れておこう。『続日本紀』によれば、このときまだ恭仁宮の大極殿は完成していなかったので、仮に「四阿殿」を造り、ここで天皇が官人達の朝賀をうけている。こうした状況のなか石上・榎井両氏によって大楯桙が樹てられたのだが、『続日本紀』はそのことを「石上・榎井の両氏、始めて大楯桙を樹つ」と記している。直木氏はこの記事を「(石上・榎井)両氏が楯槍を樹てるのは、この時に始まると、文字通りに解すべきであると思う」とされた。大楯桙の樹立が「この時に始まる」のではないことはすでにみたとおりであるが、この場合、むしろ、恭仁宮へ一年あまり前に遷都したものの種々の事情により両氏による大楯桙の樹立ができないままでいたが、ここにいたりようやくそのことが可能になったという意味ではないだろうか。たしかに前年の正月朔には受朝を行っているが、そののちも正式遷都の詔は出されず、ようやく前年十一月にいたり恭仁宮の正式名が「大養徳恭仁大宮」と決定された[58]という経過からみて、右のように考えることもけっして唐突なことではないだろう。

話が多岐にわたったが、以上で一応大楯桙の樹立の意味[補注5]について理解していただけたことと思う。

(三)　朝堂と朝庭

朝堂院は朝堂と朝庭とからなる

朝堂は朝庭を取り囲むようにコの字形に八棟または十二棟が並ぶ。[59]朝堂は、本来、庁ともいい、それぞれそこで執務する官司の名で「太政官庁」[60]（のちの昌福堂）や「弁官庁」[61]（のちの暉章堂）のように呼ばれた。同様の命名法で「弁官殿」[62]や「式部殿」[63]（のちの修式堂）などともいい、また朝堂院内に占める位置から「東一殿」[64]（のちの昌福堂）などとも呼ばれた。しかし、弘仁九年の殿閣門号の改称のときに、第一図に示したようにそれぞれの朝堂には昌福堂・含章堂など唐風の固有殿舎名が付けられたらしい。

朝堂は官司の本来の政庁、朝政の場で、朝堂院の外に別に設けられた政庁である曹司とあい対するものである。朝堂には親王、太政官・八省及びその被管（管下の）官司・弾正台などの長官以下史生以上の官人が朝座と呼ばれる席をもっていて、そこで執務した。[65]朝堂院がしばしば総合官庁と説明されるゆえんである。

しかしすべての官司の官人が朝座をもっていたわけではなく、朝座のないのが当然とおもわれる春宮坊とその被管官司は別としても、神祇官をはじめ、八省被管には朝座をもたない官司が多く、とくに五衛府などの武官はいずれも朝座をもっていない。[66]神祇官が朝座をもたないことは、日本における朝堂院の成立過程と、「まつりごと」の政事と祭事への分化のありかたとにかかわる重大な問題を含んでいてとくに注目される。また武官がすべて朝

第一図　朝堂院概念図

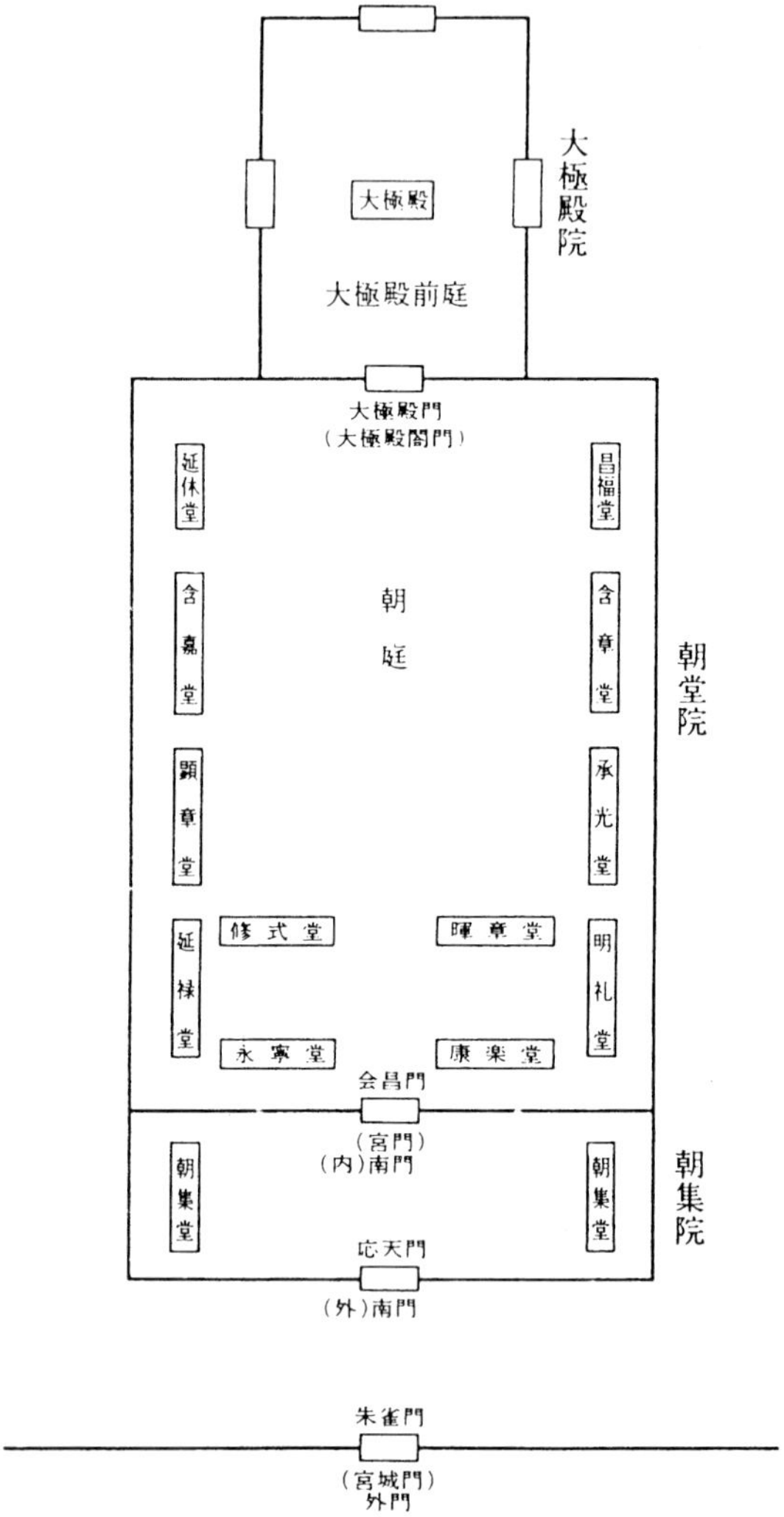

朝堂に曹司が付随した構造については平安宮古図中の宮城図（第四章第一図）を参照。朝集堂を中心に院が形成されるのは平城宮以降のこと。また平安宮では大極殿門が撤去され，大極殿院と朝堂院とが一体となる。

座をもたないことも、古代日本における武官のありかたとも深くかかわるものと思われる。しかし、朝座を有する官司とそうでない官司との区別が生じた原因については、平安宮における朝座の史料が残るにすぎず、それ以前の宮城での朝座のありかたはまったく不明なので、詳しい経過はわからない。今後の重要な検討課題の一つである。

もっとも、平安宮における朝座の配置については岸俊男氏が注目すべきいくつかの事実を指摘している。(67) 第一に左弁官に属する中務・式部・治部・民部四省が東方に、右弁官に属する兵部・刑部・大蔵・宮内四省が西方に配されていることから、朝座の配置は左弁官・右弁官の分属を原則とするらしいこと。第二に弁官の朝座が太政官に属する東の昌福・含章両堂から離れた暉章堂にあり、律令制の政治機構が整えられてゆく過程での弁官の占める位置を考えるときに重要であること。第三に太政大臣・左右大臣の着する昌福堂に対峙して親王の朝座が延休堂に設けられていることから、皇親政治の伝統との関係が注目されること、などである。このうち、第三の点については、次節で触れることにしたい。

朝堂の規模と朝座

発掘調査によって朝堂の規模がほぼ判明しているのは、前期難波宮[68]・藤原宮[69]・長岡宮[70]の諸宮で、平城宮でも第二次朝堂院の東第一堂と東第二堂の規模が確認されている[71]。ここで諸宮における朝堂の規模を比較してみる（第一表）と、おもしろい事実に気づく。

まず第一に、前期難波宮や藤原宮では、第一堂の規模・構造が他の諸堂と異なることである。規模のうえでは桁行総長がもっとも短いにもかかわらず、梁間総長はかえってもっとも広くとられ、構造のうえでも藤原宮では四面に庇をめぐらす入母屋造りあるいは寄棟造りで、他の諸堂に比べ建物としての格がひとつ上である。第一堂が特別の規模・構造をもつことは、先の岸俊男氏の指摘にもあるとおり、大臣や親王が着く堂であるならば理解しうる。しかし、第二に、平城宮以降、第一堂も他の諸堂も梁間総長は同じになり、庇のありかた、屋根の形式にも差異がなくなり、第一堂が特別な堂であることが、少なくとも建物の様式・格からはうかがうことができなくなるのである。第三に、平城宮を頂点として、朝堂の建物としての格が四面庇から二面庇へ、さらに庇なしへ、また入母屋造りあるいは寄棟造りから切妻造りへとしだいに下降してゆく傾向にあることである。この二点は朝

第一表　朝堂平面の比較

宮　名	堂　名	桁　行	梁　間	庇の形式	屋根の形式	備　考
前期難波宮	第一堂	5間（約16m）	3間（約8m）	なし	切妻	
	第二堂	6間（約18m）	3間（約7m）	なし	切妻	
	第三堂～第七堂	12間（約35m）	2間（約6m）	なし	切妻	
藤　原　宮	第一堂	9間（約36m）	4間（約14m）	四面庇	入母屋又寄棟	
	第二堂～第四堂	15間（約62m）	4間（約12m）	二面庇	切妻	
	第五・六堂	12間（約50m）	4間（約12m）	二面庇	切妻	
平　城　宮（第二次朝堂院下層）	第一堂	9間（約27m）	5間（約14m）	四面庇	入母屋又寄棟	
	第二・三堂	12間（約36m）	3間（約9m）	片庇	切妻	
	第四堂	17間（約50m）	3間（約9m）	片庇	切妻	
	第五堂	12間（約36m）	4間（約12m）	二面庇	切妻	
平　城　宮（第二次朝堂院）	第一堂	7間（約26m）	4間（約14m）	四面庇	入母屋又寄棟	
	第二・三・五堂	9間（約33m）	4間（約14m）	四面庇	入母屋又寄棟	
	第四堂	15間（約56m）	4間（約14m）	四面庇	入母屋又寄棟	
長　岡　宮	第一堂～第三堂	7間（約27m）	4間（約12m）	二面庇	切妻	
	第四堂	11間（約43m）	4間（約12m）	二面庇	切妻	
平　安　宮	第一堂	7間	2間	なし	切妻	いずれも正面に土庇が付く
	第二・三堂	9間	2間	なし	切妻	
	第四堂	15間	2間	なし	切妻	
	第五・六堂	7間	2間	なし	切妻	

堂における朝政の盛衰とも深くかかわるのではないかと思われる。

さて、先にも書いたように朝堂で執務したのは限られた範囲の官司・官人だけであったが、そうした官人たちのために朝堂内に設けられていた朝座について、みておこう。朝座は腰掛けとその上に敷く茵からなり、そこに着く官人の官位によって支給される坐臥具の種類や造作、色彩や材質に明らかな違いが設けられていた(72)。また当然ではあるが、朝座はそれぞれ個人に所属していたようで、『続日本紀』宝亀六年（七七五）五月十三日条に野狐が大納言藤原魚名の朝座にすわっていたとの怪異めいた記事があり(73)、このことをよく示している。ただ、不思議なことに、三位以上の茵の長さが約六〇cmであるのに、四位以下史生についてはその倍の長さがある(74)。あるいは複数の官人に一枚の茵が与えられ、したがって床子についてもそうしたことが考えられるかもしれない。また、朝座の坐臥具のうち倚子や床子についてははっきりしないが、茵は三年に一度取り換えられることになっていた(75)。朝座は朝堂で朝政が執り行われる期間つねに設けられていたと思われる(76)。なお、朝堂に朝座をもっていない官人も含めて、すべての官人は曹司にも同じような座を有しており、曹司には季節にかかわりなく毎日鋪かれた。

第二表　朝座の比較

官位	腰掛	茵　長	茵　広	茵　厚	茵　端の色	茵　端の材質
親王・中納言以上	倚子	約六〇cm	約五四cm	約六cm	黄	帛
三位以上	黒漆塗床子	約六〇cm	約四五cm	約六cm	黄	帛
五位以上	黒漆塗床子	約一二〇cm	約四二cm	約四、五cm	黄	帛（布）
六位以下主典以上	白木床子	約一二〇cm	約四二cm	約四、五cm	紺	布
史生	白木床子	約一二〇cm	約四二cm	約四、五cm	（端なし）	（端なし）

朝庭と馳道

朝庭は、先にも書いたように朝堂によって囲まれた長方形の広大な空間で、元日朝賀や即位式などの儀式のときには文武百官・外国の使者などが決められた位置に立ち並び、大極殿上の高御座にある天皇を拝する場であった。

平城宮では朝庭についても調査が進んでいるが、いまのところ朝庭に特別の舗装がなされていたような痕跡は確認されていない。ただ朝庭全体を平坦にするための整地が大規模に行われているだけである。また、文献史料のうえでも朝庭の舗装などを示唆するものは見当たらない。しかし、平安宮では馳道と呼ばれる施設が朝庭に設けられていた(77)。天皇を拝する儀式のとき、官人たちは馳道を挟んで東西に位階の順で分立したのであるから、朝庭の東西中心線上を南北に、少なくともその南端は東西棟の朝堂の間までは達していたようである（あるいは龍尾道から朝堂院南門まで及んでいたかもしれない）。通常、馳道をただちに越えることは許されていなかったようだし(78)、また馳道を渡るときには「厳敬」して「徐歩」することになっていた(79)。このような点からみても明らかなように、馳道はその語義のとおり天皇のおなり道にあたるものと思われる。

しかし、馳道が実際にどのように用いられたのか明瞭ではない。また、平安宮では大極殿門がなくなって龍尾道となってしまい、龍尾道の中央から直接朝庭に降りる階段などの施設は設けられていなかったようで、『年中行事絵巻』では東西両階のある龍尾道の両端をのぞいて南辺には高欄を描くにすぎない。すなわち、平安宮では日常的にはもとより、非日常的にも馳道はまったく不要のもので、平安宮朝堂院の朝庭に馳道が存在することは奇妙なことといわざるを得ない。おそらく、平安宮では、天皇が大極殿門から降りて朝堂院南門などへ出御するための施設としての馳道が、大極殿門がなくなり龍尾道となったにもかかわらず遺制として残ったとみるのが穏当であろう。しかしそうであるとすると、大極殿門が機能を果たしていた長岡宮以前の諸宮には馳道は当然必要なものであったと考えられるが、平城宮ではその痕跡が確認されないばかりか、朝庭の東西中心線上にも掘立柱建物の柱穴などが検出されている(80)。馳道が仮に平城宮にあったとしてもいったいいかなる構造であったのか謎が多い。[81]

版位の制度

朝堂と朝庭を用いて朝政や朝儀を行うために版位と呼ばれるものが用いられた。版位には朝政のために朝庭に常置されていたもの[82]と、朝儀のたびごとに朝庭に臨時にもうけられたもの[83]の二種類がある。

まず、朝庭に常置されていた版位とは、朝堂における官人たちの日常的な執務のときに、官司内での政務や官司相互の連絡などのため、朝堂に着座している官人に対して報告を行ったり、その指示・命令を受けたりするさい、官人たちが立ち定まるべき位置を示すために設けられた標識のことである。『延喜式』によると、親王たちの座がある延休堂をのぞく他の十一堂の前や後ろに、それぞれの官司ごとに「公事」と「私事」と書かれた版位が一枚づつ二枚一組で置かれることになっている[84]。ここで注目されるのは、親王たち専用の朝堂である延休堂にだけは常置の版位が設けられていない点である。親王たちは独自に官司を構成しないのだから、常置の版位は不要だともいえるが、天武朝ころからの皇親政治の伝統を考慮すると、このころにはすでに親王たちが朝堂で執務することは実際にはなく、親王たちが日常の政務とまったくかかわりをもたなくなっていたことを示しているといえよう。

朝庭常置の版位は実物が現在知られていないが、それを類推させる版位の実物が平城宮から出土している。版位は、次項で述べる塼積官衙から出土した二点の黄褐色を帯びた塼で、それぞれ上面に「公事」「私事」と刻まれている。どちらも欠失部分がかなりあり正確な大きさはわからないが、ほぼ同じ規格の直方体であったとみられる。この二点の版位は曹司に常置されていたものだが、朝庭常置の版位も同じようなものであったと考えられる。なお、『年中行事絵巻』には曹司に常置された版位の用いかたを彷彿とさせる場面が描かれている[補注6]。

第二図　版位と北京紫禁城の品級山

北京・紫禁城の品級山　文武百官が太和殿前の広場での重要な儀式のときに品級に従って並ぶためのもので，版位の制度を受けついでいる。鋳造製で，品級が漢字と満州文字で鋳出されている。

版位　（右上２点）平城宮跡出土の版位。上が「公事」，下が「私事」。約24～27㎝四方と推定される。（下）『年中行事絵巻』（鷹司本）式部省曹司での省試と呼ばれる儀式の図。手前の手に笏をもつ束帯姿の２人の人物の前に見えるのが版位と考えられる。

版位には、朝庭に常置されていた版位のほかに、朝庭を用いて行う種々の儀式で用いられる版位があった。この版位は儀式に参列する官人たちの位階に基づく秩序による整列のための標識として使われ、[85]儀式のあるごとに、その執行以前に一定の形式で朝庭に配置された。養老令の儀制令には、版位の大きさ・材質などに関して規定した条文がある。[86]それによると、版位は皇太子以下すべて一辺約二一㎝の正方形の平面で厚さ約一五㎝の同一規格の直方体で、上面に品階・位階が漆で書かれることになっているから、[87]元来、木製の厚い正方形の板であったようだ。[88]

版位の制度は律令とともに中国から周辺諸国へ伝播していったと考えられる。[89]韓国ソウルにある、かつての李王朝の王宮、景福宮や昌徳宮などには版位に相当するものが残っている。[90]それは品石あるいは品階石と呼ばれるもので、正方形の花崗岩製台座上に直方体の大理石を立て、その両面に正一品以下の品階を刻んでいる。品石は王宮正殿の南に広がる前庭の、正殿から南へ延びる御道の左右に一列づつ据え付けられており、朝会などで廷臣が品階に従い列立した。

日本の版位の制度も例にもれず中国のそれを輸入したものであったことは、あらためて述べるまでもない。横山浩一氏によると、版位の源流は中国漢代の茅を束ねた「蕝」に求められるという。[91]日本古代の律令国家が体系的に取り入れた版位の制度は、それが中国で完成の域に達した唐代のものとみてよいだろう。唐代の版位も今日のこっていないが、『大唐六典』や『大唐開元礼』などからその形や大きさが推測される。[92]唐の版位には、大きさによって皇帝・皇太子と百官の三区分があり、それぞれには身分を示す題が黒字に赤で書かれることになっている。

ところで日本と唐の版位の制度を比較してみるといくつかの興味深い事実が浮かび上がってくる。もっとも重大な点は、唐では皇太子以下臣下の版位の他に「皇帝位」と呼ばれる版位があったのに比べ、日本の天皇には版位がなかったことである。中国の皇帝と日本の天皇を比較するとき、中国の皇帝は易姓革命思想や天の思想に基づき天（帝）の意思がはなれたときには皇帝がかえられる。それに対して、日本の天皇は万世一系の思想のもと、その名にすでに「天」の字を含みこんでいるように天皇そのものがすなわち天（神）であった。こうした両者の本質的な相違がそのまま版位の制度にも反映したものが、唐における「皇帝位」である。「皇帝位」は「神祇」や「宗廟」につかえるとき、すなわち天神地祇を主都の南北郊外で皇帝みずから親祭する郊祀をはじめとする祭祀や祖先の廟での祭祀など、前漢以後、皇帝の正当性を支えるもっとも重要な祭祀に限られて使用された。もう一つの重要な相違は、日唐間の皇太子の版位の位置づけである。唐では皇太子の版位が臣下より格上にあるのに、日本では百官と同格にすぎない。日本と中国における皇太子の地位の相違に基づくものと考えられ、注目される(93)。

㈣　大極殿院の構成

大極殿門

朝堂と朝庭からなる狭義の朝堂院の北には、これに接して一段高く回廊をめぐらした空間がある。ここが大極殿を中心とした天皇の公的な専有空間である大極殿院である。大極殿院は、大極殿とその前庭、大極殿の四周をめぐる回廊とその南北に開く門からなる。

まず、大極殿院回廊のうち南面の中央に、朝庭に向かって開く大極殿門についてみよう。

大極殿門は略して殿門、あるいは大極殿南門・大極殿閤門とも称された。大極殿門は、先にも書いたように兵衛府兵衛が警備と門の開閉を担当したこと、また閤門とも呼ばれたことなどから、内裏に開く門に準ずる門としてあつかわれた。

平城宮では大極殿門の規模が発掘調査で確認されている。大極殿門は、凝灰岩の切石で外装された基壇の上に立つ礎石建建物で、桁行五間・梁間二間の平面規模をもち、単層の切妻造りと考えられている。基壇の南北には桁行の中央三間分に幅一三・五mの階段がもうけられている。また門の南北には土庇の跡と考えられる掘立柱穴の列があり、天皇が大極殿門に出御して行われる饗宴のときなどに付設され用いられたものとみられる(94)。藤原宮や長岡宮の大極殿門は門自体の確認はまだであるが、いずれも平城宮のものとほぼ同じ規模と推定されている。しかし、さかのぼって前期難波宮の大極殿門相当の門は桁行七間・梁間二間で、これらの門より大規模で、しかも朱雀門や会昌門に相当する門よりも大きく、おそらく宮城内で最大の門であったことが明らかにされている(95)。大極殿門の重要性を示す事実であるとともに、その地位がしだいに低下し、やがて平安宮で撤去されて龍尾道となるにいたることを示唆してもいる(96)。

大極殿門は門と呼ばれる以上は当然門としての機能、すなわち、ある空間から別の空間への境界に開かれた通路の一部ではあるが、それは単なる通路ではなく、古代寺院における中門などと同じように、ひとつの独立した建物として性格の異なる空間の境界にあって両者を結ぶ結節点でもあったと考えられる(97)。大極殿門は単なる門ではなく、天皇が出御する場のひとつでもあったのである。この点についてはのちに詳しく述べることとしたい。

大極殿前庭に建つ七本の宝幢

大極殿門と大極殿との間の空間は大極殿前庭と呼ばれた(98)。ただし平安宮では大極殿門が撤去されてしまうので、朝庭に対して常に開かれた空間で、それより一段高い龍尾道となる。大極殿前庭は、平安時代における龍尾道の使われ方からみて、重要な儀式のさいにその主要な儀礼が展開される場であった。

第三図　七本の宝幢

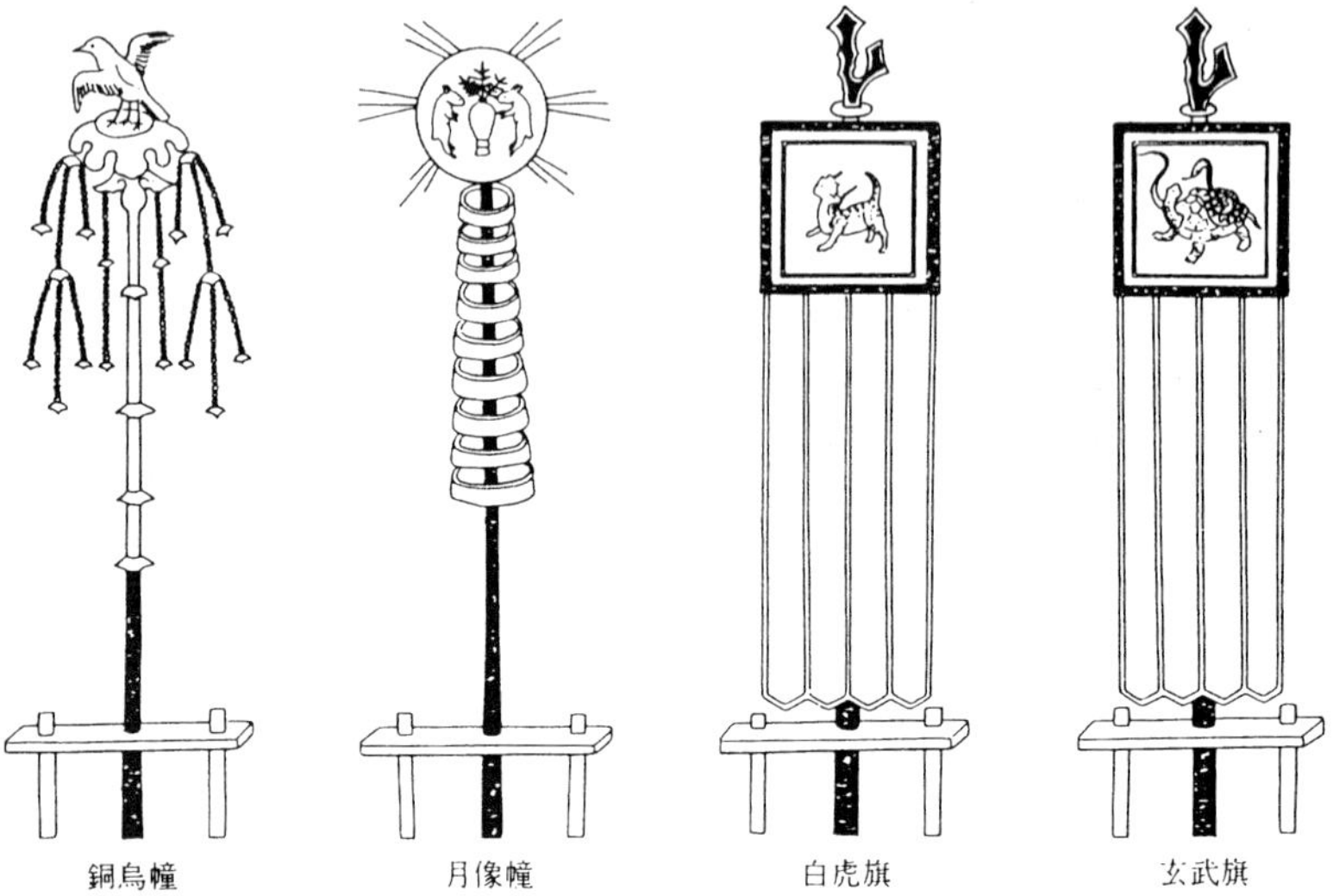

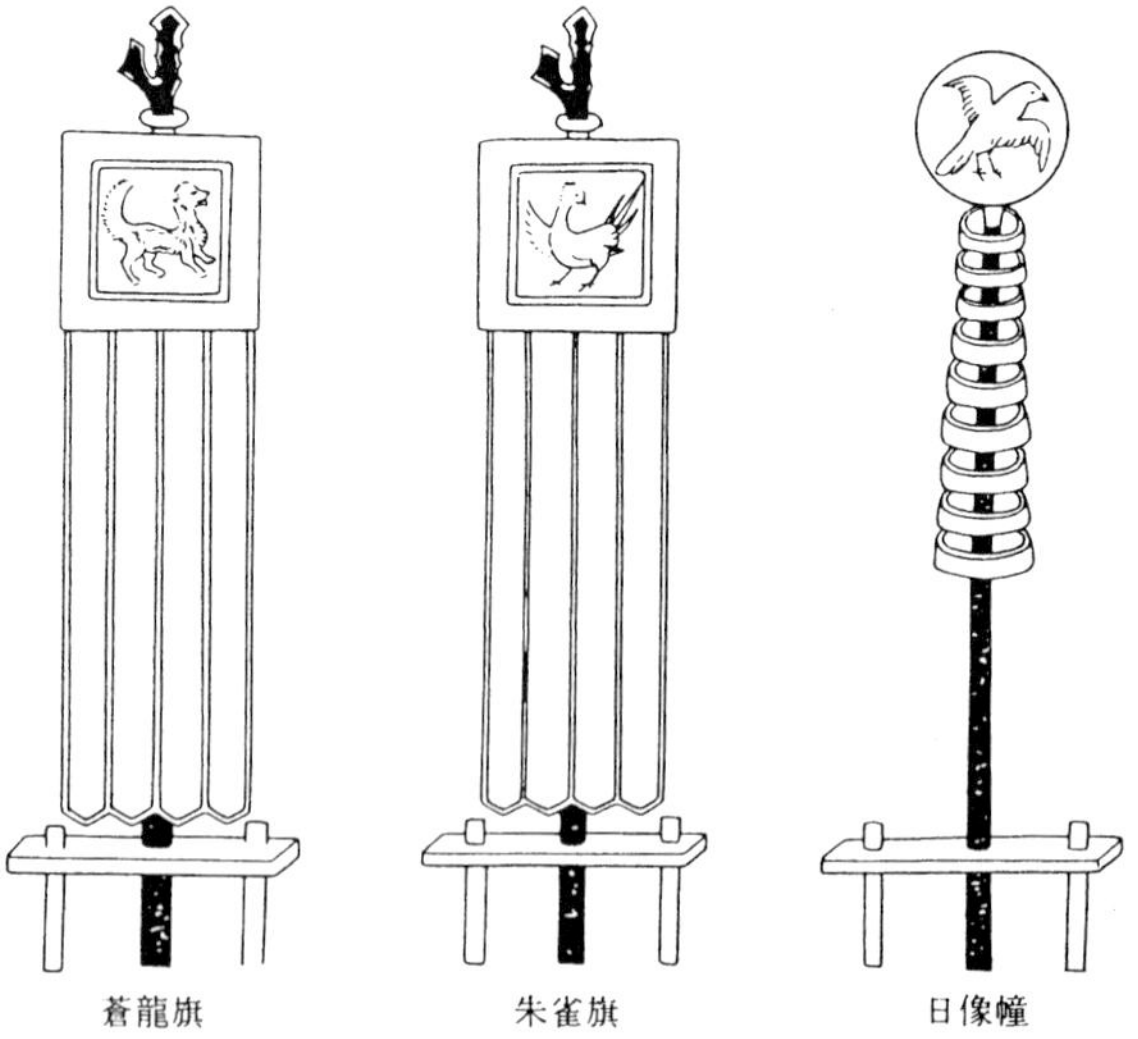

高さ９ｍの柱の上に烏・日・月を象った金属性のもの，あるいは四神を縫いとった旗をつけ5.7mの脇木で固定する。(『群書類従』第七輯所収『文安御即位調度図』より)

元日朝賀や即位のような重大な儀式のときには、平安宮では大極殿前庭龍尾道南辺に沿い七本の宝幢が建て並べられた。七本の宝幢を建てることは『続日本紀』大宝元年正月朔条にはじめて見え、藤原宮の時代にはすでに行われていた。(99) 最近、この七本の宝幢を建てた痕跡とみられる遺構が平城宮で発見された。その遺構とは、大極殿の南方、大極殿門寄りの大極殿前庭に東西並んでみつかった七個の長方形に近い楕円形の穴である。七個の穴はそれぞれ東西が三・二～三・六m、南北が一・五mほどあり、深さは一・二mを測る巨大な穴だが、さらにこの巨大な穴の内部に直径〇・五m前後の小さな円形の穴が三個づつみつかった。(100) これらの穴が宝幢を建てた穴にあたると考えたのは、もちろんその発見場所、そして七個という数とその配列にもよるが、具体的に七本の宝幢とこの穴とを結びつけさせたのは『文安御即位調度図』に描かれた七本の宝幢の絵（第三図）にある。

『文安御即位調度図』は文安元年（一四四四）に藤原光忠が書写したもので、福山敏男氏によると、保安四年（一一二三）から仁安三年（一一六八）までの間に行われたいずれかの天皇の即位にさいして描かれたと推定され、内容的には平安時代後期までさかのぼるといわれる。(101) この図には銅烏幢・日像幢・月像幢の三本の幢と、蒼龍旗・朱雀旗・白虎旗・玄武旗とが描かれている。幢と旗との違いがあるものの、むしろその共通した竿（柱）の建て方に注目したい。幢・旗はいずれも脇柱を両端に貫いて固定した横木の中央に孔をあけ、ここに竿（柱）を落とし込んで建てている。しかし、この図だけでは宝幢が地面に穴を掘って建てられたのかどうかはいまひとつ明瞭ではない。

『延喜式』をみると、元日朝賀や即位の儀式で宝幢を建てる手順が記されている。(102) まず儀式の十五日前に兵庫寮が宝幢を建てるための人夫延べ二〇人と鋤一五口を請求し、それを許可した太政官符が到着すると木工寮と一緒に幢の柱管を大極殿前庭龍尾道上に建て、前日に内匠寮の工一人・鼓吹戸四〇人を率いて宝幢を構え建てるとある。つまり宝幢を建てるために、人夫たちが鋤で地面に穴を掘り、そこに宝幢の柱管を建てたのである。『文安御即位調度図』に描かれたような構造の宝幢が、『延喜式』に規定された順序で地面に穴を掘って建てられたものだとすると、当然、平城宮で検出された七個の穴のようなものが地面に痕跡としてのこることになる。そうすると、楕円形の巨大な穴は宝幢を建てるために掘られた穴（掘形）で、内部にある三個の穴は宝幢をしまうために抜き取ったときにできた穴（抜き取り穴）、このうち中央の穴は竿（柱）、その両端の穴は脇木の穴であろう。

宝幢の図像の淵源

大極殿前庭に建てられた七本の宝幢には、烏形・日像・月像・蒼龍・朱雀・白虎・玄武が金属で象られていた(補注7)り布に刺繡されていたが、このうち蒼龍・朱雀・白虎・玄武の四禽は四方を司る四神のことである。四神と聞くと、昭和四十七年に発見された高松塚古墳の四方の壁面に描かれた四神図を思い浮かべる人も多いだろうし、また高句麗の壁画古墳の四神図を連想する人もいるであろう。このような墳墓の壁面に描かれる四神図は日月星辰図とともに中国では漢以来唐にいたるまで描きつづけられてきたモチーフの一つで、五行思想に基づく四神相応の考えによって四神を四方に配し、墳墓を鎮護し外部からの邪凶を防ぐ壁邪の機能を果したという。四神は、元来天の二十八宿が七宿づつ四神の形をなしたもので、それが天の四方を指し示し、また四方を司るのであり、中国では墳墓の壁面を飾っただけでなく、鏡や幡にも古くから描かれたモチーフの一つである。日本でも四神が旗に描かれたのは四神の役割だけでなく、古代中国における四神の幡の存在にもよると考えられる。

日像・月像も中国や朝鮮の墳墓の壁面を飾った伝統的モチーフのひとつで、日本でも高松塚古墳の壁面に描かれていた。日像には日の精である三本足の烏、月像には桂樹・蟾蜍・兎が描かれている。日月もまた墳墓に描かれた場合は鎮墓の機能をもつという。旗の先端に象られた日月の場合も四神と同じく天皇を守護するものであったのだろう。

日本独自の思想

四神・日月像はいずれも中国思想を直接に受け容れたものと思われるが、烏形の場合は日本独自のものと考えたほうがよいのではないだろうか。『文安御即位調度図』では烏形を三本足に描いているが、もしこれが正しいとして中国の直接的な影響を受けたものだとすると、七本の宝幢のなかに同じ日の精である三本足の烏が二羽いることになって、なぜ同じ烏が二羽いるのか説明がつけがたいのではないのだろうか。ただ、日本では、同じ意味のものを重複させて飾りたてる場合がままあるが、のちに述べるように、烏形そのものの性格を考えると、単に重複させて飾りたてたという説明では納得がゆかない。また中国には烏だけを取り出し単独で幢幡のモチーフに採用することはなかったようだし、またそうした背景となる思想も見出しがたい。

烏形についてもう少し子細にみてゆくと注意すべき点があるのに気づく。第一に、「銅烏（形）幢」とも書かれるように、鋳銅製であったことで、それは黄色を表すためであったらしい。『文安御即位調度図』などには「色は黄なり」と注記されている。黄色は五行思想では、五行で土、五方で中央を表す。古代中国では、皇帝は四方を表す四神を描いた旗とともに、皇帝の象徴として黄麟の旗を用いることがあった。黄色の烏形幢も中国の旗の制度にならい、五行思想にのっとって、四神の旗とともに五方を表現したことはおそらくまちがいないだろう。

しかし、中国の黄麟の旗が皇帝を象徴したのとはちがって、烏形幢は天皇を象徴したのではないと考えられる節がある。それは、まず、他の宝幢が朝庭に向けて建てられたと考えられるのに、この烏形幢だけは天皇の方向に向けて建てられた点にある。『文安御即位調度図』などにはわざわざ「北に向く」と注記が施されている。また、この烏が八咫烏であったとする記録もある。弘仁十四年（八二三）に行われた淳和天皇の即位式を記録した『淳和天皇御即位記』には「八咫烏・日月形」を建てたとみえる。[103]八咫烏は、神武天皇東征伝説のなかで、高木神あるいは天照大神によってつかわされ、神武天皇を熊野から吉野・菟田へと導いた伝承上の怪鳥である。烏形幢が八咫烏を象ったとする説がいついかなる理由で生まれたのかはわからないが、少なくとも平安時代の初期にはそうした考えがあったことはたしかである。

以上の諸点を勘案すると、たしかに中国的な五行思想の影響も一部には見出し得るが、それで全てを説明しつくすことはむつかしい。むしろその根幹には日本独自の思想があって、それを飾るために中国的五行思想が採用されたように思える。烏形幢は他の六本の宝幢とともに元日朝賀や即位の儀式の威儀を整えるという意味もあり、そうした意味にしだいに重点が置かれるようになっていったのだろうが、本来は天皇に対し中央を代表して天皇の使者の役目を果たし、天皇に従うことを示したものだったのではなかろうか。ではなにゆえに烏がそうした重要な役割を果たす象徴として採用されたのかは、残念ながらよくわからない。しかし、八咫烏だとの説を信ずるなら、神武天皇東征伝説上での活躍によるのだろうが、八咫烏が律令国家の体制的な完成の中で注目されたとすると、こうした時期における神武天皇の位置づけ・評価をめぐって生まれたものかもしれない。ちなみに八咫烏についていえば、慶雲二年（七〇五）九月九日にこの烏を祭る神社がとくに大和国宇陀郡に置かれた[104]ことも右のこととかかわるものであろうか。

平城宮では七本の宝幢以外に数多くの儀式に関連すると思われる遺構が大極殿前庭でみつかったが、なかでも特殊な遺構として注目されるのは渡り状遺構と称するものである。これは大極殿と大極殿門との中心線に中心をそろえ、大極殿の中階から南へ五間、東西に二間の柱穴列で、南端が大極殿門に達しないものの、その位置や構造から、天皇が大極殿から大極殿門へ出御するときに用いられた施設だと推測されている。[105]大極殿門の機能や性格を考えるうえで留意すべき遺構である。

「大極」の由来

大極殿院の中心である大極殿の名称は、中国の都城に存在した太極殿という殿舎に由来すると考えられている。たとえば、唐長安城の場合、皇帝の居住区である太極宮には太極殿と呼ばれる皇帝が政治をみるための殿舎があった。岸俊男氏や鬼頭清明氏の研究(106)によると、太極殿という殿舎は、三国時代の魏にはじめてみえ、皇帝が公的儀式を行う中心の殿舎で、しかも皇帝の居住空間でもあったが、のちしだいに公的儀式の場へと性格を純粋化していったという。日本の大極殿は、中国における性格の純化という事態を経たのちの太極殿を受けついだものである。

さて、日中両国の殿舎に冠せられた大極と太極とは互いに相い通じ、ともに「たいきょく」と読み、思想的には儒教の経典の一つ『易』に解くところに拠った名称である。大極は、その字義のとおりきわめて大きなもの、極大の謂で、宇宙天地万物の根源のことである。この宇宙の根源、太極が分かれて陰陽の両儀が生じ、さらにこれが互いに組み合わさって四象八卦を生み、ついには吉凶が定まり大業がなる、という『易』の根本理念を示している。日本の宮城にはなかったが、唐の太極宮には太極殿の背後に両儀殿という殿舎があり、宮殿の名称・殿舎配置がよりいっそう『易』の思想を具現していた。日本の大極殿は、中国の儒教の影響を受けた殿舎で、そこは宇宙の根源であったから、現人神たる天皇が出御する殿舎の名前としてはまことにふさわしいといえる。

大極殿の成立と発掘にみる遺構

中国の儒教思想の影響下に採用された大極殿の名称が、日本の正史に登場するのは、『日本書紀』皇極四年六月戊申条の飛鳥板蓋宮での大化改新のクー・デタのときの記事が最初である。この記事は『日本書紀』の編者によ

第三表　大極殿平面図の比較

宮　名	桁　行	梁　間
藤原宮	9間(約45m)	4間(約20m)
平城宮(第一次大極殿)	9間(約45m)	4間(約21m)
(第二次大極殿下層建物)	7間(約31m)	4間(約18m)
(第二次大極殿)	9間(約38m)	4間(約16m)
恭仁宮	9間(約45m)	4間(約21m)
後期難波宮	9間(約35m)	4間(約15m)
長岡宮	9間(約36m)	4間(約14m)
平安宮	11間	4間

ってかなりの潤色がなされていると考えられており、当然そこに登場する大極殿という殿舎名もそのままでは信を置きがたい。大極殿の名がつぎに見えるのは天武天皇の飛鳥浄御原宮においてである。ここでは、のちに飛鳥浄御原令として実を結ぶ律令撰定の詔や、のちの『日本書紀』につながる修史事業開始を命ずる詔などが布告されている。福山敏男氏は浄御原宮で大極殿が成立したとほぼ推定できるとした(107)が、現段階での飛鳥地域における宮都や前期難波宮の発掘成果を踏まえ、大極殿とその一郭の構造や機能などの面から検討してみると、直木孝次郎氏や狩野久・鬼頭清明両氏らが指摘する(108)ように、大極殿は藤原宮に始まるとみるのが妥当であろう。

大極殿の機能については次項で述べることにして、建築としての大極殿について発掘調査の成果や絵画史料からまとめておこう。

平安宮をのぞく、藤原宮以降の諸宮の大極殿についてはすべて発掘調査が完了し、平面規模がほぼ確定している(第三表)。なかには後世の削平を受けていて遺構の残りが必ずしも良好でなく、柱の位置が確定できないために、基壇の規模や階段の痕跡などから推定しうるにすぎない場合もあるが、大極殿の平面には、桁行七間・梁間二間の身舎の四面に一間の庇がめぐるという共通性がみられる。ただし、柱間一間づつの寸法は諸宮で一定していないから、大極殿の建物としての実際の平面規模（桁行総長・梁間総長）には当然相違がみられる。[109]また大極殿の建物自体は今日に遺るものがまったくないので、上屋の構造などは推測の域を出ないが、多くの場合、二重屋根で入母屋造りまたは寄棟造りに復原されている。

平安宮については、さいわいなことに平安時代後期の大極殿の様子を『年中行事絵巻』からうかがうことができる。大極殿は切石を積んだ壇正積み基壇の上に建ち、平安宮以前の諸宮とは異なり桁行九間・梁間二間の身舎の四面に一間の庇がめぐり、入母屋造りの一重屋根に描かれている。基壇上面には切石が四半敷に敷かれ、桁行両端の柱間二間と妻の部分に対応する基壇の端にはそれぞれ朱塗りの高欄がめぐり、基壇南面には桁行中央の柱間と両端から三間目の柱間の三カ所に対応して石階が設けられている。大極殿南面は朱塗りの柱が立つだけの吹き放しで、妻の部分にだけ土壁が設けられている。また、屋根には大棟両端に金色の鴟尾が上げられている。なお、平安宮大極殿が桁行の柱間を二間ふやして一一間につくられているのは、朱雀門と同じ発想によるものかもしれない。『年中行事絵巻』に描かれたこのような構造の大極殿がいったいどの程度まで平安宮当初にさかのぼりうるのか実は問題がある。まず明らかなのは、ここに描かれているような入母屋造りの大極殿が基壇上に登場したのは十一世紀半ばに焼亡してのち再建されたときで、これより以前の大極殿は寄棟造りであったことである。[110]また大極殿はしばしば火災などによって失われ、幾度か再建されていることも考慮する必要があろう。『年中行事絵巻』の大極殿はあくまで平安時代末期の姿でしかなく、安易にこれに依拠して平安宮以前の諸宮の大極殿についてまで復原することは躊躇をおぼえる。

高御座の形態

大極殿の中央やや後方には、天皇が朝儀のために大極殿に出御したときに着座する高御座と呼ばれる特別の施設がその時どきに設けられた。『続日本紀』以降の正史にみえる天皇即位の宣命や祝詞などにはしばしばこの高御座が登場する。それは、天皇の位に即く即位が高御座へ即くという行為によって表されているように、高御座こそ天皇の位の象徴であったからだ。

今日、比較的容易に実見することができる高御座の実物は、京都御所紫宸殿に設けられているものである。これは、大正四年、大正天皇即位のときに、明治四十二年発布の登極令付式に基づいて新造されたもので、古式に則っている。その構造は大まかに三層の壇からなっている。一番下の壇は黒漆塗りで、まわりに朱塗りの高欄をめぐらしている。この壇の上に八角形をした屋形を据える。屋形の頂上には南面する金色の大鳳凰、また八角形の屋形の棟ごとに小さな鳳凰と大小の鏡・玉などが飾られている。屋形内部の様子をみると、下壇の上に青地錦が敷かれ、その上に畳二枚・上敷一枚・毯代一枚を重ねて敷き、さらにその上に天皇が着座する御倚子を立てる。御倚子の左右にはやはり天皇の位を象徴する剣璽を安置するための螺鈿の案がそれぞれ一脚立てられる。また屋形の蓋の下の上部には大きな円い鏡が一面懸けられている。

古代の高御座の形態については『延喜式』に屋形蓋に関する記載がある[111]。そこに記された高御座は大正天皇即位時のものとあまり変わらないが、屋形をのせる壇や屋形内部の様子は詳しくわからない。ただ『延喜式』に記すものにちかい高御座を具体的に描いたものに先述の『文安御即位調度図』がある。これを京都御所の高御座と比較すると、その構造はほとんど同じだが、内部の様子などには少し異なるところもあり、和田萃氏によると[112]、現在の高御座よりもいっそう中国的なものであったと考えられる。

天皇の位を象徴する高御座

先にも触れたが、高御座は大極殿に常設されていたのではなく、天皇の大極殿出御のたびごとに臨時に設営され、しかもただ一つしか存在しないものであった。まず、天皇の出御ごとに天皇の着座する殿舎に設置されたことは、『延喜式』に、大極殿・豊楽殿に天皇が出御するごとに高御座を飾りつけることが規定されていることからわかる。[113]また高御座が容易に解体でき、運搬も可能な構造であったことは、『続日本紀』天平十六年二月二十日条から知られる。[114]この記事についてはすでに大楯桙に関して述べたときにとりあげているので、再びここで詳述することは差しひかえるが、この記事から確認できるもう一つの重要な点は、天皇の位を象徴する御座として高御座は唯一の存在であったことである。だからこそ急に高御座が大楯とともに難波宮にとり寄せられたのである。このような高御座のありかたからすると、大極殿が天皇の位を象徴する公的な殿舎であったことにまちがいないが、より厳密にいえば、天皇の位を象徴するのは大極殿よりも高御座であったと考えたほうがよさそうである。このような大極殿の微妙な性格を考えるとき、たとえば複都制をとり、つぎつぎと主都を遷していった聖武天皇の時代には、宮都ごとに、すなわち複数の宮都に同時に大極殿が並存したのかどうか、検討してみることも必要であろう。それは、平城宮の現実に遺構としてのこる第一次と第二次の大極殿・朝堂院の関係をどう理解するかといった問題にも有効だと考える。[115]

三　朝堂政治の変遷

前節においては、主として朝堂の構造に焦点をあてて論じたので、本節では、これらが実際にいかに機能し、また奈良時代の朝政がどのように執り行われていたのかを明らかにし、あわせて平安時代に朝政が変貌してゆく姿をさぐってみることとする。

㈠　朝参の起こりと朝礼

朝参の励行

大化前代、そして律令制が成立する以前、大和朝廷の国政機関は、天皇の宮を中心に、大臣・大連など中央有力豪族の居宅などに分散していた[116]。その分散していた国政機関を統一して有機的に機能させるように再編成し、それによって天皇の権力を確立しようとする意図のもとに行われたのが朝参の励行による朝政の強化であったと考えられる。そしてそれはまた天皇の住む宮の南に朝堂院が付属・成立してくる要因のひとつともなったと思われる。

『日本書紀』雄略二十三年八月条にのせる朝参励行を求める詔[117]がいったいどれほど当時の実態に基づいているか問題があるとしても、推古朝には憲法十七条の第八条に朝参のことがみえ[118]、また舒明八年七月条にも群卿・百寮の朝参のことがみえている[119]。さらに大化三年（六四七）には難波の小郡宮でさだめられた礼法にも朝参のことが規定されている[120]。これらの『日本書紀』の記事から、すべての冠位を有したものは原則として毎日朝参し庁で執務することになっていたことがわかる。しかし、そうした原則はなかなか励行されなかったようで、舒明八年七月の記事では、大派王が大臣蘇我蝦夷に対し、朝参の励行を群卿・百寮に求めたが、蝦夷自身これに従わず、朝参をしなかったという。

しかし、そののちも朝参は冠位をもつ人たちに要求され、大和を中心とした畿内の豪族たちを官人化してゆく過程で、彼らにとって毎日の朝参が官人としての昇進や俸禄を得るための基礎資料とされ、朝参は官人の世界で生きてゆくにはぜひとも必要なものになったのである。こうした政策は官人の出身法や考選法が定められ、律令制的な官人制の確立が企図された天武朝において、いっそう強力に推し進められた。そうした政策の推進をもっともよく示すのは、天武四年（六七五）四月、当摩広麻呂と久努麻呂の二人が朝参をとどめられた処置である[121]。この処置は、中央の有力豪族にとって毎日の朝参が官人として生きてゆくうえでもっとも基本的な条件となっていたからこそとられたものであったことを示唆している。

匍匐礼と跪伏礼

律令制的な官人制を導入してゆくにあたり、朝参とならんで朝庭において重視されたのは朝礼であった。いま簡単に律令制以前の朝礼をめぐる政策を『日本書紀』の記事をたどってみることにしよう。

推古十二年（六〇四）九月に行われた朝礼の改正[122]では、宮門（朝堂院南門相当）を出入りするときは両手で地を押し両足を跪き、宮門の梱をこえ朝庭内に入ったら立って行くこととなった。これまで立礼は別として、匍匐礼と跪伏礼とは混同されることが多く、明確に区別されることなく朝礼の問題が論じられてきたが、最近、新川登亀男氏はこれを明快に弁別して論じられた[123]。すなわち、匍匐礼は日本固有の礼で、進むという動作と不可分であるのに対して、跪伏礼は本来的には中国に由来し、朝鮮半島でもよく行われた礼で、特定の場にとどまって両手の自由を確保したものとされた。新川氏の説によると、推古十二年の朝礼改正のうち、宮門の出入りのときに行われたのが匍匐礼であり、朝庭に入って行われたのが新しい立礼ということになる。そうすると、ここでは限定的ではあれ日本固有の礼が認められたことになるが、むしろ朝庭での立礼の採用を重視するならば、推古朝における朝政の改正をはじめ多くの中国化策とも深くかかわる政策として注目される。匍匐礼については、こののち推古朝の朝庭でどのように実際に行われたのかは明らかでないが、立礼が朝庭で行われたことは推古十六年、隋使来朝のときの使いの旨の奏上儀礼[124]のありかたからうかがうことができる。また跪伏礼が行われたことについても、推古十八年の新羅・任那の使いを迎えての朝庭での外交儀礼の記事[125]から確かめられる。いずれも外交に関する記事で、日常的な礼についてはわからないが、新川氏が、前者は文書外交により、後者は文書外交でないためのものと推測された点は興味深い。

このの ち、大化改新後の孝徳朝難波宮では、匍匐礼や跪伏礼にかわって中国的な立礼に全面的に改めようとしたが、容易には改められなかったようで、天武十一年（六八二）にいたり、ふたたび匍匐礼・跪伏礼をともに停止し、難波朝庭の立礼を用いることを命じている。[126]天武朝における立礼採用政策はその他の朝礼関係政策とも深く関わりをもつと考えられる。すなわち、天武十一年八月にはすでに「礼儀言語之状」についての詔を出しており、[127]おそらくその一環として行われたのが翌月の立礼採用の政策であったろう。また天武十三年閏四月には、翌年九月に天皇みずから閲するとして百官の進止・威儀を教えるとあり、[128]あたかも立礼の励行を確認するかのような記事である。このように、天武朝において、朝政や朝儀を行うさいの礼儀について改正・励行を命じたのは、天武朝における畿内豪族の官人化政策とも軌を一にしたものと考えられる。匍匐礼は天武十一年の停止命令[129]でまもなく行われなくなったようだが、跪伏礼のほうはそののちも根強く行われつづけ容易に改められなかったようで、大宝令施行後にも慶雲元年（七〇四）に跪伏礼停止のことが『続日本紀』にみえている。[130]いずれにしても、中国的な立礼の採用は官人化政策推進の一つの梃子として大きな役割を果したことは認めてよいだろう。

律令制以前の朝政

さて、律令制以前、朝政がどのように行われていたのかは詳しくはわからない。しかし、大化三年、小郡宮で制定された礼法によれば、日の出とともに南門が開かれると、朝庭に入って再拝し、それから庁に侍し、午の時（正午頃）になると退朝したというのだから、おそらく、冠位を有した人たちは庁について執務したものと思われる。その庁での執務の様子を直接示す史料はないが、推古十八年（六一〇）十月の新羅・任那の使いが使いの旨を大臣蘇我馬子に奏上したときの記事[131]が参考となる。

それによると、新羅・任那の使いは秦河勝ら四人にひきいられて南門から入って庭中に立つと、大伴咋（嚙）ら四人の大夫がともに「位」から起って庭に進みでて使いの前に伏した。ここで両国の使者がそれぞれ四人の大夫に対して再拝して使いの旨を奏すると、四人の大夫は起って進み、庁にいる大臣に新羅・任那の使いが奏した使いの旨を啓す。そのとき大臣は「位」から起って庁の前に立ち四大夫の啓すのを聴いた。まず、ここからは、小治田宮がのちの朝堂院に近い構造であったことが知られる。すなわち、南門内には庭と複数の庁、少なくとも大臣の座す庁と四大夫の座す庁の二堂があり、庁には朝座にあたる「位」があった。そして大臣や大夫たちは庁内にあっては「位」に座していた。一方、朝政のありかたとしては、有位の人たちは庁にある「位」について執務し、大臣に事を啓上する必要があるときは、有位の人は庁の「位」を起って庭を進み、大臣のいる庁の前で事を啓上したことが想像される。

以上、概観したように、古い伝統をもつ朝政は、推古朝以降、朝礼において中国的立礼が採用され、天武朝では豪族の官人化政策のうえで朝参が重視されるようになり、ひきつづいて律令制下にあってももっとも基本的な政務の形態であったことは間違いない。

(二)　律令制下の朝政

そこで次ぎに、律令制下において朝政がいったいどのように行われたのか、その様子を順次みてゆくこととするが、ただ奈良時代の朝政に関してはほとんど史料がないので、平安時代の史料を中心として考えてゆかざるをえず、当然そこには限界のあることをあらかじめおことわりしておかなくてはならない。

朝政の時刻と監視

朝堂で政務が執り行われる時期については、『延喜式』に詳しい規定がある[132]。それによると、朝堂に朝座を有する諸司の五位以上を帯する官人は、毎日、僚下の官人をひきいて、朝堂に参り、朝座に着いて庶政を行い、そののち曹司におもむいて曹司政を行うことになっている。ただし、節日や降雨などのために朝庭がぬかるんでいる日、寒気のきびしい冬季の十一月・十二月・正月・二月には朝堂での執務は停められ、また三月・十月でも朝堂での執務が行われるのは旬日（十日・二十日・三十日）に限られていた[133]。そして、これら朝堂での執務が停められた月には、曹司に直行して政務を行ったと考えられる。

朝政の時刻については、律令制以前の状況が、『日本書紀』舒明八年七月の大派王と蘇我蝦夷の逸話[134]や、孝徳朝の大化三年小郡宮で定められた礼法[135]などにみえるが、これらについてはすでに岸俊男氏が詳しく述べている[136]のでここでは省略することとする。

律令制のもとでは、奈良時代、天平十年（七三八）ごろの平城宮における朝政開始の時刻が大宝令の注釈書「古記」の記述からわかる[137]。それによると、まず宮城門が寅の一点（午前三時頃）に開かれ、ついで朝堂院・大極殿院の門が卯の四点（午前六時半頃）に開かれて朝政が開始された。これを律令制以前の朝政開始時刻と比べると、小郡宮で定められた礼法よりは若干遅くなっている。一方、退朝の時刻については「古記」の注釈がないのでわからないが、舒明八年と大化三年の『日本書紀』の記事を比べると、朝政終了の時刻が遅くなってきている。

平安時代の『延喜式』では、宮城門の開く時刻、朝堂院南門の開く時刻、退朝の時刻を、季節によって変化する日の出の時刻にあわせる配慮がされている[138]。それによると、宮城門が開かれるのは日の出の二十分ほど前で、日の出の五十分ほどのちに朝堂院南門が開かれ、退朝の時刻は九時半ごろから十一時二十分ごろである。結局、朝政の時間は三時間半から四時間ほどになり、冬は夏などに比べて若干短くなっている。

ところで、『延喜式』では朝政の開始時刻に遅刻した者は朝堂院には入れないことになっているが、[139]遅刻者に対する措置は大化三年の小郡宮で制定された礼法にさかのぼる。遅刻して朝座で執務しなかった者には、官人としての昇進に必要な基礎的条件の一つである上日（朝座上日）が、当然あたえられなかった。[140]しかし、これはあくまで原則で、延暦二十三年（八〇四）十二月には参議以上の議政官（大臣・大納言・中納言・参議、すなわち公卿）に加えて、左右大弁・八省卿・弾正尹も、遅刻しても朝政にたずさわることが認められるようになっている。[141]議政官について遅刻が認められるようになったのがいつのことであるかは明らかにできないが、この措置はのちに詳しくみる朝政の衰退を反映したものと思われる。

朝政が行われている間は、弾正台や式部省の官人が一般の官人たちの挙措にいたるまで厳しく監視の目を光らせていた。弾正台は官人の不正摘発と糾弾、中国の礼の思想に基づく粛正と教化を職務とする官司で、また式部省は文官の人事などをつかさどるだけでなく朝庭における礼儀に関することも担当していたので、弾正台と式部省の両司によって宮城内での礼儀の維持がはかられていた。『延喜式』の段階では、弾正台が中心となって朝政時の監督が行われるように規定されているが、奈良時代や平安時代のごく初頭までは朝政の監督を行ったのは弾正台ではなく、中務省に属する内礼司であったと思われる。[142]それは、内礼司が大同三年（八〇八）正月に弾正台に併合されるまで、[補注8]朝堂院や内裏における礼儀の維持と不正の禁察にあたる官司であったからである。

朝政の場合、弾正台はまず開門のときに忠以下の官人を朝堂院南門のところに立たせ、そこを通って朝庭に入る官人たちに非礼のことがないかどうかを監視し、[143]また朝堂院内にあっては朝礼をはじめとする朝庭における礼儀を欠く者の有無に目を配った。[144]もし礼儀を欠く官人があれば、それがたとえ親王や大臣（ただし、太政大臣は天皇の師範たるべき人であったので当然糾弾の対象からは除外される)[145]といえども、ただちにその官人の朝座におもむいたり、あるいは官人を弾正台のもとへ呼んで糾弾を行った。[146]また朝政への遅刻[147]や早退[148]はもちろん、理由もなく朝座をあけることについても厳しく監督を行い、[149]そうした官人を糾弾するのも弾正台の職務であった。とくに朝庭の容儀を欠いた者に対して、弾正台は単なる摘発・糾弾にとどまらず笞をもって打つことも辞さなかった。[150]

このことからもわかるように、弾正台が行う糾弾という行為は、本来、物理的・肉体的に懲罰をあたえるのではなく、精神的・思想的な面をねらいとしたもののようで、糾弾は口頭で行われ、糾弾の作法は『延喜式』に規定されている。[151]ただし、弾正台は、朝政における官人たちの不正の摘発・口頭による糾弾を行う一方、不正の程度や内容によっては、不正の様子を記録した文書を作成することもあり、犯罪としてあつかうべき場合は刑部省に文書を送り、また人事考課の面でとりあげるべき不正の場合は、不正を行った官人が所属する官司と人事考課をつかさどる式部省に文書を送付したりした。[152]なお、官人の不正を摘発・糾弾すべき立場の弾正台や式部省の官人が不正を行った官人を糺弾しなかった場合は、互いに糾弾・教正することになっている。[153]

朝堂院での執務

朝堂院における官人たちの具体的な執務の様子はわからないが、『延喜式』や同じ平安時代の儀式書である『儀式』には朝堂での太政官の議政官による聴政（政務をとること）の儀を規定した文があり、[154]そこからある程度、聴政の様子をうかがうことができる。以下では、主として右の両書によりながら、議政官による朝堂での聴政を中心として朝政の様子を順を追ってみてゆくことにする。

(1)開門の鼓が打たれ朝堂院南門が開けられると、諸司の官人たちはそれぞれの官司の朝座がある朝堂につき、

「常政」を行う。諸司はそれぞれの「常政」、すなわち日常の政務を処理するが、政務の内容によっては暉章堂の弁官のもとへおもむいて政務の報告（申政）を行う場合がある。これに対して弁官では史がその報告を読申し、弁がこれを判じ、史によって諸司にその結果が伝えられる。弁官ではさらに諸司からの政務報告と太政官内の庶務を整理し、上申すべきものとそうでないものとが弁別される。また諸司では直接大臣に上申すべき内容の政務がある場合も弁官のもとへおもむき、弁官に対して「上」（大臣）への直接上申の旨を告げる。このときにはまた外記のもとへも行き、大臣への直接上申の旨を伝える必要がある。

(2)諸司で「常政」が行われているとき、大納言以下の議政官は含章堂について大臣の参入を待つ。

(3)大臣が門から参入し昌福堂にある朝座につくと、含章堂にいた大納言以下の議政官は起座して大臣に拝礼を行う。ついでまず大納言が大臣の座す昌福堂の座につき、さらに大臣の召をうけて中納言・参議が昌福堂の座にのぼる。なお、大臣が参入しないときには、中納言以上の議政官が大臣に代わって聴政を行うことになっている。ただし、参議だけの場合は、聴政の権限がないので行われないことになる。

(4)弁官が政務を大臣に上申する時刻が近づくと、弁官・諸司は「常政」を終える。弁官は少納言らとともに暉章堂から降り、大臣に直接申政する諸司（式部・兵部・中務三省が代表的存在）がある場合は諸司を率い、大臣のいる昌福堂の前庭にある版位に、少納言・諸司とともにつく。

(5)大臣が召すと、五位以上の者は石段を登り官司ごとにまとまって昌福堂の座につき、六位以下は官次によって昌福堂の庇の案のもとに北を向いて立つ。

(6)まず、諸司が直接大臣に上申する「諸司政」が行われる。諸司は直接大臣に申政し、大臣が処分を与え、諸司の官人は返事をする。また大臣が疑問とするところがあって、これを諸司に問うと、諸司はその状にしたがって弁答することになっている。大臣の処分・諸司の官人の返答・返事が終わると、順番に退出する。

(7)つぎに弁官が申政を行う。まず一人の弁が諸司の上申してきた政を申し上げたいといい、ついで史がその諸司の政を一つ一つ順番に読申する。それに対して大臣は一事ごとに処分を与え、そのたびごとに弁は返事を行い、終わると弁・少納言以下は退出する。なお、大臣が処理する事項の多くは、これまでの例によって行われるが、重大な事項については臨時に天皇に奏上してその裁可をあおぐことになっている。

平安時代前期の朝堂における執務のありかたは、およそ以上のようである。

奈良時代における朝政関係の史料はきわめて乏しく、なきに等しいことは先にふれたが、そうした史料の残存状況にあって、大宝令の註釈書「古記」の一文は注目に値する。(155) それは、朝堂院の太政官庁で議政官に申政する場合の外記・史と八省の官人との列立次第について記した文で、官人の考選のことにかかわる申政の場合は、それ以外の場合と列立の次第が異ることを述べている。この「古記」の文と対応する条文が『延喜式』にもあること(156)から、「古記」の成立した天平十年ごろ、朝堂院の太政官庁で、議政官に対する弁官や三省による申政が、平安時代前期同様に行われていたことになる。(補注9)

ところで、平安時代前期における朝堂での執務を規定した先の条文をみて気づくのは、まったく天皇に関する記述がないことである。当時、天皇が大極殿に出御して政務をみることはまったくなく、天皇は日常内裏で政務を執っていた事実を反映していると考えられるが、一方、朝堂における議政官による朝政のさいに、昌福堂へ天皇が勅使を派遣し、その勅使の座が設けられることになっていることもあわせて注目される。(157) 元来、天皇出御のもとに行われた朝政に天皇が出御しなくなり、朝政が公卿による聴政を中心とした政務に変わってゆく過程を示したものなのか、あるいは本来的に、律令制下の朝政、藤原宮以降、朝堂院における朝政には天皇の出御はなかったことを示すのか、大きな問題を含んでいる。

根強く残る口頭政治

天皇と朝政とのかかわりについてはのちにまた述べることとして、いまひとつ留意しておきたいのは、上記のように行われる朝政が文書主義に基づく政務とどのように関連するかという点である。朝政のなかでも、先にみた議政官による朝政はまったくといってよいほど口頭によって進められる政務であった。すなわち、諸司や弁官の史による読申、大臣による処分などみな口頭によって行われており、たとえ諸司や史による読申のもととなる文書があったとしても、それは直接大臣に示されることはなく、わざわざ口頭で読み上げられたのである。

またここでとくに注目したいのは、諸司によって直接大臣に申政される場合の申政という行為と文書との関係である。諸司による大臣への直接申政で代表的な式部・兵部・中務三省による季禄（在京の官司や大宰府・壱岐・対馬の官人に支給された俸禄）文と馬料（当初、在京の文武職事官を対象に支給された俸禄であったが、のちに全職事官に及ぶようになる）文の申政を例にとると、まず、三省はそれぞれ管轄分の帳簿を作り、それを総計した数を大臣に直接申政することになっている。そして、弁官に対して正式の文書、解の様式の文書が提出されるのは大臣への直接申政と大臣による処分が与えられてのちのことであった[158]。この事例のように、文書に優先して口頭による政務が存在したことや文書主義行政の申し子ともいうべき弁官の庶務受付機関としての機能が二次的なものとなっていることは、日本の古代における文書主義行政を考えるうえで重要な点である。文書主義に基づく行政、すなわち官僚制に基づき複雑に分化した国家の行政機関・組織を体系づけ、有機的に統合するために文書、とくにそうした機能を表現する多様な文書様式を用いた文書で支配を行うことは、もちろん中国の律令法を継受したもので、大宝令を画期としていると考えられている。そうした中国流の文書主義を積極的に導入したにも関わらず、実際の政務の様子をみてみると、文書主義の限界と口頭による政務の伝統の根強さを感じないわけにはゆかない。たしかに官司間の連絡には文書が大きな役割を果したことは否定できないが、それを補うために口頭による連絡が行われたし、またいったん官司内や伝統的な朝政といった場になると、口頭による伝達・政務が中心となったと思われる。

㈢　天皇と朝政

天皇は毎日大極殿に出御したか

奈良時代以前、天皇が毎日大殿に出御していたことは、大化三年、小郡宮で制定された礼法のなかに、南門から庭へ入った官人が庁での執務の前に、庭で再拝するとあることから推測できる。また奈良時代においても、天皇は毎日大極殿に出御して執務していたと一般には考えられているが直接そのことを示す史料はない。

しかし、近年この通説を裏づける研究が古瀬奈津子氏によって行われた(159)。古瀬氏は、まず平城宮の構造が飛鳥の諸宮のそれを継承していることから、その機能についても基本的には同じではなかったかと思われること、そして朝参に関する日唐両令文の比較検討から、その継受関係の背後に日唐間における朝参・朝政の場の分化の現実が反映していると考えることができることなどによって、朝堂院が本来儀式の場であるとともに、日常的政務の場でもあり、大極殿もまたそれに対応し、天皇が毎日大極殿に出御して聴政していたとした。こうした推定を行ったなかで、古瀬氏がとくに注目したのは、先に朝政の時刻のところでふれた宮城内の門の開閉に関する養老令の条文であった。古瀬氏によると、この条文から官人たちが朝堂院で執務している間は大極殿門が開かれていたことがわかり、それは大化前代の飛鳥の諸宮で毎日有位者が大門内の大殿にいる天皇を拝してから庁につき執務し伝統を受けついだものだという。

たしかに、古瀬氏のいうように、奈良時代にも天皇が大極殿に出御して政務をみることはあった。『続日本紀』によれば、聖武天皇が天平五年（七三三）八月十七日に「朝」（朝堂院）に臨んではじめて庶務を聴いたとある。[160]また聖武天皇が朝政をはじめた日が特別の日ではなさそうなことや『続日本紀』宝亀元年八月十七日条の称徳天皇が薨去したときの記事からみて、毎日天皇みずから政務を執ることも当然のことと考えられていたようである。

しかし、以上二点のうち前者の天皇が大極殿に出御して執務することについては、奈良時代にはきわめて異例なことであったために『続日本紀』に記されたのではないだろうか。[補注10]というのは、『続日本紀』を見てゆくと、官人たちが内裏に召されるのは饗宴のときだけではなく、官人たちに政治に関する意見を求めるときや、国政の重大事について議政官が詔勅を宣するときにもわざわざ内裏に召しているからである。また天平宝字八年（七六四）の藤原仲麻呂の乱で、太政官印が仲麻呂側のよりどころとされたことから、太政官印は乱後内裏に収められ、宝亀八年に太政官にふたたび置かれるまで、毎日請進していたと『続日本紀』にあるのも興味深い事実で、[162]おそらく太政官印の請進は内裏で行われたのであろう。さらに、養老四年(七二〇)八月に出された詔によると、内印（「天皇御璽」）の押捺を請う場合、文書を二通作って、一通は内（内裏）に進め、他の一通は施行せよ、とある。[164]これに対応する『延喜式』の規定には、二通の文書のうち一通は天皇へ奏進し、一通は施行することになっている。両者を対比すると、養老四年の詔の内に進めよというのは、天皇への奏進ということになり、内裏に天皇がいて、そこへ請印文書の一通が進められ奏されることになる。従って、養老四年の詔は、奈良時代の初めごろ、天皇が日常の政務を内裏で執っていたことを示していると思われる。

こうした内裏への官人の召喚や内裏での政務を示唆する記事をみると、奈良時代には、天皇自身朝政にあたって大極殿へ出御することはなく、内裏で政務をみ、必要な儀式のあるときだけ大極殿に高御座が設けられ、そこへ出御したのではないだろうか。(165)

平安時代の天皇の朝政

平安時代には当初から天皇が日常内裏で政務をみていたことは種々の史料から確かめられる。まず『寛平御遺誡』によると、桓武天皇は毎日南殿（紫宸殿）にある御帳台に御して政務を執り、終わると衣冠を解き脱いで臥起飲食したとある。嵯峨天皇も内裏の南大殿（紫宸殿）に出御して政務をみ、終わると常の御殿である北大殿（仁寿殿）へ帰ったことが『類聚符宣抄』にみえる。(166)また『日本三代実録』によると、桓武天皇以降、仁明天皇までは、天皇が毎日紫宸殿に御して政務を執っていたが、文徳天皇以降このことは絶えて行われなくなっていたので、貞観十三年（八七一）二月にいたり、清和天皇がこれを復活し、紫宸殿ではじめて政務を聴いたとある。(167)さらにこののち、宇多天皇以降、天皇は日常清涼殿で政務をみるようになるが、(168)それはのちにもふれるように、紫宸殿とその前方の南庭が内裏における儀式の空間となったこととも関連していると考えられる。

親王と朝政

前節ですでにみたように、平安宮朝堂院の延休堂には親王たちの朝座が設けられていたが、実際、親王たちは朝政とどのようにかかわっていたのだろうか。親王たちが実際に朝政に加わっていたことは『続日本紀』天平元年四月条にのせる太政官処分からうかがうことができる。(169)それには、舎人親王が朝堂院の庁（朝堂）に参入するときに諸司は舎人親王に対して下座の礼をとる必要はないとある。当時、舎人親王が知太政官事という地位にあったことからみて、その意味するところはきわめて微妙であり、また実際に太政官の庁についたのか、あるいは親王たちの堂についたのか興味がもたれるが、少なくとも天平元年ごろ、舎人親王が朝政のために朝堂院の庁についていたことがわかる。

そののち親王たちと朝政との関わりを示す史料は少ないが、大同四年（八〇九）正月十一日の宣旨では、議政官を含めて一般の官人たちは朝座につかなければ上日が得られなかったのに対して、親王については朝座につかなくとも上日を給うという特例が認められている。[170]このことは、明らかに親王たちの朝政参加が重要な意味をもたず、形式化してしまっていたことを示している。『延喜式』でも、たしかに延休堂には親王たちの朝座がもうけられることになっているが[171]、官人たちについては毎日朝座につくことが原則として定められているのに、親王たちについてはそこでの執務に関する規定がないのである。また前節で指摘しておいたように、延休堂にだけ版位が置かれていなかったことも以上のこととかかわるものであろう。

律令に定める拝礼

ここで再び朝庭における朝礼について律令制下での推移をたどってみよう。

推古朝以来進められてきた朝礼の改正は、すでに述べたように、天武朝を画期として進められた中央豪族の官人化政策のなかで、朝参の官人制上における位置づけが明確にされるとともに、中国風の立礼の採用とその励行という方向でいっそう推進された。その方向をさらに国家支配の基本法である令の制定・施行のなかで強力に推し進めたのが天武朝をついだ持統朝であった。

まず、持統四年（六九〇）七月には二つの詔をつづけて発布し、朝堂の座にある官人が、親王・大臣らの朝堂への出入りにさいして行うべき拝礼の方法を定めている。[172]この二詔は、同じ月に浄御原令官制が施行されて、高市皇子が太政大臣に、丹比嶋が右大臣に任ぜられた[173]ことをうけて発布されたものと考えらる。それは、天武朝には大臣の任命が行われなかったので、当然大臣に対する拝礼の規定は天武朝にはなかったと思われるからである。

またこの二詔は同月の新しい朝服の着用開始[174]や前月の朝庭などでの官人の序列に関する規定の制定[175]などとも深くかかわっており、浄御原令を補う式の性格をもつ法令であったと考えられる。

ところで、この詔で注目されるのは、親王や大臣だけでなく、一般の王に対しても特別の拝礼を規定している点である。大宝令以降こうした王に対する特別の拝礼を規定する法令はみえない。王という身分の支配階層内での位置づけを考えるうえで重要であり、また、朝政の問題に限るならば、朝堂における朝座のありかたも『延喜式』に規定された平安時代のそれとは異なっていた可能性があることを示唆しているとも考えられる。

大宝令や養老令では儀制令という篇目に朝堂座上における拝礼に関する条文[176]があり、両令ほぼ同文の規定であったと思われる。朝堂座上での拝礼は大宝令の儀制令に条文化されて以降、『延喜式』までその変遷をたどることができる。朝堂座上における拝礼の歴史的な変遷を事細かに述べるのはあまりにも煩雑であるので、ここでは、親王および太政大臣の朝堂への出入りのときに朝座にある官人がとるべき拝礼に対象を限定して、その変遷を跡づけ、その意味を考えることにしたい。

拝礼の変遷

岸俊男氏は、持統朝から平安時代初期までに朝座での拝礼は「堂前起立から下座・動座・起座としだいに簡略化」していったと述べているが[177]、これには容易に従いがたい。

まず、岸氏が指摘した点を検討するには、幾種類かある朝座上での拝礼法相互の序列を確定する必要がある。そこで大宝令から『延喜式』までの拝礼の変遷をまとめてみたのが第四表である。ここからはおよそつぎの点が確認できるだろう。まず、「起立」が「動座」より丁寧な礼であること、さらに「起立」よりも「跪伏」や「磬折」が丁重で、臣下間における最敬礼に相当すること、などである。なお、表にはあげられなかったが、「不動」が「動座」より簡略な拝礼法であったことも知られる。

このような異なった種類の拝礼法間の序列を確定するうえで問題となるのは、まず「跪伏」と「磬折」との関係、つぎに「下座」「起座」とよばれる拝礼とその他の拝礼との関係である。「跪伏」と「磬折」については礼としての単純な軽重関係とみるよりも、岸氏も説くように、「跪伏」は古い最敬礼で、「磬折」は新しい立礼による最敬礼とみるべきであろう。なお、古い伝統的な最敬礼である跪伏礼が、先に指摘した慶雲元年の停止命令にもかかわらず大宝令施行以後も根強く行われつづけ、和銅六年（七一三）には六位以下の官人が親王・太政大臣に対してとるべき拝礼として正式に認められたことには注意しておかねばならない。つぎに「下座」については、本来、「動座」や「跪伏」などの個別の拝礼法とは次元を異にし、それらを総称した語としての用法が一般的だったとみるべきだろう。また「起座」については他の拝礼との関係を直接に示す史料がないが、その意味からすると「起立」と同じ拝礼法ではなかったかと推測す

第四表　拝礼の変遷

法　令	左右大臣	五位以上	六位以下
大宝令儀制令	下座	下座	下座
和銅六年十一月十六日官宣	動座	床下に下り立つ（起立）	座下に跪く（跪伏）
「八十一例」	動座		
「古記」		牀より下り立つ（起立）	座より避け跪く（跪伏）
弘仁九年三月戊申制	動座	起立	磬折
弘仁十年六月庚戌制	起立	起立	磬折
『儀式』	起座	磬折	磬折
『延喜式』	起座	磬折	磬折

る。

さて、以上のように考えてよいとすると、朝座上において親王・太政大臣をみたときに官人のとるべき拝礼法相互の関係は、丁重な拝礼から順に挙げてゆくと、「跪伏」「磬折」→「起立（起座）」→「動座」→「不動」としだいに簡略になってゆくことになる。

こうした拝礼法間の序列関係をあらためてみると、岸氏のいうように、朝堂における拝礼が簡略化されていったとは容易に認めがたいのではないだろうか。すなわち、ここから読みとることができるのは、第一に、岸氏も指摘した「跪伏」から「磬折」への変更だけでなく、「動座」も「起立」に変えられていることである。これは、両者一体となって「跪伏」「動座」といった立礼ではない拝礼法（「動座」にも「跪」という動作が含まれる可能性があることは、持統四年七月の詔で大臣を見たときの拝礼を「動坐而跪」とすることからも推測される）から、「磬折」「起立」といった中国風の立礼へ統一していったことを示している。また、「動座」が「起座」に変えられ、その「起座」を行う官人の範囲が左右大臣に及んだことは、岸氏の指摘にもかかわらず朝座上での拝礼がより厳重に徹底されていったことを示すものではないだろうか。

そしておそらくこのような変化はのちにも述べるように朝堂院が国家的儀式の場となり、そこにおいて行われていた議政官による朝政も儀式化していったことと関係があると考えてよいだろう。また、立礼への統一を中心とする動きが弘仁九年（八一八）から十年にかけて、あたかも嵯峨天皇による唐風化政策と同時期に進められたのは、立礼の採用が嵯峨朝における唐風化政策や朝儀の整備と深くかかわりをもつと推測される。

(四)　曹司での政務

諸司の官人の申政

朝堂院での執務が終わると、官人たちは曹司におもむいて執務することとなっていたことについては先に指摘した。そうした官人たちの曹司における執務の実態を物語る史料は多くないが、藤原宮や平城宮では宮城内の各所から多量の文書や帳簿・伝票からなる文書木簡などが出土していることからみて、奈良時代の早い時期から、実質的な政務のほとんどは曹司で執り行われていたものと考えられる。ただ、木簡に書かれた内容から、曹司での政務、とくに朝政との関係を明らかにすることは、きわめて困難である。そこでここでは、『続日本紀』にみえる太政官における政務に焦点を絞って、曹司における執務の一端をさぐってみたい。

延暦七年（七八八）六月に中納言従三位で兵部卿以下多くの官を兼ねたまま薨去した石川名足という人物の『続日本紀』にのせる薨伝(178)には、曹司における執務を考えるうえできわめて興味深い記述がみられる。それによると、石川名足は見聞したことをよく記憶し、それればかりか頭脳明晰で速やかに物事の判断を下すことができる非常に優秀な人物であったらしいが、ただその人となりはひどくかたより心がねじれていて、人の過ちを好んで難詰したという。そうした彼の官歴は、天応元年（七八一）、太宰大弐から京へ召されて右大弁となり、まもなく参議を兼ね、延暦四年には参議のままで左大弁となり、さらに同年中納言に昇任するという輝かしいものであった。その名足が参議で左右大弁を歴任した天応元年から延暦四年までのあいだの出来事として、つぎのような挿話がある。

諸司の官人たちが申政するとき、もしもその内容が前後矛盾していたり、趣旨に合わない場合には、名足はその官人に直接対して、口をきわめてののしることがあった。そのため、諸司の官人たちで申政しようと官曹（弁官曹司か）に伺候するものは、名足が政を聴くと聞いたなら、多くの者は非常に恐れて、それを避けたという。

名足の人となりからするとそれも不思議なことではないが、この挿話には平城宮最末期の官曹における官人たちの政務の様子が描出されている。すなわち、諸司では弁官に申政しそれを受理してもらい、またその判断を仰ぐために、官曹に出向き順番を待って申政を行い、それに対して弁官たちはかなり細かな点にいたるまで内容を吟味したことがわかる。おそらく、この諸司による弁官への申政は、先に平安時代前期の朝堂における執務について述べたうちの、弁官が議政官へ申政する前段階として諸司が弁官に対して行う申政にあたるものであろう。なお、官曹における政務でも諸司の申政をめぐるやりとりが口頭によって行われていたことが注目される。

官曹での政務にふれたついでに、太政官の議政官による会議が太政官曹司で行われていたことを示す史料を紹介しよう。それは、『続日本紀』に収める宝亀元年（七七〇）七月の太政官から天皇への奏上の文で、前月一日の天皇の勅をうけ、議政官たちが太政官曹司に集まり議論して奏上し、それが天皇によって許可されたことを記している。(179) のちの平安時代中期の陣定における法定立の手続きと比べるとき、きわめて興味深い内容をもつが、いずれにしろ太政官における重要な会議がその曹司で行われたことは、曹司が政務の場として重要性をもっていたことを物語っている。

ところで、政務の場は、朝堂院での朝政や曹司での執務といった宮内に限られず、官人の第宅で行われることもなかったわけではない。『万葉集』巻二〇に四二九四番として載せる歌は、その題詞・左注によると、天平勝宝五年（七五三）五月、大納言藤原仲麻呂の第宅田村第において、少納言大伴家持が天皇に奏聞することがあったため仲麻呂に請問し待っているあいだに、少主鈴の山田土麿から語り誦んで聞かされた舎人親王の歌である。少納言の大伴家持、大納言の藤原仲麻呂が天皇への奏事に関与しているのはその職務から当然のことであるが、天皇への奏聞に関連した請問のことが朝堂院の庁や曹司ではなく、大納言藤原仲麻呂の田村第で行われているのは奈良時代の政務のありかたからみると理解しがたいことであるが、平安時代、摂関政治のもとでは摂関や大臣の第宅において政務が行われることもまれではなかった。しかし、ただちにその先蹤と認めることもできないから、ここでは藤原仲麻呂における特例と考えておきたい。

曹司の発掘

ここで朝堂院の庁とともに官人たちが執務した曹司がどういうところなのかを知るために、藤原宮と平城宮における官衙地区の発掘調査の成果を整理しておこう。(補注11)

藤原宮では、官衙地区の調査があまり進んでいないが、それでも宮城西面中門東南方の西方官衙と東面北門西南方の東方官衙の両地区では、ある程度まとまりのある範囲が調査されている。その調査成果によると、官衙の建物は、桁行総長が西方官衙では五〇m、東方官衙でも三〇m前後に及ぶ長大な掘立柱建物で、屋根はすべて桧皮葺であった。そのうえ、この長大な建物は直線的に配置され、数棟で一ブロックをなし、またそれを区画する顕著な施設はみられず、わずかに数条の掘立柱塀がみつかっているだけである。従って、内裏や朝堂院を取り巻く広大な空間には長大な建物数棟で構成された官衙ブロックがややまばらに存在していたことになる。官衙ブロックを構成する長大な建物は朝堂とも共通性をもつと考えられ、狩野久氏が推測するように、長大な建物の内部を適当に仕切って、複数の官司を一棟に納めていたのかもしれない(180)。そうであるとすると、律令制下の官司の曹司は、藤原宮の段階ではまだ官司ごとの独立性・個性が弱かったということにもなる(181)。

なお、前期難波宮でも、朝堂院東北方にややはなれて掘立柱塀で区画されたなかに倉庫をはじめ数棟の掘立柱建物がみつかっており、東方官衙と称されている(182)。従って藤原宮の官衙のありかたともかかわって検討の必要があるが、その全貌が明らかでなく、また倉庫が中心となっていることからも、そのまま曹司にあたるとしてよいか検討の余地もあり、ここでは今後の研究課題として立ち入らないこととする(183)。

一方、平城宮ではいくつかの官衙がほとんどそっくり発掘されている。(184) ここでは、平城宮の官衙の代表として、前項で述べた「公事」「私事」の版位が出土した内裏東方の官衙についてみてみよう。この官衙は、後に述べるような奈良時代中ごろ以降の特徴的なありかたから、一般に塼積み官衙と呼ばれ、南北約一二五m、東西約六五mの長方形の区画をもっている。奈良時代の前半には官衙を区画する施設として掘立柱塀が四周をめぐり、北から約四六mのところに設けられた東西掘立柱塀で官衙内を南北二ブロックに分けている。北のブロックは内部の大部分を広場として用い、わずかに三棟の掘立柱建物をブロックの南辺及び東辺の掘立柱塀沿いに配するだけである。それに対して、南方のブロックは、そのほぼ中央に南北二面に庇のつく正殿、その前に前殿、東西に細長い脇殿を配する。また正殿の背後には東西掘立柱塀をおいて南ブロックをさらに二分し、塀の北中央には大きな東西棟建物と雑舎を配置する。南北両ブロックの建物配置からすると北のブロックは現業的空間で、南のブロックは事務的政庁域と考えられよう。

こうした南北両ブロックの関係には基本的な変化はないが、奈良時代中ごろ以降、この官衙は塼積み官衙へと外観を一変する。まず官衙の四周をめぐる掘立柱塀を築地塀に造り替えて南面中央にこの官衙の正門である八脚門を開き、また官衙を南北に分割していた東西掘立柱塀も築地塀に替えられ、その西寄りに穴門を開く。北のブロックでは、中央西寄りに南北二面に庇のつく正殿風の建物を置き、東辺北寄りには内部に棚を設けた建物、西辺にはほぼ同規模の建物二棟を南北一直線に配置する。南のブロックでは、中央やや北に正殿、その東南と西南に一棟ずつの脇殿を配し、また西脇殿の北には高床倉庫とみられる建物もある。以上の四棟は塼積みの基壇上に建つ礎石建物である。この四棟の建物に囲まれた広い庭には塼で舗装された道路二条が正殿と南門とを結んで走る。正殿の後ろには三棟の建物があり、そのうち北西の一棟は塼積み基壇の上に建つ掘立柱建物である。また正殿の東には屋形の架かる井戸も一基ある。

この塼積み官衙の事例からも明らかであるが、さらに平城宮におけるその他の官衙の調査成果も考慮して、平城宮の官衙遺構の変遷を大ざっぱにまとめてみると、つぎのようになるだろう。まず、奈良時代の前半は明瞭な区画施設をともなわない官衙もあるが、多くは掘立柱塀で官衙を区画している。官衙内部の建物はすべてが掘立柱建物で、建物配置は必ずしも計画的・有機的ではなく、官衙内に長大な建物が散在し、その内部を適宜仕切って用いたらしい。次いで、奈良時代も中ごろ以降になると、区画施設は掘立柱塀から築地塀に替えられ、あるいは区画施設をともなっていなかった官衙ではまず掘立柱塀が築かれ、ついで築地塀に替えられてゆく。官衙内部では建物数も増え、密な状態となるが、建物は計画的に配置される。そして瓦葺きの礎石建建物も登場する。また官衙内部には原則として井戸が設けられるようにもなる。

このように、平城宮では奈良時代の中ごろ、天平末年を境として官衙が整備され、宮城内は大きくその様相を変えることになるのである。(185)平城宮におけるこうした奈良時代中ごろにおける官衙の大きな変化は、それだけが独自に行われたものではなく、聖武天皇が彷徨五年ののち平城宮へ還都して平城宮の朝堂院や内裏を改作・整備したこととともかかわるものと考えられる。(186)

以上、藤原宮から平城宮までの官衙のありかたを通観すると、藤原宮の朝堂亜流の官衙から平城宮の曹司的な官衙へと変貌したとすることができよう。そして、その背後には、官僚機構の整備、官人の増加といった情勢の変化とともに、曹司が政庁として充実し、個性化していったことがあると考えられる。

曹司の厨房

ところで、このような曹司の政庁としての充実とかかわって注目したいのは、曹司における厨（厨房）の問題である。藤原宮からはまだ曹司の厨に直接関係をもつ木簡や墨書のある土器などは出土していないが、平城宮になると曹司の厨に関連する遺物が出土するようになる。

まず、平城宮内各所から「厨」と墨書された土器が出土している。[187] 墨書の内容には二種類のものがあり、一つはただ「厨」の一字だけを書くもので、もう一つは特定の官司の厨に所属することを示した「中厨」（中務省）「兵部厨」「兵厨」（兵部省）「民厨」（民部省）などと墨書するものである。[188] 前者に属するものには、この他に厨の菜を入れるための土器に「厨菜」と墨書したものもある。また官司の厨ではないが、女孺や女官の食饌調理を担当した「女孺厨」「女官厨」と所属を墨書した後者に類したものもある。

いまのところ所属を示した墨書にあらわれる官司はすべて平安時代に入っても厨の存在が確認される官司またはそれに類した機関に限られている。「厨」の墨書を有する土器がいつごろから現れるのかはまだ十分に検討されていないので、これ以上立ち入ることはしないが、今後検討されるべき重要な課題の一つであることは間違いない。

厨に関する遺物としてはこのほかに木簡がある。[189] 一点は某「厨」が飯を請求している文書木簡、もう一点は「大厨司」が雑魚の支給を請うている文書木簡、さらに一点は某年の十月七日に「北厨坊」に宿した九人の名前を記録した木簡である。このほかにも大宰府に関連した「筑紫厨」と書いたものや木片の表裏に厨の字ばかり全部で一七字も習書したものもある。いずれの木簡も年紀が確かめられないので、残念ながら正確な年代はわからない。ただ木簡のほうはいずれ年紀のともなったものも出土する可能性があるので今後の調査に期待がもたれる。

しかし、いずれにしても現在まだ曹司に付属する厨に直接関連する遺構を発掘調査によって確認してはいない。すでに述べたような奈良時代中ごろ以降における官衙内での井戸の設置という事態があるいは厨の形成ともかかわるかとみられるので[190]、やはり今後の調査成果とその検討に待つところが大きい。

曹司から曹司庁へ

以上、発掘調査の成果から曹司が政庁へと変貌していった様子を理解していただけたと思うが、さらにそうした曹司の変貌、すなわち、曹司が朝堂にかわって官人たちの主たる執務の場となっていったことについて、曹司あるいは庁といった政務の行われる場所を示す言葉の意味の変化を検討して明らかにしてゆきたい。

庁とは、これまで何度もくり返し書いてきたように、本来、朝堂院にある政庁、すなわち、朝堂のことをいい、ここで朝政が行われ、それに対して朝堂院の外に別に設けられた政庁が曹司と呼ばれた。従って、本来、庁と曹司とは明確に区別されるべきものであり、そのことは養老令の雑令にも朝座と曹司の座の支給について規定した条文に「庁の上及び曹司の座」と明確に区別されており[191]、また儀制令にある朝座での拝礼、すなわちすでに述べた朝礼についての条文でも官人が所属する官司の長官以外に親王・大臣が拝礼の対象とされているから[192]、庁座とはやはり朝堂の座のことである。ところが、それから二〇〇年あまりのちに編纂施行された『延喜式』では養老令のように明確ではなく、同じ庁座に関する条文をみても本来区別されるべき曹司と庁という言葉が結合され、太政官や諸司の曹司を曹司庁といったり[193]、また庁が明らかに朝堂ではなく曹司を意味する場合[194]や太政官の議政官が聴政する場ならどこでも庁という言葉を用いることがある[195]。明らかに養老令から『延喜式』の間で曹司・庁の概念に変化が生じている。

そこで、奈良時代から平安時代の初めにかけて『続日本紀』をはじめとする史料で、事例の多い太政官関係の曹司がどのように表記されているかを調べてみると、おおむね天長年間（八二四〜八三四）を境として曹司から庁、曹司庁へと表記が変わっていることがわかる[196]。そしてまたその内部にある個々の建物についても庁事とか庁・東庁と表記されており、先にみた養老令から『延喜式』への変化を裏づけている。おそらくこうした変化は、官人たちの執務の場が、本来の庁である朝堂から曹司へと移っていった事実を反映しておこったものと思われる。しかし、ここで庁という語について考えてみると、元来、庁は「まつりごとどの」、つまり政務を執る建物を意味していたのであるから、官人が執務する場であるなら庁は朝堂に限られる必要はなかったのである。

このような政務の場の変化をうけて、養老令雑令の条文についても明法家のあいだで解釈が変わってくるようになった(197)。ある明法家は「庁」とは曹司庁のことだといい、これに対して別の明法家は第一に「八省」（朝堂院）のことだが、ただし曹司も同じことだといっている。また「庁」とは「八省」の庁のことだが、曹司は司の庁だと解する明法家もいて、政務の場の変化をうけて条文の「庁」という言葉をめぐって明法家たちの解釈が混乱しているのである。

その一方で、曹司という言葉についても変化が生じてきている。第一は個人や官職に付属した曹司の登場である。平城宮には大納言藤原魚名のための曹司が設けられていた。『続日本紀』によると宝亀八年（七七七）三月、光仁天皇が行幸しており、おそらく宮外にあったものと思われる(198)。また、同じように宮外に設けられた個人の曹司には、平安宮では右大臣藤原冬嗣の「外曹司」と天長二年（八二五）にその北に設けられた大納言藤原緒嗣の「休息局」が知られる(199)。平安京では、このほかに宮内や内裏に常時・臨時を問わず摂政・関白や大臣の直廬、皇太子の直廬・休廬と呼ばれるものが設けられることがあったが、おそらくこれらも曹司や休息局にあたるのであろう。個人の曹司としてもっとも古い例は、神護景雲三年（七六九）三月から宝亀六年（七七五）九月のあいだ近衛府の将監であった紀船守に与えられた曹司である。平城宮から出土した原形不明の木簡で、人の配置を書いたものに、紀船守の曹司に一人を配置したことが書いてある(200)。そのほか長岡宮でも大臣の曹司造営に関する木簡が出土している。[201] こうした個人や官職に属する曹司のうち、大臣・大納言の曹司と将監クラスの曹司とが同じようなものか、当然問題であるが、少なくともともに官人の休息・止宿のための曹司であったことには違いないだろう。

曹司という言葉の変化の第二は、平安女流文学等で聞きなれている部屋と言う意味での使用の出現である。比較的早い例として、天長七年（八三〇）七月に霹靂（落雷）した場所の一つにあげられている「内裏西北角曹司」がある。[202] あるいは紀船守の曹司というのも、そうした建物の一画を占める部屋であったのかもしれない。

朝政の衰退

これまで曹司の充実と曹司がしだいに官人たちの実質的な執務の場になっていったことを、官衙の発掘調査の成果や曹司・庁という言葉の意味の変化から考えてきたが、ここで朝政の変化、とくに太政官の議政官による聴政の変化という観点から右のことを肉づけしてみよう。

朝堂院における議政官の聴政については、平安宮の初期について若干の史料がある。それらによると、朝堂院における議政官の聴政は毎月朔日と旬日にだけ行われるようになり、またそのときの申政の作法にも厳格さが求められていること、基本的には大臣の聴政に限定されていたことから、朝堂院における聴政は日常的なものというよりも儀式的な性格を強く帯びるようになってきたといえる。このののちさらに日常的な政務が儀式化し、朝堂院での聴政はやがて年中行事へと変貌してゆくことになる。[203]

朝堂院での議政官による聴政が特定の日だけ行われる儀式となっていったとすると、日常的な聴政はどこで行われるようになったのであろうか。当然それは太政官曹司庁で行われるようになったと考えられる。議政官聴政の場が朝堂院にある太政官の庁（昌福堂）から太政官の曹司へと移っていったことを示す事例として、式部・兵部・中務のいわゆる三省による申政の代表である考選目録・季禄文・馬料文の上申の場の変化をあげることができる。『延喜式』や『儀式』に規定された三省による申政の場についてみてゆくと、その場を必ずしも一カ所に限定せず、明らかに複数の場所で行われることがあることを示している条文がある。[204]すなわちある条文では朝堂だけを政務の場に想定しているのに、別の条文では明らかに第一に朝堂、第二に曹司（庁）といった形で複数の場を規定しているのである。

このような一見矛盾した条文のありかたは、おそらく本来朝堂で行われていた政務がしだいに曹司庁へ移っていったにもかかわらず、『延喜式』や『儀式』の編纂者が、そのような変化を条文に盛りこむさいに、旧来の儀式・政務の場を削除せず、原則として残していったためだと考えられる。つまり、これらの政務の場合、明らかに本来朝堂で行われるべきであったが、それが曹司へと移行していったことを示しているのである。ただ三省による考選目録・季禄文・馬料文の上申といった政務は、律令制の基礎である官人制を運営するうえできわめて重要な政務であった[205]ため、のちにはそれだけがとくに儀式化してゆくのであるが、そのような重要な政務でさえ朝堂から曹司へと移っていったのであるから、当然、日常的な政務はより早く朝堂から曹司へ移っていったであろう。先にみた官曹における石川名足による聴政はそれを如実に示している。

太政官の曹司における議政官の日常的な聴政もやがて内裏の側近、建春門の東に位置する太政官候庁（外記候庁・外記庁）へとその場を移すようになる。[206]そして弘仁十三年（八二二）四月には、太政官候庁での議政官による聴政がのちに「外記政」と呼ばれる政務として制度的に成立すると、最初のうちは太政官曹司庁で弁官が日常的に政務を執っていたが、やがて弁官も太政官候庁の南に結政所という日常的執務の場を得、太政官曹司庁はますます太政官内での儀式の場として確立していく。そしてそこで特定の日に行われる議政官の聴政は、それ自体が儀式化して「官政」と呼ばれるようになった。

このような一連の動向の背景には天皇が内裏で執務し、さらにそこで儀式を執行するようになっていたことだけでなく、議政官たちが政務・儀式のためばかりか日常的に内裏へ侍候するようになっていたことを指摘することができる。そのような議政官たちの動きはやがて朝参・朝政によって与えられた朝座上日や曹司での執務で与えられた上日とともに、内裏への侍候によって上日（内裏上日）が与えられるようになり、やがて他の上日同様に公認され、上日として合計することができるようになってゆく。それればかりか、やがては議政官たちが内裏内の近衛府の陣などで聴政を行ったり、あるいは議政官たちによる太政官会議が行われるようになってゆくのである。

このような議政官たちが日常的に聴政するための場の変化にもかかわらず、そのさいの政務のありかたには根本的な変化はなかったのではないかとも考えられるが、少なくとも一つだけ大きな変化が生じている。それは、先に朝堂における議政官の聴政について書いたおりにも述べたが、聴政の場での口頭による伝達の優先ということが「外記政」までは確認できるが、議政官が陣で行う陣申文といった聴政では、伝統的な口頭による読申や処分は行われず、文杖にはさまれた文書が議政官のもとへ直接提出され、議政官が文書一通一通に目を通してそれに処分を加えるようになっているのである。ここにようやく口頭伝達優先の政治から、形だけでも文書を直接見て判断を下す政治へと変わっているのである。

(五)　告朔にみる朝儀の儀式化

儀式の場の二つのありかた

これまで朝政がもつ多くの問題を単純化して、その実際のありかたとその場の問題に焦点をしぼり、歴史的な展開の様相を、文献史料に限らずひろく発掘調査の成果に求めてさぐってきた。そこから知ることができた多くの事実、とくに朝政の歴史的展開の方向は、当然、その場を共有した朝儀ともきわめて緊密な関連をもつと考えられる。

そこでまず、右のことを考える緒として、奈良時代と平安時代の儀式の場を比較することからはじめることにする。

奈良時代、平城宮の朝堂院で行われた儀式を天皇が出御する場を基準として整理すると、大きく二つの類型を設定することができる(207)。一つは天皇が大極殿に出御して行われる儀式である。仮に大極殿出御型の儀式と命名しよう。この類型の儀式の場合、天皇が大極殿に御し、大極殿門を挟んで朝庭には文武百官が列立する。大極殿出御型に属する儀式には、天皇の即位儀、元日朝賀、任官、叙位、改元などの宣詔、それからのちに詳しく検討する告朔などがある。

奈良時代における儀式のいま一つの類型は天皇が大極殿門に出御して行う儀式で、大極殿閤門の名にちなみ閤門出御型と呼ぶことにする。この類型の儀式における場の用いかたは、大極殿門が天皇出御の場、朝堂が臣下の場で、それらに取り囲まれた朝庭は儀式の主要な行事・芸能などが執り行われる場となる。ここで、前節でふれた平城宮の大極殿前庭で発見された、天皇が大極殿から大極殿門へ出御するための施設かと推測される遺構を想起していただきたい。閤門出御型の儀式の場合、きわだった特徴として、大極殿院の中心殿舎であり天皇の地位そのものを象徴する高御座のあった大極殿がまったく機能していないことを指摘することができる。このような場の使い方をする儀式には、正月七日・十六日の節会、十七日の大射、十一月の豊明節会、外国使・「化外民」への賜饗と彼らによる奏楽などがある。このほかに門を天皇出御の場とした儀式に五月五日の騎射がある。騎射には平城宮では「重閣門」(宝亀八年)「重閣中門」(神亀六年)が用いられているが、その「重閣」という構造や「中門」という表記からみて、これを大極殿門と考えるには無理があり、朝堂院の南門をあてるべきかと思う。(補注12)なお、この場合、天皇の朝堂院南門への出御の施設として、やはり前節でその存在を指摘した朝庭の馳道を思い出していただきたい。

儀式の場のうつりかわり

つぎに、平城宮の朝堂院で行われた儀式が平安宮ではどこで行われたのかについてみてみると、これもやはり儀式の場によって大きく二つの類型に分けることができる。(208)まず第一に、即位儀・元日朝賀、告朔、出雲国造による神賀詞の奏上、外国使の上表などが朝堂院で行われている。朝堂院を場とする以上のような儀式を朝堂院型と名づけることにする。朝堂院型の場合、儀式の場は、基本的には、天皇が大極殿に御し、文武百官・出雲国造・外国使らは龍尾道南方に広がる一段低い朝庭に列立するという使いかたをし、先にみた奈良時代の朝堂院を用いた儀式のうち、大極殿出御型の儀式に対応している。

第二に、正月元日、七日、十六日、十七日の大射、十一月の豊明節会は、平安宮では新たに造られた豊楽院で行われた。これを豊楽院型とすると、この類型の儀式では、天皇が豊楽院の正殿である豊楽殿に出御し、臣下は豊楽院の朝堂に分かれて座し、朝庭では各種の行事・芸能がくりひろげられた。これは明らかに平城宮における閤門出御型の儀式に対応している。なお、平城宮では朝堂院南門とその前方に広がる庭を用いて行われたと考えられる五月五日の騎射については、それ専用の殿舎として武徳殿が平安宮に設けられた。

さて、平城・平安両宮におけるそれぞれ二種類の儀式を比較すると、まず、大極殿出御型や朝堂院型の儀式は、臣下が天皇に対して特定の事柄を奏上し、基本的には朝拝を中心とした儀式で、そこでは天皇と臣下の立場が確認され、臣下が天皇への忠誠・服属を誓う儀礼だといえる。そのことは、この両類型の儀式における場の使いかた、すなわち、天皇が一段高い大極殿前庭あるいは龍尾道上のさらにいっそう高い大極殿の高御座に御すのに対して、臣下たちは朝庭で天皇に向かって列立したことに端的にあらわれている。これに対して、閤門出御型や豊楽院型の儀式は節会を中心とした饗宴がおもで、天皇と臣下とが共同飲食することによって一体となることを目的としているといえる。この場合、単に饗宴が行われただけではなく、必ずといってよいほど禄の支給も行われ、それらによっても天皇と臣下とがその関係をとりむすんだのである。こうした饗宴の性格はそのさいの座のとりかたにも反映していて、けっして天皇と臣下とは相対することなく、ともにそれぞれの場である殿堂上にあって朝庭に向い、これをとり囲んだのである。

以上のような平城宮と平安宮における儀式の系譜関係に注目すると、まず、平城宮の大極殿門と平安宮豊楽院の正殿豊楽殿とが機能のうえで対応していることがわかる。また平面プランのうえでも両者には類似したところがある。ここで平城宮における大極殿門の性格・機能について考えてみると、大極殿門は単なる門ではなく、天皇の専有空間である大極殿院と臣下の空間朝堂院との境界にあって、二つの性格の異なる空間を結ぶ結節点として、門内外の交渉の場という機能を有していたと考えられる。従って、大極殿門は節会を中心とした饗宴においてこそその機能をもっとも発揮したと考えられる。一方、豊楽殿をめぐっても朝堂院・豊楽院の歴史を論ずるうえで重要な問題があるが、ここでは平安宮の豊楽殿が平城宮の大極殿門の機能を受け継いでいるという指摘にとどめておくことにしよう。

つぎに、平城宮の朝堂院が有していた儀式における多様な機能が、平安宮では儀式ごとにそれに対応した機能をもつ施設がそれぞれ設けられるにいたった点が注目される。このことは、実は朝堂院が政治的儀式・国家的儀式の場として純化をとげ、他方でそれに対応する専用の饗宴の場として豊楽院が設けられるようになった事情をも示している。

以上、平城宮から平安宮へと儀式の性格に対応して儀式の場が分化してゆく様子を略述したが、このような事態は朝堂院に限られたわけではなく、内裏や太政官や曹司庁をも日常的な政務の場からさらに儀式の場へと変えていった。日本の古代では、日常的な政務が、あるいはその一部がとくに儀式化されるという特質がみられ、朝堂院や豊楽院で行われた国家的儀式・饗宴とは次元を異にする日常政務にかかわる儀式が、天皇を中心とするものは内裏で、また太政官を中心とするものは太政官曹司庁でそれぞれ行われるようになってゆく。太政官曹司庁が儀式の場となってゆく様子についてはすでにみたので、内裏について簡単に述べておくと、内裏の正殿紫宸殿の一郭は天皇の日常政務の場であったが、朝堂院を中心とした儀式の場の分化によって多くの儀式が内裏へ移行し、紫宸殿の一郭が内裏で行われる儀式の場となった。そしてそれに対応して天皇の日常政務の場はやがて天皇の常の御殿となった清涼殿へと移行してゆくことになる。

朝儀の典型・告朔

つぎに儀式の場の問題を考慮しつつ、朝儀自体の展開の具体相をさぐってみよう。ここで朝庭におけるすべての朝儀についてその展開をあとづけることはできないので、朝儀の典型と考えられていた告朔を選び、朝儀の展開の様子をさぐってみたい(209)。ところで、告朔をとりあげるのは、それが朝儀の典型と考えられていたからだけではなく、告朔が天皇の律令官人制の頂点たることを象徴的に示す儀式として、また日常の朝参に対してとくに朝庭に会集して公文の進奏を行う特別の朝参としての実質的な政務の意味をもって導入されたが、やがてそのような本来の意義を喪失し形骸化してゆくという、律令制下における朝儀の典型的な展開をたどるからでもある。

まず、律令制下における告朔の儀式の概要を知るために養老令の規定からみてみよう。養老令に規定された告朔の儀式は、大きく二段階に分けて理解することができる(210)。第一段階は、文武百官が朝庭に参会し、各官司の五位以上のものが朝庭にあらかじめ設けられている案の上に公文を進め置くまでで、第二段階は、公文を進め置くまでの儀が終わってから、大納言が公文を天皇に進奏する儀式である。このうち第一段階が朝堂院の朝庭で行われたことは告朔が特別の朝参であったことからみてまちがいないが、第二段階の大納言による公文進奏がどこで行われるか、すなわち天皇がどこにいて大納言の進奏を受けるかについては養老令の条文に規定がない。

しかし、大宝令の註釈書である「古記(211)」によると、大納言が天皇に公文を進奏するのに先立ち、内舎人に公文の置かれた机ごともたせて参入させ、天皇の御前近くに公文をのせた机を置くとあり、内舎人という天皇近侍の官人が参入して大納言が公文の進奏を行うのであるから、文武百官の列立する朝庭のある朝堂院から天皇が出御している殿舎のある空間に入って行われたものと考えられる。一方、文武百官たちが朝庭に会集し、そこを場として行う儀式にあっては、やはり天皇の大極殿出御が大前提であろう。従って告朔の第二段階は、朝堂院から大極殿院に入って大極殿に座す天皇に対して大極殿前庭で行われたと考えられる。なお、告朔の当日、降雨などで朝庭が使えないときなどには天皇が出御して行われる告朔の儀式はとどめられ、諸司の公文を弁官が受け取って、天皇の御覧に供するために中務省に納めることになっている。

ところで、告朔の儀式の意味を明らかにするためには、天皇に進奏された公文がどのような内容であったかを明らかにしなければならない。大宝令や養老令に注釈を加えた明法家たちの説(212)によると、おのおのの官司が前月の行事、すなわち前月に授受した文書を施行したかあるいはしなかったかを詳しく注記した文書が公文であるという。しかし、その実物は残っていないので、公文がどういう文書様式であったか、その記載内容が明法家のいうとおりであったのかどうか、それらの点は不明である。ただし正倉院文書のなかには「告朔解」と呼ばれる一群の文書が残っている。それは、造東大寺司やその管下の写経所などが作成した文書で、その官司で行った前月の行事、たとえば作物や散役（人の配置）の状況など、また造東大寺司の場合にはそれにくわえて四等官の上日が記されている。「告朔解」は解という文書の様式からみて、直接天皇へ奏上された公文とは考えがたく、むしろそれぞれの所管官司への業務報告とみたほうがよいが、告朔の儀式で奏上された公文の内容を推測する参考にはなるだろう。

公文がかりに「告朔解」のように具体的な官司の活動を事項ごとに詳しく数字などをもって記録したものだとすると、そうした内容の公文が各官司から提出され、しかも公文の内容がそのまま天皇の前で大納言によって奏上されたとは考えがたいのではないだろうか。そうであるならば、告朔の儀式、ことに天皇が告朔公文の奏上を受けることはいったいどのような意味をもっていたのだろうか。告朔の儀式は、古瀬奈津子氏も指摘するように(213)、たしかに、行政報告を儀式化したものであることは間違いないが、この儀式で行われた行政報告そのものが律令制の機構のなかでどれほどの実質的意味を有していたかはやはり疑問であるといわざるをえない。

先にも述べたように、天皇の出御のもとで儀式を行えないときでも、諸司の公文は天皇の御覧に供するために中務省納められることになっていた。告朔公文と同様に、天皇の御覧に供するために中務省に納められた文書には、地方から送られてくる戸籍・僧尼名籍・租帳・調帳・正税帳などがあった(214)。戸籍は戸ごとに一人一人の姓名・続柄・年齢などを詳細に記載し、一里で一巻に造られた。六年ごととはいえ、全国各地から数百巻にのぼる膨大な数の戸籍が天皇の御覧に供されるために中務省に集め納められたことになる。また、租帳・調帳・正税帳などは、正倉院文書中にのこる実物などからみても、数字を用い細かな計算を行った、きわめて整然とした、しかも長大な文書である。これら御覧用として中務省に納められた膨大な量の文書に天皇が実際に一つ一つ目をとおしたとは思われず、従って天皇の御覧という行為、そして御覧に供するという目的に実質的な意味があったとは考えられない。

律令制の成立過程で文書による政務が開始され、やがて大宝令にいたり文書主義に基づく政務の運営が確立するなかで、天皇の御覧に供するという実質的な意味のない行為のために莫大な労力が文書作成などに投入されたのは、文書あるいは文書主義を象徴的にとらえねばならない側面のあることを示唆している。そうであるとすると、天皇のもとに莫大な文書、すなわち天皇の全国支配の実効を示す戸籍・租帳などの文書、またその支配のために存在する官人や支配機構の頂点に天皇があることを示す告朔公文などが集められたのは、天皇が文書主義によって運営される律令国家の頂点に立つことを象徴的に示そうとしたと考えられないだろうか。

平安時代の告朔

奈良時代の告朔の儀式がおおよそ以上のようであるとすると、告朔は平安時代にはどのように行われたのだろうか。

平安時代になっても告朔の儀式が毎月朔日に行われる原則は変わらなかったが、天皇が大極殿に出御して告朔公文の進奏を行うのは四孟月（四季のはじめの月、一月・四月・七月・十月のこと）の朔日に限られるようになった。[215]また天皇が大極殿に出御して行われる告朔公文の進奏の儀式は、基本的には養老令の規定を継承している。すなわち、『延喜式』[216]によると、弁官が諸司の五位以上で公文を入れた函をもつものを率い、朝庭にあらかじめ立てられている漆案のもとにおかれた版位に進み、案の上に公文の函を置く、その間に、その他の官人たちは所定の位置に立ち並ぶ。そののち公文の函をのせた案は大極殿前庭のある龍尾道上に運ばれ、奏事者によって天皇に告朔公文が奏上される。ついであらかじめ龍尾道の階下に伺候していた内記が呼ばれると、内記は大極殿前庭上へ龍尾道の東西の階から昇り、案をかついで東階から降りて案ごと公文を中務省へ運ぶ。

一方、天皇が大極殿に出御しないときに行われる告朔の儀式は朝堂院の弁官庁である暉章堂を舞台として行われた[217]。暉章堂で行われたことから暉章堂告朔とも呼ばれた。この場合は、諸司の五位以上の官人が公文を函に入れ弁官に進め、のち弁官から中務省に納められる手順となっている[218]。基本的には養老令の規定で降雨などのため朝庭がもちいられないときに行われる告朔の儀式のありかたを継承している。

ここで奈良時代と平安時代の告朔の儀式を比較してみると、儀式の内容自体には大きな相違はないようだが、明らかに相違する点がいくつかある。まず第一に、すでに指摘したように、平安時代になると天皇の大極殿出御の原則がくずれ、奈良時代には毎月行われることになっていた告朔が、四孟月に限定されるようになった。このことは、これまで天皇が大極殿に出御しないのは降雨などで朝庭が使用できないなど特別の場合に限られていたのが、四孟月以外には天皇が大極殿に出御しないことが原則となったと言い換えることができる。すなわち、告朔が天皇に対する月ごとの行政報告の儀式としての意義を失い形式化していったことを示唆している。

第二に、『延喜式』では、天皇が大極殿に出御しないとき、弁官に公文の函を進める場としてまず朝堂院の弁官庁をあげているが、太政官曹司庁で行う場合もあることを記している[219]。天皇の出御がない場合の告朔儀式の場が朝堂院の弁官庁から太政官曹司庁へと移っていったことを物語っており、おそらく、第一の点とも深く関連するものと考えられる。先に太政官曹司庁が太政官における儀式の場となっていたことをみたが、その一例でもある。

第三として、天皇に公文を奏上する役割を帯びたものが、天皇への奏上を職務とする大納言から大臣によって選ばれた奏事者と呼ばれる役にかわっていることが注目される。この変化は、一つには令に規定された大納言の職務の一つである「敷奏」（奏上）の任という側面がうすれ、大納言の性格が議政官へと純粋化していったことによると思われる。しかし、いま一つには、告朔が本来政務としての実質的な側面を有していたために、天皇への奏上を職務とする官である大納言が告朔の儀式においても奏上を行ったが、告朔が行政報告としての独自の意味を失って形式化し、奏上を任とする大納言ではなく、即位や元日朝賀などの儀式でもみられた奏上の役割を果たす奏事者が任命されるようになったと考えられる。すなわち告朔の儀式としての整備を暗示する。

それでは行政報告の性格をもった告朔の儀式はいつごろ始まったのだろうか。『日本書紀』では告朔が天武朝のころからあらわれる。(220)天武朝の告朔儀式の内容を具体的に知ることはむつかしいが、五月・十一月・十二月と平安時代の四孟月のように特定の月に集中することがないから、毎月朔日に行われたこと、また雨や雪のために停止されていることからみると告朔の場は朝庭のような庭であり、そこが降雨・降雪などで使えないときには停止されることになっていたこと、つまり儀式の内容を除けば奈良時代律令制下における告朔の儀式とほぼ同じであることが確かめられる。ところが古瀬氏によると、儀式そのものは、中央の諸司による行政報告という点では同じだが、天武朝には官人制が未完成で文書行政機構が介在しないから、太政官を経由せず、儀式の場で天皇に対して官司ごとに直接口頭で行政報告が行われたという。天武朝が豪族の官人化を推進し、行政機構の整備に力を注いだ時期であることを考えあわせると、告朔の儀式の実施もそれらと一連の政策であったのだろう。

このの ち告朔の儀式は浄御原令制下で律令制的な官人制に基づく序列が採用され、儀式として一段と整えられることになるが、まだ告朔公文として整った文書が存在しなかった可能性もあり、最初にみたような内容をもつ儀式となるのは大宝令を待ってのことであった。

分解してゆく告朔

告朔は律令制を強く志向した天武朝に、豪族の官人化政策や行政機構の整備などと一連の政策として行われるようになった。そうした告朔には、天皇を頂点とした律令制支配を象徴する儀式としての側面と、また律令制支配を支える行政機構からの天皇への行政報告という実質的な政務としての意味とがあわせもたされていたと考えられる。告朔の儀式は浄御原令の施行により、いっそう儀式として整えられるが、多くの朝儀と同様に、大宝律令の完成を待って律令制下の儀式として確立することになる。

大宝令の編纂・施行によって、文書主義に基づく文書行政が体系的な秩序をもった行政機構を通じて運営されるようになると、告朔が有した意義そのものに変更はないものの、行政報告自体は文書主義にあわせて口頭から文書にかわり、儀式は天皇の大極殿出御のもとに朝庭を用いて行われ、朝堂院を用いた朝儀の典型とされるにいたった。

しかし、そののち天皇出御のもとでの告朔の儀式は四孟月に限られるようになり、さらにしだいにそれも行われなくなり、天皇を頂点とした律令制支配を象徴する儀式としての側面がうすれていった。一方、行政報告としての実質的な面は、暉章堂告朔として受け継がれるが、やがてこれも弁官を中心とした儀式としてその場を朝堂院から太政官曹司庁へと移してゆく。

このように告朔の儀式は律令制の成立とともに朝儀として採用され、律令制の確立のもと朝儀の典型とされるにいたったが、やがてその意義を失い律令制と運命をともにすることになった。しかしそれは朝儀の衰退そのものを意味するのではなく、新たな構想のもとで朝儀全体が再編・整備される過程で告朔が分解を余儀なくされたのであったと考えられる。

註

（1）本書第四章参照。ただし朝堂院の称も八省院の称も長岡宮ではみえず、平安宮においてはじめてあらわれる。因みに朝堂院は『日本紀略』延暦十四年八月癸未条、また八省院は『日本紀略』・『類聚国史』天長三年九月乙亥条がそれぞれ初見である。また平安時代前半に成立した正史では八省院（八省）の称が圧倒的に多く、朝堂院の用例は少ない。

（2）奈良時代後半の平城宮や長岡宮などでは、のちに朝堂院（八省院）と呼ばれた一郭は太政官院と呼ばれたらしい。ただしそれが奈良時代の前半まで遡るか否かは明らかでない。本書第五章参照。

（3）『法曹類林』巻二〇〇所引式部文。横田健一「朱雀門、応天門と大伴氏」『続日本紀研究』九—九、昭和三十七年。

（4）『令集解』巻二四宮衛令開閉門条所引古記。

（5）『延喜式』巻三〇大蔵省元正条、巻四九兵庫寮大門楯条。

（6）大門と呼ばれる門が次第に南下して行く事実とともに、宮で最大規模の門も南下して行く事実が注目される。後述するように、前期難波宮では朱雀門に相当すると考えられる門と会昌門に相当する門が同一規模で、これに対して大極殿門相当の門はさらに大きく、おそらく宮城内で最大の門であったと推定され（長山雅一「前期難波宮朝堂院の二つの門をめぐって」『難波宮跡研究調査年報』一九七二、昭和四十八年）、藤原宮ではこれら三門は同一規模となり（さらに宮城門全てが同規模。『飛鳥・藤原宮発掘調査概報』14、昭和五十九年）、平城宮では朱雀門が最大規模の門となる（奈良国立文化財研究所『平城宮発掘調査報告IX』昭和五十五年）。この現象は明らかに大門と呼ばれる門の南下と深い関係をもつと考えられる。第五表参照

（7）難波宮跡でも、最近の発掘調査で朱雀門に相当する門が確認された（大阪市教育委員会・財団法人大阪市文化財協会『大阪市立聾学校における難波宮跡発掘調査（NW九三—五）現地説明会資料』平成五年）。門は前期難波宮の時期に属し、朝堂院南門から南に一〇六mの位置にある。門の規模は桁行五間（二三・五m）、梁間二間（八・八m）で、朝堂院南門と同規模である。また門の左右には掘立柱の複廊が取り付く。この門が確実に朱雀門に相当する門であるとすると、門の左右に取り付く、宮の周囲を限る施設のうち少なくとも南面が複廊である点で他の宮都と異なり、京の附属の問題など、その意味を繞って今後議論が起ると予想される。

（8）奈良国立文化財研究所註（6）『平城宮発掘調査報告IX』。

（9）註（8）報告書。

(10) 奈良国立文化財研究所『飛鳥藤原宮発掘調査報告Ⅰ』昭和五十一年、奈良国立文化財研究所『飛鳥・藤原宮跡発掘調査概報』6・10・14・19、昭和五十二・五十五・五十九・平成元年。
(11) 和銅三年正月に行われた一連の正月の儀式に関する『続日本紀』の記事うち、和銅三年正月壬子朔条に「皇城門」と「朱雀路」が見える。この時まだ平城に遷都しておらず、藤原宮に天皇がいたと考えられるから（拙稿「平城宮の内裏」奈良国立文化財研究所『平城宮発掘調査報告XIII』平成三年）、『続日本紀』の「皇城門」と「朱雀路」は藤原宮のもので、その記事の文脈から「皇城門」は朱雀門に相当する門と考えられる。
(12)『続日本紀』天平六年二月癸巳朔条。
(13)『続日本紀』和銅八年十二月甲申朔条。
(14) 東野治之「二条大路木簡の槐花」（中山修一先生喜寿記念事業会『長岡京古文化論叢II』平成四年）によれば、平城京の街路樹として柳とともに槐（柿）が植えられていた可能性がある。
(15)『延喜式』巻四二左京職大路門屋条。
(16)『延喜式』巻四一弾正台、巻四二左京職京路清掃・道路樹条。
(17)『類聚三代格』巻一六斉衡二年九月十九日太政官符、『延喜式』巻四二左京職宮城朱雀等掃除・朱雀馬牛・雇使員数条。
(18) 今泉隆雄「文献からみた朱雀大路」（奈良市『平城京朱雀大路発掘調査報告』昭和四十九年、のち今泉隆雄著『古代宮都の研究』平成五年に改稿して再録）。
(19) 岸俊男『日本の古代宮都』NHK大学講座テキスト、昭和五十六年（のち平成五年に同名の単行本として写真図版などを増補して刊行）。
(20)『延喜式』巻四二左京職京程条。
(21) 岸俊男「平城京と『東大寺山界四至図』」永島福太郎先生退職記念会『永島福太郎先生退職記念　日本歴史の構造と展開』昭和五十八年（のち岸俊男著『日本古代宮都の研究』昭和六十三年に再録）。
(22)『拾芥抄』中、宮城部第十九門号起事。
(23) 平城京の二条大路は宮城の南面部分のみでなく、その東延長のうち東二坊坊間路までが広くなっていたことが確認されている（奈良国立文化財研究所『平城京長屋王邸宅と木簡』平成三年）。周知のように、平城宮は東に東院と呼ばれる張り出し部分をもち、平城宮の東面は西面より二町分外（東）に位置したから、ちょうど東二坊坊間路は平城宮の東面を限る南北道路となる。因みに平城宮は東南隅方二町を欠き、二条大路がその南面まで幅広くなっていたことから、この四町の部分は平城遷都当初何等かの特殊な意味を持っていた可能性が高い。なおこの部分には天平初年藤原麻呂の邸宅があったと推定されている（同上書）が、麻呂邸となる以前については未だ明らかでない。今後の課題であろう。

(24) 金子裕之「平城京と祭場」『国立歴史民俗博物館研究報告』七、昭和六十年。

朱雀門	宮城門
桁行五間（16尺．総長23.4m）・梁間（15尺．総長8.8m）→205.92㎡	
桁行五間（17尺．総長25.2m）・梁間二間（17尺．総長10.1m）→254.52㎡重層か	西面中門・南門、東面北門、北面中門 桁行五間（17尺．総長25.2m）・梁間二間（17尺．総長101m）→254.52㎡
桁行五間（17尺．総長25.25m）・梁間二間（17尺．総長10.1m）→254.52㎡重層入母屋造	壬生門・若犬養門・玉手門・佐伯門 桁行五間（17尺．総長25.25m）・梁間二間（15尺．総長8.85m）→223.02㎡単層切妻造
桁行七間・梁間二間重閣	美福・皇嘉門 桁行五間・梁間二間重層 その他の門 桁行五間・梁間二間単層 上東・上西門 桁行二間・梁間二間上土門

第五表　宮城諸門比較表

		大極殿閤門（大殿南門）	朝堂院南門
飛鳥京跡上層遺構		内郭南門 桁行五間又三間（10尺．総長8.7mまたは14.5m）・梁間二間（9尺．総長5.4m）→46.98㎡または78.3㎡ エビノコ郭西門 桁行五間（10尺．総長14.8m）・梁間二間（9尺．総長5.4m）→79.92㎡	
前期難波宮		内裏南門 桁行七間（16尺．総長32.7m）・梁間二間（21尺．総長12.3m）→402.21㎡	桁行五間（16尺．総長23.4m）・梁間（15尺．総長8.8m）→205.92㎡
近江大津宮		内裏南門 桁行七間（総長21.2m）・梁間二間（総長6.3m）→133.56㎡	
藤原宮		桁行五間（17尺．総長24m）・梁間二間（17尺．総長9m）→216㎡「重閣門」	桁行五間（17尺．総長25.2m）・梁間二間（17尺．総長10.1m）→254.52㎡
平城宮	第二次大極殿院下層	桁行五間（中央三間15尺．両端間10尺．総長19.2m）・梁間二間（15尺．総長8.9m）→170.88㎡重層（二重または楼門）	未検出
	第一次大極殿院	桁行五間（中央三間17尺．両端間15尺．総長23.8m）・梁間二間（20尺．総長11.8m）→280.84㎡重層入母屋造「重閣中門」	桁行五間（15尺．総長22.1m）・梁間二間（15尺．総長8.85m）→195.585㎡単層切妻造
	第二次大極殿院	桁行五間（15尺．総長22.1m）・梁間二間（15尺．総長8.9m）→196.69㎡重層切妻造「重閣門」	未検出
	中宮院（第一次大極殿院第II期）	（中宮院南門） 桁行三間（15尺．総長13.44m）・梁間二間（12尺．総長7.2m）→96.768㎡単層切妻造	桁行五間（13尺．総長19.2m）・梁間二間（13尺．総長7.7m）→147.84㎡
恭仁宮		礎石あるも未調査	応天門相当門 桁行五間（両端間12尺・中央三間15尺）・梁間二間（9尺）→112㎡ 会昌門相当門 桁行一間以上（7尺？）・梁間二間（7尺）
後期難波宮		不明（削平）	不明（撹乱）
長岡宮		桁行五間（15尺．総長22.5m）・梁間二間（15尺．総長9.0m）→202.5㎡	会昌門相当門 桁行五間（15尺．総長22.5m）・梁間二間（15尺．総長9.0m）→202.5㎡重層
平安宮		撤去され存在しない	会昌門 桁行五間（8.6丈）・梁間二間（4.6丈）→356㎡重閣 応天門 桁行五間（10.5丈）・梁間二間（5丈）→472.5㎡重閣

(25)『拾芥抄』中、宮城部第十九門号起事。
(26)横田註（3）論文。
(27)『続日本紀』天平十六年三月甲辰条。
(28)『続日本紀』天平神護二年五月戊午条。
(29)『拾芥抄』中、宮城部第十九門号起事。
(30)岸俊男「都城と律令国家」『岩波講座日本歴史』二古代二、昭和五十年（のち岸註(21)著書に再録）。
(31)『扶桑略記』天平宝字三年八月三日条。
(32)奈良県教育委員会『国宝唐招提寺講堂他二棟修理工事報告書』昭和四十七年。
(33)奈良国立文化財研究所『奈良国立文化財研究所年報』一九六九、昭和四十四年。
(34)日本古文化研究所『日本古文化研究所報告』第二・十一、昭和十一・十六年、黒板博士記念会『古文化の保存と研究』昭和二十八年。
(35)中尾芳治『難波京』昭和六十一年。
(36)『延喜式』巻四九兵庫寮大嘗会条。
(37)直木孝次郎「石上と榎井」『続日本紀研究』一―一二、昭和二十九年。
(38)『延喜式』巻七神祇七践祚神楯戟条、巻四九兵庫寮大門楯条。
(39)『日本書紀』持統天皇四年正月戊寅朔条。
(40)倉林正次『祭りの構造』昭和五十年。
(41)『万葉集』巻一に七六番として収める和銅元年、元明天皇御製の「ますらをの　鞆の音すなり　もののふの　大臣　楯立つらしも」の歌が、同天皇の大嘗祭での出来事だとすると、四代の天皇となる。
(42)『続日本紀』天平十四年正月丁未朔条（恭仁宮）・天平十七年正月己未朔条（紫香楽宮）・延暦四年正月丁酉朔条（長岡宮）。
(43)奈良国立文化財研究所『平城宮発掘調査出土木簡概報』(十四)昭和五十六年。
(44)『続日本紀』天平十六年三月甲辰条。
(45)『続日本紀』天平十七年六月庚子条。

(46)『続日本紀』天平十六年二月庚申条。
(47)『続日本紀』天平十七年五月戊辰条。
(48)『続日本紀』天平十四年八月癸未条。
(49)『続日本紀』天平十五年十二月辛卯条。
(50)『続日本紀』天平十六年三月丁丑・四月丙辰、十七年正月己未朔・乙丑条。
(51)『続日本紀』天平十六年二月庚申条。
(52)直木孝次郎「天平十六年の難波遷都をめぐって」『飛鳥奈良時代の研究』昭和五十年。
(53)紫香楽宮は、従来、滋賀県甲賀郡信楽町黄瀬の地にあった伽藍配置を採る寺院遺跡がそれとして史跡に指定されていた。しかし近年同町宮町の地で紫香楽宮の時代のものと推定される掘立柱の柱根や木簡などが出土し、紫香楽宮の候補地として一躍注目されるに至り、史跡に指定されていた遺跡は甲賀寺の可能性が高まった。宮町遺跡は、昭和六十三年から信楽町教育委員会によって紫香楽宮関連遺跡の範囲確認調査として継続的な発掘調査が行われ、掘立柱塀や掘立柱建物が検出されているが、本格的な調査は平成五年度に始まったばかりであり、今後の調査成果に大きな期待が寄せられる。信楽町教育委員会『宮町遺跡発掘調査報告―紫香楽宮関連遺跡―』Ⅰ・Ⅱ、平成元年・二年。
(54)『続日本紀』天平十七年正月己未朔条。
(55)『続日本紀』天平十七年四月戊子朔条。
(56)『続日本紀』天平十七年四月庚寅条。
(57)『続日本紀』天平十七年四月戊戌条。
(58)『続日本紀』天平十三年十一月戊辰条。
(59)前期難波宮では朝堂院内部に少なくとも十四の朝堂が存在したことが明らかとなっている。植木久「前期難波宮の朝堂院は十四朝堂」『葦火』三三、平成三年・「大和への玄関―難波津」『新版〔古代の日本〕』⑥近畿Ⅱ、平成三年参照。
(60)『延喜式』巻四一弾正台、『令集解』巻二職員令太政官条。
(61)『延喜式』巻一九式部下告朔条。
(62)『令集解』巻二八儀制令文武官条所引在釈或云。

(63)『令集解』巻二八儀制令文武官条所引在釈或云。
(64)『日本後紀』大同三年十月庚午条。
(65)『延喜式』巻一八式部上朝堂座条。
(66)『延喜式』巻一八式部上。
(67)岸俊男「朝堂の初歩的考察」『橿原考古学研究所論集　創立三十五周年記念』昭和五十年（のち岸註(21)著書に再録）。
(68)前期難波宮では註(59)で述べたように朝堂院内に十四棟の朝堂が存在した。その規模については第一表参照。
(69)日本古文化研究所註(34)報告書。
(70)長岡宮で、最も新しい朝堂関係の調査は東第三堂の調査である。財団法人向日市埋蔵文化財センター・向日市教育委員会『向日市埋蔵文化財調査報告書』第二五集、平成元年。
(71)平城宮第二次朝堂院では東半に位置する六つの朝堂について継続して調査を実施し、平成五年現在でそのうち五つの堂が調査を終えた。それによれば（奈良国立文化財研究所『平城宮跡発掘調査部発掘調査概報』昭和五十九・六十一・一九八九・一九九一・一九九二年度、昭和六十・六十二・平成二・四・五年）、東第三堂と東第五堂は東第二堂と同規模で、東四堂のみ桁行の長い建物であることが判明し、またそれらの諸堂の下層には前身の掘立柱建物があり、その規模も確定した（第一表）。
(72)『延喜式』巻三八掃部寮、巻四一弾正台、雑令庁上及曹司座者条。
(73)『続日本紀』宝亀六年五月乙巳条。
(74)『延喜式』巻三八掃部寮。
(75)『延喜式』巻三八掃部寮、雑令在京諸司条。
(76)『続日本紀』宝亀六年五月乙巳条。
(77)平安宮では内裏にも馳道が設けられていたことが諸史料に見える。また天皇が里内に居していた時にも、儀式に際して馳道があらわれることがある。
(78)『延喜式』巻八式部上度馳道条等。
(79)『延喜式』巻四一弾正台。
(80)この箇所は第二次朝堂院の朝庭を念頭において述べたものであるが、その状況は今日までの調査知見と齟齬しない。ただそのうち五時期の大嘗宮の遺構や種々の儀式などに伴うと考えられる多数の仮設の遺構が確認されるに至った。その報告には、奈良国立文化財研究所『平城宮跡発掘調査部発掘調査概報』昭和五十九・六十・六十一・六十三、昭和六十・六十一・六十二・平成元年があり、また大嘗宮については、上野邦一「平城宮の大嘗宮再考」『建築史学』二〇、平成五年が詳しい検討を行っている。

(81)　第二次朝堂院では見つかっていないが、第一次大極殿院・朝堂院の内部ではあるいは馳道かと思われる二時期の道路遺構を確認している（奈良国立文化財研究所『平城宮発掘調査報告XI』昭和五十七年）。ただし道路遺構には路面を特に舗装したり、叩き締めたりした痕跡はなく、その東側溝を確認したに止まる。東側溝は二時期の道路に対応して二条があり、そのうち古い方は第一次大極殿院地区第I期の大極殿院南門から北へ延びる南北道路の東側溝に当たる素掘りの溝で、第一次大極殿院の東西中軸線で西に折り返すと道路は幅員が三七m（一二五尺）となる。また新しい方は第II期に属する同様の南北道路の東側溝で、この場合道路の幅員は一二m（四〇尺）に狭められる。いずれの溝も第一次大極殿院の北三分の一を占め、塼を積んで築いた二mを超える高さの擁壁近くまで達し、北端には擁壁上へ昇るための掘立柱で東西二間（五・五m）、南北一間（一・六九m）の階段が設けられている。報告書ではこの階段を建設時における仮設的なものである可能性を指摘しているが、その位置や規模からすると階段は天皇が擁壁上の大極殿からその南にある大極殿院南門（大極殿閤門）まで出御するために設けられたもので、そこから南に延びる南北道路は天皇が南に進むための馳道であったのではなかろうか。第一次大極殿院南門の南には、それに南接する第一次朝堂院の中央を南北に走り、その南門に至る道路がさらに延び、その一部には河原石を敷き並べた箇所もある。この道路はのちに東西に素掘りの溝を伴うように改められる。道路の幅員は二三m〜二八mほどである。さらに南には第一次朝堂院の南にある朱雀門と結ぶ南北道路がある。

(82)　史料には朝庭に常置されていたかと考えられる「尋常版位」も見える。これは朝庭だけでなく、内裏の南庭にも置かれていた。その「尋常」たる所以を示す役割は不明であるが、儀式ではこの版位を基準として参列者である親王以下百官の列立すべき位置を示す標が立てられた。なお標も百官列立のための印で、白木で作られていたらしい（『江家次第秘抄』巻三（十六）踏歌）。

(83)　職員令式部省条によれば、版位は礼儀を職掌とする式部省の管轄であったが、『延喜式』によると、朝堂院での版位の設置は朝庭が式部省（巻一九式部下神寿・告朔・諸蕃条）、大極殿南庭が中務省の管轄であった（巻一二中務省版位・神寿辞条）。また内裏南庭の版位は中務省が設置し（巻一二中務省）、承明門外は式部省が担当した（巻一九式部下任官条）。

(84)　『延喜式』巻一八式部上置版位条。

(85) 儀式での版位の使用は、参列者のみならず、儀式で特定の役割を果たす人たち（例えば、宣命使・詔使・奏賀者・奏瑞者など）が立ち定まるべき位置を示すためにも用いられた。
(86) 儀制令版位条。
(87) 『令集解』巻二八儀制令版位条所引の古記には今行事として火で焼いて文字を作ると書かれている。このことも版位が木製であったことを示唆する。
(88) 上述したように、塼の版位が「尋常版位」の実物であったとすると、「尋常版位」は常置されたがゆえに耐久性の強い塼で作られ、その上面に「公事」あるいは「私事」と刻んで区別されたが、朝儀の度に設置された版位は木製漆塗りとされたのではなかろうか。
(89) 渤海にも版位の制度が及んでいることを実物から確認できる。瀧川政次郎「東京城出土の版位に就いて」『歴史教育』一一―一〇、昭和十二年参照。
(90) 大韓民国文化広報部・文化財管理局『韓國의古宮』一九八〇年、『韓国の古宮建築』一九九〇年。
(91) 横山浩一「古代の文献にみえる『版位』とその実物」『考古学論考』昭和五十七年。
(92) 『大唐六典』巻一四奉礼郎、『大唐開元礼』巻三序列下雑制。
(93) なお皇后にも天皇と同様に版位の規定がない。朝堂院での儀式に皇后が出御する時は、大極殿上、天皇の高御座の西に南面して御座が設けられた。このことは、皇太子・親王・諸王・諸臣・内親王・女王・内命婦らの礼服、朝服に関する規定が衣服令にみられるのに対して、やはり皇后には天皇とともに衣服に関する規定を欠いていることと関連するものである。
(94) 本文の大極殿門に関する記述は第二次大極殿院の南門について述べたものである。なお第二次大極殿院の下層にはさらに門があり、それは桁行五間（両端間が一〇尺、中央三間が一五尺）、梁間二間（一五尺）の掘立柱の門で、上層の大極殿門造営のために削平を受けた箇所が多く、明らかでない点もあるが、凝灰岩切石を用いた壇正積基壇の上に築かれていた可能性が指摘されている（奈良国立文化財研究所『平城宮発掘調査報告XIV』平成五年）。また第一次大極殿院の南門の場合も後世の削平が著しく、僅かに基壇の掘り込み地業や基壇の北縁を繞る石敷の雨落溝、基壇地覆の抜取跡、北面階段の痕跡などを確認したにとどまるが、それから次のように復原されている。すなわち門は桁行五間（両端間が一五尺、中央三間が一七尺）、梁間二間（二〇尺）の規模を有する切妻造りの一重門（あるいは楼門）で、桁行の中央三間に扉を設け、基壇には北面と南面に門の中央三間分の規模をもつ階段を付けていたと想定されている。なおこの門は三回にわたる改修を受けていたことも確認されている（奈良国立文化財研究所『平城宮発掘調査報告XI』昭和五十七年）。
(95) 中尾註(35)著書。
(96) 上述したように、大門と呼ばれる門が次第に南へ下がり、また宮南面の最大規模の門も南へ下がっていることと関連する。
(97) 井上充夫『日本上代建築における空間の研究』昭和三十七年参照。
(98)『延喜式』巻一二中務省大儀条等、巻一三大舎人寮元正条、巻一三図書寮元日焼香条、巻三〇大蔵省元正条、巻四九兵庫寮元日条。また大極殿南庭とも呼ばれた（『延喜式』巻一二中務省神寿辞条）。
(99)『続日本紀』大宝元年正月乙亥朔条。
(100) この箇所の記述は第二次大極殿院の大極殿前庭について述べたものである。なお第一次大極殿院の中央やや北寄り、塼積擁壁（あるいは石積擁壁）下で桁行六間、梁間一間の掘立柱建物を検出した。この建物の桁行中央柱は第一次大極殿院中軸線上に位置するものと考えられ、桟敷風の遺構かとも推測されている（奈良国立文化財研究所註(94)報告書）が、これら二列に並ぶ計一四カ箇所の柱穴は、いずれも東西に長い三mに一mの長方形を呈する穴で、ここが大極殿院として用いられていた時に宝幢を建てるために掘られた穴であった可能性が高い。
(101) 福山敏男「朝堂院概説」（平安神宮『大極殿の研究』昭和三十二年、のち「大極殿の研究　朝堂院概説」と題して福山敏男著『住宅建築の研究』福山敏男著作集五、昭和五十九年に再録）。なお『文安御即位調度図』の書誌的研究として米田雄介「所謂『文安御即位調度図』について」（『日本歴史』五一六、平成三年）がある。
(102)『延喜式』巻四九兵庫寮元日条。
(103)「淳和天皇御即位記」『続群書類従』第一〇輯公事部。
(104)『続日本紀』慶雲二年九月丙戌条。
(105) 奈良国立文化財研究所『平城宮発掘調査報告XIV』平成五年。
(106) 岸俊男「難波宮の系譜」『京都大学文学部研究紀要』一七、昭和五十二年（のち岸註(21)著書に再録）、鬼頭清明「日本における大極殿の成立」『古代史論叢』中、昭和五十三年。
(107) 福山註(101)概説。

(108) 直木孝次郎「大極殿の起源についての一考察」『〈大阪市立大学〉人文研究』二五、昭和四十八年（のち直木著『飛鳥奈良時代の研究』昭和五十年に再録）、狩野久「律令国家と都市」『大系日本国家史』一古代、昭和五十年（のち狩野著『日本古代の国家と都城』平成二年に再録）、鬼頭註(106)論文。
(109) 小澤毅「平城宮中央区大極殿地域の建築平面について」『考古論集（潮見浩先生退官記念論文集）』平成五年）によれば、藤原宮大極殿・平城宮第一次大極殿・恭仁宮大極殿は同規模で（第三表参照）、藤原宮大極殿が移建されて平城宮第一次大極殿となり、それがさらに恭仁宮大極殿とされたと推定される。
(110) 福山註(101)概説。
(111) 『延喜式』巻一七内匠寮元日大極装束・大極殿飾条。
(112) 和田萃「タカミクラ―朝賀・即位式をめぐって」（『日本政治社会史研究』上、昭和五十九年）。
(113) 大極殿については、『延喜式』巻一七内匠寮元日大極装束・大極殿飾条、巻三八掃部寮、豊楽殿については、巻一七内匠寮。
(114) 『続日本紀』天平十六年二月甲寅条。
(115) この箇所は、和田註(112)論文を受け、平城宮の第一次及び第二次大極殿院・朝堂院の問題、あるいは複都制下における大極殿の存在形態を高御座から解き明かすことができるのではないかとの見通しの下で書いたものであるが、そののち今泉隆雄「再び平城宮の大極殿・朝堂について」『律令国家の構造』平成元年（のち今泉『古代宮都の研究』平成五年に再録）で批判を受けた。今泉氏は、第一に高御座の壇と屋形は臨時に構立されるのではなく、大極殿に常設されていたと考えるのが自然であること、第二に平安宮では高御座は大極殿と豊楽殿に二つが併存したこと、を指摘し、さらに前者が本来のものであるのに対して、後者は後次的なもので、平城宮では高御座は第一次大極殿に一つだけ存在し、第二次大極殿下層の建物には高御座ではなく朝政への天皇の出御ために何等かの御座が設けられたしとし、自ら提唱した奈良時代前半の平城宮における大極殿併存説(「律令制都城の成立と展開」『講座日本歴史』二古代二、昭和五十九年、のち今泉前掲著書に再録)を放棄した。高御座については、天皇の御座全般の問題とも関わらせて別に詳しく検討する必要があるが、当面、今泉氏の批判のうち、平安宮では高御座は大極殿以外に、今泉氏が指摘した豊楽殿、さらに武徳殿にもあった（武徳殿には御座壇があり、節会に際してそこに斗帳が構え立てられた（『延喜式』巻一七内匠寮武徳神泉条）ことは全く豊楽殿と同じであるが、『延喜式』等では高御座と呼ばれていない。しかし『西宮記』では高御座あるいは高座と呼んでいる（巻三、四月廿八日駒牽・六日））ことは認めねばならない。またこれらの殿舎を使用する時に限らず、高御座は常にこれらの殿舎に設けられており、天皇の出御の度毎に高御座を装飾したり、ここに斗帳を立てて御座としたりした点も平安宮では事実であろう。今泉説のうち以上の点を認めたとしても、『続日本紀』天平十六年二月甲寅条に見える難波宮に運ばれた高御座とは一体どのようなものであったのだろうか。奈良時代の高御座と平安時代のものとに本当に相違はなかったのであろうか。あるいは高御座という言葉で表される構造物自体に奈良時代と平安時代で相違があった可能性も考慮しなければならない。また同一の宮都における大極殿の併存には今泉氏も述べるように一応無理があるが、複都制の下、特に所謂彷徨五年の間に平城宮・恭仁宮・紫香楽宮・難波宮が併置されていた時、一体これらの宮にはそれぞれに大極殿と呼ばれる殿舎が存在しなかったのであろうか。もしそれぞれの宮都に大極殿が存在したとすると、その場合、大極殿と呼ばれる殿舎はどのような殿舎であったと考えればよいのか、等まだ未解決の問題が多い。

(116)　八木充「大和国家機構と都宮」『山口大学文学会志』一六―一、昭和四十年。
(117)　『日本書紀』雄略天皇二十三年八月丙子条。
(118)　『日本書紀』推古天皇十二年四月戊辰条。
(119)　『日本書紀』舒明八年七月己丑朔条。
(120)　『日本書紀』大化三年是歳条。
(121)　『日本書紀』天武四年四月辛巳条。
(122)　『日本書紀』推古天皇十二年九月条。
(123)　新川登亀男「小墾田宮の匍匐礼」『日本歴史』四五八、昭和六十一年。
(124)　『日本書紀』推古天皇十六年八月壬子条。
(125)　『日本書紀』推古天皇十八年十月丁酉条。
(126)　『日本書紀』天武天皇十一年九月壬辰条。
(127)　『日本書紀』天武天皇十一年八月癸未条。
(128)　『日本書紀』天武天皇十三年閏四月丙戌条。
(129)　『日本書紀』天武天皇十一年九月壬辰条。
(130)　『続日本紀』大宝四年正月辛亥条。

(131)『日本書紀』推古天皇十八年十月丁酉条。
(132)『延喜式』巻一一太政官時尅・朝堂政条、巻一八式部上空座・無朝座者条、巻四一弾正台。
(133)養老令雑令節日条では、正月一日・七日・十六日・三月三日・五月五日・七月七日・十一月新嘗の各日が節日とされている。ただし『延喜式』では、雑令諸節日条で規定する節日に加え、正月十七日、九月九日も節会とされた。
(134)『日本書紀』舒明天皇八年七月己丑朔条。
(135)『日本書紀』大化三年是歳条。
(136)岸註(67)論文。また最近の研究に今泉隆雄「日本古代における漏刻と時刻制の成立」『文化における時間意識』平成五年がある。
(137)『令集解』巻二四宮衛令開閉門条所引古記。
(138)『延喜式』巻一六陰陽寮諸門鼓条。
(139)『延喜式』巻一八式部上開門後就座条。
(140)本書第五章。
(141)『日本後紀』延暦二十三年十二月丙子条。なおこの勅は『延喜式』巻一八式部上開門後就座条に定着する。
(142)職員令によれば、内礼司の職掌は弾正台と同じであるが、その対象を宮門内と宮門外とで異にしていた。内礼司は大同三年正月二十日、詔によって弾正台に併合されている（『類聚三代格』巻四大同三年正月二十日詔）から、『延喜式』で規定する朝堂院、すなわち宮門内での朝政における儀礼の監督が内礼司の宮門内を対象とした職務に基づき、内礼司併合後に弾正台の職務となった可能性がある。ただし目崎徳衛「平城朝の政治史的考察」『平安文化史論』昭和四十三年によると、内礼司は職掌が閑にして儀礼であること、実際にその長官である正に任じたものの八割が諸王であることなどから、皇親を優遇するために設けられたような官司で、内兵庫などとともに「栄爵的閑職」であったと言われ、内礼司による宮門内監督の実効性がどれほどのものであったかは疑問がある。
(143)『延喜式』巻四一弾正台。
(144)『延喜式』巻四一弾正台。
(145)『延喜式』巻四一弾正台。

(146)『延喜式』巻四一弾正台
(147)『延喜式』巻四一弾正台。
(148)『延喜式』巻一八式部上政未了無退条、巻四一弾正台。
(149)『延喜式』巻一八式部上空座条、巻四一弾正台。
(150)『延喜式』巻四一弾正台。
(151)『延喜式』巻四一弾正台。
(152)『延喜式』巻四一弾正台。
(153)『延喜式』巻一八式部上一巻四一弾正台。
(154)『延喜式』巻一一太政官朝堂政条、巻一八式部上朝堂座・申政・置版位条、『儀式』巻九朝堂儀。
(155)『令集解』巻二職員令太政官条。
(156)『延喜式』巻一八式部上上庁申政条、巻四一弾正台。
(157)『儀式』巻九朝堂儀。
(158)『延喜式』巻一一太政官申政・馬料条、巻一八式部上申政条、巻一九式部下馬料条。
(159)古瀬奈津子「宮の構造と執務運営法」『史学雑誌』九三—七、昭和五十九年。
(160)『続日本紀』天平五年八月辛亥条。
(161)『続日本紀』神護景雲四年八月丙午条。
(162)『続日本紀』宝亀八年五月己巳条。
(163)『続日本紀』養老四年八月丁亥条。
(164)『延喜式』巻一一太政官。
(165)古瀬説への最も大きな疑問は、第一に、平城宮では第一次大極殿院が大極殿院として機能していた奈良時代前半には内裏はその東方に位置し、明らかに大極殿院と分離していた点、第二に、第一の点とも関わるが、今泉隆雄氏の主張するように、奈良時代前半期に朝政の機能を果たし得たのは、第二次大極殿院・朝堂院地区下層の遺構群であると考えるのが妥当である点、の二点にある。もしかりに古瀬説が成り立ち得るとすれば、それは大極殿が成立した藤原宮においてであろう。

(166)『類聚符宣抄』巻六弘仁五年七月二十日宣旨。
(167)『日本三代実録』貞観十三年二月十四日庚寅条。
(168)目崎徳衛「仁寿殿と清涼殿」『宇津保物語研究会会報』三、昭和四十五年。
(169)『続日本紀』天平元年四月癸亥条。
(170)『類聚符宣抄』巻六大同四年正月十一日宣旨。
(171)『延喜式』巻一八式部上朝堂座条、巻三十八掃部寮、巻四一弾正台。
(172)『日本書紀』持統四年七月甲申・己丑条。
(173)『日本書紀』持統四年七月庚辰条。
(174)『日本書紀』持統四年七月丙子朔条。
(175)『日本書紀』持統四年六月庚午条。
(176)儀制令庁座上条。
(177)岸註(67)論文。
(178)『続日本紀』延暦三年十二月己巳条。
(179)『続日本紀』宝亀元年七月癸未条。
(180)狩野久・木下正史『飛鳥藤原の都』昭和六十年。
(181)藤原宮においては、そののち東方官衙のうち、内裏の東辺に位置する官衙群の調査が行われ、本文で述べた状況と異なる官衙の存在が明らかとなってきた。すなわち、内裏の東辺には掘立柱塀で方形に区画された官衙が南北に四つ配置され、これらはいずれも東西約六六m、南北約七二mの同規模で、各官衙の間には幅約一三mの道路が走っていたこと、また官衙区画内部の建物位置や規模についても、東西棟の正殿、南北棟の脇殿などが配置されて前庭を有するような構造をもち、建物も長大な規模をもたないこと、などがわかった。しかしたとえば官衙の遺構に前後二時期を認めることは必ずしもできず、大宝令の施行を画期として官衙が再編成されたのか、もしそうであるとするとどのように行われたのか等、遺構から具体的に知るには至っていない。詳細は、奈良国立文化財研究所『飛鳥・藤原宮発掘調査概報』21・23、平成三・五年参照。
(182)中尾註(35)著書。

(183) その後、前期難波宮では多数の倉庫を周辺部に配置した官衙区画が内裏西方で見つかり、その報告書である財団法人大阪市文化財協会『難波宮址の研究』第九、平成四年ではそれをそれを内裏西方官衙と名付け、『日本書紀』に見える「難波大蔵」に当たると推定している。

(184) 町田章『平城京』。

(185) 平城宮でもこれ以後官衙の発掘調査が行われ、式部省・兵部省など、平城宮の南面東方に位置して設けられた官衙群の様相が明らかとなった。その成果によると、奈良時代の後半には、第二次朝堂院の南面、壬生門を入った東西に式部省と兵部省の曹司があり、それらはともに方二五〇尺の同規模で、また両省の門は互いに対象の位置に開き、内部の建物の規模や配置にも極めて高い規格性と統一性があり、両省の曹司が構造上緊密な関係を有していた。両省の建物には規模や形式の面で細部に相違があるものの、中央やや北寄りに正殿、その東・西と東南・西南方に四棟の脇殿をコ字型に配し、その内部を前庭とする構造で、正殿の北には曹司の北辺部を画する塀が東西に走り、その北に後殿などの小規模な建物を置く点等は基本的に共通する。なお式部省は、奈良時代の前半にはその東の一郭にあったことが推測されているが、兵部省については明らかでない。詳細は、奈良国立文化財研究所『平城宮跡発掘調査部発掘調査概報』一九八七～一九九二年度、昭和六十二年～平成五年参照。

(186) 平城宮が大きく変貌する時期については諸説あるが、おおむね平城へ還都された天平十七年以降とみて問題ない。なお私見では孝謙天皇即位時や淳仁天皇即位時の宮内改作を経て、最終的には天平宝字四年頃に始まる大規模な改作によって平城宮が第二次大極殿院・朝堂院に代表される上層遺構に建て替わったと考えている。拙稿「鈴木亘著『平安宮内裏の研究』を読む」『建築史学』十七、平成三年（山岸常人氏と共著）参照。

(187) 平城宮出土の墨書土器については、奈良国立文化財研究所『平城宮出土墨書土器集成』Ⅰ・Ⅱ、昭和五十八・平成元年に集成されている。

(188) なお『万葉集』巻一六―三八三七番の左注に、右兵衛府の厨に関わるかと考えられる記載がある。すなわち、それによると、あるとき右兵衛府で酒食を備え設け、府の官人たちを饗宴した。そこで饌食を荷葉に盛り、官人たちは宴酣にして歌舞が果てしなく続いた。そこで能く歌を作る兵衛にすすめて荷葉について作った歌が三八三七番であると。右兵衛府で酒食の準備に当たったのは府の厨家であったのではなかろうか。

(189) 平城宮出土の木簡については、奈良国立文化財研究所『平城宮木簡』一～四、昭和四十四～六十一年、及び奈良国立文化財

研究所『平城宮発掘調査出土木簡概報』㈠～㈢、昭和三十八～平成五年参照。
(190) このほかに土器の宮内における出土状況も、厨の成立、すなわち大膳職を中心とした「常食」の一元的給食体制の崩壊と個別官司における給食体制の成立を考える上で重要な観点であるが、まだ土器の出土状況を個別の枠を超え、総体的に捉えた研究は行われていない。
(191) 雑令庁上及曹司座者条。
(192) 儀制令庁座上条。
(193) 太政官曹司（巻一一太政官考定・位記召給条、巻一九式部下告朔・諸司禄条、巻三八掃部寮）、中務省曹司（巻一二中務省上表条）、式部省曹司（巻一八式部上習礼条、巻一九式部下考問条）、八省の曹司（巻一八式部上親王任省台条）、弾正台曹司（巻一八式部上親王任省台条）、寮司の曹司（巻一八式部上朝座礼儀）、等を曹司庁としている。
(194) 神祇官庁（巻三神祇三臨時祭賜出雲国造負幸物、巻一二中務省）、太政官庁（巻一九式部下任官条、巻三八掃部寮）、宮内庁・宮内省庁（巻九神祇九、巻一三中宮職、巻三一宮内省、巻三八掃部寮）・中宮職庁（巻一三中宮職）・内蔵寮庁（巻一五内蔵寮賀茂祭条）、春宮坊庁（巻四三春宮坊）、省寮等庁（巻二一玄蕃寮）、囚獄司庁（巻二九刑部省）、諸司庁（巻一二監物）、外記庁（巻一二中務省、巻一九式部下任官条、巻三八掃部寮）、等。
(195) 巻三八掃部寮。
(196) 本書第五章第一表参照。
(197) 『令義解』紅葉山文庫本裏書所引古記・穴記・朱記。
(198) 『続日本紀』宝亀八年三月戊辰条。
(199) 『日本紀略』天長二年二月己丑条。
(200) 奈良国立文化財研究所『平城宮木簡』一解説、昭和四十四年。
(201) 長岡京木簡第一・二号木簡（向日市教育委員会『長岡京木簡』一解説、昭和五十九年）。
(202) 『日本紀略』・『類聚国史』天長七年七月戊子条。なおこの場合の「内裏西北角曹司」は後宮の襲芳舎のことで、この時の落雷の事実を以って雷壺とも称されるに至ったと考えられている。
(203) 本書第五章。

(204) 本書第五章第二表参照。
(205) 吉川真司「律令官人制の再編」『日本史研究』三二〇、平成元年。
(206) 本書第五章。
(207) 本書第四章。
(208) 本書第四章。
(209) 告朔については、武光誠「告朔について」『風俗』五四、昭和五十二年、古瀬奈津子「告朔についての一試論」『東洋文化』六〇、昭和五十五年、等参照。
(210) 本書第五章。
(211) 『令集解』巻二八儀制令文武官条所引古記。
(212) 『令集解』巻二八儀制令文武官条所引穴記。
(213) 古瀬註(209)論文。
(214) 職員令中務省条。
(215) 『延喜式』巻一一太政官視朔条、巻一九式部下告朔条、巻三八掃部寮。
(216) 『延喜式』巻一一太政官視朔条、巻一二中務省、巻一二内記告朔条、巻一三大舎人寮告朔条、巻一八式部上告朔文条等、巻一九式部下告朔条、巻四一弾正台。
(217) 『延喜式』巻三八に「暉章堂告朔諸司五位已上座者、毎二朔日旦一以二儲料一鋪之曹司庁、准レ此、但皇帝臨軒不レ須」と規定がある。
(218) 『延喜式』巻一一太政官視朔条。
(219) 『延喜式』巻一九式部下告朔条。
(220) 『日本書紀』天武天皇五年九月丙寅朔・十一月乙丑朔・六年五月壬戌朔・十一月己未朔・十二月己丑朔条。

(補註1)　井上和人「古代都城制地割再考」奈良国立文化財研究所『研究論集』Ⅶ昭和六十年、山中章「古代都城の交通—交差点からみた条坊の機能—」『考古学研究』三七—一、平成二年等によれば、条坊道路中での朱雀大路の相対的な規模は次第に大きくなってゆき、また交差点の構築方法や架橋の点でも朱雀大路の優越性は際だっていると指摘されている。

（補註2）　神楯の製作に関する『延喜式』の条文について、小林行雄『古代の技術』昭和三十八年には「目の字形に組んだ木枠の表には表面に掃墨・膠・酒の混合塗料を塗った黒皮（牛皮）を、また裏には糯米の糊で商布をはり、さらに楯の中央付近に装飾的に鉄製の面金をつける」と解説されている。

（補註3）　『続日本紀』や『大日本古文書』の正倉院文書から紫香楽宮に関連した記事・文書を選んで年代順に整理してみると、次のような事実が明らかとなる。すなわち、いずれにおいても天平十六年の後半を境にして紫香楽宮の宮号が「紫香楽宮」・「信楽宮」（「紫香楽宮」は『続日本紀』のみに見える宮号表記であるのに対して、「信楽宮」は『続日本紀』以外、例えば正倉院文書や『東大寺要録』など多数の史料で見られる宮号表記である）から「甲賀宮」に変わっていることが知られる。それは、紫香楽の地で鋳造され始めた盧舎那仏の骨柱を建る儀式が甲賀寺で執り行われた前後の時期に当たる。このことから、紫香楽宮は甲賀寺における盧舎那仏鋳造が本格化した頃を境にして「紫香楽宮」・「信楽宮」から「甲賀宮」へと宮号を変えたと推定される。ところで新しい宮号である「甲賀宮」は、古い宮号「紫香楽宮」がその所在地である「紫香楽村」の村名に因ったのに対し、それを包摂するより広い行政単位である「甲賀郡」の郡名に基づいた宮号であることが明らかである。そしてそこには「甲賀宮」への変更が単なる宮号の変更ではなく、明らかにより広い範囲を包括する地名に基づく宮号へ変更しようとする意図を読みとることができる。また当時紫香楽の地で鋳造されていた盧舎那仏が甲賀寺と呼ばれる寺で造られていたこと、すなわち盧舎那仏を鋳造する地にある宮の宮号と寺の寺号とがまさに同じ地名に因っていた事実も併せ考えなければならない点である。これらのことは、さらに「甲賀宮」への宮号変更が盧舎那仏の鋳造地である紫香楽を中心とした新しい世界、新しい宮都の造営と深く関わるものであることを示唆している。いずれにしても上記のように紫香楽宮は天平十六年の後半を境にして「紫香楽宮」から「甲賀宮」へ宮号を変更したことは明白であり、それは紫香楽の地に盧舎那仏を中心とした仏教的な世界観に基づく宮都の建設を目指したことによるものであったと推測される。なお詳細は拙稿「紫香楽宮の宮号について―紫香楽宮攷―（一）」信楽町教育委員会『平成五年度遺跡発掘事前総合調査事業にかかる紫香楽宮関連遺跡発掘調査報告』信楽町文化財報告書第八集、平成六年を参照されたい。

（補註4）　『続日本紀』天平十六年閏正月戊辰条。

（補註5）　大楯桙樹立の歴史的意義やその変遷については、その後榎村寛之氏が「物部の楯を巡って」『日本書紀研究』一七、平成二年で詳しい検討を行っている。

(補註6)　平城京の調査で版位と考えられる物体を描いた折敷が出土した（奈良国立文化財研究所『平城京長屋王邸宅と木簡』平成三年・『奈良国立文化財研究所年報』一九九〇、平成三年等）。それは底板の一部分だけが残っていた断片に過ぎないが、その内外両面に人物や楼閣などの墨画と千字文などの習書の文字が多数残っていた。底板の外面には「楼閣山水之図」と命名された絵が画かれていたが、版位はその裏の底板内面に描かれた人物画に描き込まれている。武田佐知子『信仰の王権　聖徳太子』平成六年によれば、この人物画は大袖の袍をまとい、頭巾（幞頭あるいは冠とも言う）を被り、手に笏をもった官人を描いたもので、その足下に描かれた直方体の物が版位であるという。それが直方体という形態を採ることや置かれた位置、そしてそれを前にして官人が笏をもってやや腰をかがめた姿勢をとっていることなどから、この直方体の物体こそが版位であると考えて問題ない。なお底板に書かれた習書に「亀神」と書いた箇所があり、おおよそ神亀頃のものと考えられることから、この絵は版位に関する最古の史料と言える。

(補註7)　大極殿前庭に建てられた七本の宝幢については、その後新川登亀男「四神旗をめぐる思想像」『講座神道』第一巻神々の誕生と展開、平成三年がある。新川氏によると、七本の宝幢の樹立は大宝元年の朝賀に始まり、それは唐との交渉再開を予定して自らの「中国」意識を披露すべく行われたと言う。また元日朝賀における七本の宝幢の樹立には国家権力の誇示などの軍事的な意味合いもあるが、天皇を強調する役割を果たしたとの指摘はほぼ首肯しうる。しかし、烏形幢の向きとその象徴の意味の転換については仮説に止まるなど、まだ検討の余地を残している。なお民俗行事に残る三本足の烏については『季刊自然と文化』三三［特集］柱のダイナミズム、平成三年に詳しい。

(補註8)　『令集解』巻三職員令内礼司条所引大同三年正月二十日詔・『類聚三代格』第四大同三年正月二十日詔。

(補註9)　本書第五章。

(補註10)　古瀬氏への批判を書いた箇所は、のちに今泉隆雄「再び平城宮の大極殿・朝堂について」『律令国家の構造』平成元年で批判を受けた。口頭による政務である朝政と文書による政務を区別なく論じた点は確かに正しくなかった。しかしここで意図した古瀬氏への批判は朝政における天皇の大極殿出御が平城宮ではあり得ないとの点にあった。そしてそれははからずも今泉氏が提示された第一次大極殿院・朝堂院と第二次大極殿院・朝堂院下層の遺構との機能分化の問題とも関連していたのである。すなわちこの頃平城宮に存在する二つの大極殿院・朝堂院と恭仁宮大極殿に関する発掘調査の結果、平城宮における大極殿の第一次大極殿から第二次大極殿への移行が確実となりつつあり、問題は第二次大極殿院・朝堂院の下層で見つかった奈良時代前半の遺構群の歴史的理解に関心が集まってきていた。そこで提示されたのが今泉氏の二つの大極殿と二つの朝堂院の併存とその機能分担を考える説であった。しかしのちに今泉氏自身が訂正したように、二つの大極殿説が成り立たない以上やはり大極殿は第一次大極殿から第二次大極殿へと移行したとの理解で問題なく、第二次大極殿下層の建物は大極殿ではなく、十二朝堂を付設する点から朝政のために特に設けられた建物で、一方第一次大極殿に付属するのは平安宮豊楽院と同じ四朝堂であり、これが朝政のための朝堂でなく饗宴のためのものであったことは今泉氏も明らかにした通りである。従って古瀬氏の主張するような奈良時代前半における朝政に際しての天皇の大極殿出御はあり得ないことになる。もし古瀬説が成り立ちうるとすれば、それは大極殿と朝堂に相当する施設が今のところ一つづつしか存在しないと考えられる藤原宮においてであり、少なくとも奈良時代前半の平城宮ではあり得ない。

（補註11）　発掘調査の成果に基づく曹司の研究には、川越俊一「官庁街のパターン」『季刊考古学』二二、昭和六十三年、阿部義平『官衙』平成元年がある。ただしこれらは発表時期の関係から註（181）・（185）で紹介した近年における藤原・平城両宮における曹司の発掘調査成果を含んでいない。

（補註12）　平城宮で検出された門で重層門と推測されているのは、朱雀門、第一次大極殿院閤門、第二次大極殿院閤門及びその下層で見つかった門だけで、第一次大極殿院閤門の後身である中宮院南門などはいずれも単層の門に復元されている（第五表参照）。ところで第一次朝堂院では、第一次大極殿院が大極殿院として機能していた時期に、ここで行われた競馬あるいは騎射に用いられたと考えられる馬場の柵の可能性がある南北方向の杭列（一七〇m以上の長さをもち四・六m間隔で配置された三条の杭）を確認している（奈良国立文化財研究所『平城宮跡発掘調査部発掘調査概報』昭和五十七年度、昭和五十八年）。もしこれが神亀元年の五月五日騎射に関わるものであるとすると、その時天皇が出御した「重閣中門」とは第一次大極殿院閤門であったことになり、本文の記述に訂正の必要がでてくる。ただこの場合でも「中門」と呼ばれている点に疑問が残る。

第四章　平安宮草創期の豊楽院

一　はじめに

平安時代初期は、単に皇統が天武天皇系から天智天皇系へと替わり、宮都が大和を離れて山城へと遷ったばかりではなく、一般に律令体制再建期と評価されている。すなわち、奈良時代を通じて徐々に動揺を見せ始めてきた律令国家による支配を維持するためにその再建策がつぎつぎととられたのである。

このような歴史の転換点ともいうべき時期に当たって儀式が有した意義もまた極めて大きかったことと思われる。儀式は、定期的に一定の場所で反復して行うことによって人と人との関係を確認しさらにそれを強固にすることで、日常的な秩序を保持する機能を果したのであり[1]、就中律令国家にとっては、収奪や給付による物質を介しての支配とは次元を異にしつつも互いに補完しあって支配を行うための有効な手段であった[2]。

本章は、基本的には右のごとき観点に立ちつつ、平安時代に入り儀式の場として登場する豊楽院（第一図）について検討を行う。その際二つの視点から考察を加えることとしたい。一つは豊楽院がいかなる儀式に用いられたのか、豊楽院の利用事例の検討から、いま一つは平安宮において豊楽院の東方、朱雀門の正面に位置した朝堂院

第一図　平安宮宮城図

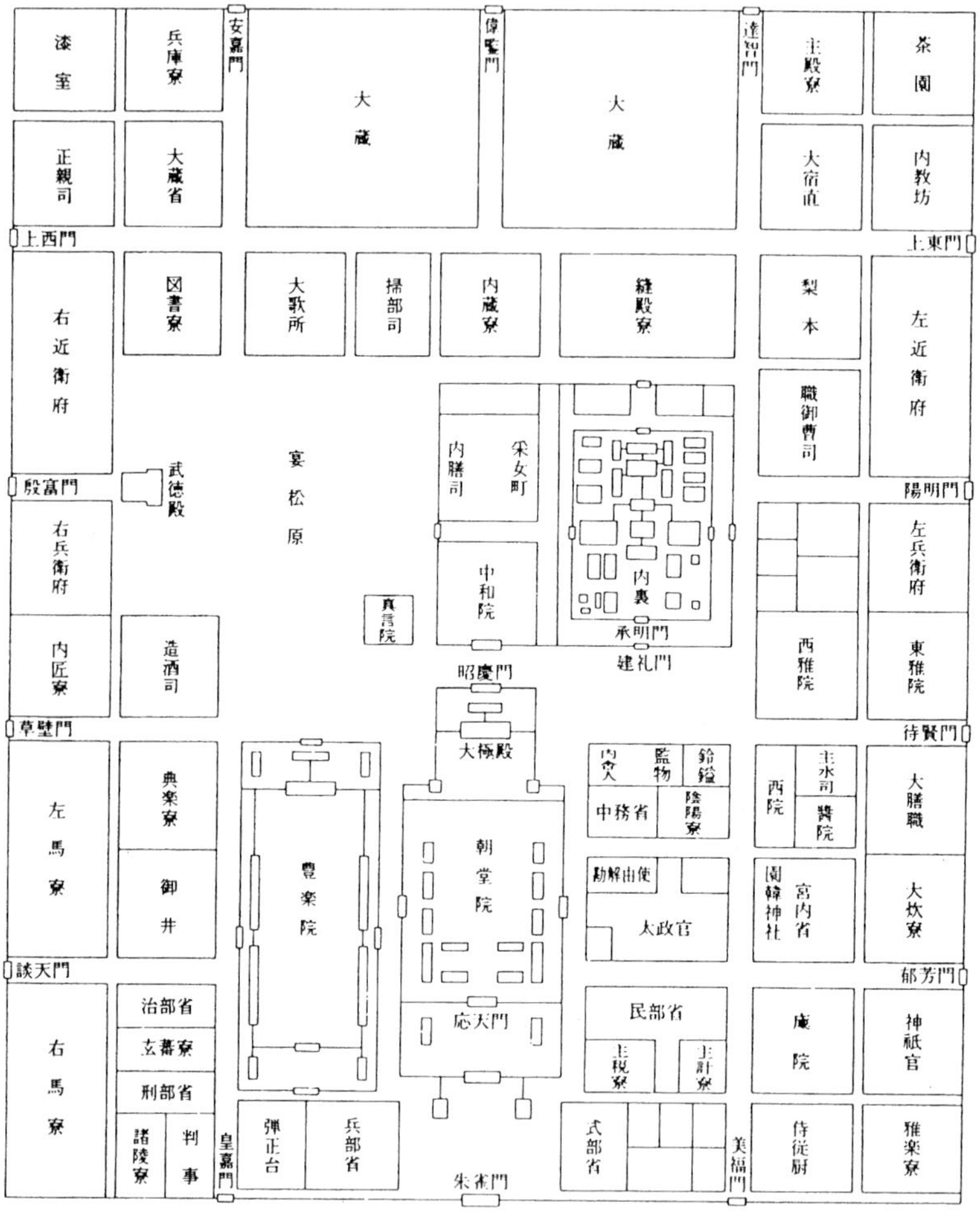

漆室
兵庫寮
安嘉門
大蔵
偉鑒門
大蔵
達智門
主殿寮
茶園
正親司
大蔵省
大宿直
内教坊
上西門
上東門
右近衛府
図書寮
大歌所
掃部司
内蔵寮
縫殿寮
梨本
左近衛府
職御曹司
内膳司
采女町
殷富門
武徳殿
宴松原
陽明門
右兵衛府
中和院
内裏
左兵衛府
内匠寮
造酒司
真言院
承明門
建礼門
西雅院
東雅院
昭慶門
草壁門
待賢門
大極殿
内舎人
監物
鈴鎰
西院
主水司
典楽寮
中務省
陰陽寮
大膳職
左馬寮
御井
豊楽院
朝堂院
勘解由使
園韓神社
宮内省
大炊寮
太政官
談天門
郁芳門
治部省
民部省
廩院
神祇官
右馬寮
玄蕃寮
応天門
主税寮
主計寮
刑部省
諸陵寮
判事
皇嘉門
弾正台
兵部省
式部省
美福門
侍従厨
雅楽寮
朱雀門

との関わりの中から、各々平安宮草創期における豊楽院の歴史を把握することに努めたい。

なお、平安宮豊楽院についてはすでにそのごく一部ではあるが発掘調査によって確認されている。(3) しかし、平安宮跡が現在の京都市中にあって今日もなお人々の生活の場となっていることから、豊楽院の全面発掘による全貌の解明は困難であり、本章ではこれまでの発掘調査の結果を活かすことができなかった。今後の調査の進展を待ちつつ改めて考えてみたい。(補註1)

二　豊楽院と儀式

豊楽院は平安宮において初めて造られた(4)饗宴のための施設(5)であると一般に解され、それゆえに従来もっぱら豊楽院を取り扱って論ぜられることもなく、従って右のことがすでに確実なことと思われてきた。しかし、草創期の豊楽院の歴史をいささか繙いてみると必ずしも通説では十分に意を尽しているとは思われない。

そこでまず本節では、初期の平安宮における豊楽院の利用事例の検討を行い、当該時期における豊楽院の実態の解明に努めたい。兼ねてまた豊楽院を用いる儀式の性格にも言及してみたい。そこでいささか煩瑣に亙るが、以下では豊楽院を利用する儀式ごとに順を追って検討を加えていくこととする。(6)

(一)　元日節会

元日節会とは、周知のごとく、毎年元日の早朝より挙行された朝賀の儀式終了後に行われた元日の宴ともいうべきものである。

日　　付	儀式の場	参　列　者	備　　考
延暦23．正．丁丑	前　　殿	次侍従以上	
25．正．丙寅	前　　殿	次侍従以上	
大同3．正．癸未	前　　殿	五位以上	
4．正．戊寅	前　　殿	五位以上	
弘仁3．正．庚申	前　　殿	侍　　臣	
5．正．己酉	前　　殿	侍　　臣	
6．正．癸酉	前　　殿	侍　　臣	
7．正．戊辰(2)	前　　殿	侍　　臣	
8．正．辛酉	前　　殿	侍　　臣	
9．正．己酉	前　　殿	侍　　臣	
10．正．庚辰	前　　殿	侍　　臣	
11．正．甲戌	豊　楽　院	侍　　臣	
13．正．癸巳	豊　楽　院	侍　　臣	
14．正．丁巳	豊　楽　院	侍　　臣	
天長元．正．辛亥	紫　宸　殿	侍従以上	
2．正．丁巳(3)	前　　殿	侍　　臣	
3．正．戊辰	内　　裏	侍　　臣	
4．正．甲子(2)	宜陽殿廂下	親王以下侍従以上	
5．正．戊午	内　　裏	侍　　臣	
6．正．壬午	紫　宸　殿	侍従以上	

正史および『日本紀略』・『類聚国史』が典拠である。また日付欄の干支の右肩に
れなかったために日時を変えて行われたその日付を示している。なお，元日節会は
して行われている。

第一表　元日節会

日　付	儀式の場	参　列　者	備　考
宝亀3．正．壬午	内　裏	次侍従以上	
4．正．丁丑	内　裏	五位以上	
5．正．辛丑	内　裏	五位以上	
6．正．乙未	内　裏	五位以上	
7．正．庚寅	前　殿	五位以上	
8．正．甲寅	前　殿	五位以上	
9．正．戊申	内　裏	次侍従以上	自余五位以上ハ朝堂ニテス
11．正．丁卯	内　裏	五位以上	
延暦4．正．丁酉	内　裏	五位以上	
11．正．丁巳(2)	前　殿	侍　臣	
12．正．庚辰	前　殿	侍　臣	
14．正．庚午	前　殿	侍　臣	
15．正．甲午	前　殿	侍　臣	
16．正．戊子	前　殿	侍　臣	
17．正．壬午	前　殿	侍　臣	
18．正．丙午	前　殿	侍　臣	
19．正．庚子	前　殿	侍　臣	
20．正．甲午	前　殿	侍　臣	
21．正．庚申(3)	前　殿	侍　臣	
22．正．甲寅	前　殿	侍　臣	

註　第一表～第五表を通じ特に典拠欄を設けなかったが，すべて『続日本紀』以降の
（　）を附して記した数字は当該儀式が本来行われるべき日に何らかの理由で行わ
表では省略したが，天長7年以降内裏（紫宸殿）を用い，侍臣・侍従以上を対象と

いま元日節会が行われた場とその場の参列者について宝亀年間（七七〇〜七八一）以降に限って整理したものが第一表である。表に掲げることは省略したが、宝亀年間以前における元日節会の在り方をも考慮に入れてこの表に関して元日節会の特徴を挙げると次のごとくになる。

まず第一に、「蕃客」が来朝している時であっても元日節会には「蕃客」が決して招かれてはいないことである。同じく正月三節といっても七日・十六日両節会においては「蕃客」を招じて饗宴がもたれることがしばしばあった(8)こととまさしく好対照をなしているといえる。第二に、第一の点とも関連を有することと思われるが、元日節会の参列者についてみる時、初めは五位以上全官人がその対象となっていたが、次第に侍臣・次侍従以上へと参列者の階層が限定されていく傾向が看取されることである。次いで第三の特徴として、元日節会が催される場について、特に奈良時代において節会の場を二カ所に分けて行う場合があることを指摘できる。その際、節会に預かる者をその場に応じて、内裏等には侍臣等を、朝堂には侍臣達以外の五位以上をと分けており、節会の場とその場で節会に預かる官人とのあいだに対応関係のあることが注目される。

これらの三つの特徴から、元日節会とは、同じ元日に行われる朝賀の儀式に比べ、さらにまた七日・十六日両節会に比べて私的な性格のより強い節会であった(9)と了解される。

ところで、元日節会について第一表からうかがわれる顕著な特徴は、弘仁十一（八二〇）・十三・十四の三年に限って豊楽院が用いられ(10)、その前後において一貫して内裏が元日節会の場となっていることと全く対蹠的である点である。このように嵯峨朝――しかもその末期に限って豊楽院が元日節会の場として用いられていることは当該時期に行われた儀式整備のための諸政策の理解にとって極めて重要な問題である。

そこで平安時代の前半期にあいついで編纂された儀式書等が元日節会の場についていかなる記述をしているか

第二表　儀式書にみる正月節会の場と参列者

	元日節会		七日節会		十六日節会		十七日大射	
	平時	「蕃客」入朝時	平時	「蕃客」入朝時	平時	「蕃客」入朝時	平時	「蕃客」入朝時
	儀式の場 参列者	儀式の場 参列者	儀式の場 参列者	儀式の場 参列者	儀式の場 参列者	儀式の場 参列者	儀式の場 参列者	儀式の場 参列者
『内裏儀式』	内裏 五位以上（侍臣）		内裏 侍臣	豊楽院 三（五カ）品以上、六品以下	内裏 侍臣		内裏以外の「便処」 五位以上、六位以下	
『内裏式』	豊楽院 侍従	豊楽院 侍従	豊楽院 侍従以上、非侍従六位以下	豊楽院 五位以上、六位以下	豊楽院 次侍従以上（大夫等）	豊楽院 次侍従以上、非侍従六位以下	豊楽院 五位以上、六位以下	豊楽院 五位以上、六位以下
『儀式』	豊楽院 次侍従以上	豊楽院 次侍従以上	豊楽院 五位以上、六位以下	豊楽院 五位以上、六位以下	豊楽院 次侍従以上（侍従）	豊楽院 次侍従以上、非侍従六位以下	豊楽院 五位以上、六位以下	豊楽院 五位以上、六位以下
『延喜式』	豊楽院、内裏 次侍従以上		豊楽院、内裏 五位以上、六位以下		内裏 次侍従以上		豊楽院 五位以上、六位以下	

整理してみる（第二表）と、ひとり『内裏儀式』のみが内裏とする外は、『内裏式』・『儀式』・『延喜式』[11]のいずれもが豊楽院での儀としていることが注意を惹く。すなわち、天長十年（八三三）の改訂および承和年間（八三四〜八四八）以降における加筆削除を被った[12]とはいえ弘仁十二年制定の『内裏式』以降の諸書が一致して元日節会の場を豊楽院としているのである。このように弘仁十二年制定の『内裏式』が元日節会の場を豊楽院としていることや、先に指摘したごとく元日節会の豊楽院での開催が弘仁式撰進の年である弘仁十一年に始まることから推して、弘仁十一年より元日節会の場を豊楽院に変更した背景には弘仁式・『内裏式』の編纂・制定を中核とした嵯峨朝における儀式整備政策の進展、就中その完成があり、かかる過程において豊楽院を元日節会の場として積極的に設定しようと試みたものであろう。

以上のごとくに把らえてよいとすれば、このことは逆に元日節会の場として豊楽院を弘仁十一年までは用いなかったこと、さらにいうならばかかる事態を少なくとも豊楽院造営当初から予定してはいなかったことを示唆している。従って豊楽院とは本来元日節会のような私的性格の強い節会[13]とは全く無縁の存在であり、より一層国家的あるいは公的性格の強い節会・饗宴の場として造営された[14]との推定を導く。

それではこのような施設として造営された豊楽院が、嵯峨朝において元日節会のような私的性格の強い節会の場としても用いられることとなったのは一体いかように理解すべきであろうか。この措置により豊楽院がその性格を私的なものに改められたと考えるのは恐らく当を得たものではなく、むしろ元日節会の場として豊楽院という国家的饗宴のための施設を用いることによって元日節会の性格をより公的なものへと位置付け直そうとしたのではあるまいか[15]。

(二)　七日白馬節会

平安京遷都当初における豊楽院と正月七日白馬節会との関係について検討する時、次に掲げる史料[16]が重要である。

豊楽院未レ成レ功、大極殿前龍尾道上搆二作借殿一、葺以二彩帛一、天皇臨御、蕃客仰望以為二壮麗一、命二五位已上宴楽一、渤海国使大昌泰等預焉、賚レ禄有レ差、

これによれば、延暦十八年（七九九）には正月七日に白馬節会を催すに当たり豊楽院が未だ完成していなかったがゆえに朝堂院が用いられたことが知られる。このことから豊楽院は造営当初よりすでに正月七日節会を行う場として予定されていたことがわかる。事実、七日節会について整理した第三表からも明白なように豊楽院は完成後正月七日節会の場として用いられた[17]のである。

ところで、いまここで注目されるのは『内裏儀式[18]』の七日節会に関する記載である。そこでは、七日節会を豊楽院で催す場合を「蕃客」来朝の時に限定し、一方「蕃客」が来朝していない平常の年には内裏を節会の場とするとしている（第二表参照）[19]。この点について考えるには、奈良時代における七日節会の場の利用にみられる著しい特徴がその理解を助けてくれる。

まず第三表に整理した宝亀年間に関しては、「蕃客」来朝の時に限って朝堂が用いられ、他方「蕃客」来朝のない年には内裏・東院等天皇の居所もしくはそれに準ずる場が使われていることが知られ、さらにこの宝亀年間における特徴は奈良時代全般を通じても認められるのである。そうであるとすると、奈良時代にみられるこのような原則的ともいうべき在り方を引き継いだのが『内裏儀式』の記載であり、従って先に史料を掲げた延暦十八年の事例はかかる流れの中で『内裏儀式』の記載に対応しているものと考えることができるのではあるまいか。

第三表　七日白馬節会

日　　付	儀式の場	参　　列　　者	備　　　考
宝亀元．正．辛未[8]	東　院	次侍従以上	
4．正．辛未	重閣中院	五位以上	
5．正．丁未	(臨軒)	五位以上	
9．正．甲寅	内　裏	侍従五位以上	
10．正．戊申	朝　堂	五位以上及渤海使	
11．正．癸酉	朝　堂	五位以上及唐新羅使	
延暦8．正．己酉[6]	南　院	五位以上	
11．正．壬戌	南　院	五位以上	
18．正．壬子	朝堂院	五位以上，蕃客	豊楽院ノ代用トシテ用イル
弘仁4．正．辛酉	豊楽院	五位以上	
10．正．丙戌	豊楽院	五位以上	
11．正．庚辰	豊楽院	五位以上及蕃客	
13．正．己亥	豊楽院	群臣及蕃客	
14．正．癸亥	豊楽院	群　　臣	
天長3．正．甲戌	豊楽院		
5．正．甲子	豊楽院		
10．正．己未	豊楽院		
承和元．正．戊午	豊楽院	群　　臣	
2．正．癸丑	豊楽院	百　　官	
3．正．丁未	豊楽院・朝堂	百　　官	
4．正．辛未	豊楽院	群　　臣	
5．正．丙寅	豊楽院	百　　官	

註　表では省略したが，承和6年以降貞観3年までは豊楽院・内裏が併用され，貞観4年より7年までは東宮前殿（当該時期の清和天皇御在所）を用い，貞観8年以降は内裏を用いることが常態となる。

さて以上のことから、豊楽院の節会（饗宴）の場としての位置付けにも桓武朝と遅くとも弘仁四年以降の嵯峨朝との間にはいささか相違する点が存したことが推定される。すなわち、桓武朝においては、「蕃客」来朝という状況の中で七日節会を迎えた時に限って平常の節会の場たる内裏に代わり豊楽院が用いられていることから、豊楽院は対外的な使節に対する饗宴を強く意識した国家的饗宴の場であった[20]が、嵯峨朝に入ると当該時期における儀式整備政策に関わって豊楽院が活用され、外国使節来朝の有無に関わらず豊楽院が常に七日節会の場として固定的に用いられるに至ったと想定される。

なお、すでに元日節会を検討した折にも触れたように、桓武朝における豊楽院が造営当初より対外関係を強く意識した施設であったと考えられる点については、八世紀末光仁・桓武両朝の頃がちょうど日本をとりまく東アジアの国際関係の変化した時期に当たる[21]ことが注目される。すなわち、安史の乱後皇帝権の弱まった唐が衰退したことによって、新羅・渤海では唐との冊封関係が形式化して各々独自の律令支配体制を展開し、一方日本では遣唐使の政治・外交上の意義が減少し、新羅との公的外交関係が途絶して日本にとって渤海との関係が唯一の対外関係となった。これによって日本が小中華帝国たることを示威しうる対象、すなわち「蕃客」は渤海ただ一国となったが、一方、渤海にとっても貿易可能な相手は日本だけであった[22]。このような八世紀末における国際関係の中で桓武朝が対渤海外交史上極めて重要な位置を占めた[23]ことに留意したい。

㈢　十六日踏歌節会

元日・七日両節会と同様に、宝亀年間以降の十六日踏歌節会について節会の開かれた場と節会に預かった者とを整理したのが第四表である。

第四表　十六日踏歌節会

日　付	儀式の場	参列者	備考
宝亀2．正．甲戌	朝堂	主典以上	
5．正．丙辰	楊梅宮	五位以上	出羽蝦夷俘囚ハ朝堂ニテス
8．正．己巳	前殿	次侍従以上	「其余者」ハ朝堂ニテス
10．正．丁巳	朝堂	五位以上及渤海使	
延暦2．正．癸巳	大局殿閤門	五位以上	
3．正．戊子	内裏	五位以上	百官主典以上ハ朝堂ニテス
18．正．辛酉	大極殿	群臣并渤海客	
弘仁6．正．戊子	豊楽院	五位以上及蕃客	
7．正．壬午	豊楽院	次侍従以上	
11．正．己丑	豊楽院	群臣及蕃客	
13．正．戊申	豊楽院	五位以上及蕃客	
天長4．正．戊寅	紫宸殿	皇太子以下侍従以上	
7．正．辛卯	紫宸殿		
8．正．己卯	紫宸殿		
承和4．正．庚辰	紫宸殿	侍従以上	

註　表では省略したが，承和5年以降内裏を用い，侍臣・侍従以上を対象として(なお，群臣を対象とする例が2例ある）行われている。

まず第四表から注目される点を列挙してみよう。第一に、十六日節会における豊楽院の利用状況をみると、それは弘仁六年・七年・十一年・十三年の弘仁年間に限られ、[24]それに続く天長年間（八二四〜八三四）以降においては豊楽院は全く用いられておらず、もっぱら内裏の紫宸殿一郭が利用されるに至っている。次いで節会に預かっている者についてみると、弘仁年間以降は次侍従以上に限定されることとなるが、「蕃客」来朝時には「蕃客」の節会への参列が認められるとともに、節会に預かる官人の階層が五位以上あるいは群臣にまで拡げられている。

さて、第一の点については、これまでもしばしば触れてきた嵯峨朝における儀式整備政策と関わっての豊楽院の活用の在り方に対応するものとみなしてよいであろう。

次に第二の点、すなわち来朝中の「蕃客」が節会に招かれた時に[25]参列を許される官人の階層が拡げられていることに関しては、『内裏式』[26]・『儀式』[27]においても「次侍従已上」から「六位已下」にまで拡大されるとしているが、かかる措置はすでに検討を加えた元日・七日両節会ではとられることがなく[28]、これら両節会に比べて十六日節会がもつ極めて顕著な特徴であるといえる。このような特徴は、恐らく、十六日節会が元日・七日両節会の中間に位置する性格をもつ節会であることを示しているのであろう。

ところで、第二の点に関連して注目されるのは、等しく正月三節といわれ一括されることの多い元日・七日・十六日三節会において豊楽院が用いられるに至る時期に相違のある点である。すなわち、すでに述べたように、造営当初より豊楽院を用いることが予定されていたのは七日節会だけで、十六日節会では弘仁六年から、元日節会に至ってはようやく弘仁十年から豊楽院が用いられるようになったのである。このような正月三節間における豊楽院使用開始時期の相違とその順序[29]こそ三節会の性格、すなわち相対的にみて七日節会は公的性格が強いのに比べ、元日節会は私的性格が強く、十六日節会はちょうどその中間にあることを物語っている[30]。

(四)　十七日大射

正月十七日に行われる歩射行事である大射の儀に関して、これまで検討してきた諸節会と同様に表に整理すると第五表のごとくになる。

表から大射の行われる場について、まず、同じ嵯峨朝であっても弘仁六年以降においては一貫して豊楽院が用いられているのに対して、それ以前の弘仁初年には「南庭」（建礼門南庭）[31]や馬埒殿[32]が豊楽院と併用され大射の場が一定していない様子がうかがわれる。そしてこのような弘仁初年の状況はさらに嵯峨朝以前においても確認され、当核時期における大射の場としては朝堂院・馬埒殿を中心に「御在所南端門外」（建礼門南庭[33]）・神泉苑等も

第五表　十七日大射

日　　付	儀式の場	参　列　者	備　　　考
延暦11．正．壬申	南　　　院		
12．正．丙申	射　　　場		恠ニヨリ停止
13．正．己未	東　埒　殿		
16．正．甲辰	朝　堂　院		
18．正．癸亥	朝　堂　院	六位以上，蕃客	
20．正．庚戌	馬　埒　殿		
21．正．甲戌	馬　埒　殿		
22．正．己巳	馬　埒　殿		
22．正．庚午	朝　堂　院		
23．正．癸巳	馬　埒　殿		
24．正．丁亥	御在所南端門外		
大同２．９．癸巳(9)	神　泉　苑	親王以下文人以上	
４．９．壬子(9)	神　泉　苑	文　　人	
弘仁２．正．壬子	豊　楽　院	蕃　　客	
４．正．辛未	南　　　庭		
５．正．己丑	馬　埒　殿		
６．正．己丑	豊　楽　院		
７．正．癸未	豊　楽　院		
８．正．丁丑	豊　楽　院		
９．正．辛丑	豊　楽　院		
10．正．丙申	豊　楽　院		
11．正．辛卯	豊　楽　院		
13．正．己酉	豊　楽　院		

註　表では省略したが，天長元年以降貞観元年までは豊楽院を中心に「射宮」・「射殿」・武徳殿・「南庭（建礼門南庭）」・建礼門等も用いられるが，貞観７年以降，元慶７年に一度だけ豊楽院が使用される以外は建礼門がもっぱら用いられている。

用いられ決して一カ所に固定してはいないのである。

以上の点から考えて、弘仁六年以前においては大射の行われる場が特定の場に決められてはおらず、弘仁六年頃に至って初めて大射は豊楽院での儀と定められたことが知られる。[34]このように弘仁六年以降大射には豊楽院を用いることとなったと思われるが、この点に関しては当面弘仁六年が嵯峨朝における儀式整備にとって重要な年であったことに留意しておきたい。[35]

ところで、先に指摘した点と関って注目されるのは『内裏儀式』における大射に関する記載である。[36]すなわち『内裏儀式』では大射を行う場を「便処」、しかも天皇が「幸」すべき内裏外に位置する「便処」[37]とだけ記し、特定の場所を明記していないのである。かかる曖昧な記述は、恐らく、弘仁六年以前未だ大射を行う場が一定していなかった時期の事実と符合するものとみるべきであり、[38]従って『内裏儀式』の記載には他の儀式書に見ることができない古さのあることを示唆している。

さて、このように考えてくると、弘仁六年以前、すでに弘仁二年において豊楽院が大射の場として使用されていることをいかように解するかが問題となろう。弘仁四年および五年に大射の場として豊楽院を利用できない事態を積極的に想定しえない以上、弘仁二年に豊楽院で行われた大射を特殊なものと考えざるをえまい。そこで注目したいのは、表にみられるように、弘仁二年前後ではこの年に限り来朝中の「蕃客」を豊楽院に招いて大射を行っていることである。すでに述べたように豊楽院が桓武朝に「蕃客」来朝時にも備えた国家的饗宴の場として造営されたと思われることと関わって、特に弘仁二年には豊楽院が利用されたのではあるまいか。

(五)　新嘗会・大嘗会

第六表　豊明節会（新嘗会・大嘗会）

日　　付	儀式の場	参　列　者	備　　考
宝亀２．11．乙巳	閤門前幄	五位以上	光仁天皇大嘗
丁未	朝　　堂	内外文武官主典以上	
天応元．11．己巳	庭	五位以上	桓武天皇大嘗
大同３．11．壬辰	豊楽院	五位以上	平城天皇大嘗
弘仁元．11．丙辰	豊楽院	五位以上	嵯峨天皇大嘗
３．11．庚辰	豊楽院	五位以上	
10．11．壬辰	豊楽院	五位以上	
天長５．11．甲辰	豊楽院	群　　臣	
７．11．壬辰	内　　裏	五位以上	
11．11．戊辰	豊楽院		
庚午	豊楽院	群　　臣	
承和８．11．丙辰	紫宸殿	百　　官	
12．11．戊辰	紫宸殿	百　　官	
嘉祥３．11．壬辰	侍従局	親王以下五位以上	
仁寿元．11．壬辰	豊楽院	群　　臣	
癸巳	豊楽院		文徳天皇大嘗
甲午	豊楽院		
２．11．丙辰	豊楽院	群　　臣	
仁寿３．11．甲辰	豊楽院	群　　臣	
４．11．甲辰	南　　殿	群　　臣	
斉衡２．11．戊辰	南　　殿	群　　臣	
３．11．丙辰	南　　殿	群　　臣	
天安元．11．丙辰	冷然院	公　　卿	豊楽院ニ天皇不御ノ為
貞観元．11．戊辰	豊楽院	群　　臣	清和天皇大嘗
庚午[19]	豊楽院	百　　官	

註　表には省略したが，貞観３年以降，新嘗会はすべて内裏で，大嘗会は豊楽院で（元慶８年の事例）各々行われている。なお，備考欄空白はすべて新嘗に関わるものである。

豊楽院の利用事例を検討する最後として新嘗会および大嘗会、すなわち豊明節会の場について一括して検討を加えることとしよう(第六表)。

新嘗・大嘗両会において初めて豊楽院が用いられたのは大同三年(八〇八)平城天皇大嘗の時である。その後弘仁年間、知られる事例は弘仁元年嵯峨天皇大嘗の例を含めてもわずかに三例のみではあるが、すべて豊楽院が用いられている。このことはこれまで屢述してきた嵯峨天皇による諸節会における豊楽院の積極的利用を推進する政策と揆を一にするものとみて誤りあるまい。

しかしながら次の淳和朝天長年間以降においては、歴代の大嘗会は必ず豊楽院で行われているにも関わらず、新嘗会では内裏が豊楽院と併用され始め、さらにのち貞観三年(八六一)以降大嘗会のみが豊楽院をその場とし、新嘗会はもっぱら内裏を利用するようになっていくのである。このような大嘗・新嘗両会における豊楽院利用の統一性の崩壊は、恐らく次のことと深く関連するものと考えてよいのではあるまいか[39]。すなわち、かような豊楽院の統一的使用が開始される以前、新嘗会では内裏を用いていたにも関わらず大嘗会に限って朝堂等[40]、より公的な場で行われていたことである。

さて、それでは大嘗・新嘗両会を行う場がいつ豊楽院に設定されるに至ったのであろうか。先にも指摘したように大同三年平城天皇大嘗の折には大嘗会の場は豊楽院であった。従って、遅くともこの時までには大嘗会を執り行う場として豊楽院が予定されていたとみてよかろう[41]。また、すでにこれまで検討してきたところからもうかがえるように、桓武朝における豊楽院の性格をも考慮すると、平城天皇大嘗以前平城天皇の父たる桓武天皇によって既定のこととされていたのではあるまいか[42]。さらに、このことについては、大嘗の神事、いわゆる大嘗祭を行う場が桓武天皇以前には太政官院にほぼ一定していたにも関わらず[43]、やはり平城天皇の時よりその場が朝堂院へと移動した（補註2）ことと併せて把らえるべきであり、朝堂院・豊楽院の成立を考える上で注目される。

以上、豊楽院を用いた儀式の検討を通じて草創期平安宮における豊楽院の機能（性格）について考察してきた。そこから明らかとなったことは、一、豊楽院の機能にも平安時代初期桓武・嵯峨両朝の間で変化があったこと、二、桓武朝において豊楽院に予定されていた主たる機能は「蕃客」来朝に備えた国家的饗宴の施設として、また天皇の即位儀礼の一環をなす大嘗の豊明節会のための饗宴の場として国家的儀式のための施設たる朝堂院と相互に補完し合う機能であること、三、儀式整備政策が推進された嵯峨朝における豊楽院は桓武朝に予定された機能を受けつぎ、さらに正月三節・大射・新嘗会等の節会のための施設としての機能を併せもつこととなり、より一層饗宴施設としての機能を高め広めたこと、すなわち平安宮豊楽院がその機能を最も発揮したのは嵯峨朝の弘仁年間までであること、等である。

三　豊楽院と朝堂院

前節では、豊楽院そのものについてその利用事例を順次検討することで本章の目的とするところに迫ろうとした。

そこで本節では、奈良時代と平安時代とにおける儀式の比較を通じ豊楽院と朝堂院との関係を検討することで、平安宮草創期の豊楽院の性格・機能の解明に努めることとしたい。

さて、いま『続日本紀』にみえる儀式を整理すると、奈良時代平城宮における儀式には天皇が出御する場を基準として二つの類型を設定しうる。

一つは天皇が大極殿に出御して行われる儀式[44]で、ここでは仮りに大極殿出御型と命名することとする。まず例[45]を挙げてみよう。

御二大極殿一受レ朝、旧儀少納言侍二立殿上一、是日設二坐席一、余儀如レ常、

これは、神護景雲二年（七六八）の元日朝賀の儀式について、称徳天皇が大極殿に出御し、位階によって朝庭に列立した文武百官の朝賀を受けたことを述べた記事である。文中で注目されるのは、旧儀では少納言は大極殿上に侍立していたが、この日は少納言が殿上で坐すための坐席を設けたとあることである。これによれば、少納言は侍立であれ坐席に坐すのであれ天皇の御する大極殿上に侍していたことになり、この点は平安宮での元日朝賀の儀式においても変りはない[46]。従って、天皇が大極殿に御しその周囲には少納言等の侍臣が侍しているのに対して、文武百官は朝庭に列立して朝賀を行うという儀式における基本的な場の用い方には、平城・平安両宮の間で変化がなかったこととなる。

このように天皇が大極殿に御し大極殿閤門を挟んで朝庭に文武百官が列立して行う型式をもつ儀式には、元日朝賀の外に即位儀・任官[47]・授位・改元等の宣詔[48]、等の儀式がある（第七表）。

ところで、『続日本紀』では明確に現われないが、右に指摘した儀式の外に告朔の儀式もこの類型に加えうると考えられる。告朔[49]とは、周知のごとく、中央官司が毎月定期的に前月に授受した文書を中心として天皇に行政報告を行う公文進奏の儀式であり、朝庭における儀式の基準とされた[50]といわれる。

いま奈良時代における告朔の儀式について知ろうとする時、次の史料[51]が注目される。

天皇御二大安殿一受二祥瑞一、如二告朔儀一、

この記事は、浄御原令制下の藤原宮で文武天皇が大安殿に出御して祥瑞を受けたことを記したもので、恐らく

第七表　大極殿の利用例

年　次	賀正	即位	授位	任官	宣詔	仏事	十六日 踏歌節会
霊　亀　元	○	○					
養　老　3	○						
神　亀　元	○	○					
〃　4	○						
〃　5	○						
天　平　元			○	○	○		
〃　2	○						
〃　4	○						
〃　9						○	
〃　12	○						
〃　13							○
〃　14	○						
〃　15	○						
天平勝宝　元		○					
天平宝字　3	○						
〃　4	○						
〃　7	○						
神護景雲　元						○	
〃　3	○						
宝　亀　元		○					
〃　2	○						
〃　3	○						
〃　4	○						
〃　10	○						
〃　11	○						
天　応　元		○					
延　暦　2			○				

註　当該年次における大極殿の利用を○印で表示した。表中，天平13～15年の事例はすべて恭仁宮における大極殿の利用例である。なお，天平13年踏歌節会および同14年賀正の２事例については註(60)参照のこと。また，天平９年仏事に大極殿が用いられた事例については，『続日本紀』天平９年10月丙寅条に「朝廷之儀一同二元日一」とあることが注目される。

その際天皇は臣下が進献した祥瑞を受けたのであろう。天皇が出御した殿舎は大極殿ではなく大安殿であるが、天皇の御す殿舎の前庭に立つ臣下の献上する祥瑞を天皇が受けたという儀式の型式は、『続日本紀』編纂者が「如二告朔儀一」しと表現した[52]ように当時の告朔の儀式と共通であり、また先にみた元日朝賀の場合と同じとみてよかろう。右の記事から、天皇が祥瑞を受ける儀式を媒介として告朔の儀式が大極殿出御型であったことを類推できる。

さらに奈良時代の告朔について忘れてはならぬのが次に掲げる養老令の条文[53]である。

凡文武官初位以上毎二朔日一朝、各注二当司前月公文一、五位以上送着二朝庭案上一、即大納言進奏、若逢レ雨失レ容及泥潦並停弁官取二公文一惣納二中務省一、

この条文によると、告朔の儀式は二段階に分けて理解することができる。すなわち、第一段階は文武百官が「朝庭」に参会し各官司の五位以上がそこにあらかじめ設けられている案の上に公文を進め置くまでであり、その儀が終わってから大納言が公文を天皇に進奏する儀式が第二段階である。文中の「朝庭」とは朝堂に囲まれたいわゆる朝庭を意味する[54]と考えられるから、告朔の第一段階は大極院南方の臣下の場たる朝堂院で行われたことになる。それでは、第二段階の大納言による公文進奏の儀はどこで行われたのであろうか。大宝令の註釈書古記[55]には「大納言進奏、謂、令三内舎人賷二公文机一参入進置即奏、故云二進奏一也」とあって、大納言進奏の儀、すなわち告朔の第二段階のために、第一段階で朝庭に設けられ公文が置かれた案を内舎人に賷たしめて参入し、それを大納言が天皇に奏するとしている。「参入」と表現しているのであるから、大納言による公文進奏の儀は朝庭から天皇の御する殿舎ないし空間に参入して行われたと考えるべきであろう。また、文武百官が朝庭に会してそこを場として行う儀式にあっては当然天皇の大極殿出御が大前提[56]である。これらの点からみて、告朔の第二段階は朝庭から大極殿に御する天皇の許へ参入して行われたのではあるまいか。

第八表　閤門の利用例

年次	七日 白馬節会	十六日 踏歌節会	十七日 大射	五月五日 騎射	豊明節会	隼人奏楽	隼人賜饗	渤海国使 奏楽
霊亀元		中門	南闈					
神亀元				重閣中門				
天平元						大極殿閤門		
〃12			大極殿南門					中宮閤門
天平宝字2					閤門			
〃4	閤門							
〃7	閤門		閤門					
宝亀2					閤門前幄			
〃7						南門		
〃8				重閣門				
延暦2		大極殿閤門					閤門	

以上二つの史料から奈良時代の告朔の儀式も大極殿出御型に属していると考えられる。

奈良時代における儀式のいま一つの類型は、天皇が大極殿閤門に出御して行う儀式である。大極殿出御型に倣い閤門出御型と呼ぶことにしよう。

例えば『続日本紀』延暦二年正月癸巳条に、

天皇御二大極殿閤門一、賜二宴於五位已上一、授二従五位下広川王従五位上（中略）一、宴訖賜レ禄有レ差、

とある。これは最末期の平城宮で行われた十六日踏歌節会に関する記事で、天皇が大極殿閤門に出御して五位以上を宴し、広川王を始めとした二三人が叙位に預かり宴終わってのち禄が支給されたことを述べている。恐らく、五位以上の官人は用意された座のある朝堂に着いて宴に預かり(57)、叙位の儀にはその朝堂の中庭たる朝庭が用いられ(58)、またここで踏歌や各種の舞楽・芸能が繰り広げられた(59)ことであろう。この時の場の用い方は、大極殿閤門が天皇出御の場、朝堂は宴に預かる臣下の場、そしてそれらに取り囲まれた朝庭は宴を飾り盛り上げる各種の行事が行われる場であると把握できる。このような節会における場の利用の在り方から、閤門出御型の儀式の際立った特徴として、大極

殿院の中心殿舎であり天皇の地位を象徴する高御座の置かれていた大極殿が全く機能していないことを指摘できる。このような場の用い方をする儀式としては七日白馬節会・十六日踏歌節会[60]・十七日大射・五月五日騎射[61]・新嘗会・「蕃国使」「化外民」による奏楽や彼らへの賜饗、等が挙げられる（第八表）[62]。

以上、奈良時代平城宮における儀式に関して大極殿出御型ないし閤門出御型の二つの類型を抽出しえた。それでは、これら二類型の儀式が平安宮での儀式といかなる関係にあるのであろうか。この点について検討を加える前に、平安宮における儀式を簡単に整理しておこう。

平安宮で行われた儀式もやはりその場によって大約二つに分類できる[63]。

第一は朝堂院型と名付くべき儀式で、元日朝賀・即位儀・視告朔・出雲国造奏神賀詞・受蕃国使表、等がこの型に属する。朝堂院型における儀式の場の基本的な用い方は、天皇が大極殿に御し、文武百官・出雲国造[64]・「蕃国使」等が龍尾道南方に広がる一段低い朝庭に列立するというものである。これらの儀式のうち元日朝賀・即位儀[65]では、龍尾道上の大極殿前庭が主たる儀式（奏賀・奏瑞等臣下による天皇への奏上の儀式）の場であって、天皇は大極殿に、朝庭には文武百官が列立して儀式が展開するのである[66]。告朔の儀式の場合も同様で、天皇への公文奏上の儀は、各官司の五位以上によって公文が朝庭で漆案に進め置かれたのち大極殿前庭で奏事者によって行われ、その間天皇は大極殿に居り、文武百官は朝堂の堂前・堂後に列立していることになる[67]。告朔の儀式は殿上侍従・奏事者等の構成の点で元日朝賀に類似しているが、その規模は遙かに小さく、元日朝賀の儀式を簡略化したものといえる。また、出雲国造による神賀詞奏読の儀も龍尾道上の大極殿前庭が用いられた[68]と考えられる。ただし、「蕃国使」の表を天皇が大極殿で受ける儀式の場合は必ずしもその儀式が明らかではない[69]。

次に第二の類型は豊楽院型として把握でき、すでに第二節で検討したように、この型には元日節会・七日白馬節会・十六日踏歌節会・十七日大射・豊明節会があった。豊楽院型では、天皇が豊楽殿に出御し、臣下は豊楽院にある朝堂に分かれて座し、朝庭では種々の芸能・行事が行われた。

平安宮における儀式を右のごとくに整理したところからも明らかなように、第一類型の朝堂院型とは外交に関する儀式（出雲国造神賀詞・受蕃国使表）や天皇の即位儀・元日朝賀に代表される国家的な意味を有する儀式であり、そこでは天皇と臣下との立場を確認したり、あるいは臣下が天皇に特定の事柄を報告上奏する等朝拝を基本型とする儀式であった。それに対して第二類型の豊楽院型は饗宴を中心とした節会で、それは天皇と臣下とが一体となって饗宴や種々の芸能・行事に打ち興ずる娯楽の場であって、それによって天皇と臣下との「共同体意識の高揚の場」・「コミュニケーションの場」ともなったのである。このような両類型の性格の相違は、第一類型の儀式では、共通して、天皇が一段高い龍尾道上のしかも大極殿の高御座に御し、一方臣下は朝庭で大極殿上の天皇の方向に向き、主たる儀式が龍尾道上で行われるのに比し、第二類型では、天皇・臣下ともに各々の場たる殿堂上にあって朝庭に向き饗宴がもたれたという点に端的に表れているといえる。

ここに至り平城・平安両宮における儀式を比較すると、そこには明らかに系譜関係を読みとることができる。すなわち、平城宮における大極殿出御型と閤門出御型とが、各々平安宮における朝堂院型と豊楽院型とにまさに対応しているのである。大極殿出御型と朝堂院型との対応関係は当然のこととして、閤門出御型が豊楽院型に受けつがれている点が注目される。ここでは、平城宮大極殿閤門がまさしく平安宮豊楽院の正殿たる豊楽殿に対応しているのである。

さらに、かかる観点をもってみる時、平城宮大極殿院の南面回廊を除く北・東・西三面の回廊と大極殿とを撤去すれば、平安宮豊楽院の豊楽殿がその両側に回廊の取り付く形態であったことと類似していることに気付かれる。

ところで、井上充夫氏[72]によれば、門の空間としての性質は元来「通路の一部であって、人が垣根や塀を通りぬけるために穿たれた孔もしくは突破口」であるが、「初期寺院」の中門等は単なる突破口ではなく性格の異なる空間の境界に横たわる結節点であり、ひとつの独立した建築としての性格をもつ。平城宮大極殿閤門も「初期寺院」の中門同様、天皇の専有空間たる大極殿と臣下のための空間である朝堂院の境界に立ち性格の異なる両空間を結ぶ結節点として門内外の交渉の場であった[73]という。

このような閤門のもつ内外交渉の場・二つの相異なる空間の結節点としての機能が十二分に発揮されたのは、饗宴型式の儀式である節会においてであると考えられる[74]。すでに触れたごとく饗宴が「共同体意識の高揚の場」・「コミュニケーションの場」であってみれば、かかる場合にこそ大極殿院・朝堂院両空間の結節点に位置する大極殿閤門がその十全の機能を果たし、天皇と臣下との相互交渉に役立ったと思われる。このような観点に立つとすれば、平城宮大極殿閤門の機能が平安宮では豊楽院正殿たる豊楽殿に引きつがれたことによって、大極殿院南面回廊と大極殿閤門が撤去されたと考えることができるのではなかろうか。

ここで忘れてはならないのは、大極殿と朝堂院とは儀式の場であっただけではなく日常の政務いわゆる朝政の場でもあったことである。宮衛令[75]の規定によれば、毎日朝堂での執務のために官人達が朝参し執務を終わって退くまで、執務中は大極殿閤門は開け放たれたままであった[76]。このように、大極殿閤門は毎日行われる現実的な執務に当たっても、官人執務の場たる朝堂と天皇が政務を執る大極殿とを結合する結節点の役割を果たしていた。しかしながら、次第に官人執務の場が朝堂から曹司へと移行し、執務における朝堂と曹司との比重が逆転していった[77]。かかる事態を最も端的に象徴しているのは、延暦十一年にとられた太政官五位以上（参議以上および少納言）に対する「内裏上日」の「上日」への通計公認の措置[78]であろう。おそらくこの措置は本来内裏における「行事」のために彼らが内裏に侍候するがゆえにに認められたのであろうが、その後次第に内裏への侍候が日常化し、さらには全く「行事」がないにも関わらず公卿の内裏侍候が常態となっていった。こうして内裏は天皇・公卿の日常的な執務の場[79]として、また公卿にとっては常に詰めるべき場へと変化していったのである。かかる事態の進行にともない、朝堂院における官人執務は当然一層衰えていったであろうし、それに応じて朝堂院での政務の中には朝堂政等のように儀式化していくものもあって、朝堂院は漸次天皇が出御して行う国家的儀式の場へとその機能の重点を移していったことと思われる。

このようにして次第に朝政における大極殿と朝堂院とを結ぶ大極殿閤門の機能が失われてくると、もはや大極殿閤門は撤去される運命にあるといえよう[80]。しかし、大極殿閤門が取り除かれるのは平安宮朝堂院に至ってであり、平城宮はもちろんのこと、長岡宮にも大極殿閤門は存在した[81]。大極殿閤門が平安宮で撤去されるには、さらに一つの条件が満たされねばならなかったことと思われる。その条件こそ内裏の朝堂院からの分離という事態である。内裏が朝堂院と分離した理由の一つとして、天皇の執務の場が内裏へと移行したということが考えられる[82]が、内裏の分離こそ、すでに指摘した公卿に対する「内裏上日」通計公認の措置がとられる三年前、延暦八年長岡宮で内裏が西宮から東宮へと遷った[83]ことで初めて実現した。そして、これによって長岡宮において大極殿が名実ともに内裏から完全に分離独立して[84]朝堂院の正殿となった[85]のである。このように長岡宮で内裏が朝堂院と分離したことによって、もはや大極殿閤門が撤去される最後の条件が揃った。すなわち、大極殿閤門がもつ閤門内＝内裏内部を防禦する内裏最南端門としての機能[86]がなくなったのである。かくして平安宮において大極殿南面回廊が撤去されて龍尾道となり、大極殿前面は朝庭・朝堂に対して開放されることとなった。しかし大極殿閤門のもつ機能のうち、饗宴の際の天皇出御の場としての機能は豊楽院の造営[87]で豊楽殿へと形態的にも継承されたのである。

従来より豊楽院と朝堂院との間にある種の融通性のあること[88]が注目され、さらには平城宮における第一次および第二次両朝堂院の並存とその史的変遷および平面プラン（殿舎配置や構造）の類似等から、第一次朝堂院が豊楽院の直接の前身となったとする説[89]も唱えられてきた。しかしながら、本節では、従来から注目されてきた点とは異なる観点、すなわち平城宮と平安宮とにおける儀式の相互関係の検討を通じて、豊楽院・朝堂院間の機能の類似および朝堂院の機能の分離について考察を試みた。そこから、一、平安宮で豊楽院を用いた儀式が、平城宮では朝堂院で行われた儀式のうちの節会・饗宴を受けついでいること、二、その際豊楽院正殿たる豊楽殿が、平城宮において節会・饗宴の時の天皇出御の場たる大極殿閤門の機能を襲ったものであること、等を明らかにし、さらに右のことから、平安宮朝堂院において大極殿閤門が撤去されるに至った事由を推定した。

なお、平城宮と平安宮での儀式の継受関係から豊楽院について考える以上は、当然長岡宮における豊楽院相当施設の存否の問題を避けて通ることは許されない。しかし、現段階では長岡宮跡での発掘調査の成果や文献史料からは長岡宮に豊楽院相当施設が確実に存在したことを立証できない[90]し、またすでに述べたところからも明らかなように、本節における論理からすれば、長岡宮に造営当初より豊楽院が存在した可能性は少ないと考えざるをえず、今後の発掘調査の進展を待って再び検討したい。

四　おわりに

以上二節に亙り、平安宮草創期の豊楽院をめぐって二つの観点から検討を行ってきた。そこから明らかとなったと思われることについては各節末に整理しておいたのでここで繰り返すことはしないが、要は次のごとくである。すなわち、平安宮豊楽院が平城宮朝堂院の有した機能のうちの饗宴の場としての機能を継受して、桓武朝において、国家的儀式の場たる朝堂院の成立に対応する国家的饗宴の場として造営され、次いで嵯峨朝において、儀式整備政策の進展する中でその各段階に応じて順次節会の場にも用いられるに至って、節会を中心とした饗宴のための施設としての性格を強めたが、それに続く淳和朝以降、次第に嵯峨朝において豊楽院に付与された機能は喪われていったのである。

さて、本章では、草創期の豊楽院について儀式との関連に焦点を絞りその機能・性格を解明しようと試みたために、考察対象が文献史料に限られることになってしまい、発掘調査によって次第に明らかとなりつつある平城宮の遺構と文献史料とを対応させつつ、当該時期における儀式とその場の問題を検討することができなかった。これらの点については今後の課題としたい。また当初本稿で取り上げることを予定しながらも果たせなかった、朝堂院における朝礼の問題等については、別の機会に論じたい。

註

（1）　律令国家における儀式をこのような観点から把らえようと試みた論文には、喜田新六「王朝の儀式の源流とその意義」中央大学『中央大学七十周年記念論文集　文学部編』昭和三十年がある。

(2) 例えば、養老儀制令に「凡元日国司皆率二僚属郡司等一向レ庁朝拝、訖長官受レ賀、設レ宴者聴（註略）」とある規定が、実際に薩摩国・駿河国（天平八年薩摩国正税帳および天平十年駿河国正税帳、いずれも『大日本古文書』巻二所収）、等において行われていたことが注目される（喜田新六「令制下における君臣上下の秩序維持策」『古代学』七—一、昭和三十三年）。

(3) 佐藤虎雄「平安宮豊楽院の遺物」『古代学』六—四、昭和三十二年、近藤喬一・伊藤玄三・寺島孝一「平安宮豊楽院推定地（聚楽廻中町）の調査」『平安博物館研究紀要』三、昭和四十六年、寺島孝一「平安宮推定豊楽院跡の調査」『古代文化』二六—四、昭和四十九年、等参照。

(4) 三善清行の意見封事十二箇条（『本朝文粋』巻二）には「至二桓武天皇一遷二都長岡一、製作既畢更営二上都一、再造二大極殿一、新構二豊楽院一」（傍点引用者、以下同じ）とある。

(5) 『西宮記』巻八諸院に「豊楽院 天子宴会所」とみえる。

(6) なお、豊楽院を用いる儀式の構造・儀式における豊楽院内殿舎等の用い方については全く検討の対象とはできなかった。いずれ改めて論じてみたい。

(7) 奈良時代を通観してみると、前半は同一の儀式でも毎年必ずしも一定の場で行われている訳ではなく、多様性がみられるが（奈良国立文化財研究所『平城宮発掘調査報告II』昭和三十七年・今泉隆雄「平城宮大極殿朝堂考」関晃教授還暦記念会『関晃教授還暦記念日本古代史研究』昭和五十五年、等）、光仁天皇宝亀年間以降この傾向は薄れ次第に安定して行くことが知られる。本節では宝亀年間を儀式における殿舎利用についての一つの画期と把らえ、平城宮と平安宮とにおける儀式の場の問題を考える時、宝亀年間以降を対象とすることとした。また、儀式の歴史の上でも光仁朝が一つの転期であることについては、倉林正次「桓武朝の儀礼（その一）」『國學院大学日本文化研究所紀要』三七、昭和五十一年に詳しい。

(8) 例えば延暦十七年末に来朝した渤海使の場合についてみると、翌十八年正月元日朝賀の儀式に文武百官とともに参列しているが、朝賀終了後内裏で催された元日節会には預かっていない。しかし一方七日・十六日両節会には渤海使も参列しているのである。

(9) このことと関連して、第一表に見るごとく元日節会の場が宝亀年間以降次第に内裏に設定されていく事情も大約察しうるであろう。

(10) この事実についてはすでに甲田利雄『年中行事御障子文注解』昭和五十一年に指摘がある。
(11) 元日節会に関する『延喜式』の規定すべてが必ずしも豊楽院での儀としているのではない。すなわち元日節会の宴に先立って行われる陰陽寮の七曜御暦進奏の儀式について、巻一二中務省の規定では豊楽院での儀とするのに対し、巻一六陰陽寮の規定では内裏で行うとしているのである。しかし、『延喜式』の条文を通じては本来豊楽院が元日節会の場とされていたとしてよい。
(12) 『内裏式』の改訂等については大西孝子「『内裏式』の書誌的考察」『皇学館論叢』五―三、昭和四十七年、森田悌「日本古代における儀式書編纂について」『日本歴史』三七〇、昭和五十四年、等参照。なお、元日節会の場に関する『内裏式』の記載が天長・承和における改訂等を被っていないことは、当該時期における元日節会の場が内裏である（第一表）にも関わらず『内裏式』が豊楽院での儀としている（第二表）ことから明らかである。
(13) 七日・十六日両節会が特定の行事（白馬奏や踏歌）と結びついているのとは異なり、元日節会は宴に先立って行われる所謂「諸司奏」を除くとそのような特徴ある行事をともなってはおらず、あくまで宴そのものの節会と考えられることも、あるいはその私的性格と関わっているのではあるまいか。
(14) 『内裏式』および『儀式』には「蕃客」来朝の折は「蕃客」をも元日節会に参列させるとの記載がある。ただし、実例（例えば、弘仁十一・十三両年には「蕃客」来朝中であるにも関わらず豊楽院での元日節会に「蕃客」は加わっていない）によっても、かような措置はとられていないことが気懸りである。
(15) ちなみに、『内裏儀式』が元日節会を中儀とするのに対し、『内裏式』・『儀式』は上儀とし（以上三書はいずれも儀式を大・上・中あるいは大・上・中・下と格付ける）、また『延喜式』は中儀とする（ただし『延喜式』は大・中・小の三儀に分類・格付けする）。なお、前三書が上儀・中儀とする儀式は概ね『延喜式』では各々中儀・小儀とされている。
(16) 『日本後紀』延暦十八年正月壬子条。
(17) 豊楽院の造営終了時期は判然としないが、延暦末年頃と推定されており（佐藤註(3)論文、甲元真之「平安宮内裏の罹災記事と考古学的遺物について」平安博物館記念論文集編集委員会『日本古代学論集』昭和五十四年、等）、七日節会の場としても少くとも大同年間以降豊楽院が史料上に現われるべきであるが、第三表にもあるごとく弘仁四年に至ってようやく豊楽院での本節会開催が確認される。ちなみに、延暦二十五年には五位以上の官人が「装馬」を進めることを永く停める旨の勅が出され（『日本後紀』延暦二十五年正月壬申条）、さらに大同二年には十六日節会とともに停止されている（『類聚国史』大同二年十一月丙申条）。

また延暦二十五年・大同二・三両年・弘仁五年はともに『類聚国史』に記載を欠き、大同四年については記載があるものの参列者が侍臣に限られており、七日節会としては異例である。このようにみてくると、豊楽院は延暦末年頃に完成はしたもののその後数年間は七日節会の場として用いられず、弘仁四年（あるいは節会の場について記載は欠くものの、数年ぶりにしかも「蕃客」をも招いて行われた弘仁二年（『類聚国史』弘仁二年正月壬寅条）に遡るかもしれない）に至り改めて七日節会の場として用いられるようになったと考えることができる。

(18)『内裏儀式』七日宴会式。

(19) 第二表にも明らかなごとく、『内裏儀式』を除く他の儀式書等では、『内裏式』・『儀式』はいずれも豊楽院での儀とし、また『延喜式』は常の年についてのみ豊楽院と規定していて、『内裏儀式』だけが他とは異なる記載をしている。

(20) 豊楽院が来朝中の外国使節のための饗宴の施設でもあったことは、『延喜式』巻一一太政官に「凡蕃客入朝任二存問使・（中略）宣命使・供養使各二人〈豊楽院各一人、朝集堂各一人〉」とあり、また巻一九式部下賜蕃国使宴に宴を賜う場を豊楽院としていること、等から知られる。

(21) 以下の理解については、鈴木靖民「日本律令制の成立・展開と対外関係」『歴史学研究』別冊特集世界における民衆と民主主義、昭和四十九年を参照されたい。

(22) 石母田正「天皇と『諸蕃』」『法学志林』六〇―三・四、昭和三十七年。

(23) 桓武朝が対渤海外交上重要な位置を占めると考える根拠は、積極的な対渤海政策が桓武朝で取られたことにもある。すなわち一、「入貢」年限をめぐる問題（『類聚国史』延暦十七年五月戊戌条および『類聚三代格』巻一八、天長元年六月廿日太政官符）、二、客院造営（『日本後紀』延暦二十三年六月庚午条）、三、元日朝賀における拝賀作法の改定（『日本後紀』延暦十八年正月丙午朔条）、等である。なお、延暦十九年九月二日太政官符（『延暦交替式』）にも留意したい。

(24)『類聚国史』大同二年十一月丙申条によると、大同二年十六日節会は七日節会とともに停止され、以後弘仁三年まで史料上に節会が行われたことを確認できない。恐らく数年間の停止ののち弘仁三年に至って再興されたものと思われるが、弘仁三・四・五年の場合節会の場の記載を欠いており（『類聚国史』弘仁三年正月乙亥・同四年正月庚午・同五年正月丙子条）、十六日節会において豊楽院が用いられ始めた時期を確定できない。仮りに弘仁六年がそうであれば、のちに述べる大射の場合弘仁六年から豊楽院の使用が始まることと一致することになる（弘仁六年のもつ意義については註(35)参照）。なお、嵯峨朝に節会を再興するに当たり、延暦年間以前のまま再興した訳ではなく、改訂が加えられたことが『内裏儀式』十六日踏歌式文末の割註（『内裏式』上巻十六日踏歌式文中にも、ほぼ同文の割註がある）からわかる。

(25) なお、第二に指摘した点のうち、「蕃客」来朝時に「蕃客」が節会に参列している事例は、弘仁年間を遡っても確認でき、元日節会とは異なって、奈良時代においてもすでにこのような措置をとることが原則となっていたらしいことを推測させる。

(26)『内裏式』上巻十六日踏歌式。

(27)『儀式』巻七十六日踏歌儀。

(28)『内裏式』および『儀式』によれば、元日節会は常に次侍従以上の侍臣であり、七日節会も常に六位以下の官人まで参列を認めるとしていて、十六日節会のごとき措置がとられることにはなっていない（第二表参照）。

(29) なお、正月三節に豊楽院が用いられなくなる順序にも注意したい。すなわち元日節会が最も早く天長元年から、次いで十六日節会では遅くとも天長四年から、そして七日節会が最も遅れ、承和六年から貞観三年までの内裏との併用期間を経て貞観四年から、各々豊楽院から内裏へと場を移している。

(30) 節会はそれに預かる官人の階層によって小節（侍従に限定）と大節（侍従の他に非侍従をも加える）とに分類され（『西宮記』・『北山抄』・『九条殿記』、等）、小節が大節に比し私的な性格をもっていたと思われる（『北山抄』著作の頃には弾正台が威儀を正すために小節におもむかなくなったり、また小節では天皇出御以前にそれに参列しうる次侍従の補任が行われたこと、等）。なお、小節には元日・十六日両節会があり、大節には七日節会・五月五日騎射・新嘗会が属した。

(31) 古瀬奈津子「初期の平安宮」『続日本紀研究』二一一、昭和五十五年。

(32) 平安宮の馬埒殿は正史上では延暦十四年（『類聚国史』延暦十四年五月辛未条）から弘仁八年（弘仁八年五月癸巳条）まで見え、弘仁九年四月の平安宮の殿閣門号改称（『日本紀略』弘仁九年四月庚辰条）によって武徳殿と改名された（武徳殿の初見は『類聚国史』弘仁九年五月戊子条）殿舎に当たると考えられており、その名の通り五月五日の馬射に用いられることが多く、また大射・相撲にも利用されている。

(33) 古瀬註(31)論文。

(34) 甲田註(10)著書は、大射が豊楽院で行われるようになった時点を弘仁二年正月十七日以後のこととされるが、実例に徴する限りではむしろ弘仁六年以降とみるべきであろう。

(35)　まず弘仁六年正月二十三日付の二通の宣旨（『類聚符宣抄』巻六）が注目される。一通は「応㆓御所記録庶事外記共預㆒事」なる事書を有する宣旨で、この宣旨がもつ嵯峨朝における儀式整備政策上の意義については、すでに前稿（拙稿註(47)論文、本書第五章）で述べたところである。もう一通の宣旨は「応㆑検㆓収使司所㆑進文記㆒事」との事書をもつ。これは、「掌客文記」（賓礼に関る記文）に錯誤が多いのは外記が検察を加えないことに原因があるので、今後その責任を明確にし詳しく検察を行えとの内容である。すなわち、儀式における記文の重要性を認め、その記録・検察・保管に厳重さを求めたものといえる。これら二通の宣旨はともに外記の職掌拡大・強化に関して同日に出されている点でも注目されるが、いずれも弘仁六年という時点での儀式整備の状況を指し示してくれるものである。また、弘仁六年十一月十四日には「定㆘式部兵部相論給㆓季禄㆒日儀式㆖事」という太政官符（『類聚三代格』巻六）が発布されている。この官符は、季禄支給の日文官・武官の行立をめぐって対立した式部・兵部両省が各々上った解をうけ、大判事物部中原敏久の意見によって両省の相論に結着をつけたもので、先の二通の宣旨同様この頃の儀式整備の動きを示すものである。

(36)　『内裏儀式』十七日観射式。

(37)　天皇が「幸」する「便処」が内裏の外にあることは、大射の儀の終了後天皇が「還宮」すると記していることからも明白である。

(38)　清和朝貞観七年以降は建礼門南庭に大射の場が固定するのであるから、当該時期のことを述べるのであればかかる漠然とした表現をとることはあるまいし、もしまたこの内裏外の「便処」を豊楽院と解することができるとしても、何故にこのような明示を避けた表現をしたのかが問題となろう。

(39)　第六表では省略したが、奈良時代の新嘗会の場として史料上確認しうるのは次の二例のみである。天平宝字二年には内裏で（『万葉集』巻二〇―四四八六番および四四八七番）、神護景雲二年には西宮前殿で（『続日本紀』神護景雲二年十一月壬辰条）行われており、いずれも内裏である。なお、平城宮の西宮の理解については奈良国立文化財研究所『平城宮木簡』一解説、昭和四十四年、阿部義平「平城宮の内裏・中宮・西宮考」『研究論集』II、昭和四十九年、今泉註(7)論文、拙稿「平城宮の内裏」『平城宮発掘調査報告XIII』平成三年、参照。

(40)　朝堂に関する理解については今泉註(7)論文参照。

(41)　古瀬註(31)論文は、平安宮において朝堂院に比べ造営の遅れた豊楽院が平城天皇即位を契機にして完成させられたと推測している。また桓武天皇を中心とする前後の時期に大嘗祭の節会行事が整えられたり、就中天皇の即位儀礼としての即位儀と大嘗祭との役割が転倒したとする八木充「日本の即位儀礼」『東アジア世界における日本古代史講座』九、昭和五十七年の見解も注目される。なお、この八木説を補強するのが、後に註(43)で述べる大嘗祭の場の太政官院から朝堂院への移行の事実である。恐らく、そこに大嘗祭そのものの規模拡大も推定できよう（西郷信綱「大嘗祭の構造」『古事記研究』昭和四十七年）。

(42)　平城天皇の大同年間において豊楽院が利用されたことを唯一確認できるのは、いま問題としている大嘗会の事例である。平城天皇の時代は全般的に儀式・節会等が停止されたり廃止されたり、あるいは併合されたりして縮小されている（平城朝の元日朝賀の儀式はすべて廃朝され、七日・十六日両節会および三月三日節会は停止され、大射は九月九日に移されている。なお、平城朝の儀式・節会縮小政策については、山中裕『平安朝の年中行事』昭和四十七年、湊敏郎「平安初期の年中行事」『古代文化』三四―九、昭和五十七年、等参照）。そのような中で大嘗会のみ豊楽院を用いていることが注目される。

(43)　奈良時代、平城宮における歴代天皇の大嘗祭の場は不明な場合が半ばあまりを占めるが（元正・聖武・称徳の三天皇）、孝謙天皇は宮外の南薬園新宮で行っており（『続日本紀』天平勝宝六年十一月乙卯条）、淳仁・光仁・桓武の三代の天皇の場合はいずれも太政官院（乾政官院）で行われている（『続日本紀』天平宝字二年十一月辛卯・宝亀二年十一月癸卯・天応元年十一月丁卯の各条）。ここでは特に光仁・桓武と二代の天皇が続いて太政官院であることに注目したい。

(44)　天皇が大極殿に出御して行われる儀式については、すでに、鬼頭清明「日本における大極殿の成立」『古代史論叢』中、昭和五十三年が大極殿の機能を解明するという立場から検討しているが、本章とはやや視点が違うこともあって、のちにみる天皇が大極殿閤門に出御して行う節会には全く触れていない。

(45)　『続日本紀』神護景雲二年正月丙午朔条。

(46)　『内裏儀式』元旦受群臣朝賀式并会・『内裏式』上巻元正受群臣朝賀式・『儀式』巻六元正朝賀儀・『延喜式』巻三八掃部寮、等は一致して大極殿「南栄第一第二楹間」に少納言の「位甎」を設けるとしている。しかしながら、この「位甎」は坐席に相当するものではなく、少納言が立つ位置を示す版位のごとき役割を果たすのである。

(47)　『続日本紀』神護景雲二年十一月癸未条参照。なお、奈良時代の任官儀式については、早川庄八「八世紀の任官関係文書と任官儀について」『史学雑誌』九〇―六、昭和五十六年、拙稿「『外記政』の成立」『史林』六四―六（昭和五十六年、本書第五章）等参照。ただし、早川氏が「この『庭』が大極殿前庭すなわち朝庭」を指すとするのは誤りである。

(48)『延喜式』巻一八式部上に「九於㆓朝廷㆒宣命者群官降㆑座立㆑堂謂成選授位并任郡司及臨時宣詔之類、事見㆓儀式㆒」とあり、このうち、成選授位については『続日本紀』神亀五年三月丁未条に「判、選叙之日、宣命以前宰相等出㆓立庁前㆒、宣竟就㆑座、自㆑今以後永為㆓恒例㆒」とあり、その源流を奈良時代初めに遡りうる。なお、宣命発布の場については喜田新六「宣命の性格について」『中央大学文学部紀要』史学科一、昭和三十年、松本雅明「宣命の発展と衰廃（上）（下）」『法文論叢』三三・三六、昭和四十九・五十年参照。

(49) 告朔の概要に関しては、武光誠「告朔について」『風俗』六一一、昭和五十二年)、古瀬奈津子「告朔についての一試論」『東洋文化』六〇、昭和五十五年、岸俊男「朝堂の初歩的考察」橿原考古学研究所編『橿原考古学研究所論集　創立三十五周年記念』昭和五十年、等参照。

(50) 古瀬註(49)論文。

(51)『続日本紀』大宝元年正月戊寅条。

(52) 大宝令制下において元日朝賀儀式にそれを装飾するものとして組み込まれる（大宝令儀制令祥瑞条。なお、同条文の復原案については福原栄太郎「祥瑞考」『ヒストリア』六五、昭和四十九年、参照）以前の祥瑞進献の儀式については『日本書紀』白雉元年二月甲申条が参考となる。そこにはすでに「殿」に御す天皇に対して祥瑞進献・賀詞奏上の儀式が行われるという形が現われている。

(53) 大宝令儀制令当該条文も『令集解』巻二八儀制令文武官条古記から、一部字句の修正があるものの内容は養老令文と同じであったと思われる（岸註(49)論文、古瀬註(49)論文参照）。

(54) 日本思想大系『律令』昭和五十四年令巻七儀制令5〔文武官条〕頭註は「朝庭」を解して「大極殿の庭」とするが、「朝庭」の用例や平城宮朝堂院の構造等からみて大極殿前庭と「朝庭」とは区別すべきであり、頭註は誤りであろう。なお、平安宮における告朔では、第一段階は龍尾道以南の「龍尾道南庭」で行われ、第二段階は龍尾道上「大極殿前庭」を用いている（『延喜式』巻一二中務省・巻一九式部下）。

(55)『令集解』巻二八儀制令文武官条。

(56) 岸註(49)論文は第二段階が行われる場所を内裏とするが、論拠を明示していない。

(57)『続日本紀』天平宝字七年正月庚申条・延暦二一年正月癸巳条等参照。

(58) 註(48)参照。

(59)『続日本紀』天平宝字七年正月庚戌条等参照。

(60) 第七表によれば、十六日節会が天皇の大極殿出御の許に行われた例のあることが知られる。それは『続日本紀』天平十三年正月戊戌条で、恭仁宮に都が置かれていた三年あまりの期間のごく初期の記事であるが、この記事の「大極殿」には疑問が存するのである。すなわち、『続日本紀』によれば、このほぼ一年後天平十四年の元旦朝賀儀式に当たり大極殿が未だ完成しておらず、天平十五年末にようやく「初壊二平城大極殿并歩廊一遷二造於恭仁宮一、四年於レ茲其功纔畢矣」と記している。事実大極殿が完成してのち初めて『続日本紀』に現われるのは天平十五年の元日朝賀であって、その完成は天平十四・十五年の間に措定できる。以上からみて到底天平十三年正月の段階で恭仁宮大極殿が完成していたとは考え難い。また『続日本紀』にはこの前後の頃に天皇の行幸記事がみられないことから、当該記事の「大極殿」を平城宮・難波宮等の大極殿とすることもできない。詳述は控えるが、この記事の解釈としては福山敏男『大極殿の研究』昭和三十年が提出した三つの案のうち大安殿の誤記と考えるのが妥当であると考える。それは恭仁宮内裏やその殿舎が早くから『続日本紀』に現われることや、恭仁宮で大安殿が十六日節会を始めとする節会の場として重要な位置を占めているからである（拙稿註(39)論文）。このように考えてよいとすると、大極殿出御型・閤門出御型の間には全く重複がなくなることになる。

(61) 五月五日騎射の例は表にも明らかなようにいずれも「重閣中門」・「重閣門」である。「重閣」という門の構造等からこれらを平安宮の会昌門ないしは応天門に相当するとみる説（奈良国立文化財研究所『平城宮発掘調査報告II』昭和三十七年、直木孝次郎「大極殿の門」『古代学論叢』昭和四十三年）もあり、あるいは騎射の事例を閤門出御型から省くべきかもしれない。ただし福山註(60)著書は、それらを大極殿閤門と同じものと考えている。

(62) 表には掲げなかったが、踏歌の節会が行われた場として「大極殿南院」の存在も知られる（『続日本紀』天平勝宝三年正月庚子条、『日本紀略』天平勝宝六年正月壬子条。ただし、後者に関しては『続日本紀』は天皇出御の場を大安殿としている）。従来より「大極殿南院」は「朝堂院一郭」を指すと解されてきた（奈良国立文化財研究所『平城宮発掘調査報告II』昭和三十七年）。「院」の語義（喜田貞吉「院の名義、特に正倉院の名称について」『歴史地理』二九—六、大正六年）から考えて、「大極殿南院」は大極殿の南にあって回廊等によって囲まれた一郭を意味すると思われるから、「大極殿南院」を「朝堂院一郭」に当てることに異論はないが、「朝堂院一郭」とは明らかに臣下の場であって、かかる場に天皇が出御することは考え難いのではあるまいか。そこで、実際に天皇が出御した場を「朝堂院一郭」でしかも臣下の場ではない所に求めようとすると、大極殿閤門に想到する。確かに、平面形においては大極殿閣門はまさに大極殿院にも属し、「朝堂院一郭」にも属するではないか。以上のように天皇が大極殿閤門に出御した例として「大極殿南院」の事例をも加えてよいと考える。さらに、天皇が出御して七夕宴等が行われた「南院」（『続日本紀』天勝宝三年七月丁亥条・天平宝字元年七月戊午条）は「大極殿南院」の略であり、これらも実際には大極殿閤門に天皇が出御したのであって、閤門出御型の事例に加えてよいかもしれない。

(63) 以下に述べる三つの類型の外に、五月五日騎射が行われた武徳殿、九月九日重陽宴のための神泉苑、さらに内裏を儀式の場として三つの類型を設定しうるが、前二者は類型を設定するほど多くの儀式に用いられている訳でもなく、また武徳殿は豊楽院型に含みうるとも考えられる。内裏については奈良時代との関連から宴の場として設定しうるが、それが儀式の場として意義をもち出すのは朝堂院での儀式や豊楽院での節会が内裏へと移行し始めてからであり、基本はやはり朝堂院型と豊楽院型にあると考えるので除外した。

(64) 『内裏儀式』元正受群臣朝賀式并会・『内裏式』上巻元正受群臣朝賀式・『儀式』巻六元正受朝賀儀。

(65) 『儀式』巻五天皇即位儀。

(66) 『延喜式』巻一一太政官、巻一二中務省・内記、巻一三大舎人寮、巻一八式部上、巻一九式部下、巻三八掃部寮、巻四一弾正台。

(67) 『延喜式』巻四五左近衛によれば、元日朝賀・即位が大儀とされるのに対し、告朔は小儀にとどまっている。

(68) 『延喜式』巻一二中務省に「凡出雲国造応㆑奏㆓神寿辞㆒者（中略）、前一日置㆓版位於大極殿南庭㆒」との規定があり、一方また巻一九式部下にも「前一日録率㆓史生省掌㆒、置㆓龍尾道以南版位㆒」とある。告朔の儀式においても大極殿前庭に奏事者等の版位を設けるのは中務省であり（巻一二中務省）、一方また龍尾道以南の朝庭に版位を置くのは式部省である（巻一九式部下孟月告朔）ことから、出雲国造神賀詞奏読の儀式にもこのことは適合すると考えてよかろう。そうであるならば、「大極殿南庭」に設けられた版位は出雲国造による神賀詞奏読の儀に直接関係をもつ版位ではなかったかと思われるが、『延喜式』の関係条文よりこの儀式を完全に復原することが困難であるから、大極殿前庭と朝庭とに各々置かれた版位の役割を究明することはできない。憶測に過ぎないが、『続日本紀』霊亀二年二月丁巳条に出雲国造出雲果安が「神賀事」を奏したのち神祇大副中臣人足が「以㆓其詞㆒奏聞」したとみえることから、朝廷の版位は神賀詞を奏上する出雲国造のための版位であり、大極殿前庭の版位は「其詞」を天皇に伝え奏する者の版位と考えることもできる。ただし、『続日本紀』の記事では天皇が出御したとの記述を欠いていることが留意される。

(69)『延喜式』（巻一三大舎人寮、巻一九式部下受諸蕃使表及信物、巻二八隼人司、巻三八掃部寮、巻四一弾正台）からは、天皇が大極殿に御し使者が朝庭で表文を奉ったと考えられるが、この儀式が使者の持ち来たった表文を天皇が受けとる儀式であってみれば、そこに天皇と使者とを媒介する者を想定できないであろうか。なお、『日本書紀』推古天皇十六年八月壬子条や同十八年十月丁酉条によれば、外国の使者が天皇に使の旨を言上し親書を進める儀式では、一旦使者が使の旨を大夫等に伝え、さらにこれを大夫等が天皇や蘇我蝦夷に奏・啓している。

(70)倉林正次『祭りの構造』昭和五十年によれば、元日朝賀と即位儀とは全く同じものであったという。

(71)倉林註(70)著書。

(72)井上充夫『日本上代建築における空間の研究』昭和三十七年。

(73)狩野久「律令国家と都市」『大系日本国家史』一古代、昭和五十年はさらに論を進めて、大極殿閤門が「大極殿と朝堂をつなぐばかりでなく、宮城北半の天皇のいわば私的空間と南の公的空間をつなぐ役割」をもっていたとも指摘している。

(74)井上註(72)著書は、天皇が大極殿門に出御することは南庭の臣下に謁したり歌舞等をみたり朝庭の臣下とともに儀式を行うために不可欠で、その際建築機能としては平城宮大極殿閤門は平安宮大極殿に、平城宮大極殿は小安殿と対比できるとされる。しかしながら、すでに述べたところからも明らかなように、閤門出御型の儀式は豊楽院での節会と対比されるべきである。また大極殿出御型の儀式において天皇自らが朝庭の臣下に謁するために閤門に出御することは基本的には想定できない。この場合天皇が臣下に顔をみせる必要は決してないのであり、端的にいえば、臣下にとっては天皇に謁したという事実だけがこの際重要なのであって、その顔に拝したか否かは問題ではない。

(75)宮衛令開閉門条。

(76)岸註(49)論文や古瀬奈津子氏の一九八二年史学会（十一月十四日）日本史部会における研究発表「宮の構造と政務運営法」要旨に指摘がある。

(77)以下、朝堂での執務の問題・上日の問題については拙稿註(47)論文（本書第五章）参照。

(78)『類聚符宣抄』巻一〇延暦十一年十月廿七日宣旨。

(79)「寛平御遺誡」に「延暦帝王、毎レ日御二南殿帳中一、政務之後、解二脱衣冠一、臥起飲食、（中略）又至二苦熱一、朝政後、幸二

神泉苑「納涼」とあり、桓武天皇は毎日紫宸殿の御帳の中にあって「朝政」を執ったことが知られる。

(80) 大極殿閤門の規模が相対的に前期難波宮以来次第に小さくなってゆくこと（長山雅一「前期難波宮朝堂院の二つの門をめぐって」、難波宮趾顕彰会『難波宮跡研究調査年報』一九七二年、昭和四十七年）から、狩野氏は大極殿の機能の変化を示唆している。

(81) 長岡京跡第八八次発掘調査（向日市教育委員会『向日市埋蔵文化財調査報告書』第五集、昭和五十四年に概要が報告されている）によって長岡宮にも大極殿院南面回廊の存在が確認され、さらに閤門が存在することも想定されるに至った。

(82) 古瀬註(76)研究発表要旨。

(83)『続日本紀』延暦八年二月庚子条。なお、長岡京跡左京第五一次発掘調査（向日市教育委員会『向日市埋蔵文化財調査報告書』第七集、昭和五十六年に発掘調査概要が報告されている）で左のごとき文書木簡が出土した。

・造東大宮所　□〔解カ〕

・　　八年正月十七□□〔付カ〕□

木簡の詳細については今泉隆雄「八世紀造宮官司考」奈良国立文化財研究所『文化財論叢』昭和五十八年）を参照されたい。

(84) 直木孝次郎「大極殿の起源についての一考察」『人文研究』一一五、昭和四十八年・狩野註(73)論文は、歴史的には内裏前殿の転化したものが大極殿であるとする。

(85) このことは、朝堂院の語が内裏分離後の長岡宮で初めて現われる（『類聚国史』延暦十一年十一月甲寅条）ことから、平安宮以前に内裏の分離によって朝堂院と大極殿院とが一体化して大極殿が朝堂院の正殿となったことで、朝堂院の語が成立した（朝堂院の語義については今泉註(7)論文参照）、と考えられることに端的に現われている。

(86) 大極殿閤門が兵衛によって警衛され、内裏の門と同じ内門の扱いをうけていたことが注目される（直木註(61)論文、八木充「律令制都宮の形成過程」『日本書紀研究』二、昭和四十一年）。

(87) 豊楽院が国家的儀式の場たる朝堂院と対になる饗宴の場として造営されたのは、日本における饗宴の場の特殊性、すなわち儀式と饗宴とが対で行われる場合必ず儀式と場所をかえて饗宴が設けられた（倉林正次『饗宴の研究（儀礼編）』昭和四十年）こととも関わるのではなかろうか。実際、平安時代初期朝堂院での国家的儀式のうち饗宴をともなうもの（朝賀・受蕃国使表・大嘗祭）では饗宴（七日節会・蕃国使賜宴・大嘗会）はすべて豊楽院で行われた。なお、本来朝賀と対になる饗宴は七日節会であることについては倉林前掲書に詳しい。

(88)　豊楽院に代わって朝堂院が用いられた事例（『日本後紀』延暦十八年正月壬子条）やその逆の事例（『日本三代実録』元慶元年正月三日・八日・十一月十八日・三年九月九日条）があり、いずれも豊楽院・朝堂院が未完成で代替使用されている場合である。

(89)　今泉註(7)論文は注目すべき説ではあるが、平城宮第一次朝堂院の遺構変遷については異説もあり（奈良国立文化財研究所『平城宮発掘調査報告XI』、昭和五十七年）、確説とは言い難い。

(90)　今泉註(7)論文は、長岡宮に豊楽院相当施設が存在した可能性が十分あるとして文献史料に現われる「南院」（『続日本紀』延暦八年正月己酉条・『日本紀略』延暦十一年正月壬戌・壬申条）を考慮すべきであるとされる。確かに「南院」の利用事例をみると、平安宮豊楽院で行われた七日節会や十七日大射の場として現われている。しかし「南院」を豊楽院相当の施設とみなすには問題がある。すなわち一、すでに第二節で検討したように、十七日大射の場として豊楽院が確定するのは完成後少なくとも十年足らずを経た弘仁六年以降であること、二、すでに「南院」が存在している段階で長岡宮における饗宴の場として朝堂院が用いられた事例があること（『類聚国史』延暦十一年十一月甲寅条）、三、天皇出御の表現が「南院」には「御」（『日本紀略』延暦十一年正月壬戌条）とも「幸」（『日本紀略』延暦十一年正月壬申条）とも表すのに対し、『日本後紀』の範囲で豊楽院・豊楽殿に関しては一例を除きすべてが「御」であること、四、「南院」が宮造営後四年あまりで史料上に現われるのに対し、豊楽院は造営が遅れて宮造営開始後十年以上を経て完成したと考えられる（註(17)参照）こと、等である。

（補註1）　豊楽院の発掘調査は註（1）で紹介したのちも断続的に行われている。それらの調査報告には、京都市文化観光局・財団法人京都市埋蔵文化財研究所「平安宮豊楽院跡」『平安京跡発掘調査概要』昭和五十三年、京都市埋蔵文化財調査センター・財団法人京都市埋蔵文化財研究所「平安宮豊楽院跡」第三次『平安京跡発掘調査報告』昭和五十六年、京都市埋蔵文化財調査センター・財団法人京都市埋蔵文化財研究所「平安宮豊楽院跡」第四次『平安京跡発掘調査報告』昭和五十五年、京都市文化観光局・財団法人京都市埋蔵文化財研究所「平安宮豊楽院跡」『平安京跡発掘調査報告』昭和五十六年、京都市文化観光局・財団法人京都市埋蔵文化財研究所「平安宮豊楽院(1)」「平安宮豊楽院(2)」『平安京跡発掘調査概報昭和六十三年度』平成元年、京都市考古資料館『平安宮豊楽殿―特別展図録―』昭和六十三年、等がある。これまでの調査の中でも昭和六十二年から翌六十三年にかけて実施された調査では、豊楽殿の西北部とその北に位置する清暑堂を結ぶ北廊を検出し、豊楽殿の規模や構造、あるいは歴史的な変遷を明らかにするなど貴重な成果を挙げた（京都市文化観光局・財団法人京都市埋蔵文化財研究所「平安宮豊楽院(1)」『平安京跡発掘調査概報昭和六十三年度』平成元年、京都市考古資料館『平安宮豊楽殿―特別展図録―』昭和六十三年）。すなわち豊楽殿が壇正積基壇の上に建つ七間四面（桁行九間、梁間四間）の礎石建物であったこと、また当初その北辺部三カ所に階段が設けられていたが、のち九世紀前半に極めて近い時期に中央階段のみを壊して清暑堂と結ぶ北廊を取り付けたこと、などが明らかとなった。平安時代末期の作製にかかる平安宮古図はいずれも豊楽殿と清暑堂とを結ぶ北廊を画くが、この調査で北廊が豊楽院創建当初のものでなく、創建からやや時を隔てた時期の増築によることが明らかとなった点は特に重要である。中央階段が撤去されて北廊が増築された正確な時期は明らかでないが、本文で述べたように、嵯峨朝をピークとして次第に節会での利用が行われなくなっていった豊楽院においてこのような増築の手が加わる可能性があるとすれば、それは嵯峨天皇の弘仁年間（八一〇～八二三）のことか、あるいは大極殿の焼失・再建途中にあって豊楽殿で即位した陽成天皇の元慶年間（八七七～八八四）のいずれかであろう。因みに調査を担当された財団法人京都市埋蔵文化財研究所鈴木久男氏からは弘仁年間にあてるほうが妥当である旨のご教示を得た。ただし中央階段の撤去・北廊の増築が嵯峨朝のことであったとしても、何故に北廊の増築が必要となったのか必ずしも明らかでなく、今後さらに検討を進める必要がある。また清暑堂についても昭和六十三年に行われた調査で基壇の版築と礎石の根固めの痕跡が確認された（京都市文化観光局・財団法人京都市埋蔵文化財研究所「平安宮豊楽院(2)」『平安京跡発掘調査概報昭和六十三年度』平成元年）。

（補注2）　本文で平城天皇の時から大嘗祭の場が太政官院から朝堂院へ移動したとしたのは誤りで、このような誤った事実に基づき、註(41)で大嘗祭の即位儀礼としての役割の即位儀との逆転や規模の拡大を憶測した記述は訂正の必要がある。それは、上野邦一「平城宮の大嘗宮再考」『建築史学』二〇、平成五年による平城宮第二次朝堂院検出遺構の再検討によって、新たに二時期の大嘗宮が発見され、少なくとも五時期の大嘗宮が存在し、その結果、第二次朝堂院が太政官院であることが明らかになったからである。奈良時代に平城宮で即位し、大嘗の神事を行ったのは元正・聖武・孝謙・淳仁・称徳・光仁・桓武の六人七代の天皇である。このうち大嘗の場が『続日本紀』に明記されているのは孝謙・淳仁・光仁・桓武の四天皇であるが、孝謙天皇は平城宮外南薬園新宮で行っており、平城宮で行っているのは残る奈良時代後半の三代の天皇に限られることになり、しかも彼らはいずれも太政官院を大嘗の場としている。以上のことは、第二次朝堂院における五時期の大嘗宮のうちに必ず淳仁・光仁・桓武三天皇のものが含まれることを意味し、従って淳仁天皇大嘗の時には既に第二次朝堂院が太政官院（淳仁天皇の大嘗の場として『続日本紀』が記す乾政官院は、天平宝字二年八月に行われた藤原仲麻呂による官司・官職名の改称によって太政官院が乾政官院と改められたもので、仲麻呂の乱後再び太政官院に戻されたと考えられる。なおこのことは太政官院に冠せられた太政官が律令官制の二官八省の太政官のことであることを物語り、太政官院が太政官なる官司の存在と密接不可分のものであったことを示唆する）の名称はさらに遡って『続日本紀』天平勝宝九年七月庚戌条（橘奈良麻呂の乱関係者への勘問記事に謀議の場所として「太政官院庭」「太政官院」が見える。なお戊午条では「太政官坊」と書かれている）に見え、第二次朝堂院が太政官院と呼ばれた事実は孝謙天皇在位中まで遡る可能性がある。ところで周知のように、第二次朝堂院には建築形式を異にする上層遺構と下層遺構が重複して存在し、後者から前者への改作時期が大きな問題となっている（本書第一章参照）。この問題を解決するには、第二次朝堂院で確認された五時期の大嘗宮をそれぞれいずれの天皇に比定し、それらが上層と下層のいずれに属するか、を今後明らかにする必要がある。なお太政官院の問題に関連して、拙稿（本書第五章）で太政官院＝太政官曹司とした点は保坂佳男「朝堂院の変遷について―太政官院としての把握より見たる―」『国史研究会年報』五、昭和五十九年が誤りであると批判した点は正しい。ただ保坂氏が第一次朝堂院を奈良時代前半の太政官院と考え、奈良時代の太政官院が第一次朝堂院から第二次朝堂院へ移ったと理解した点は、今泉氏によって明らかにされた奈良時代前半における第一次朝堂院と第二次朝堂院下層遺構の機能分担を認める立場に立つと、正しくない。そして上記したように、太政官院なる呼称自体が奈良時代前半に確認できず、奈良時代後半の第二次朝堂院上層遺構に対する固有の呼称であると考えられる点は極めて重要である。ここでは以上の指摘に止め、太政官院については稿を改めて詳しく述べたい。

第五章 「外記政」の成立

一 はじめに

平安時代政治史研究は、古代史の中においても大きな立ち遅れが認められる分野の一つである。従来の研究の関心は摂関家藤原氏を中心に繰り広げられた宮廷内部での政権抗争史にあったといえるが、昭和四十五年頃より中世史研究者による中世社会形成過程の解明が進み、所謂「王朝国家」論が提示されるに至り、それに応じた独自の支配機構と官僚制を解明しようとする研究が、中世史研究者は言うまでもなく古代史研究者の側からも始められることとなった(1)。その中でも注目すべきは、従来儀式・年中行事として歴史的分析の対象とされることの稀であった平安時代の儀式・年中行事を新たな政治史分析の素材とし、それらが本来担っていた政治史的意味を喪失し形式化・儀式化する過程を解明することで、平安時代政治史研究に新たな地平を拓く諸研究が発表されたことである(2)。

一方、組織的な発掘調査研究が進められる様になった平城宮を始めとする古代宮都についてその構造が次第に解明されるに至り、新たな知見が得られることとなった。その様な新たな考古学的知見等を基礎として更に文献史料に精緻な批判検討を加え、都城の本義を政府官人の居住地・国家経済の中枢と把えて、宮の平面構成から当該時期の政治制度・支配機構の在り方を探ろうとする新しい政治史研究が盛行することとなった(3)。

ところで、儀式は古代の政治都市たる宮都—取り分け宮で行われたのであるからその構造に規定される面をもつと考えられ、従って古代の宮都間に存在する構造上の相違はそこで行われる儀式が担った政治史的意義の相違・変化を示していると考えられる。

本章は、先に指摘した政治史研究に関する二つの新たな潮流、即ち平安時代政治史研究の立場からする儀式の政治史的研究と、主として律令国家形成史研究からの都城制研究という二つの研究動向の結合によって、平安時代政治史—殊に不分明な点が多く研究の遅れが顕著な平安時代初期史研究への一つの緒を求めようと試みるものであり、ここでは具体的素材として「外記政」を採り上げ、その成立過程を検討することでこの課題に迫ることとしたい。

そこで次節以下において具体的に検討を行うこととして、ここではそれに先立ち「外記政」に関する従来の諸説を紹介しておくこととしたいが、唯、こと「外記政」に限ってみると、従来は平安時代の政治構造を概説した論著において「政」と「定」という当該時期の政務の構造的連関の中で僅かに関説されているにすぎず、専ら「外記政」を論じた研究は皆無といってよい。

ここでは、この様な研究状況を踏まえ、代表的な論著(4)に限り内容を極く簡単に要約すると、諸説には微妙な相違があるもののほぼ次の諸点では共通しているといえる。すなわち㈠「外記政」は「官政の略儀」であり、㈡「官政」の衰退後平安時代になって「外記政」へと移行し、㈢更に後には「官政」「外記政」の機能が「結政」で代替されたり、或いは「陣定」で代表される「定」の系列へ移った、等の点である。

ところが、これらの諸説においては、㈠「外記政」が如何なる点で如何様に「官政の略儀」であったのか、㈡何時・如何なる理由で「官政」が衰退し、何時・何故に「外記政」へ如何なる過程を経て移行したのか、㈢更には「政」が本来有した機能が如何に「定」の系列へと移行したのか、等の点について明解な論及がなされておらず、曖昧模糊としている。

一方、森田悌氏は、「外記政がいつ頃から行われるようになったか判然としない」が、「九世紀初にはみられていたとしてよく」、「外記政なる名称の定着如何は別として」、「令制当初からの政務決裁方式とみてよい」、と些か先の通説とも言うべき諸説とは異なる見解を提示している。(5)

以上先学の諸説を簡単に要約紹介したところから「外記政」に関して解明すべきおよそ四つの論点が浮かび上がってきたといえよう。すなわち、㈠「外記政」と「官政」との関係、㈡「外記政」の成立時期とそれ以前の太政官における政務との関係、㈢「外記政」成立の歴史的背景、㈣「政」と「定」の関係、等がそれである。本章ではこれらの論点のうち㈠〜㈢について検討することとし、㈣及び「外記政」「官政」の当該時期における諸政務の中での位置付け等の詳細な検討は別に機会を得て行いたい。

二　「外記政」と「官政」

本節では、「外記政」と「官政」との相互関係を比較検討し、それによって「外記政」の性格を解明することに努めたい。但し、その際便宜上平安時代に成立した公事の書等によるが、ここでは特に「外記政」とその比較対象たる「官政」とを各別に類型化している『北山抄』に主として依拠し、その他の諸書をも適宜参看することとする。[6]

そこで「外記政」と「官政」とを比較して注意される諸点を列挙しながら更に検討を加えることとするが、[7] 行論の都合上まず「外記政」「官政」における公卿聴政そのものからみてゆきたい。

(一)「外記政」「官政」両者における公卿聴政は、弁官による申政（弁官申文）と外記による請印（請印）から構成される点では全く同じであり、又聴政の場合の決裁方法・所作作法等に関しても全く相違はなかったと思われる。このことは、『北山抄』が「外記政」についてのみ弁官申文・請印の儀を詳細に記述しているのに比べ、「官政」では「申文請印等儀如レ常」（「常」＝外記政）と記すにすぎぬことからも明らかである。但し、両者の行われる場の建築構造に規定されて儀式作法が相違するのは当然のことであり、これらについて『北山抄』が各項で詳しく記しているのは異とするに及ばない。

(二)公卿聴政の場で採り上げられる政務の内容に関しては全く記述がみられず、[8] この点においても基本的には両者に相違はなかったとみてよいであろう。

(三)「外記政」「官政」の行われる日次について、前者は「朔日・四日・十六日・政始日・上卿初着日」を「式日」とし、「式日无レ政者次日」に行うとするのに対し、[9] 後者は「四月七月十月朔日」に行うとしている。

(四)公卿聴政の行われる場を、「外記政」は外記庁、「官政」は太政官曹司庁としている。

ここで(四)において指摘した如く「官政」が太政官曹司庁で行われる事実に注目したい。今試みに「官政」との表現はとらないものの、太政官曹司庁で公卿聴政が行われる事例を『北山抄』の諸巻より拾うと、[10] (a)二月十一日列見、(b)四月十五日成選位記召給、(c)郡司召、(d)八月十一日定考、等の儀式に先立って行われる公卿聴政、更に(e)二月八月上丁釈奠のため公卿以下が大学寮へ趣く前に行う公卿聴政がある。更に又これらの外に『北山抄』以外の諸書からも(f)二月十日中務・式部・兵部三省申考選目録[11]、(g)正月七月十日馬料文[12]、(h)二月八月十日季禄文[13]、等の儀式（以下三省政と称す）終了後太政官曹司庁で公卿聴政が行われたことが知られる。

ところで、「官政」は公卿聴政そのものが儀式であったが、(a)～(d)は、太政官曹司庁で行われる儀式のために、それに先立ちその場を利用して日常的公卿聴政が行われたのであり（(e)は(a)～(d)の如く太政官曹司庁における儀式に伴う訳ではないが、儀式に先立ち太政官曹司庁を用いて公卿聴政が行われる点では(a)～(d)に準じて考えてよいと思われる）、又(f)～(h)は、本来は公卿聴政を構成する一要素（三省が太政官に政を申すという点）であったが、極めて重要な事項であったため[14]にそれだけが特別扱いされて儀式化し、それに伴い当日の公卿聴政も儀式の行われる太政官曹司庁で行われたものであろう。

しかし、これらの事例をも太政官曹司庁における公卿聴政という点から「官政」に準じて考えることができよう[15]。そこで以下では、孟旬「官政」をA型、太政官曹司庁での儀式に伴う公卿聴政をB型、更に三省政とともに行われるものをC型と称し、これらを総じて「官政」と呼ぶこととしたい。

さて、一方「外記政」が行われるとされる「式日」に関しては必ずしも明らかではないが、「外記政」が「式日」に拘わることなく休日・廃務日を除き毎日欠くことなく行われる[16]べきであったことは諸々の史料から確かめられる[17]。

(五)申政刻限について。『北山抄』では「外記政」「官政」双方に相違は見出せないが[18]、唯『拾芥抄[19]』に「二月八月巳一点、自㆑三至㆑七辰三点、自㆑九至㆑正巳二点已上外記、自㆓二月㆒至㆓七月㆒辰一点、自㆓八月㆒至㆓正月㆒辰二点已上弁官」とある記載が注目される。ここにいう「外記」及び「弁官」は各々「外記」＝「外記政」、「弁官」＝「官政」であって、両者の申政刻限があたかも相違していたかの感を与える。

ところが、『台記』[20]の記載によると平安時代末期においても「官政」では「外記政」と同じ申政剋限が用いられていたことが知られ、本章の対象とする範囲では申政剋限に関し両者の間に差異はなかったとみてよい。

㈥聴政終了後「外記政」及び「官政」A型では公卿以下侍従所に就くこととなるのに対して、「官政」B型では儀式終了後太政官内の朝所に就く点に相違が見られる。但し、後者の場合朝所に就くのは儀式終了後の宴のためであり、根本的差異がある訳ではない。唯、ここで注目すべきは『西宮記』[21]が聴政終了後の退出作法について「外記政了自二下﨟一起レ座退出、官政了自二上﨟一退出」と記していることで、すなわち「外記政」「官政」両者の間に退出作法の点で厳格な差異が設けられていたことを示しているのである。では一体何故にこの様な差異が設けられねばならなかったのであろうか。

ここではその手掛りとして次の史料[22]を提示したい。

□上卿以下（註略）着二東廊床子一（註略）装束畢、巳一点（註略）上卿以下起レ座於二造曹所一着レ靴（註略）経二屏西辺一昇レ従二廳後階一一々着レ座（註略）、少納言弁外記史四人自二西廳巽角壇下一各立二版位一（註略）立定、上卿召レ之、五位同音称唯、次六位同音称唯、少納言弁随レ次着レ座（註略）進退之儀欲レ居レ座人欲レ昇レ階人立二版位一人以上三人一度揖着レ座登レ従二西南一階一入レ従二母屋西第二間一経二床子後一着レ座、頗異二外記廳儀一（傍点引用者、以下同ジ）、最末弁（ママ）昇レ階之間、外記率レ史趣昇レ従二西階一入レ従二母屋西第一間一着レ座、次第一弁起レ座申云、司々之申世留政申給不申音声微也還着、次史一々起レ座読申、毎二一人申畢一上卿与奪、弁少納言摩レ靴起レ座同音称唯、外記□与二読申之史一同音称唯、畢弁少納言外記弁読申史同共復レ座、申文之儀一々皆如レ此、先史等自レ上起レ座降レ自二西階一経二西廳前一退出、次少納言弁各揖版退出（註略）、次少納言率二外記弁史生一入レ従二西軒廊北戸一請印如レ例、畢退出上卿与奪之時、少納言起レ座称唯等之事頗異二外記儀一尋常政畢之後（以下略）

これは、惟宗允亮が太政官曹司庁で行われる八月十一日官中定考の儀に説明を加えるに際して引用した「西宮記」の文である。文中傍点を施した「頗異二外記廰儀一」・「頗異二外記儀一」とある箇所に注目したい。まず「西宮記」本文に記された「頗異二外記廰儀一」るとは、上卿の召に従い少納言・弁が庭中版位より太政官曹司庁の正庁の座に就く作法が外記庁での作法と相違するとの指摘で、この限りでは具体的に如何様に異なっていたのか明らかではないが、この点については『山槐記』[23]の「外記政」に関する次の記述が参考となる。

（前略）次上卿宣人爪三百イ人三一日猶可レ尋、微音召レ之、少納言弁同音称唯微音、訖之後六位同音称唯高声、次右中弁揖離レ列依レ為二四位弁一先進也斜至下廰与二西廊一之角霤下上入二砌内一経二床子前一着二北床子中一、置《ホイ》入レ砌之間少納言進着二南床子一、左少弁又同着二少納言床子南方一（以下略）

これによると、先の作法について右中弁が「床子前」を経て着座したとしており、このことから「西宮記」の指摘する「頗異二外記廰儀一」るとは、聴政のため少納言・弁が着座する時、外記庁では「床子前」を経、太政官曹司庁では「床子後」を経るのであってその経路が異なっていたことを示しているのであろう。

さて次に、割註に「頗異二外記儀一」るとあるのは、定考に先立って太政官曹司庁で行われる公卿聴政の場合には、弁官申文に上卿が与奪する時少納言・弁が共に「起レ座」ちて称唯するのに対し、外記庁における「外記政」ではそれとは異なっていることを指摘したものである。現行の『西宮記』[24]では「外記政」の場合のこの作法について少納言・弁は共に「乍レ居」称唯するとしていることから、先の割註は、少納言・弁の称唯作法が太政官曹司庁での「起レ座」に比べ外記庁の場合「乍レ居」と相違していたことを指摘したものであると確認できる。

先に指摘した退出作法における作法の相違もこれらの作法における「外記政」と「官政」の相違と軌を一にすると思われ、恐らくは、このことは、太政官曹司庁では公卿に対し厳重な礼を示し、一方外記庁では略礼が採られたこと、すなわち作法がその場の性格に制約されたことを示しているのではなかろうか。

この様に考える時留意されるのは、既にみた如く多様な類型を設定しうる「官政」がこの点に関しては同じ作法を共有していたとみられることであり[25]、就中「官政」B型に属する定考儀式に伴う公卿聴政の場合の作法が外記庁でのそれと相違している点である。既述の如く「官政」B型とは公卿聴政そのものが儀式であったのではなく、本来日常的な政務であったが、偶々儀式の日にそれに先立ち同じ場を用いて行われたにすぎないのであった。この様な日常的公卿聴政においては、その場を変えたからといって何らそこでの所作作法を変える必要はないのであり、それにも関わらず場を変えることによって作法が変えられたと考えざるを得ないのである。

以上、『北山抄』の記載を主たる拠として「外記政」と「官政」とを比較検討してきて知られたことは、両者の相違は儀式との関わりの有無、殊に聴政の場の相違という点に尽きるということである。

三　外記庁・「外記政」の成立

(一)　太政官候庁の成立と太政官曹司庁

前節では「外記政」と「官政」との関係について検討を加え、両者の相違は聴政の場—外記庁と太政官曹司庁の性格の相違にあったことが明らかになったと思う。そこで本節では、まずこの様な聴政の場の性格の相違が既に平安時代初期にはみられたことを、当該期の平安宮に存在した太政官に関係する官衙の性格を明らかにすることによって確認し、その際「外記政」の成立時期及びその理由をもあわせ検討することとしたい。

さて、初期の平安宮に存在したことの確認できる太政官関係官衙（第一表、第四章第一図）で、史料上に頻出する

第一表　太政官関係官衙一覧

	日　付	官　衙　名	記　事　内　容	典　拠
藤原宮	(大宝元.6.癸卯	太政官	内舎人列見	)
	和銅2.4.壬午	弁官庁	新羅使饗宴	
平	神亀3.2.乙巳	官	諸選人引唱	
	天平13.3.辛丑	太政官(庭)	怪(難波宮)	
	天平宝字元.7.庚戌	弁官曹司	橘奈良麻呂乱連坐者を勘問	
城	天平宝字2.9.28	外記所	考唱不参者を召す	『大日本古文書』巻4-323頁
	宝亀元.7.癸未	曹司(太政官曹司ヵ)	(太政官奏中の語句)	
	〃 3.12.乙亥	弁官曹司(南門)	怪	
	〃 8.3.戊辰	大納言藤原魚名曹司	行幸	
宮	〃 8.4.甲午	太政官内裏之庁	怪	
	(〃 8.5.己巳	太政官	仲麻呂の乱以降内裏に置きし官印の太政官への復置	)
長	延暦7.6.丙戌	官曹	聴事(平城宮の「官曹」たることについては第二節参照)	
	〃 8.9.戊午	太政官曹司	征東将軍らを勘問	
岡	〃 12.12.乙巳朔	太政官曹	怪	『紀略』
	? 7.22	作官曹司所	?	『長岡』20
宮	? 10.23	造大臣曹司所	史生等飯請求文書	〃 84
	?	大臣曹司作所	?	〃 212
	大同4.3.己巳	弁官庁(弁官南門)	第二節参照	
	〃 5.8.己卯	太政官	修薬師法	『紀略』
平	弘仁3.12.15	外記曹司	召使上日は散位寮より番名を外記曹司に申し給う	『符宣』
	弘仁5.5.庚戌	太政官府	怪	『紀略』
	〃 5.?.?	官曹司	天皇遷御により3月5日宮内省にて列見	『西』3
	〃 7.2.甲子	弁官曹司	禁中修造により遷御	『紀略』
安	〃 12.11.4	外記曹司	外記曹司に无き正親司なる皇親籍等一部を官析とす	『符宣』
	〃 13.4.27	太政官候庁	第二節参照	『符宣』
	〃 14.7.23	弁官庁	定	『西』5
	天長2.2.己丑	右大臣外曹司町 大納言休息局	右大臣外曹司町北方公地に大納言休息局を造る	『紀略』
	〃 8.5.2	造曹司所	太政官史生1人散す	『符宣』
宮	〃 9.5.甲午	太政官庁事	郡	『紀略』
	承和3.5.庚戌	弁官恵(東ヵ)庁	怪	

	承和6.10.1	太政官庁	聴政	『西』6裏
	〃 7.8.9	太政官庁	右大臣源卿初伝着庁	『西』3裏
	〃 9.7.15	弁官庁	定	『政事要略』巻27
	〃 9.10.癸酉	外記庁(大納言座)	怪	
	〃 9.10.7	弁官	定	『西』4
	〃 11.9.庚申	外記曹司庁	怪	
	〃 15.4.1	官庁	聴政	『西』6裏
	仁寿元.2.11	太政官	列	『西』3裏
	〃 3.10.乙未	太政官庁	怪	
平	〃 4.11.15	外記庁	解謝	『符宣』
	斉衡3.4.辛丑朔	弁官庁	怪	
	〃 3.8.丁丑	太政官庁	怪	
	天安2.7.丙戌	太政官庁(版位)	怪	
	〃 2.10.己丑	太政官曹司庁	公卿就かず(戊子朔日蝕、「官政」A型？)	
	〃 2.12.庚子	外記候庁	聴政	
	貞観元.4.庚子	太政官曹司庁	位	
	〃 元.5.乙丑	太政官曹司庁	郡	
	〃 2.2.壬辰	太政官曹司庁	列	
	〃 2.4.辛卯	外記候庁	怪	
安	〃 2.5.乙亥	太政官曹司庁	郡	
	〃 3.4.己未	太政官曹司庁	位	
	〃 3.5.壬寅	太政官曹司庁	郡	
	〃 4.4.癸丑	太政官曹司庁	位	
	〃 4.5.丁亥	太政官曹司庁	郡	
	〃 4.8.丁未	太政官曹司庁	小定考	
	〃 5.4.丁未	太政官曹司庁	位	
	〃 5.5.庚午	太政官曹司庁	郡	
	〃 6.4.辛未	太政官曹司庁	位	
	〃 7.4.乙丑	太政官曹司庁	位	
	〃 7.5.乙未	太政官曹司庁	郡	
宮	〃 7.8.乙丑	太政官曹司庁		
	〃 7.8.己丑	太政官曹司庁		
	〃 7.9.丁亥	太政官		
	〃 7.10.己酉朔	庁事	第二節参照	
	〃 7.10.丁卯	太政官庁事		
	〃 7.11.辛巳	太政官 外記候處(＝本局)		
	〃 8.4.己丑	太政官曹司庁	位	
	〃 8.4.乙未	弁官	有穢大祓	
	〃 8.4.14	外記(軒廊＝西廊)	転倒により読経	『兵範記』
			↓	仁安2.7.10条

平安宮	貞観8．4．己亥	太政官候庁(南廊)	三日を限り転読開始	
	〃　8．5．丙寅	太政官曹司庁	郡	
	〃　8．9．甲子	太政官曹司庁	応天門の変に際し文武百官を会し宣制	
	〃　9．2．辛巳	太政官曹司庁	列	
	〃　9．4．甲申	太政官曹司庁	位	
	〃　9．5．癸亥	太政官曹司庁	郡	
	〃　9．10．辛巳	太政官候庁(版)	怪	
	〃　10．2．乙亥	太政官曹司庁	列	
	〃　12．2．己丑	太政大臣内裏直盧	太政大臣朝服を脱却	
	〃　13．正．29	官庁	除目下名	『西』2
	〃　13．6．壬辰	太政官候庁	怪	
	〃　13．6．乙未	太政官候庁	怪	
	〃　13．7．癸亥	太政官候庁	怪	
	〃　14．3．丁丑	太政大臣禁中直盧	2月25日より出でて私第に在り(愚咳逆)	
	〃　14．4．庚子朔	太政大臣禁中直盧	これより先禁中直盧にて病発す	
	〃　15．4．辛亥	太政官曹司庁	位	
	〃　15．10．庚子	太政官(弁官庁事)	怪	
	〃　15．11．甲子	{ 太政官候庁 太政官曹司庁	} 第二節参照	
	〃　17．4．庚辰	太政官曹司庁	郡	
	〃　17．6．乙卯	太政官曹司庁(南門)	怪	
	〃　17．8．11	庁(版位，朝所)	定	『西』5
	〃　17．8．12	東庁	小定考	『西』5
	〃　17．10．辛酉	太政官候庁	怪	
	〃　18．11．庚辰	太政官曹司東庁	怪	
	元慶元．4．己亥	太政官曹司庁	郡	
	〃　2．4．庚辰	太政官曹司庁	位	
	〃　2．5．壬寅	太政官曹司庁	郡	
	〃　3．4．甲戌	太政官	位	
	〃　4．4．戊戌	太政官曹司庁	位	
	〃　4．12．戊戌	太政官候庁(＝外記庁)	聴政	
	〃　5．正．庚戌朔	太政官候庁	茵畳を撤却し，倚子床子を施し常に復す	
	〃　5．2．己丑	太政官曹司庁	列	
	〃　5．2．己亥	太政大臣直盧(＝職院)	弁大夫をして始て庶政を白さしむ	
	〃　5．4．壬辰	太政官曹司庁	位	
	〃　5．7．己巳	太政官曹司庁(版位)	怪	
	〃　5．12．壬午	太政官曹司庁	怪	
	〃　6．4．丁亥	太政官曹司庁	位	

	元慶6．8．戊辰	右大臣曹司	日本紀竟宴	(『西』11裏ニモ見ユ)
	〃　7．4．辛亥	太政官曹司庁	位	
	〃　8．4．己巳	太政官曹司庁	位	
平	〃　8．6．甲午	官庁	(宣命中の語句)	
	〃　8．6．乙亥	太政官候庁	左大臣聴政	
	〃　8．6．己酉	太政官曹司庁	郡	
	仁和元．4．己巳	太政官曹司庁	位	
	〃　2．2．辛酉	太政官曹司庁	列	
安	〃　2．4．丙辰	参議左大弁藤原山蔭弁官曹司	怪	
	〃　2．4．甲子	太政官曹司庁	位	
	〃　2．5．甲午	太政官曹司庁	郡	
宮	〃　2．12．壬申	外記候庁	罪人位記を毀つ	
	〃　3．2．乙卯	太政官曹司庁	列	
	〃　3．4．戊辰	太政官曹司庁	位	
	〃　3．6．戊辰	太政官曹司庁	郡	

註　記事内容欄の略号は，怪＝怪異，列＝列見，位＝成選位記召給，郡＝郡司召，定＝官中定考。典拠欄の略号は，『紀略』＝『日本紀略』，『西』＝『西宮記』（『西』3裏は巻三裏書を表わす），『符宣』＝『類聚符宣抄』，『長岡』＝長岡京出土木簡釈文一覧表（『長岡京』15号）。猶，典拠欄空欄は『続日本紀』以降の五国史に拠る。

のは太政官候庁と太政官曹司庁である。

まず太政官候庁について検討を加えることとしたい。太政官候庁とは次に述べる諸点から外記候庁と呼ばれた官衙と同じものを指していることは明らかである。すなわち、第一に、太政官候庁は「公卿」が「常政」を聴く場であり、一方外記候庁での公卿聴政も「旧儀」と呼ばれていたこと。(26) 第二に、いずれも「太政官」或いは外記が何らかの対象に候する庁であったこと、等の諸点である。

この様に太政官候庁とは、㈠公卿が太政官の「尋常政」を聴く場であったとともに、㈡外記にとっては「本局」とも呼ばれる、外記の直侍・候すべき場でもあった(27)ことが知られ、㈢更に宮内では内裏東辺「帝宮建春門東」に位置していた(28)ことが注意される。

ところで、太政官候庁の性格、すなわち「太政官」＝外記が直侍・候する対象及びその理由は何処にあったのであろうか。このことを考えるには次の事例が参考となる。

貞観七年(八六五)、清和天皇が東宮から内裏へ遷御するために一時太政官曹司庁へ移御したことにより、以後暫くの間公卿達は中務省庁事で「尋常政」を聴くこととなり、それにともない少納言・外記の「候処」が遷御当日中務省へと移直し、その後天皇が太政官曹司庁より内裏へ遷御すると同時に外記は「本局」へと帰還している。(29)この遷御にともなう外記「候処」の移直について『日本三代実録』編纂者は「取三於近二御在所一」るためであると説明を加えている。(30)このことは、本来公卿による聴政の場・外記の「候処」は天皇の宮内での移動とは一応関わりなく常に一定であることが可能であるにも関わらず、『日本三代実録』編纂者はこれらを天皇の宮内での移動と関係付けて説明していることを示している。

この編纂者の考え方が当時の事実ないしはそれに基づく認識を正確に反映しているとすれば(31)、右の事例から次の諸点を確認しうる。第一に、太政官候庁成立の契機が推測できることであり、少納言・外記が天皇の御在所(内裏)に近く直すべき必要から、彼らの直侍すべき場が内裏に近い位置に太政官候庁として成立したこと。そして第二に、このことは外記が候する対象が天皇(内裏)であったことも示している。第三に、公卿聴政が内裏近くに成立した太政官候庁を選んで行わざるを得ない事情が生じたこと、すなわち公卿が天皇(内裏)と極めて緊密な関係を日常的にもつに至ったことを示唆している。

この様に太政官候庁の成立及びそこでの公卿聴政の成立を把えてよいとすれば、次には右の諸点についてより具体的な検討が必要とされるが、これらについては第三節で改めてやや異なった観点から考えることとして、ここではその前提として太政官候庁成立時期の問題に触れておきたい。この点についてはまず次に掲げる史料(32)に注目したい。

太政官候聴成、此聴在二帝宮建春門東一、大臣已下聴二尋常政一之処也、始置之後積レ代破損、命三木工寮加二修理一、先レ是、大臣已下於二太政官曹司廳一視レ事、今日始就二候廳一、公卿會飲五位已上並侍、終日酣飲極レ歡而止、以二厨家及大蔵省銭一給二預レ席者一各有レ差、

これは、貞観十五年、太政官候庁の修理が完了し、聴政の場が太政官曹司庁より太政官候庁へと戻ったことを述べたもので、太政官候庁が修理に及んだ理由について「始置之後積レ代破損」したことをあげていることが注意される。「始置」の時期を直ちに特定することはできないが、「積レ代」とあることから清和天皇以前であることは間違いなく、或いは平安遷都後一定の時間を置いて新たに「始置」されたものと考えてよいのではなかろうか。(33)

次に太政官候庁に関して最も時期の遡る史料(34)についてみておくこととしたい。

五位外記不レ起レ座

右大臣宣、弁官於二太政官候廳一申レ政之時、處分已訖共可二称唯一者五位已上不レ得二更立一、但特被二指問一及有レ所レ申者不レ在二此限一、其外記弁史帯二五位一者亦同焉

弘仁十三年四月廿七日　大外記坂上忌寸今継奉

これは単に太政官候庁の初見史料であるばかりではなく、「外記政」の成立に関しても極めて重要な史料である。「處分已訖共可二称唯一者五位已上不レ得二更立一」とある箇所に注目したい。これは、第二節で指摘した外記庁における「外記政」で上卿が弁官申文に与奪＝処分する時、弁・少納言は「乍レ居」＝「不レ得二更立一（不レ起レ座）」称唯することとされていたのと全く同一の作法を規定したものである。(35)即ち弘仁十三年（八二二）に弁官申文の際の称唯作法について、太政官候庁においては従来とは異なる作法が採用されることになったのである。そして恐らくこのことは、太政官候庁での公卿聴政が従来とは異なるものとして位置付けられたこと、すなわち「外記政」として独自に制度的に成立したことを示しているのではなかろうか。

唯ここで留意しなければならないのは、この時から太政官候庁での公卿聴政が開始されたのではないと思われることである。

恐らくはすでにこの時以前太政官候庁での聴政がはじめられていたのであって、この弘仁十三年宣旨による措置は、太政官候庁での聴政を他の場（恐らくは太政官曹司庁）における聴政と作法の上で区別し、略儀として位置付けるべくとられたものであろう。

それではこのことは如何なる意味をもつのであろうか。この点について述べる前に、今一つ史料にしばしばあらわれる太政官関係の官衙である太政官曹司庁の性格を解明しておくこととしたい。

太政官曹司庁に関しては官衙としてのおよその構造を知ることができる。㈠南門を開いていることから所謂院の構造をとり、周囲に築地等が繞っていたこと、㈡太政官曹司庁には「東庁」なる建物の存在が知られ、このことから太政官曹司庁内部には西庁等の存在も想定され、その詳細な配置・建物数は確かめられないが、少なくとも複数の建物が院内部に配置されていたこと、㈢「弁官庁事」なる弁官に関わる建物も太政官に包摂されて存在したこと、等が指摘できる。ところが時代を遡ってみると『日本後紀』には次の様な記事がある。[36][37][38][39]

縁レ修二宮殿一、欲三暫御二於弁官廳一、而役夫一人自二弁官南門一墜死、仍停焉、

これによれば、㈠初期の平安宮には「弁官廳」と呼ばれる弁官に関る官衙が存在し、㈡「弁官廳」が太政官曹司庁と同様に院構造をもっていたことも「弁官南門」の存在から知りうる。㈢更にこの「弁官廳」には複数の建物が存在していたことも確認される。[40]

ここで当然問題となるのはこの「弁官廳」と先にみた太政官曹司庁とが如何なる関係にあったのかということである。

この両者の関係については次に述べる点から考えて同一の官衙であったと考えられる。それは、二月十一日に行われる列見の儀式の場について、『延喜式』はある箇所では弁官としながら[41]、別の箇所では太政官としていること[42]、又同じ列見の場を後の公事の書等はいずれも太政官曹司庁と記していること(第二表)、更には実際貞観年間以後列見は太政官曹司庁で行われていたこと(第一表)、等によるのである。

それでは何故に太政官曹司庁が、「弁官廳」という広義の太政官を構成する一部局である弁官の称を以って呼ばれることとなったのであろうか。恐らく二つの事情を考慮することによってこのことは説明しうるのではなかろうか。

第一には、平安宮における太政官曹司庁成立の歴史的事情に由来すると考えられる。詳論は控えるが、平城宮では二つ存在した太政官関係の官衙が、長岡宮或いは平安宮において太政官曹司庁に一本化され、しかもその際宮内における位置が平城宮での弁官曹司を踏襲したことによったと考えられるからである[44]。

第二には、太政官曹司庁が「弁官廳」と呼ばれるにふさわしい事態、すなわち太政官の公卿及び少納言・外記が太政官曹司庁から次第にとおざかり、そこが主として弁官執務の場となっていたことによると考えられること。このことは、当然太政官候庁の成立及びそこにおける公卿聴政の開始と表裏の関係にある。

さて後者については、すでに触れた貞観七年の清和天皇太政官遷御における弁官の動向から確認できる。すなわち天皇の遷御に先立ち左右弁官が太政官から宮内省へと移直している事実がそれであり[45]、このことから太政官曹司庁に日常的に直し執務していたのは弁官であったことが知られる[46]。

ところで、太政官曹司庁については、弁官が日常の執務の場としていたことの外に、列見・郡司召・位記召給・定考等の儀式の場として使用されていたこと(第二表)、更にはすでに日常的な公卿聴政の場としての機能を停止し

第二表　列見・位記召給・郡司召・馬料文・季禄文・考選目録の「場」

儀式名	典　　　拠	儀式の場
列見	弘仁式部式・諸司長上成選人列見太政官	弁官
	『儀式』巻9二月十一日列見成選主典已上儀	庁
	『延喜式』巻19式部下・十一日諸司長上成選人列見太政官	弁官
	〃　巻21雅楽寮	太政官
	〃　巻30大蔵省	太政官
	『西宮記』巻3十一日列見	(太政官曹司庁)
	『北山抄』巻7列見事	(太政官曹司庁)
位記召給	『続日本紀』神亀5年2月丁未条	庁(朝堂)
	弘仁式部式・授成選位記	官
	『儀式』巻9四月十五日授成選位記儀	官曹司庁
	『延喜式』巻11太政官	朝堂・曹司庁
	〃　巻18式部上	(朝堂)
	〃　巻19式部下・十五日授成選位記	官
	〃　巻38掃部寮	太政官庁
	『西宮記』巻3位記召給	官
	『北山抄』巻7位記召給	曹司庁
郡司召	弘仁式部式・叙任諸国郡司大少領	?
	『儀式』巻9太政官曹司庁叙任郡領儀	太政官曹司庁
	『延喜式』巻11太政官	太政官
	〃　巻18式部上	(朝堂)
	〃　巻19式部下・叙任諸国郡司大少領	?
	『西宮記』巻3	(太政官曹司庁)
	『北山抄』巻7任郡司	(太政官曹司庁)
馬料文	弘仁式部式・諸司進馬料文并給	(朝堂)
	『儀式』巻9正月廿二日賜馬料儀	(朝堂)・曹司庁
	『延喜式』巻19式部下・諸司進馬料文并給	(朝堂)
季禄文	弘仁式部式・諸司進禄文并給	(朝堂)・曹司庁
	『儀式』巻9二月十日春夏季禄条	(朝堂)
	『延喜式』巻12中務省	(朝堂)
	〃　巻19式部下・諸司進禄文并給	(朝堂)・曹司庁
考選目録	弘仁式部式・考選目録申太政官	(朝堂?)
	『儀式』巻9二月十日於太政官庁申三省考選目録儀	太政官庁
	『延喜式』巻19式部下・二月十日考選目録申太政官	(朝堂?)

註　「儀式の場」欄(　)を付したものは儀式内容より推定したもの。

ていたことも知られる。[47]

以上初期平安宮における太政官関係の官衙について検討を加えてきた。そこから明らかとなったことは、㈠太政官曹司庁は既に日常的な公卿聴政の場たる機能を停止し、弁官だけが日常的に執務する所となり、儀式の場ともなっていたこと、㈡このことに応じ外記直侍の場として成立した太政官候庁が日常的公卿聴政の場として機能していたことである。

最後に先に留保しておいた問題、すなわち弘仁十三年宣旨の意味について述べておきたい。

既述の如く弘仁十三年宣旨は制度的に「外記政」が成立したことを意味しているとみてよいが、それでは何故に公卿聴政に際してとられる称唯作法を区別する必要があったのか。太政官候庁と称唯作法の上で区別され、より厳格な作法の励行を要求されたのが太政官曹司庁においてであったことが間違いないとすれば、太政官候庁と太政官曹司庁をこの様な点で区別する必要があったのは両者の場としての性格においてであり、すなわち太政官曹司庁を儀式の場、[48]太政官候庁を日常的公卿聴政の場として位置付けることを明らかにしたものが弘仁十三年宣旨であることになろう。弘仁十三年といえば嵯峨天皇による儀式整備が一応完成する時点[49]であり、太政官曹司庁・太政官候庁のこの様な位置付けはこのことに伴う措置であったのではあるまいか。

㈡　「外記政」の系譜

「外記政」はそれ以前の公卿聴政と如何なる関係にあるのであろうか、これがここでの検討課題である。

奈良時代における公卿聴政については、関連史料が極めて乏しく断片的な事実を以って推測を重ねざるを得ないが、まず次の史料[50]に注目したい。

古記云、大外記於二太政官廳一申レ事之時、列二於弁官大史及諸省丞等上一、又弁官史等列二諸省丞等上一、但為二考選一所レ率之日列二於式部之下一、（以下略）

大宝令の註釈書古記は一応天平十年（七三八）頃の成立と措定されているから、[51]この古記の文は天平十年頃の事実を述べているものとみてよかろう。既にこの史料については森田悌氏が注目し、「令文にみる限り外記が政を太政官に申すことはありえない」が、この古記の文は「外記が政を申すことが古記の段階ではみられていたことを示している」とし、更に進んで「恐らくはこれは天平十年段階の古記成立期だけでなく、大宝令施行以来のこと」、とした。[52]

しかし、森田氏の理解は次に掲げる『延喜式』[53]の規定から考えて明らかに誤りである。すなわち、

凡上レ廳申レ政時者、外記立二於弁官史上一、八省丞亦立二史下一、但因二考選事一被レ率日者、立二式部下一、

とあるこの条は、「廳」に上って太政官（公卿）に政を申す場合の外記・史・八省丞等の列立次第を規定したもので、考選事に因って式部省官人が政を申す場合は、外記にその旨を触れた後、「廳」で弁官申政に先立って式部省が直接太政官に考選事の政を申すことによって、その列次が式部省丞―外記となり、一方それ以外の場合は、八省が弁官に率いられ八省等の政を太政官に申すことから列次が外記―弁官史―八省丞となる、との内容であると解される。[54]恐らく森田氏の誤解は、この様な『延喜式』の規定と同内容の古記の文について、「太政官廳」で「申レ事」す主体（「申レ事」の主語）を文頭の大外記であると解したために生じたものであろう。[55]

以上の様にこの史料を考えてよいなら、天平十年頃には「太政官廳」＝朝堂院の太政官の廳[56]において、後の「外記政」「官政」における弁官申文・三省政と同様の方式で公卿聴政が行われることになっていたと推測される。

奈良時代の公卿聴政について考える時、更に次に掲げる史料[57]も重要である。

中納言従三位兼兵部卿皇后宮左京大夫大和守石川朝臣名足薨、（中略）宝亀初任㆓兵部大輔㆒、遷㆓民部大輔㆒、授㆓従四位下㆒、出為㆓大宰大弐㆒居㆓二年、徴入歴㆓左右大弁㆒、尋為㆓参議兼右京大夫㆒、名足耳目所㆑渉多記㆓於心㆒、加以利口剖断無㆑滞、然性頗偏急好詰㆓人之過㆒、官人申㆑政或不㆑合㆑旨、即対㆓其人㆒、極㆑口而罵、因㆑此諸司候㆓官曹㆒者、値㆓名足聴㆑事、多跼蹐而避、延暦初授㆓従三位㆒、拝㆓中納言㆒（以下略）

この石川名足薨伝では傍点を施した箇所に注目したい。この箇所の記述は、第一に記事の文脈から考えて、又第二には、名足が天応元年（七八一）頃右大弁となり[58]、次いで同年五月に参議を兼ね[59]、のち延暦四年（七八五）参議を帯したままで左大弁となり[60]、更に同年十一月には中納言となって参議・右大弁の官を離れていることから[61]、一応天応元年から延暦四年末頃迄の期間の事実[62]、すなわち平城宮最末期[63]の状況を伝えていると考えられる。

これによると、名足が参議・左右大弁を兼帯していた時、諸司官人の申す政を平城宮の「官曹」で聴いたことになる。名足がいずれの官の職掌によって聴政したのか決し難いが、参議の職掌により聴政したのであれば、土田直鎮氏の指摘される参議の性格[64]からみて、参議名足が単独で聴政した[65]とは考え難く、中納言以上の他の公卿とともに聴政したと考えなければならない。そうであるとすれば、参議たる名足が「官曹」に候した諸司「官人申㆑政、或不㆑合㆑旨、即対㆓其人㆒極㆑口而罵」していることは、この時期、参議が公卿聴政に形式的に参与するに止まったのではなく、参議にも一定の権限が与えられていたことを示していよう。

或いは又名足の「聴㆑事」が大弁としての職務によったと解する可能性もあろうし、いずれを採るかにより聴政の場たる「官曹」の比定、更にはその性格の理解にも大きな影響を与えることとなるが[66]、ここでは、少なくとも太政官における聴政或いは執務が朝堂ではなく曹司において行われることが常態となっていた[67]ことは確認できる。

長岡宮については関連史料を見出せなかったが、初期の平安宮における公卿聴政に関しては次の二つの史料(68)が注目される。

　朔及旬日朝座政応レ申二中納言一事

右大臣宣、身不レ堪レ上二於朝座一、因已廃レ政、於レ理不レ穏、宜下件日之政申二中納言一、莫上レ闕二常例一、者

弘仁四年正月廿八日　少外記船連湊守奉

左大臣宣、朝座申レ政之日、須三五位外記率二五位官史一、而令三六位外記引二五位官史一、是不レ便也、自レ今以後朝座申レ政之時、五位外記宜レ率二五位之史一、其大外記坂上忌寸今継亦須下当二旬日之朝座一了レ政以後乃就教授上、

天長三年三月十一日　少外記嶋田朝臣清田奉

これらによれば、㈠「朝座政」は月の朔及び旬日に行われ、㈡原則として大臣が聴政すべきであり(69)、㈢弁官申文の時外記が官史を引率する作法についても厳格さが要求されていること等から、この朔及び旬日に行われる「朝座政」は日常的な公卿聴政ではなく、儀式的性格を強く帯びていた(70)ことが知られる。この後「朝座政」は年中行事として「着二朝座一事」(71)に定着するのであるが、右に掲げた弘仁四年宣旨の日付が正月廿八日であることに注目すると、弘仁年間には二月についても朔及び旬日に朝堂の座で聴政が行われていた(72)と思われ、後の「着二朝座一事」とはこの点で些か相違していたとみられる。

以上、「外記政」の系譜を辿って平安時代初期迄の公卿聴政に関する諸史料を検討してきた。そこにおいては、㈠周知のことではあるが、官人執務の場が次第に朝堂から曹司へと移行していったことが太政官に就いて確認さ

れたこと、㈡それにともない朝堂での公卿聴政は月の朔及び旬日に限られ、次第に儀式化していって「朝座政」として行われることとなったこと、等が明らかとなった。

そこで最後に「朝座政」が第一節でみた「官政」A型へと移行したことを推測させる史料(73)についてみておきたい。

承和六年十月一日、依レ例可レ着二朝座一、而依二着院湿一停止、仍右大臣以下於二太政官廳一聴レ政云々（以下略）

承和十五年四月一日、須レ着二朝座一、而雨後未レ乾、仍左右大臣大中納言参議等就二官廳一聴レ政也孟月（以下略）

これらは、本来四月・十月一日（四孟旬）には「例」によって公卿等は朝堂の座に着き聴政すべきであるが、雨後朝庭が「未レ乾」「湿」であるため「太政官廳」（太政官曹司庁）で聴政した事実を述べたもので、先にみた「朝座政」が「官政」A型へと移行したことを推測させる。「官政」A型において公卿聴政そのものが儀式化されていたのは、「朝座政」の性格を受け継いだためであると考えられる。

猶、「朝座政」「官政」A型については、更に朝政・旬政・告朔等との関係にも検討を加え総合的にその変遷と意義を解明する必要を感ずるが、本章が直接課題とする所から外れるので省略に従うこととしたい。

四　外記庁・「外記政」成立の背景

本節では、外記庁成立の契機となった外記「直侍」の理由及び外記庁での公卿による聴政成立の背景の二点について、前節で触れた点を踏まえ少しく観点を変えて検討したい。(74)

まず外記庁成立の背景について考える時、次に掲げる史料が重要である。

応二御所記録庶事外記内記共預一事

右、被二右大臣宣一偁、依レ令、外記掌下勘二詔奏一及検中引稽失上、内記掌下造二詔勅一及御所記録上、拠レ此而所レ掌稍異、挙レ綱而論事合二相通一、何者内裏行事大臣所レ預、至レ有二稽失一誰能検出、若御所録レ事外記共預、則内裏儀式豈致二稽失一、自レ今以後御所儀例、外記同録以備二顧問一、如不二遵奉一彼此有レ違、預レ事之人解二却見任一、事縁二勅語一不レ得二疎漏一者、今録二宣旨一立為二恒例一

弘仁六年正月廿三日

参議従三位行左大弁兼備前守秋篠朝臣安人奉

この宣旨は、嵯峨天皇の勅語により、外記の職掌が内記と「所レ掌稍異」るが「挙レ綱而論事合二相通一」きことから、以後外記が内記とともに「御所記録庶事」を記録し顧問に備えることとしたもので(75)、結論を先に言えば、この宣旨による外記職掌の拡大が外記庁成立の法的契機となったと考えられる。

ところでこの宣旨にも引く令によれば(76)、内記の職掌が詔勅を「造」ることにあるのに対し、外記は詔奏を「勘」うるにすぎず、又両者は天皇側と太政官側とに各々立場を根本的に異にするのであり、単に「所レ掌稍異」るが「挙レ綱而論事合二相通一」きものではありえない(77)。この宣旨による限り、「内裏行事」は大臣の預るところであり、だからこそ外記が内記の職掌に渉り顧問に備えればよいとしているが、そうする必然性は必ずしもないのである。すなわち、内記の記録するところを大臣が知れば事足り、或いは又内記の員数を増せばよいのであって、ことさら外記に令に規定されていない職掌を負わせる必要はないのである。

それでは何故に外記が内記と同一の職掌を果たすに至ったのであろうか。ここでは次の諸点に注目したい。

㈠延暦二年における外記相当位階の上昇措置(78)で、この措置を述べる太政官謹奏は外記相当位階上昇の理由として「職務繁多、触レ途忩劇、詔勅格令自レ此而出」ることをあげている。しかし、延暦二年という特定の時点で何

故に外記の職掌がそれ以前に比べ「繁多」「忩劇」となったのかにわかに明かにすることができない。唯、この措置が「詔勅格令」外記より皆発せられることを理由とされた様に、外記（外記の職掌）が重視されてきた[79]ことが、弘仁六年宣旨への一つの前提となったと考えることができるのではなかろうか。

㈡大同年間に行われた内記局の規模縮小措置、すなわち大同元年中内記二員が廃止され、内記が六員より四員に減員されたことである[80]。このことから、内記が従来果たしていた職掌の一部を外記が果たすことで内記の減員を補おうとしたのが弘仁六年宣旨の措置であったと考えることもできる。

　ところが、右に掲げた二点をもってしても弘仁六年の時点で何故に外記職掌拡大の措置がとられねばならなかったのか、十分納得のゆく説明はつかない。

㈢そこで再び弘仁六年宣旨そのものについて考えてみると、大臣が内裏儀式に預かり外記が大臣の顧問に備えるとある点が注意される。

　内裏儀式に大臣が預かるというのは、山中裕氏によって指摘されている[81]嵯峨天皇による年中行事の新設・復活・充実とも関ると考えられるが、ここでそれ以上に注目されるのは次の二点である。

　第一に、大臣が内裏儀式に預かるとは、のち内弁と呼ばれ紫宸殿を中心とする内裏における儀式の諸事を承明門内において弁理する大臣の役割を意味していると思われることである。このことは、従来内裏における儀式に大臣が内弁として関与することはなかったが、嵯峨天皇により内裏儀式が整備（量的増大と質的充実）されたことにより、新たに大臣が内弁として諸事を弁理するに至ったことを示しており、それにより外記が内弁たる大臣の顧問に備えるために内裏儀式に関わることとなったのであろう。

　第二には、従来朝堂院で行われていた儀式の一部が内裏へと移行した[82]ことで、これは第一の点とも深く関わるが、外記が本来朝堂院での儀式において果たしていた役割をその場を移すことにより内裏でも行うこととなったと考えられる。

この様にして外記が内裏と関わりをもつに至ったことが外記庁成立の直接的原因であったと考える。

次に今一つの課題である公卿による外記庁での聴政成立の契機について検討する訳であるが、ここでは従来あまり注目されることのなかった太政官の上日という問題を素材としてこの課題について考えることとしたい。(83)

『延喜式』巻一一太政官の規定によると、(84)毎月晦日「太政官」が参議以上の上日を録し、翌月一日少納言がこれを天皇に進奏、一方又参議以上の上日及び少納言の上日を録して弁官に送り、弁官はそれをもとに更に弁官五位以上の上日を加えて太政官符を作成、二日式部省に下すこととなっている。参議以上の上日を録し弁官に送る主体たる「太政官」が外記を意味することは文脈からみて明らかであるから、(85)参議以上の公卿及び少納言の上日を把握していたのは外記であり、弁官が全く関与していなかったことが確かめられる。(86)

一方又『延喜式』巻一八式部上には、式部省へ送下される参議以上及び少納言の上日に「内裏上日」の通計を認めるとの規定がある。この「内裏上日」とは如何なる上日であったのであろうか。又「内裏上日」通計が認められたのは如何なる事情によったのであろうか。この二点を明らかにするためにはまず上日とは如何なるものなのかを検討しておかねばならない。

ところが、律令官人が上日を給される条件については令条に明確な規定がなされている訳ではなく、(87)又実態的にもこのことを物語る史料はないといってもよいのではなかろうか。(88)唯、五位以上の官人に関しては些か手掛りがある。

『延喜式』(89)には次の様な内容をもつ規定がなされている。すなわち、京官五位以上の官人は一部の官司に属するものを除いて朝堂に座をもち、朝堂の座に着くべき月には毎日朝参してまず朝堂の座に着き、その後曹司に赴いて執務する。一方、朝堂に座をもたない京官五位以上は朝堂に座をもつ官人が朝堂の座に着くべき月には朔日毎に式部省にて「点」を受ける。そして朝堂の座に着くを停める月には京官五位以上朝堂に座をもつと否とに関わらず皆各自所属官司において「受点」を行う、としている。

この規定から推して、朝座を有する官人については朝座に着くべき月には式部省が朝堂で「受点」を行っていたのではないかと考えられ、この様にして式部省によって把握された上日が「朝座上日」と呼ばれたことは、毎月二日に諸司から式部省に送られる五位以上官人の「上日」と比較対校する式部省側の資料が「朝座上日及巡点集会請假等簡」であった(90)ことからみて間違いない。

以上のことから、朝堂に座をもつ京官五位以上官人に限っていえば「朝座上日」とは朝参すべき日毎に記録され式部省によって把握されていた上日であり、他方「上日」とは所属官司が朝座・曹司における執務によって把握していた上日であると考えられる。

さて、この様な「朝座上日」及び「上日」は太政官を構成していた五位以上の官人についても勿論適用されていたのであるが、これに変質をもたらすこととなったのが延暦十一年宣旨(91)であった。

五位已上上日事

右、右大臣宣、太政官所レ送五位已上上日、自レ今以後宜丁通二計内裏上日一勿丙独点乙朝座上日而已甲

延暦十一年十月廿七日

即日面召二式部大丞藤原友人一宣告了、

これは、毎月式部省へ送付される太政官の五位以上（参議以上及び少納言）の上日について、今後は「朝座上

日」のみを点ずるのではなく「内裏上日」を通計することを認めた宣旨で、奥に附せられた文言から、その旨即日式部省官人を召して宣告されたのである。

まず、ここに言う「内裏上日」とは、

去大同元年十月廿九日上宣偁、参議已上不レ着二廳坐一雖レ侍二内裏一莫レ給二上日一者、而頃年之間漏二此宣旨一依二去延暦十一年十月廿七日宣旨一、通二計内裏上日一行之、今被二大納言正三位清原卿宣一偁、見二大同元年宣旨一、有レ理遵行、自レ今以後須下就二行事一侍二候内裏一随以行上之、唯無二行事一者、依二大同宣旨一行之

天長九年三月廿一日　　大外記嶋田朝臣清田奉

とある天長九年（八三二）宣旨(92)により、内裏に侍候することで給せられる上日であったことが知られる。すなわち、従来の「朝座上日」「上日」とは異なり、朝堂或いは曹司における執務を条件として給されるのではなく、全く新しい内容をもつ上日であったとみられる。

次に、延暦十一年宣旨によれば、「内裏上日」の通計対象が「朝座上日」であることが注目される。先に述べた『延喜式』の規定では朝堂に座をもつ官人は本来朝堂の座に着き、その後曹司に赴き執務すべきであったことから、当然「朝座上日」と「上日」とは基本的に一致すべきであり、故に諸司から報告される五位以上の上日と比較される式部省側の資料が「朝座上日」の簡を中心としたものであったのである。ところが、この宣旨では「内裏上日」を「朝座上日」に通計することを認めているのであるから、太政官五位以上官人については上日は「内裏上日」と「朝座上日」＝「上日」との合計でよいこととなり、そこには「内裏上日」が「朝座上日」「上日」にとってかわりつつあった情況があらわれている。すなわち、このことは、太政官五位以上官人が朝堂或いは曹司に着き聴政することが稀になってきた(93)ことを示している。

さて、延暦十一年以後の「内裏上日」を繞る動向を史料上に追ってみることとしよう。

先に掲げた天長九年宣旨が引用する大同元年（八〇六）上宣によって、参議以上については「廳坐」に着くことなく直ちに内裏に侍候した場合には「上日」は給さない、すなわち「上日」を給するにはまず前提条件として「廳坐」に着くことが要求されることとなった。この上宣により「内裏上日」は実質を喪ったといえるが、しかしこの上宣は適用されずこの後も延暦十一年宣旨により無条件に「内裏上日」が給され続けてきた。ところが、天長九年に至り大同元年上宣が見直されて先に掲げた天長九年宣旨が出され、これより以後「内裏上日」を給う条件は「行事」によって内裏に侍候する場合に限定されることとなった。

この様な一連の「内裏上日」を繞る動向は給付条件を制限しようとするもので、取り分け大同元年上宣は、延暦十一年内裏侍候だけを条件とした上日が認められて以後一層参議以上が「廳坐」に着くことが稀となり、その一方で「行事」がないにも関わらず内裏への侍候が日常化していたことへの対応措置としてとられた厳格なものであった。しかし、大同元年上宣を「有レ理遵行」せんとして出された天長九年宣旨は、「行事」による場合には「廳坐」に着くことを要しないという妥協的なものであり、又大同元年以降のある時点より天長九年に至る迄大同元年上宣が適用されていなかったことからみて、「内裏上日」給付条件を制限しようとする動きも決して「内裏上日」そのものを否定しようとするのではなく、「内裏上日」を認めた上で公卿聴政の励行を意図したものであったとみてよいのではあるまいか。いずれにしても、この様な公卿の内裏侍候の日常化が外記庁における聴政、更には「外記政」の成立へとつながる歴史的背景をなすものであったと考えられる。

五　おわりに

これまで三節にわたり「外記政」の成立を繞って検討を行ってきた。まずそこにおいて明らかとなったことを簡潔に整理しておきたい。

㈠「外記政」は、弘仁十三年太政官候庁における公卿聴政を太政官曹司庁でのものと区別することによって制度的に成立した。それは、嵯峨朝の儀式整備の一環として太政官曹司庁を朝堂院・内裏に次ぐ儀式の場と位置付けたことに伴う措置であったと考えられる。

㈡この様な太政官候庁における「外記政」成立の前提として、当然その場たる太政官候庁の成立・太政官候庁での公卿聴政の開始を考慮しなければならない。これらの点については、嵯峨朝の儀式整備に伴って外記が内裏儀式に関与することとなり、そのための外記直侍の場を内裏近辺に求め太政官曹司庁から分離独立し太政官候庁が成立したこと、次いで公卿の日常的内裏侍候の事態が進行したことを承けて、太政官候庁を公卿聴政の場として利用することとなったためと思われる。

本章では「外記政」成立の時期とその意義の検討を主たる目的としたため、その背景にある根本的原因たる公卿の内裏侍候及び嵯峨朝における儀式整備の実態、そしてその歴史的意義については全く検討を加えることができなかった。本章を終えるに当たり右の点に触れて今後の課題を設定しておきたい。

第一は、公卿の内裏侍候、とりわけ「無二行事一」き内裏侍候の問題である。奈良時代より平安時代初期に至る諸史料から、内裏での肆宴・年中行事に公卿をはじめとして侍従・侍臣・五位已上の官人等が預かっている事実が知られるが、仮に平安時代初期にこれらが量的に拡大したとしてもそのことが「無㆓行事㆒」き内裏侍候へ直接結びつくとは考え難く、些か異なった観点から検討を行う必要があろう。その時注目したいことは、㈠天皇側近に侍して奉仕する侍従の員数が、令条以外に新たに次侍従・出居侍従が追加されることによって増大していること、㈡令条に規定された侍臣概念が実態として多様な用法があるものの拡大されてゆくこと、すなわち、天皇をとりまく公的並びに私的な側近集団が数的には勿論のこと官人の階層の上でも極めて拡大していること。又、㈢㈠㈡とも深い関わりをもつと思われるが、宣旨中の異例とされ平安時代初期に集中的にあらわれる殿上宣の存在も注目され、更に㈣陣座の成立とその使用例等についても検討が加えられねばなるまい。

第二は、第一の論点とも密接に関わる嵯峨朝における儀式整備の問題である。山中裕氏に代表される様に、従来は年中行事の歴史の上で嵯峨朝を大きな画期と認め、新たな行事の創設・行事の充実がはかられたと考えられてきた。確かにそういう側面もあり、それ自体重要な歴史的意義を担っていたと考えられるが、果たして嵯峨朝の儀式整備が単なる量的拡大・充実に止まるものであったのだろうか。早川庄八氏は任官儀に検討を加え(94)、そこにおける儀式の構造的変化から貴族制に関わる極めて重大な結論を下している。早川説の当否はさておき、この様な儀式そのものの構造変化の分析から儀式を繞る諸問題を検討することも方法的には今後試られねばなるまい。又既に本章でも触れておいたが、嵯峨朝の儀式整備は朝堂院（最も国家的儀式の場）・紫宸殿を中心とした内裏・太政官曹司庁（朝堂院・内裏に次ぐ儀式の場）を構造的に密接な連関の下で儀式の場として位置付け直したと考えられることも注目しておかねばならない。このこととも関わり従来から注目されてきた朝堂院と内裏の分離（特に長岡宮の都城制史上の位置）の意味付けも儀式の場の問題としてとらえることが必要であると思われ、取り分け平安宮朝堂院における大極殿南面回廊の撤去と龍尾道の成立が儀式に与えた影響について詳しく検討しなければなるまい。

これら二つの課題は互いに深く関連し合う平安時代初期政治史・政治構造解明のための重要な論点であるが、全ては後考に委ねることとしたい。

註

（1）古代史研究者の代表的著作には、佐藤宗諄『平安前期政治史序説』昭和五十一年、森田悌『平安初期国家の研究』昭和四十五年・『平安初期国家の研究Ⅱ』昭和四十七年・『平安時代政治史研究』昭和五十三、等がある。猶、森田氏には『研究史王朝国家』昭和五十五年の労作があり、同書には「王朝国家に関する政治史的研究」の一章が設けられているので、詳しくはこれを参照されたい。

（2）佐藤宗諄「王朝儀式の成立過程」註（1）著書、福井俊彦「受領功過定について」『対外関係と社会経済』昭和四十三年、谷口昭「諸国申請雑事」『中世の権力と民衆』昭和四十年、曾我良成「諸国条事定と国解慣行―王朝国家地方行政の一側面」『日本歴史』三七八、昭和五十四年、等。

（3）岸俊男「都城と律令国家」『岩波講座日本歴史』二、昭和五十年、狩野久「律令国家と都市」『大系日本国家史』一、昭和五十年、鬼頭清明『日本古代都市論序説』昭和五十二年、八木充『律令国家成立過程の研究』昭和四十三年、村井康彦『日本の宮都』昭和五十二年、等。

（4）吉村茂樹「平安時代の政治」『岩波講座日本歴史』昭和八年、藤木邦彦「陣定について」『歴史と文化』Ⅴ、昭和三十六年、橋本義彦「貴族政権の政治構造」『岩波講座日本歴史』四、昭和五十一年、等。

（5）森田悌「太政官制と摂政・関白」註（1）『平安時代政治史研究』。

（6）『北山抄』・『西宮記』・『儀式』・『拾芥抄』は新訂増補故実叢書本に拠り、その他特に註記したものを除き本章で引用した史料は新訂増補国史大系本に拠った。

（7）本節において特に註記を施さない記述は全て『北山抄』巻七外記政・官政に拠った。

（8）但し、申文の内容によって大臣に申すべき事項と大中納言に申すべき事項との区別があったことは知られる（『北山抄』巻七申一上雑事・申大中納言雑事、『西宮記』巻七陣申文頭書、等）。

（9）『西宮記』巻七外記政頭書、等にも見えている。

（10）列見・位記召給・郡司召・定考は『北山抄』巻七の各項、釈奠は同書巻一釈奠。

（11）『儀式』巻九二月十日於太政官庁申三省考選目録儀。

（12）『儀式』巻七正月二十一日賜馬料儀。

（13）弘仁式式部、『延喜式』巻一九式部下。

（14）三省政のうち申考選目録の儀は弁官を経ず直接太政官に申すべき政務の代表であり（『延喜式』巻一一太政官、巻一二中務省、巻一八式部上、巻一九式部下、巻二八兵部省）、又馬料文・季禄文の儀は官人の給与を代表するものであり（平安時代における官人給与にはこれらの外に位禄・時服・要劇料等があるが、これらのうちで在京の職事官全てを対象としたのは馬料と季禄であり、他のものは性格を些か異にしていることに注意したい。詳しくは早川庄八「律令財政の構造とその変質」『日本経済史大系』一古代、昭和四十年参照）、いずれも律令官人制を維持・運営する上で極めて重要なものである。

（15）このことは、『北山抄』の著者藤原公任がこれら儀式に伴って行われる公卿聴政を「官政」に准ずるものと考えていたこと（同書巻七の項目配列の順序が外記政→結政所請印→内印→官政→列見→定考→位記召給→任郡司→釈奠従官参寮儀→申一上雑事→申大納言雑事→請内印雑事→請外印雑事となっている）、更には「官政」と呼ばれることもあったこと（例えば『日本紀略』長元三年十二月廿一日条では位記召給の場合の公卿聴政を「官政」と称している）からも准じて考えることは許されよう。

（16）「式日」が特定の申文と密接な関連を有していたことは次に指摘する点から確認できる。㈠『西宮記』巻一〇では朔日・四日・十六日について特定の申文を掲げて説明していること（『朝野群載』巻六太政官官中政詞申庁申文にも朔日申文については『西宮記』と出入はあるが同様の記載がある）㈡『台記』（史料纂集本）保延五年五月十七日条に「所謂十六日申文」といわれていること、等。

（17）『扶桑略記』巻二三裡書延喜元年五月廿五日丙午条に「此十箇日許公卿不レ参、又外記左右弁史等皆依二咳病一不レ参、仍无二外記政一、往古近来未レ有二此例一云々」、又『類聚符宣抄』巻六安和二年二月廿八日宣旨に引く安和元年十一月七日太政大臣奏状に「召二問外記一勘申云、今年正月以後九月以前有レ政之事、或月只三四日、或月僅七八日、古来未レ有二如レ此之例一、大少有レ限

之務延レ期累レ月、内外請印之文満レ閤如レ此」とみえ、更に又『本朝世紀』の休日等の記載も注目される（山田英雄「律令官人の休日」『続律令国家と貴族社会』昭和五十三年参照）。

(18)『北山抄』の「外記政」申政剋限は『延喜式』巻一一太政官に規定する弁官申政剋限に一致している。猶、『延喜式』が弁官申政剋限として一般的な規定を行っているところからみても「外記政」もこの点については同一であったとみてよいであろう。

(19)『拾芥抄』中「末」申政剋限部第一、九申政剋限。

(20)『台記別記』（増補史料大成本）久安三年四月一日条、等。

(21)『西宮記』巻七政了退出儀。

(22)『政事要略』巻二二年中行事二二八月上、定官中考。

(23)『山槐記』（増補史料大成本）長寛二年三月廿九日条。

(24)『西宮記』巻七外記政。猶、『北山抄』巻七外記政にも同様の記述がみえる。

(25) まず「官政」B型間で両一の作法を分ちもっていたことは、『西宮記』巻三一日列見に「申文（中略）上卿毎二申了一与少納言弁起称唯（註以下略）（中略）請印了退出、史生申二印了由一、上卿云、給へ、少納言起レ座称唯異二外記儀一也」と記す点が本文で触れた定考の場合に対応することから知られる。又A型・B型間でも共通の作法をもっていたことは、『台記別記』久安三年四月一日条にこの日永く絶えていた四孟旬「官政」を一上たる左大臣藤原頼長が復興した際の模様を「申文之儀一同二列見一（註略）今日无二一失一」と記していることから推測される（藤原頼長による朝儀復興に関しては橋本義彦『藤原頼長』昭和三十九、参照）。

(26)『日本三代実録』天安二年十二月十三日・貞観十三年六月十七日・元慶四年十二月十九日の各条。

(27)『日本三代実録』貞観十三年六月十七日・七月十一日の各条。

(28)『日本三代実録』貞観十五年十一月三日条。このことから太政官候庁が第一節で触れた「外記政」の場である外記庁に相当することが知られる（第四章第一図参照）。猶、ここでは更に外記庁には西門があり、内裏の建春門に向かって門が開かれていたことに注意しておきたい（外記庁の構造・位置についてはさしあたり裏松光世『大内裏図考証』巻第二一を参照されたい）。

(29)『日本三代実録』貞観七年八月十二日・十七日・廿一日・九月九日・十月朔・十九日・十一月四日の各条。

(30)『日本三代実録』貞観七年八月廿一日条。

(31) 時期的には下るが、外記が天皇の移動にともない直侍の場を移すべきだとの考えがあったこと、更に実際に移直した事実を示す興味深い事例が知られる。史料の所在だけを指摘しておけば、『小右記』（大日本古記録本）長和三年二月十三日条、『本朝世紀』仁平元年十一月九日条である。

(32)『日本三代実録』貞観十五年十一月三日条。

(33) ところがこの様に考えるには次に掲げる二つの史料が一応障害となる。

A 『百錬抄』安貞元年（一二二七）四月廿二日条

（前略）未剋有レ火、土御門二町辺也、東風頻吹、火延及二大内一、承久回禄之後僅新立之殿舎葺二檜皮一、敷二捧屋一皆以為二灰燼一、外記廳雖レ免二余焰一結政・南所已焼了、遷都以後未レ焼之所也（以下略）

B 『続後拾遺和歌集』中原師光作歌

外記庁の結政座に古宮のはしらのいまにのこれるをまつりことのついてに見てよめる

中原師光朝臣

いにしへの　ならのみやこの宮柱　このかたなしに　なほのこるかな

A・Bいずれも結政所（弁官たちが「外記政」に諮るべき事項をそれに先立って整理する結政に従う場で、外記庁と西廊で結ばれていた）が平安遷都と同時に設けられたこと、或いは平城宮の柱を部材として用いたことを述べ、あたかも結政所（更には外記庁）が平安遷都と同時に又は平城宮の時代から存在していたかの感を与えるが、果たしてそうであろうか。いずれも時代の下る史料である上に（『続後拾遺和歌集』は嘉暦元年（一三二六）の成立）、いずれもその時点においてはその建物が結政所として利用されていたことは確かであろうが、遷都当初より結政所として建てられ用いられていたことは述べていない。又結政所の成立時期についての解明は極めて困難であるが、註(46)で述べる如く外記庁の成立におくれ、或いは貞観年間を下るのではあるまいか。

(34)『類聚符宣抄』巻六。猶、新訂増補国史大系本校訂者は「弁官於二太政官一候レ廳申レ政之時」と訓じているが、本文の如くに改めた。

(35) 本宣旨で新たな称唯作法の実行を命ぜられた「五位已上」が少納言・弁の総称であることは、但書に「其外記并史帯二五位一者亦同」とあることから明らかであろう。猶、養老令官位令によれば、太政官を構成する官人で五位已上を帯するのは、議政官を除くと少納言と弁だけであり、この点は以後も法制的には変更はない。

(36)『日本三代実録』貞観十九年六月四日条。
(37)『日本三代実録』貞観十八年十一月七日条。
(38)『日本三代実録』貞観十五年十月九日条。
(39)『日本後紀』大同四年三月己巳条。
(40)『続日本後紀』承和三年五月庚戌条。
(41)『延喜式』巻一九式部下。
(42)『延喜式』巻二一雅楽寮・巻三〇大蔵省。
(43)『西宮記』巻三十一日列見、『北山抄』巻七列見事、等。
(44)(補注1) この点については煩瑣な論証は省略し、要点だけを述べておくこととしたい(以下の諸点については第一表参照のこと)。(一)先ず平城宮における太政官関係の官衙としては、①朝堂院の庁(太政官庁と弁官庁)②太政官曹司(太政官院)③弁官曹司を想定しうる。これらのうちで問題となるのは②③の関係である。『続日本紀』天平宝字元年七月庚戌条は橘奈良麻呂の乱に連坐した者達の勘問に関する記事を載せているが、これは恐らく勘問日記の様な乱とほぼ同年代の資料に基づく記事と思われるから、この記事の中で明確に区別されている太政官院と弁官曹司は各々別の官衙であったと考えられる。そうであるとすればここで注目されるのは、平城宮跡第三八・四〇次発掘調査で第二次内裏東方に検出された塼積基壇建物を中心とし周囲に築地を繞らせた院構造をとる遺構群(『奈良国立文化財研究所年報』一九六七・一九六八、昭和四十二・昭和四十三年で、太政官に比定或いは想定されている(佐藤興治「平城京と平城宮」『都城』昭和五十三年、等。その位置が平安宮での外記庁にほぼ合致することが注意される。(猶、この遺構群の場合は南面築地に正門と考えられる門を開いているが、外記庁では西門が正門に当たっている。註(28)参照。このことは、外記庁が本来外記の候処であり内裏を意識して設置されたのに対し、この遺構群は一応内裏を意識せず独立した太政官の曹司としての性格をもっていたことになろう。)この遺構群はその官衙遺構の特殊性からみて(佐藤前掲論文)②の太政官曹司にあたるのではなかろうか。一方③の弁官曹司が的門近辺に位置していたことが知られ(『続日本紀』宝亀三年十二月乙亥条)、今、的門の位置を平安宮との関連で東面南門と考えると、平安宮での太政官曹司庁に相当する位置に比定することが可能となろう。この様に②③の関係を考えてもよいとすれば、まず注目されるのは朝堂院における太政官庁と弁官庁の位置関係と②③のそれがきわめて類似していることである。朝堂の座の配置と宮内での曹司の位置関係についてはすでに岸俊男「朝堂の初歩的考察」『橿原考古学研究所論集　創立三十五周年記念』昭和五十年が注目し、特に弁官庁の位置が律令制太政官の成立過程を反映するものと示唆している。しかし、先に指摘した様に②③の並存、更には②③相互の位置関係が朝堂院での太政官庁・弁官庁の関係に類似しているとなると、奈良時代においてもなお太政官と弁官が各々独立的様相をもっていたこととなる。

㈡平安宮については、本文で述べた様に、当初のプランでは①′朝堂院の太政官庁（昌福堂）・弁官庁（暉章堂）②′太政官曹司庁が存在したが、後③′太政官候庁が②′から分離独立して成立した。すなわち、当初平安宮では平城宮における②太政官院と③弁官曹司とを統合した太政官曹司庁だけが太政官の曹司として存在したのであり、しかも先にみた如くその位置が平城宮での③弁官曹司を踏襲したために太政官曹司庁を弁官庁等と弁官の称を冠して呼ばれることともなったのであろう。

㈢それでは、平城宮と平安宮の間の宮である長岡宮は如何様であったのだろうか。長岡宮については太政官院（太政官曹司）が知られるだけであるが、注目すべきは、延暦五年太政官院の完成により「百官始就二朝座一」（『続日本紀』延暦五年七月丙午条）いたとあることである。このことから、太政官院が朝堂院よりも後に完成していること、太政官院の完成は百官が朝堂の座について祝うほど慶賀すべきことであったことが知られ、長岡宮太政官院は平城宮のそれとは異なった性格をもっていたのではなかろうか。或いは㈡でみた平安宮における太政官院と弁官曹司の統合が長岡宮の段階で達成されていたのではなかろうか。

(45)　『日本三代実録』貞観七年八月十二日条。

(46)　このことは、後の如く弁官が結政を日常的に行う場としての結政所が未だ確立（或いは更に成立）していなかったことを意味しているのではなかろうか。因みに、『左経記』（増補史料大成本）等によれば、弁官は常に「外記政」のため結政所につき、「官政」のある日に限り太政官曹司庁の官結政の座についていることが知られる。

(47)　註(26)各条参照。

(48)　弘仁式編纂の頃より朝堂と並び太政官曹司庁が儀式の場として位置付けられたことは第一表を参照のこと。

(49)　弘仁式は弘仁十一年奏進、『内裏式』は弘仁十二年制定である。

(50)　『令集解』巻二職員令太政官条。

(51)　岸俊男「班田図と条里制」『日本古代籍帳の研究』昭和四十八年。

(52)　森田悌『日本古代官司制度史序説』昭和四十二年、第二弁官について、――三外記との関係。猶、森田氏は更に「弁官に由らない大事（臨時大事・考選任官等…引用者）を外記が申した」とするが、この点についても賛同しかねる。すなわち氏が論拠とした『令義解』が成立した頃の政務の方式（『延喜式』巻一一太政官）から考えて、弁官に由らぬ大事は外記が申すのではなく、諸司・諸国が外記にその旨触れた後直接に太政官に申すことになっていたのである。

(53)『延喜式』巻一八式部上。猶、同一の規定が巻四一弾正台にもある。

(54) 以上の理解は『延喜式』巻一一太政官にみえる公卿聴政に関する諸規定による。

(55) 古記の文の「申レ事」の主語を大外記とみる必要は全くない。何故なら、この古記の文自体が外記の職掌について説明を加えているものであり、そのために本来「列」の主語であるべき大外記の語が文頭へ置かれたと考えられるからである。

(56) 古記のいう「太政官廳」とは朝堂院にある太政官庁のことと考えられる。それは、古記が『令集解』巻三六公式令陳意見条で「其密封進者於二太政官曹司一案量」と述べている如く、養老令雑令庁上及曹司座者条の庁（朝堂）と曹司との対比を念頭に置いて使い分けたものとみられるからである。猶、大宝令雑令当該条の復原及び本条の理解については岸註(44)論文参照。

(57)『続日本紀』延暦七年六月丙戌条。

(58)『続日本紀』天応元年二月丙午条によれば、この時右大弁は大伴家持で、同年五月乙丑条には石川名足が右大弁とみえており、二月丙午から五月乙丑迄の間に右大弁に任ぜられたこととなる。

(59)『続日本紀』天応元年五月乙丑条。

(60)『続日本紀』延暦四年七月乙亥条。

(61)『続日本紀』延暦四年十一月丁巳条。

(62) 猶、『続日本紀』延暦三年十二月己巳条によれば、この日石川名足は従三位に昇っているから、厳密には問題の箇所の年代を延暦三年十二月以前と限定できる。

(63) 長岡遷都は延暦三年十一月頃より始められたと考えられ（『続日本紀』延暦三年十一月戊申条）、一方長岡宮太政官院は延暦五年七月に至りようやく完成した（『続日本紀』延暦五年七月丙午条）ことから、たとえ延暦四年十二月迄の事実を述べたものとしても、実際は平城宮に関する記述と考えるのが穏当であろう。

(64) 土田直鎮「上卿について」『日本古代史論集』下、昭和三十七年。

(65)『類聚符宣抄』巻六の延喜七年七月十七日宣旨に「太政官先式」として「凡庶務申二太政官一、若大臣不レ在者申二中納言以上一、其事重者臨時奏裁、自余准レ例處分」とあるのは、弘仁太政官式逸文（虎尾俊哉「式逸々」『史学雑誌』六〇—一二、昭和二十六年）

であり、同内容の規定は『延喜式』巻一一太政官にもみえている。

(66) 註(44)参照。

(67) 官人執政の場が朝堂より曹司へと次第に移行したことはすでに周知のことであるが、このことを具体的に示す史料を掲げて太政官ばかりでなく、他の官司においてもかかる事態が進行していたことを確かめておきたい。

A『続日本紀』宝亀五年四月己卯条

勅曰、(中略)宜下告二天下諸國一不レ論二男女老少一起坐行歩咸令上レ念二誦摩訶般若波羅蜜一、其文武百官向レ朝赴レ曹道次之上及公務之餘常必念誦(以下略)

B『日本後紀』延暦十五年七月乙巳条

継縄暦二文武之任一、居二端右之重一(右大臣…引用者)、時在二曹司一、時就二朝位一、謙恭自守政迹不レ聞、雖レ無二才識一得レ免二世譏一也

Aは末期の平城宮段階で「朝」＝朝堂と「曹」＝曹司で公務が並び行われていたことを、Bは藤原継縄が「文武之任」を歴任し右大臣に昇った間にその職務を果たすために曹司或いは朝堂についたことを意味している。猶、AとBで朝堂と曹司の記載順序が逆転していることも注目される。

(68)『類聚符宣抄』巻六外記職掌。

(69)『類聚符宣抄』巻六少納言職掌に収める大同二年三月廿二日の「壁書」に「右二官(少納言・外記…引用者)大臣着二朝座一日、必可二着座一」とあるのは、大臣が朝堂の座に着き聴政することが特別の事であったことを示している。

(70) この様な性格をもつ「朝座政」とは『儀式』巻九朝堂儀、『延喜式』巻一八式部上、『日本三代実録』元慶八年五月廿九日条所引、貞観式部式にみえる朝堂における大臣執政のことを指していると思われる。

(71) 諸種の有職書間に若干の出入りはあるが、三月より十月迄を対象期間としている点で共通している。『年中行事御障子文』、『九条年中行事』、『小野宮年中行事』、『西宮記』、『政事要略』、『北山抄』、等参照。

(72) 弁官申政剋限で二月が特別扱いされる様になるのが貞観六年からで(『類聚符宣抄』巻六貞観六年正月廿九日宣旨。猶、のち貞観式(『九条年中行事』申政事)・『延喜式』巻一一太政官へ定着)、それ以前は特別扱いされてはいなかった(『類聚符宣抄』巻六承和三年四月廿七日宣旨)ことから、貞観年間より二月の「朝座政」が止められるに至ったとも考えられる。この点に関連し

て『儀式』巻九の項目配列における朝堂儀の記載位置が注意される。すなわち、挙行月日順に配列された儀式の中で二月廿二日の賜季禄儀と三月一日於鼓吹司生等儀の間に記載されているのである。

(73)『西宮記』巻六裏書。

(74)『類聚符宣抄』巻六。

(75)弘仁七年四月十七日に「太政官史生已上就レ務聴レ出三入自二殿階下一」(『類聚符宣抄』巻六)されたのは、この外記職掌拡大に応じた措置ではなかろうか。猶、この弘仁七年の措置は『延喜式』巻一一太政官に定着している。

(76)養老令職員令太政官条及び中務省条。

(77)内記と外記の「名称の類似とはうらはらに互いにかなり異なった存在」であったことについては黛弘道「続・中務省に関する一考察―律令官制の研究(二)―」『学習院大学文学部研究年報』一二、昭和五十一年参照。

(78)『類聚三代格』巻五延暦二年五月十一日太政官謹奏、『続日本紀』延暦二年五月丁亥条。

(79)日本思想大系『律令』昭和五十一年、職員令「補注」(青木和夫氏執筆)は、「外記は(中略)詔書については内記の作成した草案(註略)も検討する訳であり、やがて『職務繁多』を理由として大外記・少外記はそれぞれ大内記・中内記と同じ官位相当に昇格」したとされるが、すでに指摘されている如く次第に詔書・勅旨・宣命が余り用いられなくなりその用途も限定されてくる(櫛木謙周「宣命に関する一考察―漢文詔勅との関係を中心に―」『続日本紀研究』二一〇、昭和五十五年)ことから考えると、果たして外記が「詔書については内記の作成した草案も検討する」ことから「職務繁多」となったと考えてよいか疑問が残る。ところで今注目されるのは、延暦二年の相当位階上昇措置を遡りすでに奈良時代五位の外記が登場し、実態として外記の官位が上昇していた事実である。試みに延暦二年までの外記補任状況を表にすれば、第三表の如くになる。第三表にも明らかな如く、和銅(七〇八~七一五)・養老(七一七~七二四)・天平(七二七~七四九)年間、即ち八世紀前半頃には大外記の官位はほぼ官位令に規定されていた相当位階(正七位上)に対応しており、決して五位を超える大外記は現われていない。ところが、天平宝字(七五七~七六五)年間以降、特に高丘比良麻呂が藤原仲麻呂の乱で重要な役割を果たしてのち(『続日本紀』天平宝字八年九月壬子条に藤原仲麻呂が「為二都督使一掌レ兵自衛、准二拠諸国試兵之法一、管内兵士毎レ國廿人、五日為レ番、集二都督衙一、簡二閲武芸一、奏聞畢後私益二其数一、用二太政官印一而行下之、大外記高丘比良麻呂懼二禍及一レ己密奏二其事一」した―この後外記の行う太政官印請印が重視されるに至ることは、『続日本紀』宝亀八年五月己巳条に「自二宝字八年乱一以来、太

第三表　外記補任表

日付	人名	官名	帯位	外記在職中の帯位変動	典拠
和銅4．10．10	伊吉子人	大外記	正七下		『令集解』巻7僧尼令
養老3．閏7．丁卯	白猪広成	大外記	従六上		
天平6．4．6	壬生宇太麻呂	少外記	正七上		『大日古』1―596
〃 9．11．壬辰	大倭水守	大外記	従六下		
天平宝字4．4．15	高丘比良麻呂	大外記	正六下		『大日古』14―410
〃 5．正．25	田口大立	任少外記			『大日古』15―130
〃 5．2．18	池原禾守	大外記	外従五下	→従五下(神護景雲元・9・辛亥)	『大日古』15―24
〃 7．正．壬子	伊吉益麻呂	任大外記	外従五下		
〃 8．正．乙未	高丘比良麻呂	任大外記	外従五下	→授従四下(天平宝字8・9・己巳)→卒(神護景雲2・6・庚子)	
宝亀3．4．庚午	内蔵全成	任大外記	外従五下		
〃 3．11．丁丑朔	竪部人主	任大外記	外従五下		
〃 7．3．癸巳	羽栗翼	大外記	外従五下		
〃 8．正．戊寅	池原禾守	任大外記	従五下		
延暦元．閏正．庚子	朝原道永	任大外記	外従五下	→授従五下(延暦4・正・己巳)	

註　官名欄任は任官記事，以外は在任記事。典拠欄空欄は全て『続日本紀』に基づき，『大日古』14―410は『大日本古文書』巻14―410頁を表わす。

政官印収二於内裏一、毎日請進、至レ是復置二太政官一」とあることからわかる―とあり、又神護景雲二年六月庚子条に載せる高丘比良麻呂卒伝ではこのことを「告二仲満変一」と表現している)、大外記任官者の帯びる位階が五位ラインを突破していることが注目される(五位ラインの重要性については、竹内理三「律令官位制に於ける階級性」『律令制と貴族政権』第Ⅰ部、昭和三十二年、関晃「律令貴族論」『岩波講座日本歴史』三、昭和五十一年参照)。このことは、藤原仲麻呂の乱で果たした外記職掌(「勘二詔奏一」及び太政官印請印)の重要性が認識されるに至って以後、実質上その位階が上昇されたことを示している。但し、この様に考えても何故に延暦二年という特定の時点に外記の官位上昇措置がとられたのか不明である。後考を期したい。

(80)『日本後紀』大同元年七月壬子条。猶、この『日本後紀』と同じ措置を伝えていると思われる『類聚三代格』巻五大同元年七月十一日太政官符は中内記二員の廃止には触れず、それに伴って行われた措置（少内記相当位階を正八位上より廃止された中内記相当位階正七位下にすること及び大小内記の定員は旧来のままとすること）を記すのみである。この措置からみて中内記廃止は実質的には少内記の廃止に相当すると思われるが、このことを以って直ちに内記局の縮小とみなすことはできないとの疑いを生む恐れがある。それは『日本後紀』大同元年七月庚申条に内記史生四員を設置するとの記事の存在である。これは明らかに中内記廃止の代替措置と思われるが、史生の設置によっても従来内記局が果たしていた機能を十全に行いえたかは疑問である。何故なら内記の職掌を史生が代替することは不可能だからである（養老令職員令太政官条に史生の通則的職掌を「掌下繕二写公文一行中署文案上」と規定しており、詔勅を「造」ることを職掌とする内記の代役を務めることは不可能と考えざるをえない）。このことを傍証するかの如く『日本後紀』大同四年三月己未条は内記史生の二員減員記事を載せている。一方、この内記局縮小措置は従来内記が果たしていた付随的職務を削減することともなり（『類聚三代格』巻一七大同元年八月二日太政官謹奏）、一面では内記の職掌を令条通りに限定し、令制厳守の姿勢を示したともいいうるが、果たしてそうであろうか。一般に平城朝に行われた政策は嵯峨朝以降に改変されたものが多いのに対し、この措置は以後も改変されずに定着している。そうであるとすればこの措置は決して平城朝の特殊な事情のみに基づくのではなく、律令制機構の中で内記の機能が低下していたことを示しているのではなかろうか。ここではこのことを考える上で重要と思われる二、三の点を以下に指摘しておくに止めたい。第一には、太政官への政務の集中（早川庄八「制について」『古代史論叢』中巻、昭和五十三年、等）と関連すると思われる、詔勅から奉勅官符へという天皇の勅命伝達手続きの変化に伴い、次第に詔勅宣命が特定の用途へと限定されること（櫛木註(79)論文）。第二には、第一のこととも関わるが、文章道の重視によって詔勅宣命作成者として文章博士等が登場してくること。

(81)　山中裕「嵯峨天皇と年中行事」『平安人物志』昭和四十九年・『平安朝の年中行事』昭和四十七年、等。

(82)　一例として任官儀式の場の変遷を表に作ると次の様になる（第四表）。

表に明らかな如く、任官儀式の場は式部省で行う場合を除き朝堂院→内裏へと移行した、とみてよい。今問題となるのは弘仁式部式が儀式の場を「門」としている点で、この「門」が何処の門であるのかということである。早川庄八「八世紀の任官関係文書と任官儀について」『史学雑誌』九〇―六、昭和五十六年は、この「門」を朝堂院南門の応天門或いは会昌門と考えている。ところが、早川氏がその推定の根拠とされた「弘仁式編纂のころまでは、朝儀一般が大極殿ないし朝堂院において行なわれたとみてよい」との点は自明のことといえるのであろうか。すなわち朝儀一般という表現についてはさておき、果たして弘仁式編纂の

第四表　任官儀式の「場」

典拠	儀式の場
『続日本紀』慶雲二年四月辛未条	朝堂院
〃　神護景雲二年十一月癸未条	朝堂院？
弘仁式部式・任官	「門」？ 式部省
『内裏式』下巻任官式	内　裏
『儀式』巻８内裏任官儀	内　裏
『延喜式』巻11太政官	内　裏 朝　堂
〃　巻19式部下・任官	内　裏 太政官庁 外記候庁 式部省

ころ朝儀一般が朝堂院で行われていたのであろうか。問題の書ではあるが、弘仁式（弘仁十一年奏進）と相前後して嵯峨朝に編纂された『内裏式』（弘仁十二年制定）では任官儀式が内裏での儀として規定されていることからみて、弘仁式部式の規定する儀式の場を示す「門」を内裏の門とも考えうるのではないだろうか。又弘仁式が単に「門」と記すのは、「事見二儀式一」とある如く「儀式」の詳細な規定を前提としたものであるために行われた省略とみることも可能であり、更に『続日本紀』の記事を以って弘仁式部式を考えるのは如何がであろう。本章ではこの「門」を内裏の門―承明門と考えておきたい。（補註2）

(83)　山田註(17)論文が本章で使用する史料を扱っているが、その取り扱い方は些か相違している（註(93)参照）。

(84)　九条家本『延喜式』巻頭に加えられた標目に「弘貞延」とあり、又『小野宮年中行事』正月朔日太政官進参議已上上日事、等に引用されている当該弘仁太政官式逸文から考えて、弘仁式には『延喜式』と同様の規定がなされていたことが知られる。

(85)　「太政官」の語の用例については鈴木茂男「宣旨考」『続日本古代史論集』下、昭和四十七年、早川庄八「律令太政官制の成立」同書上、昭和四十七年参照。猶、『延喜式』には「太政官」が外記を指している明確な用例がある。それは、巻一八式部上では式部省よりの「四季徴免課役帳」の提出先を外記・左弁官とするのに対し、巻三八兵部省よりの同帳提出先を太政官・右弁官としていることである。

(86)　この点については、公卿以下が仮を請う仮文の提出先が外記であった事実（『類聚符宣抄』巻六天長八年五月九日宣旨、『朝野群載』巻一一凶事、『西宮記』巻一二服仮類仮文様、『北山抄』巻四請仮事、等）からも確認できる。

(87)　令条には考課・選叙及び禄支給の条件としての上日に関わる規定はあるが（養老令考課令内外初位条・同選叙令職事官患解条・同禄令給季禄条・同令兵衛条、等）、如何なる条件を満たせば上日一日が与えられるのかは知られない。

(88)　上日の実態に関する問題点については山田英雄「奈良時代における上日と禄」『人文科学研究』二二、昭和三十七年参照。
(89)　『延喜式』巻一一太政官、巻一八式部上、巻四一弾正台。
(90)　『延喜式』巻一九式部下諸司送五位以上々日及び弘仁式部式諸司送五位以上々日。
(91)　『類聚符宣抄』第一〇。
(92)　『類聚符宣抄』第一〇。
(93)　山田註(17)論文はこの延暦十一年宣旨を解し、「大内裏より内裏へと政治の中心が移るのが平安期の特色で」、「それを上日の上においても証拠」だてるものとして、「五位以上の官人の政務が朝座以外に内裏においても行われ、又内裏に上る日が多く、朝座につかなくなったためにとられた処置であろう」、とする。しかし一つには単に「五位以上の官人」とされる点、今一つは彼らによる政務が朝座以外に内裏においても行われ」るようになったとされる点、この二点において従い難い。
(94)　早川註(82)論文。

〈第五章註（19）への補記〉
従来平城宮東面南門相当宮城門（但し周知の如く平城宮では東院部分が北3／4東へ張り出していることから実際は南面東門の東北に南面して位置する）は平安宮の郁芳門に相当する的門とされてきたが、近年この門の発掘が行われ、そこより出土した木簡からこの門が小子門であると考えられるに至った（『平城宮木簡』三解説、昭和五六）。このことから弁官曹司の位置の比定が一層困難となり平安宮太政官曹司庁と同位置であったとした点再考を要するが、太政官院と弁官曹司が平城宮では並存していたと考えた点については基本的には変更の必要は認められない（校正に際して）。

（補註1）　註(44)では太政官関係の官衙として平城宮に①朝堂院の庁（太政官庁と弁官庁）②太政官曹司（太政官院）③弁官曹司があったと推定した。しかしこのうち②太政官曹司（太政官院）としたのは正しくなく、正しくは②太政官曹司とすべきであった。それは太政官曹司と太政官院とが同一の存在を指すものではないことに関する保坂佳男「朝堂院の変遷について―太政官院としての把握より見たる―」『国史研究会年報』五、昭和五十九年による批判を受け、またそののち平城宮の第二次朝堂院において大嘗宮の遺構が検出され、さらにそれに五時期の重複のあることが上野邦一「平城宮の大嘗宮再考」『建築史学』二〇、平成五年によって確かめられたからである。それ故に註(44)で『続日本紀』天平宝字元年七月庚戌条を引用し、これをもって②太政官曹司と③弁官曹司の別を論じたのは不適切であり、その際②太政官曹司の比定地として平城宮のいわゆる塼積官衙を取り上げたのも問題で、正しくはまだ②太政官曹司に比定できる官衙遺構はないとすべきである。また平安宮で③′太政官候庁が成立する以前、平城宮の②太政官院と③弁官曹司とを統合した②′太政官曹司庁だけが存在したとした点も、平城宮の②太政官曹司と③弁官曹司とを統合したと訂正する必要がある。さらに長岡宮の太政官院に関する記述、特に『続日本紀』延暦五年七月丙午条の理解も訂正されねばならない。これは太政官院を太政官曹司と考えた上での立論であり、太政官院をいわゆる朝堂院のこととすればこのように苦しい解釈は必要なくなる。太政官院については第四章（補註2）で触れたので参照されたい。

（補註2）　註(82)では早川氏の「弘仁式編纂のころまでは、朝儀一般が大極殿ないし朝堂院において行なわれたとみてよい」との考えを批判するに性急であったあまり、弘仁式部式が記す任官の場を示す「門」を「内裏—承明門」と決めつけるような記述を行った。しかし弘仁式部式には単に「門」とだけ記していることから、むしろこの「門」は早川氏の言う「朝堂院南門に当たる応天門あるいは会昌門」から著者が主張する「内裏—承明門」へと任官の場が移行した事実を反映するもので、弘仁式部式で採用された規定は両者が併用された時期のものであったために固有の名称ではなく、単に「門」とだけ記されたと考えることもできる。

〈付　編〉

第一章　「唐招提寺文書」天之巻第一号文書「家屋資財請返解案」について

一　はじめに

近年、平城京をはじめとした古代都城遺跡の発掘調査が、急激な開発の進行にともない進展したことによって、京内の宅地に関する基礎的資料が増加し、宅地の規模・構造等が次第に明かとなりつつある。(1)一方また、文献史料の研究を中心とした古代史学の側からも、主として平城京内の住人や宅地をめぐる基礎的研究があらわれ始め、(2)それらの研究は積極的に発掘調査の成果を取り込もうとしている。

こうした研究状況のなかで、時折用いられている史料に標題の「唐招提寺文書」天之巻第一号文書がある。この文書はその内容から「家屋資財請返解案」と通称されているが、基礎的な研究が十分に行われないまま史料として用いられてきたように思われる。あるいは既に周知のことかとも思われるが、あえて本文書について若干の基礎的検討を加えるゆえんである。

二　釈文の検討

「唐招提寺文書」天之巻第一号文書及びその裏文書である「某寺領図」の古文書学的検討は、既に田中稔氏が原本調査に基づいて行っているので、[3]こうした点に関してはしばらく田中氏の解説に譲ることとし、本章ではまず本文書の釈文検討作業から始めることとしたい。

さて、従来行われてきた本文書の釈文には、古く『大日本古文書』第六巻[4]（以下『大日本古文書』と略す）・『南京遺文』附巻[5]（以下『南京遺文』と略す）・『寧楽遺文』中巻[6]（以下『寧楽遺文』と略す）の三種があり、近年では『唐招提寺史料』第一[7]（以下『唐招提寺史料』と略す）に収められた釈文もあって、計四種の釈文が存在する。[8]大枠では四種の釈文間にある異同は小さいと言えるが、細部においては本文書の解釈にとって重大な点で相異が認められる。これら四種の釈文のうち今日最も多くの研究者が依拠しているのは最も新しい『唐招提寺史料』の釈文である。そこで、まず以下にこの釈文を掲げ、他の釈文と異同のある箇所の右ないし左傍に波線を付し、その肩に整理のために通し番号を付けることとする（〈釈文1〉）。

次ぎに『唐招提寺史料』の釈文と他の二種の釈文との異同を表（第一表）にして掲げよう。

ところで、今日容易に見ることができる本文書の写真図版には二種のものがある。一つは『奈良六大寺大観』[10]第一三巻所収の図版（第一図）で、いま一つは『南京遺文』のコロタイプ図版（第二図）である。のちに詳しくこれらの写真図版の関係について述べるので、ここでは、これらのうち前者の図版が、『唐招提寺史料』の釈文作成の基礎となった昭和三十五年の調査時に撮影された本文書の写真原版を用いていることを指摘しておくに止める。

二　釈文の検討

〈釈文1〉

解　　申依父母家并資財奪取請□事
某姓ム甲　左京七條一坊①□外従五位下ム甲
合家肆區　一區无物②□在右京③□
壹區　板倉參宇 二字稲積満 一宇雑物積 檜皮葺板敷屋一□ 板屋一宇物在　並父所⑤□
草葺厨屋一宇 板屋三宇　並在雑物④□
在右京七條三坊　壹區 板⑥□□家 板屋二宇⑦□□□敷東屋一宇〔草葺板〕
在右京七條三坊　壹區 草葺板倉⑧□ 板屋一□〔宇〕⑧□
草葺屋一宇 板屋三宇　並空 釜一口 甑三口 馬船二隻⑨□□□□□□
　上件貳家、父母共相成家者、
以前、ム甲可親父、ム國守補任弖退下支、然間以去寶字□
死去、然尓父可妹三人同心弖、⑪〔父我禮喪〕處々尓□
奪取、此乎ム甲哭患⑩良久□□□□□
間不久在利、然毛ム甲可⑫弟伶㐅ム甲可⑬父尓従⑭〔弖〕□□
彼可參上來奈牟時尓、ム甲可不□牟⑮〔止カ〕□□
即職乃符波久、汝何申事⑯〔諸カ〕□□
遣弖、所々家屋倉并雑物等⑰〔乎〕□□
期限波不待弖更職乃使條令□
倉稲下并屋物等乎毛□

さて、以下では、この二種の写真図版を参照しつつ、近時行った本文書の再調査の成果を混じえて、表に示した本文書の三種の釈文間にある異同について、文字の存否、字数の確定及び文字の検討・釈読を行って行くこととする。

まず、三種の釈文間に全く異同のない第一行・第五行・第九行・第一〇行・第一一行・第一七行・第一八行の計七行のうち、第一行・第九行・第一〇行・第一一行・第一七行の五行については写真図版及び本文書原本においても釈読に問題はないが、第五行と第一八行には若干問題がある。第五行一〇字目の「物」と第一八行九字目の「毛」の下には、判読できないが墨痕が確認できるので、各々の行の二字目及び一〇字目以下を「□□」とすべきであろう。

次ぎに異同のある残り一一行一七カ所に

第一表　『唐招提寺史料』第一・『南京遺文』附巻・『大日本古文書』第六巻
釈文異同箇所一覧

異同箇所	『唐招提寺史料』第一	『南京遺文』附巻	『大日本古文書』第六巻
①	□	戸主□	□
②	□	□	□
③	在右京□	在左京七一坊	在左京七一坊
④	□	宇	□
⑤	□	持	□
⑥	板□□家	板□中家	板□
⑦	□□□（草葺板）□	草葺板	草葺板
⑧ ⑧′	□（宇）□	宇□所□	□
⑨	□□□□□□□	大和國□	□
⑩	久（父我礼喪）	久	支
⑪	□□□□□	□父我禮（?）喪（?）	□父我礼喪
⑫	於止	（?）於（?）止（?）	於止（9）
⑬	可	尹	可
⑭	□（弖）	弖	弖
⑮	□（止カ）	止	止
⑯	□（諸カ）□	諸□	□
⑰	□（乎）	乎	乎

ついて先に掲げた表を基にして順次検討を加えて行こう。

①『南京遺文』及び『大日本古文書』は第二行一〇字目の「坊」[11]に続いて三字の存在を認めているが、『唐招提寺史料』は一一字目にあたる箇所を空白としている。写真図版からでは「坊」の下に続いて文字があるか否かは断定しがたいが、本文書原本にあたってみると確かに墨痕がある。さらにその下に続いて二字分程の墨痕が認められるが、そのうちの上の字を『南京遺文』のように「主」と判読するのは躊躇される。

②写真図版によっても、また本文書原本についてみてもこの箇所で墨痕が確められるのは最後の一字のみである。

③『唐招提寺史料』と他の釈文との間で重大な異同のある箇所の一つである。まず、二字目は、『南京遺文』の図版（第四図）をみると、本文書中の「左」（第二行五字目）及び「右」（第六行及び第七行の各々二字目）の字の形から、また「ナ」に続く第三画が「口」の第一画のように縦棒で始まらず横棒から始まっていることからみて「左」と判読できる。また、四字目以下については、『奈良六大寺大観』の図版（第三図）や本文書原本には存在しないが、『南京遺文』の図版では確かに三字ある。四字目は第六行四字目の「七」に似ており、五字目は「一」で問題ない。六字目は土偏が墨色濃く残り、旁の残画からみて「坊」であろう。

④文意からすると「宇」であろうが、写真図版及び本文書原本に残る残画からでは「宇」と判読するのは困難である。

⑤写真図版・本文書原本いずれをみても墨痕はあるが、『南京遺文』のように「持」とは読み難く、この箇所の釈読は「□□」とすべきであろう。

⑥一字目の「板」に続く二字目の箇所には写真図版・本文書原本ともに墨痕が認められるが判読はできない。ただ残画からみて「屋」や「敷」ではなさそうである。最後の字が「家」であることは写真図版及び本文書原本からみて間違いない。その上の字は残画だけでみると周囲の字に比べてやや小さく、『南京遺文』のように「中」と判読するのは問題である。更にその上にも墨痕があるが判読し難い。

⑦一・二字目は『奈良六大寺大観』の図版や本文書原本よりも『南京遺文』の図版で一層明瞭に「草葺」と判読できる。三字目は木偏の字であるが旁が欠損していてわからない。しかし本文書に現われる家屋に関する用語から考えて、「板」と思われる。

⑧⑧′写真図版及び本文書原本では⑧′の一字目に墨痕が認められ、文意から考えて「宇」であろうが、ウ冠が明

第一図　『奈良六大寺大観』所収図版

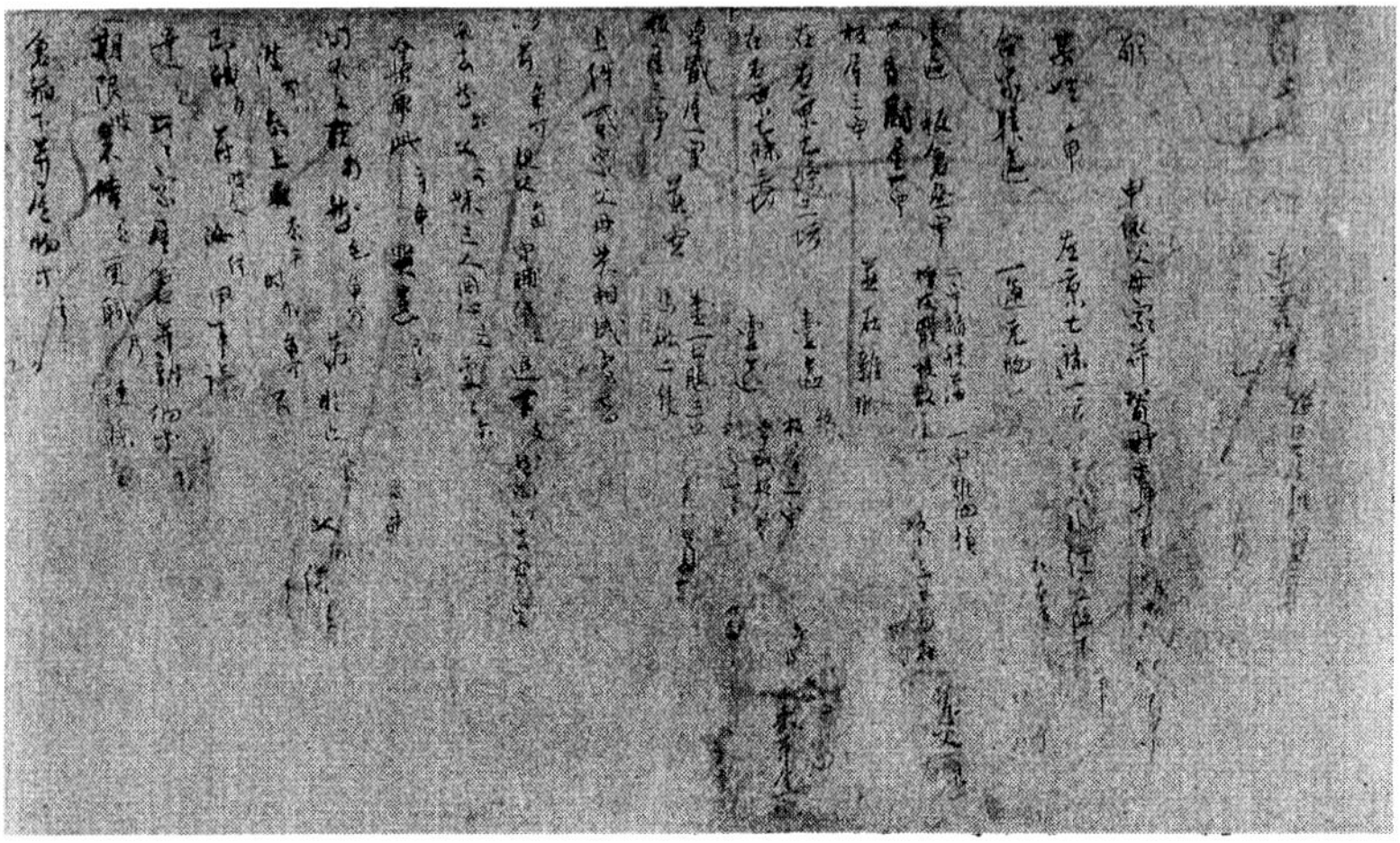

第二図　『南京遺文』所収コロタイプ図版

瞭ではなく判読できない。⑧′の二字目以下については双行割書であるのか否か俄に断定し得ないが、全体として行の左にやや寄っているようにもみえる。⑧′の下から二字目は第四行の下から二字目の「所」によく似ている。

⑨この箇所にもまた三種の釈文間で重大な相違がみられる。『奈良六大寺大観』の図版（第五図）や本文書原本ではわかりにくいが、『南京遺文』の図版（第六図）をみると判読できそうな字もある。(12) まず、四字目は国構の中に「王」の字を書く「国」の俗字で、本文書中では同じ字が第一〇行九字目に用いられている。また、三字目は旁の「口」だけが残り、その上の二字目も右半分だけしか残っていないが、残画や四字目が「国」であることからみて、二字目は「大」、三字目は「和」と推定してよさそうである。更に一字目はわずかな残画ではあるが本文書中の用語も参考にすると「在」かと思われる。

⑩本文書の「久」（第一三行三字目）と「支」（第一〇行六字目）の例からみて「久」である。

⑪写真図版及び本文書原本をみると、一字目は、本文書中の「父」（第七行五字目・第八行七字目・第九行五字目・第一一行四字目）の字からみて「父」に近いが、欠損のため断定は困難である。二字目は「我」と判読できる。三・四字目は虫損のため読み難いので、「□（禮）□（喪カ）」とすべきであろう。

⑫一字目は写真図版・本文書原本によるかぎり「止」（第一四行二〇字目）の字とは明らかに異なる。二字目も判読し難いので、しばらく『唐招提寺史料』に従うこととする。

⑬本文書中にみえる「可」（第一一行六字目・第一三行一〇字目・第一四行二字目及び二二字目）の字と比べて「可」ではない。しかし、『南京遺文』のように「尹」と読むには横棒が一本足りず「尹」の如くにみえる。「□（尹カ）」とすべきであろう。なお、『南京遺文』の解説で橋本進吉氏は、「尹」が「伊」の略字で主格を示す助辞「い」であろうとしている。

⑭本文書中の字では「弖」（第一〇行一三字目・第一一行一一字目・第一六行二字目・第一七行六字目）に似ているが、若干異なるようでもあり、『唐招提寺史料』に従うべきであろう。

⑮写真図版及び本文書原本では「上」のようにもみえるが、左半分が虫損であるので、『唐招提寺史料』の如くに止めるのが穏当であろう。

⑯第一行一二字目の「請」と比較して偏は言偏でよいが、旁は「若」に似ているものの虫損によって判読できない。これもまた『唐招提寺史料』に従うべきであろう。

⑰第一二行四字目及び第八行八字目の「乎」の字よりみて、ここも「乎」と判読してよいだろう。

以上、三種の釈文間にある異同を、二種の写真図版を参照し、本文書原本の再調査の成果に基づき正してきた。なお、この他三種の釈文では表現されていない重ね書きによる訂正箇所も目につくので、ここで併せて記しておきたい。重ね書きによる訂正の明らかな箇所は、第五行三字目の「厨」、第一〇行一五字目の「下」（これは「支」と書いた上に「下」と訂正したかと思われる）、第一三行四字目の「在」、第一三行五字目の「利」（これは「尒」と細字で書いた上に「利」と太目の字で訂正したかと思われる）、第一五行七字目の「汝」、第一七行五字目の「待」の五カ所で、第一四行五字目の「来」や第一二行七字目の「哭」等も重ね書きの可能性がある。

さて、次ぎに以上の検討結果を釈文の形でまとめて示すべきであるが、その前に一つ述べておかねばならないことがある。それは、三種の釈文を大別すると『大日本古文書』・『南京遺文』の釈文と『唐招提寺史料』の釈文とに分けうるが、その二種の釈文が生まれた事情についてである。既に釈文の検討作業を行った際に述べたところとも重複するが、以下しばらく右のことについて述べておきたい。

本文書の解釈上最も重大な釈文間の相違点は、先に述べた③（第三・四図）及び⑨（第五・六図）にある。③については『南京遺文』と『大日本古文書』とが一致して「在左京七一坊」とするのに対して、『唐招提寺史料』のみが「在右京□」とし、前者で判読している「七一坊」の三字自体が後者では存在さえしないことになっている。また、⑨では『唐招提寺史料』が五字分の墨痕を認めながら判読していないのに比べ、『南京遺文』は四字目を「国」と読み、その上の二字を「大和」と推定している。これらのうち⑨の相違については釈読者間における史料に対する姿勢の差として処理することも可能であるが、③の文字の存否そのものに認識の差があるとは考えられず、そこにはしかるべき事情の存在を考えねばなるまい。

ところで、既に述べたように、『奈良六大寺大観』所収の図版は、『唐招提寺史料』の釈文が作られるに至った昭和三十五年七月の奈良国立文化財研究所による唐招提寺の総合学術調査の時に撮影され、『奈良六大寺大観』の編集に際しこれを用いたものである。すなわち、この図版は本文書の昭和三十五年当時における状況を示しているのである。一方、『南京遺文』は大正十年の刊行であるから、当然そこに収められたコロタイプ図版はそれ以前に撮影された写真に基づいていることは間違いない[13]。そこでまず③について両図版を再度比較すると、『奈良六大寺大観』では三字しか存在しないが、『南京遺文』では確かに六字ある。また⑨でも例えば四字目を比べると、『南京遺文』では「国」と読めるのに『奈良六大寺大観』ではもう一つ明瞭ではない。このような相違はまだ他にも指摘できる。例えば顕著なところでは、⑪がある。以上のような③⑨を始めとする図版における相違については、大約、古い『南京遺文』では明瞭であったり確実に存在していた文字が、新しい『奈良六大寺大観』では不明瞭になったり存在さえしなくなったりしているといえよう。このことは、既に三種の釈文間の異同を正した時の検討結果、『南京遺文』の方が『唐招提寺史料』に比べ、より多くの文字を釈読していたことにも明らかである。

このように四十年以上もの時を隔てて撮られた同一文書の二枚の写真に明瞭な相違が生じた理由は奈辺にある

第三図　『奈良六大寺大観』所収
図版③部分写真

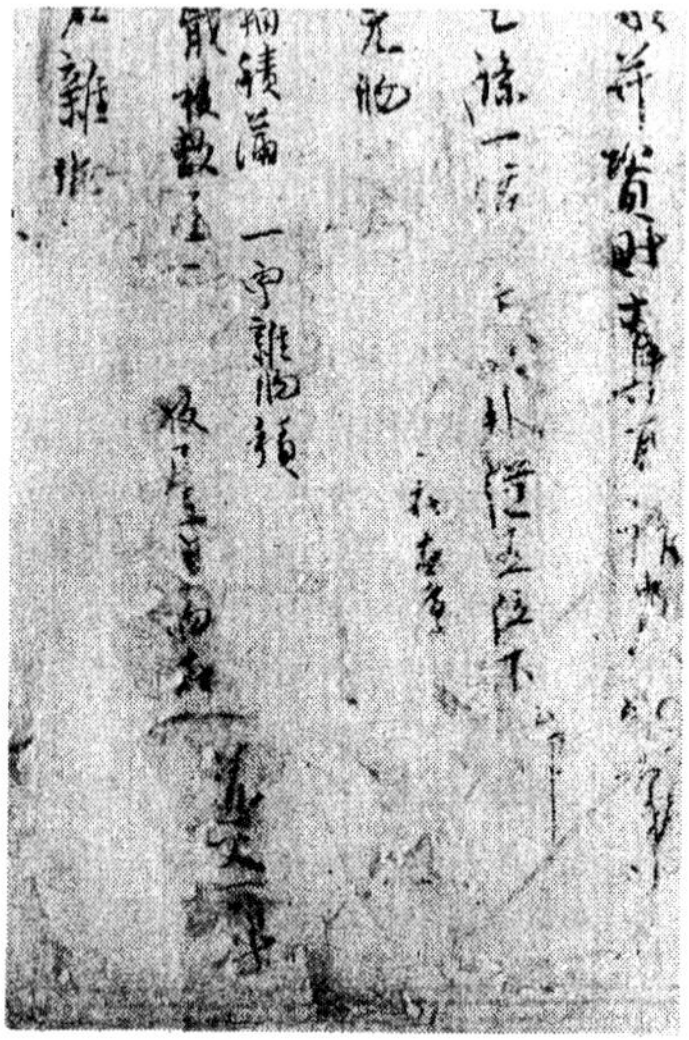

第四図　『南京遺文』所収コロタイプ図版③部分写真

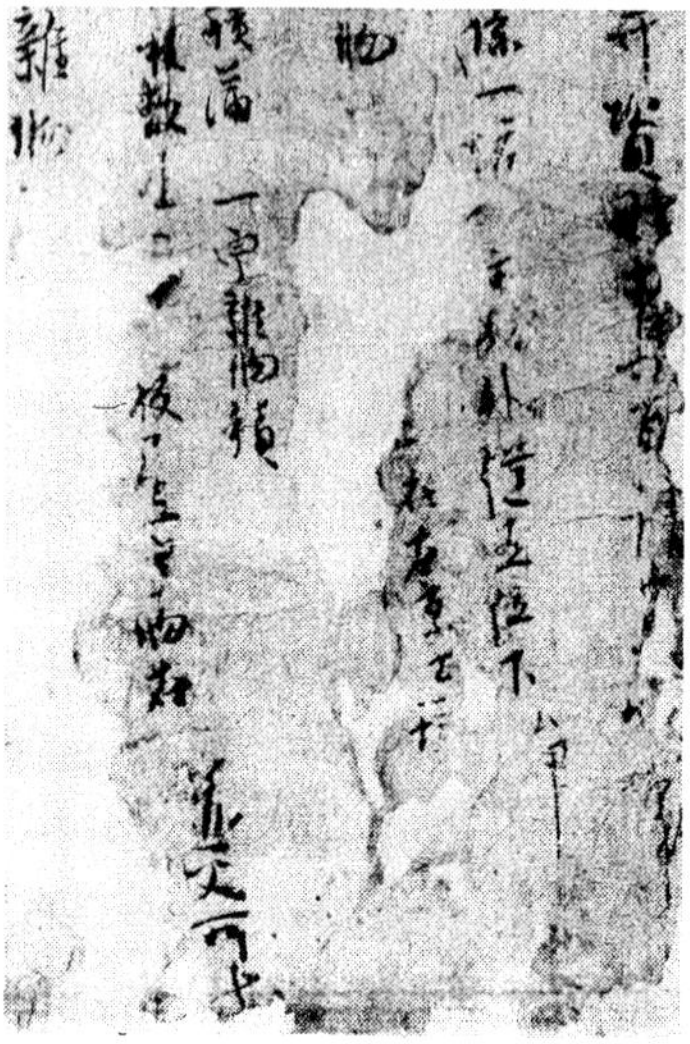

第五図　『奈良六大寺大観』所収
図版⑨部分写真

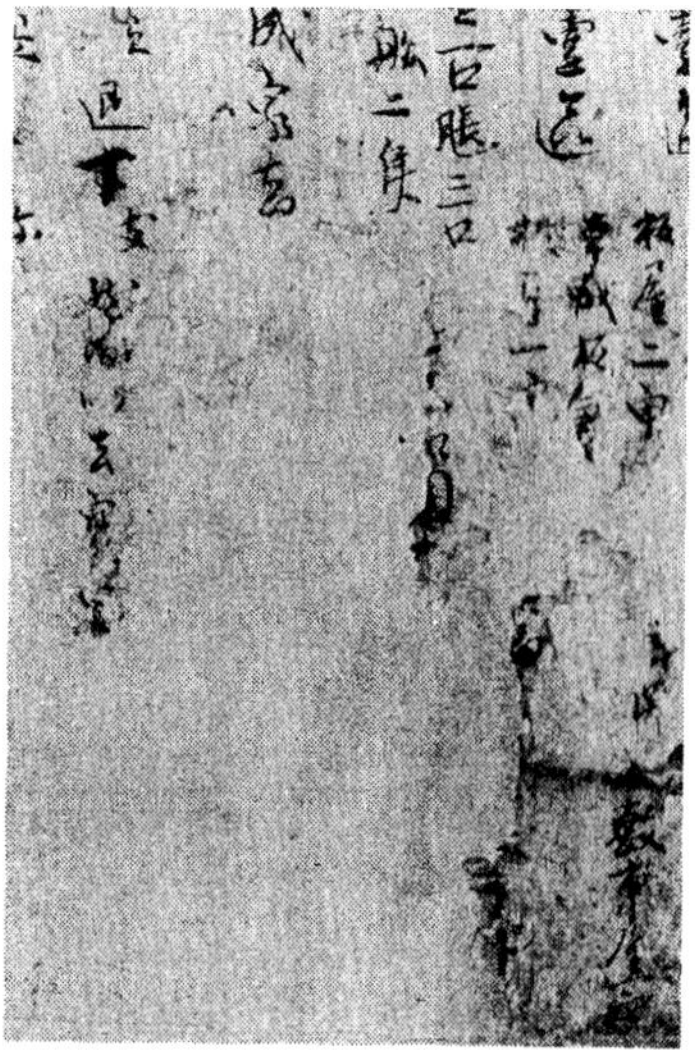

第六図　『南京遺文』所収コロタイプ図版⑨部分写真

〈釈文2〉

解　　申依父母家弁資財奪取請［　］事
某姓ム甲　左京七條一坊［　］外從五位下ム甲
合家肆區　一區无物　□　在左京七一坊
壹區　板倉參宇二宇稲積滿一宇雜物積　檜皮葺板敷屋一□　板屋一宇物在　並父所□［
草葺厨屋一宇板屋三宇　並在雜物□［
在右京七條三坊　壹區板□［　板屋二宇［　草葺□（板カ）□□家敷東屋一宇
在右京七條三坊　壹區草葺板倉［　板屋一□（宇カ）［　　］所□［
草葺屋一宇板屋三宇　並空　釜一口瓱三口馬船二隻　□□□（在大和カ）国□［
　上件貳家父母共相成家者
以前ム甲可親父ム国守補任弖退下支然間以去寳字［
死去然尓父可妹三人同心弖處々尓［
奪取此乎ム甲哭患良久□（父カ）□我□□（禮喪カ）［
間不久在利然毛ム甲可苐佟迄ム甲□（尹カ）父尓從弖□［
彼可參上來奈乍時尓ム甲可不［　］［　］乍□（止カ）［
即職乃符波久汝可申事□（諸カ）［　］［
遺弖所々家屋倉弁雜物等乎［
期限波不待弖更職乃使條令［
倉稲下弁屋物等乎毛□［

のであろうか。その理由を推定させる手掛かりが一つある。それは橋本進吉氏が『南京遺文』の解説で指摘された次の事実である。すなわち、「此の文書の紙の缺けたのを補った稍新しい紙の上に『宝亀二年』と書いてあるのは、修復した時、もとの文字によって書いて置いたかと思はれるが、此の字も今は継目の中に半隠れて居る」とある。事実、『南京遺文』の写真図版（第二図）をみると、裏打ち紙（図版の右端中央やや下部）に「宝亀二年」らしい四字の右半分足らずが天地を逆にして墨色濃く書かれている。一方、『奈良六大寺大観』（第一図）ではこの四字が存在すべき箇所に全く墨痕などはなく、しかも裏打ち紙自体『南京遺文』のものより横に長くなっているようである。このことから、両図版の基となった写真が撮影された間に少なくとも裏打ち紙が取り替えられるような修理が一度は行われたことが判明する。この間幾度このような補修が行われたのか、更にそのうちの一体何時の修理で本文書に重大な相違が生じたのか、これらの諸点についていま俄に闡明にすることはできないが、いずれにしろ『南京遺文』の図版の写真撮影から唐招提寺学術総合調査における写真撮影の間に行われた修理の過程で本文書原本に重大な相違が生じたものと思われる。なお、こういう意味において『唐招提寺史料』の釈文は、本文書の現状における釈読を示したものとして注意される。

最後に、以上の検討結果に基づいて、最も原状に近い形を伝えている『南京遺文』のコロタイプ写真図版により作成した釈文を掲げることとしよう〈釈文2〉。

三　従来の解釈とその検討

本文書に言及した研究はさほど多いとは言えないが、奈良時代後半における中級程度の官人が平城京内に有していた「家」の実態を物語る史料として特に注目を惹いている。

古くは関野克氏に本文書に関説した研究がある[14]。関野氏は、本文書にみえる「家」を「平城京に於ける有位階級中位の住宅の規模を知りうる」好個の事例と把え、「父母共に相成すところ二家あり、夫々左京七条一坊、右京七条三坊に存し、各々は二区、都合家地は四区から成立してゐる」と解した。

また、近年では吉田孝[15]・西野悠紀子[16]・北村優季[17]・田中琢[18]等の諸氏が本文書を取り上げ論じている。吉田氏は、「父の死後その子が、平城京内にあった父母の『家四区』を、父の妹三人が共謀して奪い取ったと京職に訴え」たのが本文書で、そこには「争われた対象の『家四区』について」「二区ごとに所在地・建物（屋と倉）・収納する資財の内訳が記されている」と解説を加えた。また、西野氏は、「右京七条三坊の二区」に関する「上件貳家父母共相成」との字句に注目し、「父母（夫婦）による財産形成をうかがわせ」るとした。一方、北村氏は、関野氏同様「左京七条一坊の家二区と右京七条三坊の家二区がそれぞれ一つの『家』を構成していたと思れる」とした上で、二番目と四番目の家の「倉」の記載に注目し、下級官人や一般の京戸が京外の生活に大きく依存する「京の人」としては未自立の存在であったのに比べ、五位程度の官人は京内に「倉を備えた宅地を確保」し、「戸口をも含め」て「京で恒常的な生活を送」る「京戸として定着した存在」であり、「京外との交渉をもちながらも」「京宅こそが彼らの本宅であったことは疑いない」と結論づけた。また、田中氏は本文書にみえる四カ所の宅地のうち三カ所は右京にあり、また残る記載のない一カ所も右京にあることは確実であるとしたのち、当時の家族の居住形態等について極めて興味深い推論を展開した。

さて、右の諸氏のうち、関野氏は当然ながら『大日本古文書』の釈文に、吉田・西野・田中の三氏は最新の『唐招提寺史料』の釈文に各々依拠した。一方、北村氏は『唐招提寺史料』の解説を参照しつつも、釈文については『大日本古文書』のものを採用した。前節で詳しく釈文を検討したように、諸氏が依拠した二種の釈文はいずれにも問題があり、従ってそこから導き出された本文書に対する解釈にも当然ながら若干のしかも重大なる疑義が生じてくる。本節では、以下本文書の記載内容について諸氏が特に問題とされた幾つかの点に絞り、些か煩瑣に渉るが二項に分かって簡単な検討を試みることとする。

㈠　「家肆區」の所在地

先に簡単に諸氏の研究を紹介したところからも明らかなように、従来いずれの研究でも、本文書で争いの対象とされている「家肆區」は当然平城京内にあると理解してきている。しかし、この点については、前節で行った釈文の検討作業の結果を参照するまでもなく、既に諸氏のよられた二種の釈文に対する解釈自体に問題があるように思われる。例えば、関野・北村両氏が最初の家二区を左京七条一坊、残る二区の家を右京七条三坊にあると考えられたのは、四番目の家に関する記載を第七行冒頭の「在右京七条三坊」から始まると解され、そういう理解の上に立って三番目の家から一番目の家へと順次解釈を及ぼしていったからであろう。しかし、奈良時代の文書で家地等の所在を記すのに、所在地を冒頭に記してのち家地等の詳細に及ぶような記載の様式を有する事例があるであろうか。万一かかる記載の様式をとる文書が現に存在したとしても、本文書の場合、この解釈を採用すると、三番目の家の所在地記載は説明できるが、二番目の家の所在地が前行に小さく書かれているのは解し難いし、ましてや一番目の家については所在に関する記載を欠くこととなる。また一方、田中氏が二番目の家の所在は不明であるが、残る三区の家については記載があるとされたのも問題である。田中氏の場合、一番目の家に関する記載についてはその末尾に所在が記されているのに対して、三番目・四番目の家では所在記載がそれぞれの家に関する記載の冒頭にくることとなって、一つの文書のなかで二通りの記載様式が併存するという理解し難い問題が生じてくる。また西野氏が「右京七条三坊」にある家二区を「父母共相成」と理解されたことにも問題がある。

以上の諸氏の解釈に対し、いま、『大日本古文書』の釈文によって、正しく解釈すると、次のようになる。すなわち、一番目の家の記載は第三行の「一區」から始まり同じ行に小さく書かれている「在左京七一坊」まで、二番目については第四行冒頭の「壹區」から第六行冒頭の「在右京七条三坊」まで、同様に三番目は第六行の「壹區」から次行の冒頭「在右京七条三坊」までで、四番目の家については第七行の「壹區」から始まり所在地の記載は第八行下辺の欠損部分に存在した。従って、従来諸氏が依拠された二種の釈文による限りでは、四区の家のうち京内にあるのは三区であり、残る一区の家に関しては所在地不明とすべきである。

ところで、実は既に前節で行った検討の結果作成した釈文から四区の家全ての所在地が判明しているのである。

すなわち、右で行った『大日本古文書』の釈文についての解釈でも既に明らかになったと同じように、京内に存在した家は一・二・三番目の三区で、うち一区は「某姓ム甲」の本貫と一致する左京七条一坊に所在し、他の二区はいずれも右京七条三坊にあった。一方、四番目の家のみは京内に所在せず、京外、大和国にあったのである。

(二)「家肆區」の構成

関野・北村両氏は、一・二番目の家二区を左京七条一坊に、三・四番目の家二区を右京七条三坊にそれぞれあるとし、第九行にある「上件貳家父母共相成家者」との記述から、左京七条一坊にある二区の家と右京七条三坊にある二区の家とがおのおのひとつの「家」を構成していると理解された。しかし、前項で明らかにしたように一番目及び四番目の家の所在をみても両氏の解釈は成り立ち難く、父母が「共相成」した「貳家」とは、西野氏も指摘されたように、本文書に記された四区の家のうち後半の二区の家のことと理解すべきであろう[19]。そこで、以下しばらく四区の家それぞれについて少し詳しく解説を加えてみることとする。

まず、本文書の四区の家のうち前半に記された、「父母共相成」した「貳家」以外の二区の家について検討する。一番目の家については、冒頭にある「一區」の語に続いてすぐに「无物」と記し、やや間隔をおいて墨痕は認められるものの欠損のために判読できない文字があり、更にそれに続けて「在左京七一坊」と所在を書いている。ここに記された「无物」に関しては、「空閑地」のことではないかとする田中氏の考えがある。本文書における「物」の用例を調べてみると、第四行の「物在」、第五・六・一六各行の「雑物」、第一八行の「屋物」があり、これらはいずれも事書にいう「資財」を指している。従って、本文書における「物」の用例からは、「无物」とは「資財」がこの一番目の家には存在しないことを示していると解することができる。しかし、奈良時代の家地に関する月借銭解等において「質物」として記されている家屋が「在物」として一括されている例がままみうけられる。[20]当時、一般に「資財」ばかりでなく家屋をも「物」と把える考え方が存在したとするならば、[21]一番目の家に関する「无物」も「在物」に対して家屋のないこと、更には家屋も「資財」もないことを意味していると考えることもできる。因みに、「无物」が家屋に関する記載ではないかと思わせる点として、本文書における他の三区の家の記載に共通した様式、すなわち家屋の記載ののちに「資財」について記すという様式の存在があげられる。本書における「无物」の厳密な意味の把握は、それに続けて書かれている文字が虫損によって判読不可能である以上、至難の業といわざるをえない。いずれにしても「无物」が田中氏の言われる「空閑地」に相当する可能性は強いが、別個の解釈が成立する余地が全く残されていないというわけでもないように思われる。

二番目の家は、主屋と思われる[22]檜皮葺で床に板を張った屋一宇と副屋と考えられる「雑物」あるいは「物」を納めた板屋四宇、稲を満積した二宇と「雑物」を納めた一宇の計三宇の板倉、更に「雑物」を納めた草葺の厨屋一宇、都合九宇の家屋によって構成されている。この家で問題となるのは「並父所□□」との記載の理解にある。関野氏はこの家が「父の家」であったことを示すと解され、また田中氏はこの一句をもって一番目の家をも含めた二区の家について「父がもともと持っていた」との解釈を示された。この一句が二番目の家の記載の最後にあたる第六行の所在記載の「在右京七条三坊」と、同じ行にある三番目の家の記載の冒頭にあたる「壹區」との間に書かれているとすれば、関野氏や田中氏の解釈も成り立ちうるが、実際にはそうなってはいない。この一句が二番目の家に関する記載の中で書かれている位置やこの家にある倉の記載が二カ所に分かれて存在すること等から、恐らく、この一句は直前に書かれている板倉三宇と屋二宇の記載にのみ関ると解するのが最も穏当であろう。ただ、これらの家屋が父の所持であることを示しているのか、それらの家屋に収納されている稲・「雑物」等だけが父のものであることを示すのか、あるいはまた家屋・「資財」が共に父の所持であることを示すのか、その意味するところは必ずしも明確ではない。いずれにしても殊更にかかる一句が記されているのには、それなりに理由があるからだと思われる。その理由とは、あるいはこの家が元来父のものではなかったということにあるのではなかろうかとも思われる。

次ぎに、父母が「共相成」した「貳家」にあたる二区の家についてみてみる。

三番目の家には、草葺で床に板を張った主屋の東屋一宇と副屋の板屋二宇があり、更に虫損部分の「板□」が家屋の記載順序からみて関野氏も推定された如く板倉のことと思われるので、ここには屋の他に板倉も何宇かが存在していたと思われる。この家の記載には大きな虫損があるので明らかではないが、虫損部分を除き、草葺東屋は勿論のこと、板屋一宇にも全く「資財」が納められてはいなかったと考えられる。

四番目の家は、先に指摘したように唯一京外、大和国に所在した家である。ここには、主屋である草葺の屋一宇と副屋の板屋四宇、また虫損のため数は不明だが草葺の板倉も存在していた。板倉は全部で四宇あるが、それが一宇と三宇の二つのグループに分けて記載されているのは、板屋のうち三宇は草葺屋とともに「資財」が納められていない「空」の状態であったのに対して、草葺板倉と残る一宇の板屋には何らかの「資財」が収納されていたからであろう。以上の家屋・「資財」の他に、この家には、京内にある三区の家の記載にはあらわれない釜一口・𤭖三口・馬船二隻が「資財」として置かれていた。これらの「資財」の存在は、奈良時代終わり頃の五位程度の官人の京外における生活の一齣を垣間見させてくれる。これらの「資財」のうち釜や𤭖の具体的な用途が明らかにできないのは残念であるが、共に大型の容器で、馬船のことも考慮すると、備え付けに近いような動産として特に「雑物」等とは区別されて記されたのであろう。(23) 一方、馬船は言うまでもなく飼葉桶のことで、馬船と

第二表　「家屋資財請返解案」所在地・建物・資財構成一覧

	所在地	建物	棟数	「資財」
(1)	左京七条一坊	「无物」		
(2)	右京七条三坊	檜皮葺板敷屋	一宇	
		板屋	四宇	物(一宇)、雑物(三宇)
		草葺厨屋	一宇	雑物
		板倉	三宇	稲(二宇)、雑物(一宇)
(3)	右京七条三坊	草葺板敷東屋	一宇	?
		板屋	二宇	
		板倉	?	
(4)	大和国	草葺屋	一宇	
		板屋	四宇	空(三宇)、一宇ハ「資財」アルカ
		草葺板倉	?	「資財」アルカ 釜一口、甑三口、馬船二隻

いっても必ずしも馬だけに対象を限定して考えるべきではないが、もし馬用のものだとすると興味深い[24]。いずれにしろ、これらの「資財」は京内にある三区の家とは異なる四番目の家の性格を物語ってくれる。

さて、以上二項に分かって行ってきた検討から明らかとなった、本文書に記載された「家肆區」の所在地とその構成についてまとめると、第二表のようになろう。

最後に、前二項での検討及びその結果を整理した第二表に基づいて、そこから窺知される二、三の点を指摘し、更に若干の憶測を述べて本節を終えることにしたい。

(1)平城京内にあった三区の家のうち、中心的な家は右京七条三坊に所在する二番目の家であったと考えられる。この家は、主屋一宇・副屋五宇・倉三宇の計九宇の家屋から成り、京内にある三区のなかでは建物数が最も多く、しかも主屋を除く八字全てに「資財」が収納されており、なかでも板倉二宇には稲が満載されていた。またこの家だけ特に厨屋の記載がみられる。以上の点を勘案すると、二番目の家が京内に所在した三区のなかでは中心となるべき家であったことは間違いあるまい。

(2)四番目に記された大和国にあると思われる家一区も主屋一宇・副屋四宇からなり、主要な建物については京での拠点と思われる二番目の家に劣らぬ構成をとっている。また、ここには数不明ながら幾宇かの倉があり、その記載の様式からこれらの倉には何らかの「資財」も収納されていたと推定される。更にこの家に限って釜・瓺・馬船等の「資財」を特に記している点も注目される。[25] こうした点を京内における拠点的な家と推定される二番目の家と比較すると、大和国に所在するこの家が京内での生活を支えるための生産拠点（庄所）の一つとして「某姓ム甲」の父母によって新たに設定された可能性も浮かび上がってくる。

(3)これら京内外における中心的な家と考えられる二区の家と比べる時、「某姓ム甲」の本貫と一致する左京七条一坊に所在する家が「无物」となっている点は注目される。この家が「无物」となった正確な時期や原因は必ずしも明瞭ではないが、恐らく、このことは、父母が二区の家を「共相成」したことや父母が結婚したことと深く関連を有するものではないかと思われる。また、父母が結婚後に「共相成」したとされる家の一つが二番目の家と同じ右京七条三坊に所在することも見逃すことのできない事実である。二番目の家と同じ坊に意図的に設定されたのであろうが、それが父母の婚姻を契機とするのであるならば一層興味深い。

以上(1)〜(3)で指摘した点について、一番目の家が「无物」となるに至った事情や二番目の家が父の所持ではなかった可能性もある等の点を一応考慮の外において現象的に把えてみると、次のような解釈が可能であろう。すなわち、父母が新たに二家を営む以前、左京と右京に一区づつの家をもっており、ある時点で二番目の家の方が京内での生活における比重を高め、拠点が一番目の家から二番目の家へと移り、一番目の家が「无物」（田中氏の言う「空閑地」）となった。そして、そののち父母は新しい拠点である二番目の家と同じ坊（恐らくはその極めて近く）に新たに三番目の家を求め、また大和国に四番目の家を設けた。ここで、「某姓ム甲」の本貫が左京七条一坊であり、また一番目の「无物」の家が同じ左京七条一坊にあったこと、そして父母による新営ではない二区の家のうち二番目の家が父の所持ではなかった可能性があることに注目すると、「某姓ム甲」とその父の本貫が同じ左京七条一坊にあった可能性が生まれてくる。もし事実そうであるならば、本文書に記された四区の家の先の如き変遷は、京戸の京内での移動を示し、更にそれによって京戸の本貫と実際の居住地とが乖離して行く場合があることを示唆するものといえるであろう。

しかしまた、右の解釈とは些か違った憶測もできないわけではない。まず、二番目の家が父の所持ではなかったとの推定が正しいとすると、この家は本来「某姓ム甲」の母に係る家、すなわち、母の本貫あるい母の父母の家ではなかったかとの憶測をいだかせる。そうすると、父の本貫であった可能性のある一番目の家が「无物」であったことについても田中氏とは別の解釈が成り立ちうる余地も生まれてくる。すなわち、父の本貫が一番目の家、母の本貫が二番目の家で、婚姻によって父が本貫の一番目の家から母の居住していた二番目の家へ移り、それと同時に父所持の「物」も移動した結果、二番目の家には父所持の「物」が存在するようになり、一番目の家には父の「物」がない状態となった。そののち、父母は母の本貫の近くにそれとは別の家を新たに営んでそこへ移り住むに至り、また同時に大和国にも家を営んだ。ただ何らかの事情で父所持の「物」が母の本貫に留め残された。しかし、かく解するには、「某姓ム甲」が父ゆかりの「物」のない一番目の家に対して訴えを起こしうる権利が奈辺にあるのかとの重大な疑問が生ずる。あるいは種々の事情、とりわけ相続の問題がその根底に横たわっているのかもしれないが明らかではない。

以上の他にもまだ別の解釈が成立する余地もあるが、いずれも決定的に他の解釈を排除しえない状態である。

ひとまず本章における憶測はこれまでとし、後考をまって再検討を行うこととしたい。

四　おわりに

「唐招提寺文書」天之巻第一号文書について、『南京遺文』のコロタイプ図版に導かれながら従前の釈文と写真図版とを検討して、より原状に近い新しい釈文を作り、次いで新しい釈文によって本文書に対する従来の解釈に批判を加えるという二点に絞って、基礎的な検討を進めてきた。その結果、本文書について何らかの新知見を加えることができたとすれば幸いである。しかし、先学の解釈に批判を加えるに急なあまり、あるいは非礼に及んだ箇所もあろうかと思うが、御寛恕のほど御願いしたい。

さて、それ以上に新たな多くの問題を生み、特に本文書が内包する問題、あるいは深く関連を有する問題の多くについては著者の力量をこえており、全く触れることができなかった。本文書があくまで書札礼の一つであり、どれほど当代の事実を踏まえているのかという基本的問題はさておいても、例えば「某姓ム甲」が提起した宅地をめぐる訴訟の問題自体とそこから推定されるであろう当代における訴訟制度の問題、「某姓ム甲」の父母による家屋をはじめとする財産の形成とその相続の問題、またこれと深く関わる婚姻と居住形態の問題、等がある。そこから派生してくる重大な問題、特に古代の都城を考える上で避けえない「京戸」の居住形態・生活の実態の解明と、一方「京戸」の観念的・制度的検討という大きな課題についても全く言及することができなかった。以上のような問題点・課題点について、更に一層厳密な史料批判を加えた上で、機会を得て再び本文書の再検討を行うこととしたい。

註

(1) 平城京内の宅地に関しては、発掘調査の成果に基づいた基礎的研究として、例えば黒崎直「平城京における宅地の構造」『日本古代の都城と国家』、昭和五十九年があり、また近年の研究状況をまとめたものとして、舘野和己「平城宮・京の発掘と歴史研究」『歴史評論』四二一、昭和六十年がある。

(2) 北村優季「京戸について―都市としての平城京―」『史学雑誌』九三―六、昭和五十九年、中村順昭「平城京―その市民生活」『歴史と地理』三三四、昭和五十八年、等。

(3) 奈良国立文化財研究所『唐招提寺史料』一解説。「某寺領図」については、本書付編第二章参照。

(4) 明治三十七年刊行。

(5) 本文のコロタイプ写真図版、附巻とも大正十年刊行。

(6) 昭和三十七年訂正版刊行。

(7) 昭和四十七年刊行。

(8) 四種の釈文のうち、『寧楽遺文』の釈文は、本文書第一三行一二・一三字目を「於返」と判読しているほかは全て『大日本古文書』の釈文と同じであり、『寧楽遺文』は『大日本古文書』の釈文に依拠していると思われる。従って、以下では両者を同一の釈文と考え、『大日本古文書』の釈文をもって両釈文を代表させることとする。

(9) 『寧楽遺文』は「於返」と判読している。

(10) 昭和四十七年刊行。

(11) 東京大学史料編纂所所蔵の『唐招提寺文書』の影写本（明治十九年影写）では、第二行一〇字目を「坪」の如く影写している。しかし、『南京遺文』の図版による限り、この字の旁は「于」の如く墨痕をたどりうるにすぎず、旁を「平」とすると二本目の横棒は確認できない。あるいは『南京遺文』の図版で紙のしわのように見えるものを影写者が墨痕と誤認した可能性が全くない訳ではない。ここでは『大日本古文書』及び『南京遺文』の編者の判読に従っておくこととしたい。

(12) 『南京遺文』より更に古い段階で、より原形に近い本文書原本に基づいて釈読しているはずの『大日本古文書』が「□」としているのは些か不可解である。しかし、東京大学史料編纂所所蔵の本文書影写本（註(10)参照）には、『南京遺文』図版とほぼ同じ程度の墨痕が影写されている。従って、『大日本古文書』がこの箇所を「□」としているのは、むしろ『大日本古文書』の釈文作成過程上の問題と把えるべきで、何ら『南京遺文』図版の当該箇所の状況を怪むには足りないと考える。
(13)『南都秘极第一集』解説によると、『南京遺文』所収の写真図版は大正九年十一月の撮影にかかることがわかる。
(14)「古文書による奈良時代住宅建築の研究」『日本建築学会大会論文集』五、昭和十二年。
(15)「イヘとヤケ」『律令国家と古代の社会』昭和五十八年。
(16)「律令体制と氏族」『日本史研究』二五九、昭和五十九年。
(17)註(2)論文。
(18)『平城京』昭和五十九年。
(19)ただし西野氏は『唐招提寺史料』の釈文に依拠したので、「貳家」の所在地に関しては誤っている。
(20)月借銭解には、田部国守・占部忍男解(『大日本古文書』第六―四二五頁)等数例がみられ、その他にも出雲国員外掾大宅朝臣船人牒(第六―三八九頁)、十市布施屋守曽禰刀良解(第六―一二〇頁)等に同様の例がみられる。
(21)家屋の動産的側面については、奈良国立文化財研究所『平城京左京九条三坊十坪発掘調査報告』昭和六十一年の執筆担当部分「小規模宅地の建物構成―月借銭解の再検討を通じて―」(本章付論)で簡単に述べたことがある。
(22)二番目の家の「檜皮葺板敷屋」、三番目の家の「草葺板敷東屋」、四番目の家の「草葺屋」が各家の中心となる主要な建物、すなわち主屋であると考えられる理由を、ここでまとめて提示しておくこととする。まず、三字の屋に共通した理由としては、㈠各家の中でいずれも一字しか存在しない種類の建物であること、㈡いずれも「資財」が収められていないこと、等が挙げられる。次に、「檜皮葺板敷東屋」と「草葺板敷東屋」に関しては共に「板敷」である点が指摘できる。更に「檜皮葺板敷屋」については唯一の「檜皮葺」建物である点が、「草葺板敷東屋」についても唯一の「東屋」である点が、各々を主屋と考える根拠となろう。猶、「板敷」の理解と「板敷」建物の評価については、太田博太郎「『板敷』について」・「日本建築の歴史と伝統」『日本建築の特質』昭和五十八年、平井聖「床の構造よりみた古代の住居」『家』昭和五十年、参照。
(23)釜・䏭・馬船(槽)等は初期庄園の資財の一部としてもしばしばみえており、四番目の家が京内の三区の家とは異なり、生産的な生活の場であったことを示唆しているように思われる。
(24)奈良時代の文献史料から知り得る馬の用途の主なものは乗用と駄用で、農耕に用いられた証左はいまのところない。『続日本紀』にしばしば貴族・官人たちが私に多数の馬を飼い蓄えることを禁止した法令が収められている(養老五年三月乙卯条・天平宝字元年六月乙酉条等）ことからみても馬の蓄養の中心は貴族や官人にあり、庶民にとっては容易に飼い難い存在であったと思われる。猶、岸俊男氏は、貴族・官人の私的蓄馬が乱等に備えるためだけではなく、日常朝廷での勤務の往反等に馬を用いたと思われると指摘している（「盗まれた馬」『古代宮都の探究』昭和五十九年）。

（25）　註（23）参照。

第一章付論　小規模宅地の建物構成——月借銭解の再検討を通じて——

一　はじめに

平城京左京九条三坊十坪の発掘調査で検出した遺構（九条条間路とその北側溝、坪境小路とその両側溝及び坪内区画施設遺構と掘立柱建物）とその五期に及ぶ時期変遷から、従来、平城京の宅地割や宅地内部の構造について指摘されていた次の諸点を再確認した。㈠宅地の規模は次第に拡大する例が多いなかで[1]、五条以南では宅地が細分化されてゆく傾向がある[2]、㈡宅地内部の建物配置について、小規模宅地の場合は雁行式（棟方向を揃えた建物二棟を柱筋を違えて横または前後に斜めに連ねる型）やL字式（建物二棟を棟方向を直交させ近接して配する型）が多い[3]、㈢宅地割施設として道路・溝・掘立柱塀がみられること[4]である。更に今回の調査では従来の指摘の再確認にとどまらず、いくつかの新知見を加えることができた。すなわち㈣従来文献史料の上だけで存在が予測されていた一／一六町の宅地を初めて確認した、そしてさらに㈤一／一六町の宅地が奈良時代前半に遡る可能性がでてきた、㈥奈良時代後半の一／一六町の宅地に総柱の掘立柱建物を検出したことである。

ここでは、新たに確認した一／三二町の宅地を始めとする平城京の小規模宅地が内包する問題について、まず文献史料の検討を行い、次ぎに平城京左京九条三坊十坪での調査成果について若干の補足を加えることとする。

二　月借銭解の史料的検討

平城京における小規模宅地の存在を示す文献史料として常に用いられるものに正倉院文書中にある月借銭解がある。(5) 月借銭解とは、造東大寺司の写経所で写経に従事した下級官人である写経生たちが種々の動産や不動産を質物として写経所に借金を申し込むために作成した文書で、そのうちの宝亀三（七七二）年や同四年に作成された月借銭解のなかに写経生たちが平城京内に有していた「家一区」を質物とした例がある。そのなかで宅地の規模が明記されている例を表にまとめたのが第一表である。

第一表からは、従来より指摘されている点も含めておおよそ次の諸点が確認できる。宅地割については、①写経生たち下級官人の宅地が坪の一／一六を基準として表わされる例が多い、しかし、②実際の下級官人の宅地は基準である一／一六町の一／二や一／四、すなわち一／三二町や一／六四町である。一方、③下級官人の宅地のなかには坪の一／三二を基準として表わされる例もわずかながら一例存在する。また宅地内部の構造にかかわることでは、④下級官人たちの一／三二～一／六四町程度の宅地には平均二～三棟の板屋が存在した、しかし、⑤そのなかに「倉」の存在は確認できない。さらにこうした小規模宅地の分布の傾向として、⑥平城京の南辺に近い八条や九条で、しかも京の東西両辺に近い三坊や四坊、あるいは外京に集中している。

まず、小規模宅地の分布に関する⑥(6)については、平城京内における居住者の位階分布から高位の官人が平城宮近辺に宅地を占めているとの指摘の裏返しとして当然のことである。

第一表　月借銭解の小規模宅地

月借銭解の年月日	経　師	「家」の所在	「地」	「在物」	月借銭の額	備　考	出典
宝亀3. 2. 25	丈部浜足	右京三条三坊	十六分之半(1/32町)	板屋2間	500文	口分田3町(葛下郡)	巻 頁 6-273
〃 3. 11. 27	〃	〃	十六分之半(1/32町)	板屋3間	1,000	口分田3町8段(葛下郡)	19-297
〃 3. 12. 28	田部国守	左京九条三坊	十六分之四一(1/64町)	板屋2間	500		6-425
〃 3. 12. 28	占部忍男	〃	十六分之四一(1/64町)	板屋2間	500		6-425
〃 3. 12. 29	他田舎人健足 桑内連真公	左京八条四坊	十六分之四分之一(1/64町)	板屋1間	200 500		6-426
〃 4. 4. 5	山部針間万呂	〃	卅二分之一(1/32町)	板屋2間	600		6-509
〃 5. 2. 10	大宅首童子 大宅首小万呂	右京八条三坊	十六分一(1/16町)	板屋5間	1,000		6-567

次ぎに、宅地割に関する①〜③についてみる。①は平城京における宅地規模を表示する基準として一／一六町を想定する有力な史料的根拠とされる点である。しかし、一／一六町という基準が平城京遷都当初にまで遡り、宅地班給の基準の一つであったか否かは検討の余地がある。①〜③から推測されるのは、宝亀年間を遡るある時期に一／一六町宅地が出現し、宝亀年間には少なくとも宅地の規模を表示する基準の一つとして一／一六町という単位が認められるに至り、更にこの頃には宅地の細分化が一段と進行して現実には一／一六町の一／二や一／四の規模（一／三二町や一／六四町）が下級官人の宅地として標準的なものとなりつつあり、そのなかでも一／三二町宅地が新たな宅地規模を示す基準の一つとして認められるようになってきていた、ということである。

下級官人の宅地の内部構造に関わる④⑤については、既に彼らの宅地が全て板屋で構成され「倉」は存在しなかったと指摘され、これらのことが下級官人の戸の京戸あるいは京の居住者としての経済的な未自立を示唆するとの見解(7)も出されている。このように考える前提には、当然、月借銭解に質物として記載されている建物がその宅地に存在する全ての建物であるとの理解があるが、かかる前提が成立しうるか否かの検討がまず必要である。

そこで注目されるのは、第一表の丈部浜足に関する二通の月借銭解の存在である。二通の解は、九カ月余りの間をおいていずれも右京三条三坊にある宅地を質に借金を申し込んだことを記している。丈部浜足が同じ坊内に同一規模の宅地を二カ所ほぼ同時期に有していたと考えるのではなく、同一の宅地について二度入質したとすると、二通の解に記された板屋の数に齟齬のある点が留意される。二通の解それぞれに記された数の板屋が実際に一／三二町宅地に存在していた全建物であるとすると、丈部浜足は九カ月余りの間に自らの宅地内に新たに一棟の板屋を建て増したことになり、下級官人の京内にある宅地における実生活の一端を窺わせる貴重な文献史料となる。しかし、実際にはいずれの時点においてもこの宅地には三棟以上の板屋が存在し、丈部浜足が必要とした金額の多少に応じて二月にはそのうちの二棟を、十一月には三棟を、それぞれ質物としたと解することもできる。

以上の解釈を示唆するのは次の二点にある。第一に、二月の解をみると、浜足の借銭額を記した「壹貫文」が朱筆で抹消され「伍佰文」と訂正されていることから、浜足は二月の解で一貫文の銭を借りるために「地」一／三二町・板屋二棟の「家一区」と口分田三町を質物としたが、実際には五〇〇文しか借りられなかった。そこで浜足は十一月にまた一貫文を必要とした時に入質する板屋の数及び口分田の額を増したと考えることができる。猶、板屋同様、十一月の解で入質された口分田の額が二月に比べ八段益している点について、この二通の解が作成された九カ月余りの間に班田収授が行われ口分田が増加したためにいずれの場合もたまたま浜足の戸の全口分田を入質したにすぎないのであって、いずれも板屋・口分田については全てであるとの解釈が成り立つかにみえるが、班年は宝亀三年ではなく宝亀四年であるので(9)、この解釈は成り立ち難い(10)。第二に、本来「家」を構成する重要な要素であるはずの建物が「地」とは別個にそれだけで入質・売買・施入され、実際に建物だけが解体され別の地へ運ばれてのち建てられている例もしばしばみられ、(11)建物が不動産たる「地」と密接な関係を保ちながらも動産としての側面を強く有していた可能性がある。(12)家地の売買や入質の文書で、まま建物がその「地」の「在・物」として記されることがあり、(13)これも「地」とそこにある建物との緊密な関連を示すとともに、建物が「物」(「財物」「資財」といった語で表される動産)として把えられていたことを示唆していよう。以上の二点を考慮すると、一般に、月借銭解にあらわれる建物がその宅地に存在する全ての建物であるか否かについては慎重な検討が必要だということになる。(14)一方また、このように月借銭解にあらわれる建物がその宅地にある全建物を網羅していない可能性が出てくると、⑤の月借銭解に「倉」があらわれないことが、一／一六～一／六四町といった小規模な宅地に「倉」が存在しなかったことを示すと結論付けるのは問題であり、そこから一般の京戸や京の居住者の経済的な未自立を導き出すのも慎重であらねばなるまい。「倉」について言えば、月借銭解以外の平城京の宅地に関する史料(15)では、「倉」だけではなく「屋」にも「資財」が収納されていたことが確認でき、「屋」と表現される建物にも収納施設としての一面をもつものがあったことは間違いない。問題は、「倉」と「屋」の相違が建築構造の相違に由来するだけなのか、あるいは収納される動産の内容や、消費・蓄財の在り方とも関連するのか、という点にある。

三　遺構上の建物構成

上述の月借銭解の史料的検討から導き出された平城京の小規模宅地に関する問題点を踏まえ、平城京左京九条三坊十坪の調査成果について若干の検討を加えておこう。

まず宅地割については、既述の如く㈣・㈤の点を確認した。しかし、このうち㈤の奈良時代前半に遡る可能性のある一／一六町宅地の場合、実際には、十坪の東西中軸線上を東堀河が南流していたことに制約され、東西に細長い一／八町宅地が東半一／一六町と西半一／一六町とに二分されたために、必然的に一／三二町宅地が生まれたと解すべきで、極めて持殊な事例と見倣すべきであろう。従来の調査で一／八町宅地より小規模な宅地は奈良時代前半に遡って確認されていないことも考慮すると、今回確認した一／一六町宅地の例をもって直ちに一／一六町宅地が奈良時代前半に一般的に存在していたとすることはできない。

宅地の内部構造に関連した施設として既述の㈥総柱の掘立柱建物の検出がある。以前、畿内の古代村落遺跡との比較を通じ、平城京の宅地に発掘調査によって倉庫と確認しうる総柱の掘立柱建物は存在しないとされていたが[16]、文献史料の上では平城京の宅地にも「倉」の存在が確認でき[17]、発掘調査によって検出される総柱構造を伴わない倉庫の機能をもつ建物が存在するのではないかと推定されていた[18]。しかし、近年の平城京の調査では、京の宅地にも倉庫と考えられる総柱の掘立柱建物の検出例が次第に増加する傾向にある[19]。ただし、従来の発掘調査で検出された例の多くは宅地の規模が明らかでなかったり、一／八町以上の中・大規模宅地の場合に限られていた。従って、奈良時代後半の一／一六町宅地に伴う総柱建物の確認は小規模宅地の例として貴重である。ただ、遺構として検出された総柱建物の倉庫が即座に文献史料にあらわれる「倉」と全く同じものと考えてよいのかは別問題で、先に述べた文献史料上の「倉」と「屋」との問題ともかかわらせて理解する必要がある。

以上、平城京左京九条三坊十坪の調査で得られた宅地割及び宅地の内部構造に関する成果は大きいが、その評価には今後の解明にまつべき問題点も多い。殊に、文献史料が平城京の宅地について有している情報量とその質については限界があり、その扱いにも慎重さが要求される。いずれにしろ、文献史料と発掘調査の成果を安易に結び付けるのは避けるべきで、今後の両方面における研究調査の成果の積み重ねに期待される点が大きい。

註

(1) 奈良国立文化財研究所『平城京左京四条二坊十五坪発掘報告』昭和六十年。
(2) 町田章「都市」『岩波講座日本考古学』四集落と祭祀、昭和六十一年。
(3) 註(1)報告書。
(4) 奈良国立文化財研究所『平城京左京三条二坊三坪発掘調査報告』昭和五十九年。
(5) 月借銭解を用いた宅地の研究には古く、喜田貞吉「本邦都城の制」『歴史地理』一八―六、明治四十四年、田村吉永「平城京内の宅地割について」『大和志』五八、昭和十三年、松崎宗雄「平城京宅地割の一例」『建築史』二―六、昭和十五年、大井重二郎『平城京と条坊制度の研究』昭和四十一年、等があり、近年では、北村優季「京戸について―都市としての平城京―」『史学雑誌』九三―六、昭和五十九年、栄原永遠男「都のくらし」『古代を考える　奈良』昭和六十年、等がある。
(6) 奈良国立文化財研究所『平城京左京四條四坊九坪発掘調査報告』昭和五十八年。猶、発掘調査の成果から、宮に近いほど宅地の規模は大きく、遠ざかるに従って小さくなる傾向があることも既に黒崎直「平城京における宅地の構造」『日本古代の都城と国家』昭和五十九年に指摘がある。
(7) 北村註(5)論文。
(8) 従来、月借銭解に記された宅地一カ所だけが写経生たちの京内での宅地であるとの暗黙の了解があるようであるが、実は全くその保証はないのであり、検討の余地を残している。
(9) 虎尾俊哉『班田収授法の研究』昭和三十六年。
(10) 因みに、以上の如くに考えてよいなら、二月の解に記された三町も十一月の解に記された三町八段も、いずれも丈部浜足の戸の全受田額である(中村順昭「平城京―その市民生活」『歴史と地理』三三四、昭和五十八年、北村註(5)論文、栄原註(5)論文、等)との保証はないこととなり、下級官人の京居住者である同戸の規模をこれらの史料から直接復原推定するのは困難となる。

(11) 月借銭解にみられる入質の例としては、宝亀三年八月二十九日狛子公等解（『大日本古文書』巻六―三二九頁）、宝亀三年六月十五日坂合部秋人解（『大日本古文書』巻一九―三二一頁）、宝亀三年九月八日物部首乙麻呂・唐広成解（『大日本古文書』巻一九―三〇五頁）、宝亀三年九月十一日僧行芬解（『大日本古文書』巻一九―三〇〇頁）等。売買による移築の例としては、藤原豊成が紫香楽に有していた板屋を購入し食堂として石山寺に移築した例（『大日本古文書』巻一六―二〇六頁等）、越前国桑原庄での板屋の購入例（『大日本古文書』巻四―五二頁等）等。施入の例としては、やはり石山寺へ施入移築された法備国師の板殿（『大日本古文書』巻一六―二〇四頁等）があり、現在に遺る建築にも法隆寺東院伝法堂のような例もある。

(12) 日本の古代において、建物を不動産たる土地と同一視したか否か疑問の余地があることについては、たとえば石井良助『日本法制史概説』昭和二十三年に指摘だけがある。

(13) 月借銭解にあらわれる「在物」の語については、大井註(5)著書に板屋に「物を含む」意であるとの解釈が示されている。しかし、同じ月借銭解にあらわれる「在板屋二間」等は「在物」の「物」が省略された表現と理解できるし、また家地の売券等（例えば、宝亀三年八月十一日大宅朝臣船人牒『大日本古文書』巻六―三八九頁）に記された「在物」は明らかにその土地に「在る「物」」との意味である。

(14) ただし、丈部浜足の場合を除いて、他の例では宅地とともに入質された建物がそこに存在した全建物であった可能性は十分にある。

(15) 例えば、奈良国立文化財研究所『唐招提寺史料』第一、昭和四十六年所収の「唐招提寺文書」天之巻第一号文書。この文書については本書付編第一章参照。

(16) 鬼頭清明「平城京の発掘調査の現状と保存問題」『歴史評論』三四六、昭和五十四年。

(17) 註(14)参照。

(18) 黒崎註(6)論文。

(19) 奈良国立文化財研究所註(6)報告書、奈良国立文化財研究所『平城京右京二条二坊十六坪発掘調査概報』昭和五十七年等。

第二章　唐招提寺所蔵「観音寺領絵図」について

一　はじめに

唐招提寺には、創建以来各時代の古文書が伝来し、現在、それらは千字文冒頭の天地玄黄宇洪の各一文字をもって巻次を立てられ、六巻にまとめられている(1)。このうち天・地両巻二十三通の文書は、昭和三十二年二月十九日に唐招提寺文書として重要文化財の指定を受けたが、当時はまだ玄・宇の両巻が発見されておらず、玄・宇両巻が発見されたのは昭和三十二年の宝蔵の解体修理に際してであった(2)。従って唐招提寺文書が今日のように六巻となり、しかも千字文冒頭の六文字をもって巻立されるに至ったのは昭和三十二年の玄・宇両巻発見以降のことになる。

さて唐招提寺には「観音寺領絵図」と呼ばれる一枚の絵図が所蔵されている。「観音寺領絵図」は唐招提寺文書六巻のうち天之巻に収められている。天之巻は全部で二十一通の古文書からなり(3)、その冒頭に著名な「家屋資財請返解案」が収められているが、その裏面に書かれているのが「観音寺領絵図」である。しかし「家屋資財請返解案」を表としているために当然本図は裏となり、その表面には裏打ちの紙が張られていて細部を確認することは困難を伴う。

本章では、以前に検討を行った「家屋資財請返解案」の裏面に書かれている「観音寺領絵図」について基礎的な検討を加え、その内容及び性格の解明に努めるとともに、当該絵図のもつ問題点を再整理し、あわせて「家屋資財請返解案」との関係についても触れてみたい。

二　「観音寺領絵図」の基礎的書誌

「観音寺領絵図」（第一図）は紙本墨書で、紙質は楮紙、法量は縦が三〇・五cm、横が五一・〇cmあり[4]、形状は現状で竪紙であるが、後述するように本来は前後に紙を継いだ続紙ないしは巻子本中の一通であったと考えられる。なお本図の写本などは他に伝わっていない。

さて「観音寺領絵図」は上辺を大きく破損しており[5]、その全容を伺い知ることはできないが、幸い本図に書かれた墨書の多くは破損の少ない下辺に集中しており、その内容をほぼ明らかにすることができる。本図の内容に関わる点についてはのちに詳しく述べることとし、ここでは基礎的な事実を指摘するに止める。

まず本図には十カ所以上に墨書あるいは墨痕を認めることができるが、判読できる墨書は全部で七カ所である。このうち下辺の右端寄りに本図と天地を逆にして書かれた四文字の墨書は明らかに他と筆を異にしている。しかしその他の箇所の文字はおおむね同筆と考えられ、これらは本図に引かれた直線や曲線、あるいは波線と関わりをもって書かれたと推定されるが、いずれも右に九〇度、あるいはさらにそれ以上右に傾けて書かれている。

また本図の端裏に当たる箇所には「家屋資財請返解案」（付編第一章第二図）と文字の方向を逆にして「□□□

第一図　「観音寺領絵図」

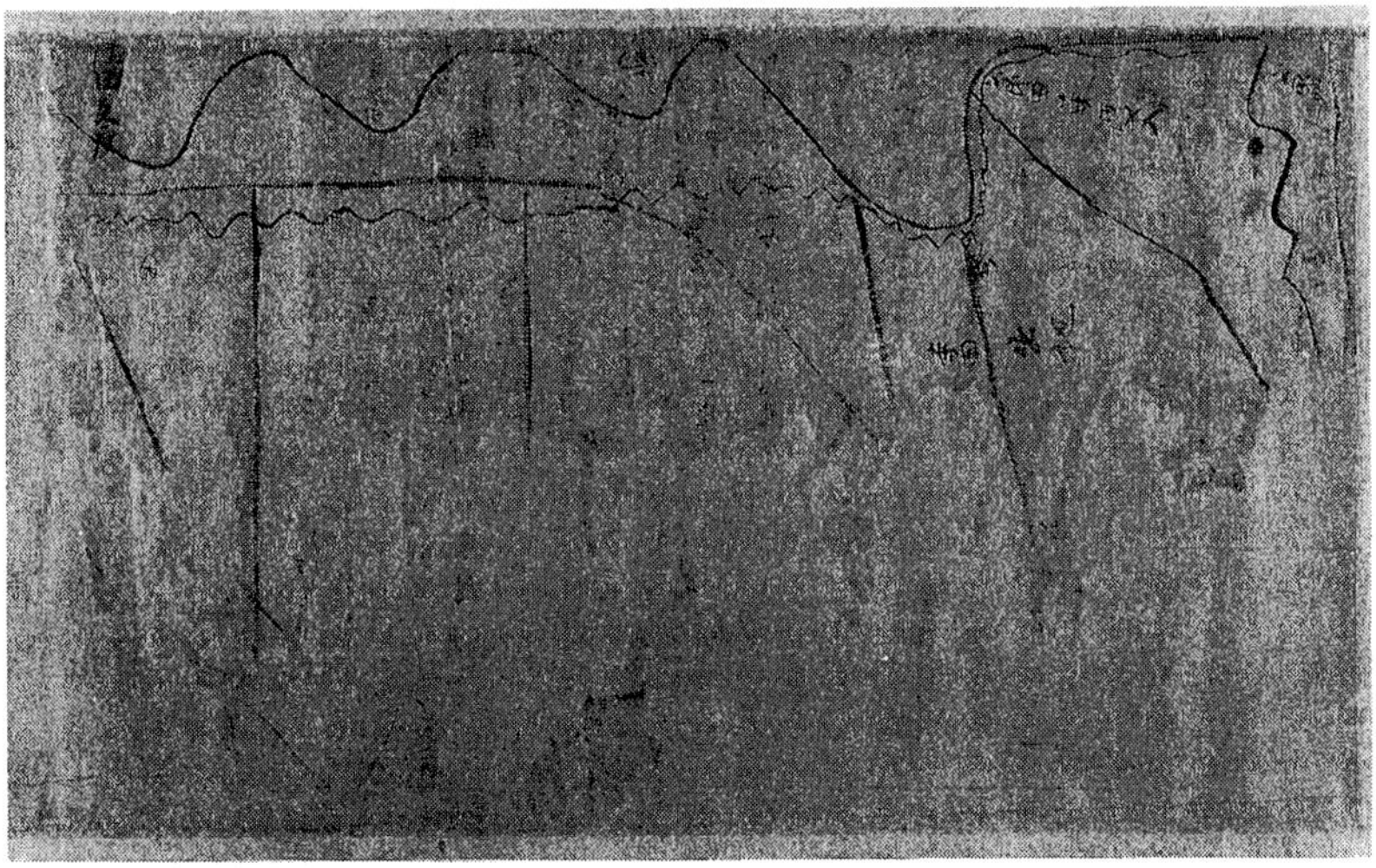

亀二年二月十二日給頭笠大夫」と書かれている。これは「家屋資財請返解案」と関係のない墨書で、その裏面に書かれている本図の端裏書であると考えられる。

さらに本図の奥裏と端裏に当たる箇所、すなわち本図の裏面に書かれている「家屋資財請返解案」の左右両端に、左端には一顆、右端には二顆、計三顆の単郭方朱印が捺されている。朱印は、「家屋資財請返解案」の右端の上部に捺されたものを除く二顆がいずれも「家屋資財請返解案」の文字と逆で、本図の天地あるいは本図の端裏書と文字の方向を同じにして捺されている。一方「家屋資財請返解案」の右端上部に捺されたものは九〇度近く顛倒しているが、他の二顆と全く反対の方向に捺されているとは言えない。これら三顆の朱印はいずれもそれが捺されている「家屋資財請返解案」と関係なく、「観音寺領絵図」の前後にある継目の裏に捺された継目印と考えられ、従って本図は本来前後に紙が継がれていた続紙あるいは巻子本中の一紙であったと推定できる。朱印の印文は、三顆それぞれ単独では全体を復元するのに不足するが、それらを合成することによって「観音寺印」と判読できる。印影の大きさは一辺五・三cm（一寸八分）で、公式令に規定された諸国印（二寸）や僧綱印・東大寺印・西大寺印・大安寺印（一寸八分五厘から一寸九部五厘）などより小さいが、奈良時代の法隆寺印や観世音寺印とほぼ同じ大きさである。なお朱印には「家屋資財請返解案」の奥に書かれた文字と重複して捺されているところがある。

三　「観音寺領絵図」の過去と現在

「観音寺領絵図」の裏に書かれている「家屋資財請返解案」については、以前、その現状と従来の釈読・解釈に問題とすべき点の多いことを述べ、新しい釈文の作成と解釈を試みた(6)。その際、同文書のより古い時期における状態を知るために、大正十年（一九二一）頃の状況を記している『南京遺文』附巻南京遺文解説（以下『南京遺文』と略す）の記述に注目し、同書所載のコロタイプ図版（付編第一章第二図）に基づいて検討を行った。ここでも「観音寺領絵図」のより古い時期における状況を考えるために、『南京遺文』の本図に関わる記載を検討し、現状と比較して相違する点を明らかにするが、同書には「家屋資財請返解案」の図版は掲載されているが、残念ながら本図の図版は掲載されておらず、それによって『南京遺文』の記述を再検討することはできない。

『南京遺文』には、「家屋資財請返解案」を収めた一巻は「古田券文」と題され、唐招提寺領に関する代々の文書を集めたものであると書かれている。『南京遺文』がこの一巻を現在のように天之巻と呼ばず、「古田券文」と題されているとだけ記している点がまず注目される。天之巻には現在「古田券文」なる表題がつけられていないから、かつて大正十年頃この巻には「古田券文」なる表題が付けられていたが、それ以後に行われた改装でこの表題が外されことになる。しかし「古田券文」なる表題が取り外された時期は明らかでない。ただそれは唐招提寺文書が六巻となり、千字文冒頭の六文字をもって巻次を立てられるに至った時（昭和三十二年以降）あるいはそれ以前のことと考えられる。

また『南京遺文』には「現在此の文書（「家屋資財請返解案」…引用者註）が表面になり、田地の図（「観音寺領絵図」…引用者註）は裏面になって裏打の下に埋れて居る」と記されている。これによれば、「家屋資財請返解案」と本図との表裏関係は大正十年においても現在と同じで、大正十年以後改装したとしても、少なくとも表裏を逆にするような行為は行われなかったと考えられる。『南京遺文』が書かれた大正十年以前にも改装が行われた可能性は十分あるが、文書の配列や表裏関係などについては、恐らく唐招提寺に伝来した初な状態で大正十年あるいは今日にまで至っていると考えることが可能である[7]。

四　「観音寺領絵図」と「家屋資財請返解案」の先後関係

「観音寺領絵図」の裏面には、上記したように「家屋資財請返解案」が書かれているが、両者の表裏関係あるいは先後関係については、相矛盾する二つの見解が提示されている。

一つは「観音寺領絵図」を表、「家屋資財請返解案」を裏とする考えである。これは『南京遺文』（橋本進吉）や『南京遺文附巻・南京遺芳附巻』補遺解説（以下『南京遺文』補遺解説と略す）（杉本一樹）などが採る見解で[8]、この考えでは「家屋資財請返解案」が反故となり、その裏に絵図が書かれ、今日に伝来したことになる。その根拠は、①伝来の契機や過程を考慮すると、本図が寺領に関するものであるために保存されたと考えられること、また②「家屋資財請返解案」の前後の端にある「観音寺印」が継目印であると考えられること、にある。

今一つは逆に「家屋資財請返解案」を表、「観音寺領絵図」を裏とみる考えである。この見解に立つものには『唐招提寺史料』第一解題（以下『唐招提寺史料』と略す）（田中稔）、『日本荘園絵図集成』（下）（以下『日本荘園絵図集成』と略す）（長岡篤）などがある。[9]この考えでは、本図が反故となり、そののちその裏に「家屋資財請返解案」が書かれたことになる。その根拠は、唯一、田中氏が実物に就いて行った次のごとき観察結果にある。すなわち「□□□□亀二年二月云々」と書かれた端裏書の箇所においては明らかに文字の上に「観音寺印」なる朱印が捺されているが、本文末行においては文字の墨の上に印の朱の痕跡は認め難いとの指摘で、この点から端裏に「□□□□亀二年二月云々」と書かれ、あるいは朱印が押捺されたのちに「家屋資財請返解案」の文字が書かれたことになる、と考える。従ってこの見解では「観音寺領絵図」が先に書かれ、その端裏に本図と関連した内容をもつ端裏書が書かれてさらに成巻に際して継目印が捺され、そののち反故となった本図の紙背に「家屋資財請返解案」が書かれ、その時一部で継目印と重複して「家屋資財請返解案」の文が書かれた、ことになる。

しかしいずれの見解にも難点がある。まず前者の場合、①本図が古田券文と題された巻子本で「家屋資財請返解案」の裏として装幀されている事実である。そしてそれは唐招提寺で古田券文と題する巻子本が成立した時以来の初な形態であった可能性がある。従ってかりに唐招提寺における伝来の契機が、本図が唐招提寺の寺領に関するものであることにあったとすると、何故にそれが裏となっているのかが問題となる。現状における形態を重視するならば、むしろ本図伝来の契機は「家屋資財請返解案」にあったと考える方が自然なのではなかろうか。また書札礼の一種と見られる「家屋資財請返解案」を破棄し、その裏に本図の如き寺領に関する絵図を画くことが果たしてあり得るのかも問題である。②「観音寺印」は上述したように確かに継目印である。しかしそれだけ継目印とそれが捺された側に書かれている「家屋資財請返解案」との重複及び前後関係を検討する必要がある。

また後者の場合、①まず問題となるのは田中稔氏の原本に対する観察が正しいか否かである。朱印の朱と「家屋資財請返解案」の墨との先後関係に関しては既に杉本氏の指摘があり、(10)必ずしも確固とした根拠とはなっていない。また②かりに①の点が確かであるとしても、田中氏自身も述べるように「田券もしくはそれに類する文書が反故とされることは例が少ない」ことからすると、何故に本図が唐招提寺に入り、そこで破棄されその紙背を利用して「家屋資財請返解案」が書かれたのかが問題である。また何故に「家屋資財請返解案」が古田券文なる表題を付された巻子本のなかに表として装幀されて収められたのか。またこの古田券文なる表題が付された年代はいつ頃なのか、などの点も問題となる。

ここでは「観音寺領絵図」と「家屋資財請返解案」の先後関係を確定するために、水掛け論に終わる可能性のある朱印と「家屋資財請返解案」の文字との重複関係の認定、あるいは他に関連した史料もなく検討し得ない伝来の契機・過程の問題から検討することは避け、本図そのものの諸要素から確認し得る事実を指摘し、この問題を考えることにしたい。

まず本図の裏面に書かれた「家屋資財請返解案」の文書としての問題点について考えることにする。「家屋資財請返解案」で確認できる重要な点の第一は、それが後闕文書であることである。(11)また下辺が大きく破損しているが、現状からすると文字は本文書の天地いっぱいに書かれていたと考えられるのに対して、文書の端を大きく空けて書き出している点も注目される。これらのことは、「家屋資財請返解案」が書かれる以前に少なくとも現在の紙の奥に紙が継がれており、続紙あるいは巻子本中の少なくとも二通が接続した状態で「家屋資財請返解案」が書かれた可能性が強いことを示唆している。しかし一方で本図と「家屋資財請返解案」の先後関係を考えるには、後者が書札礼の一種であると考えられることも考慮しなければならない。これは上述したように「家屋資財請返解案」を表、「観音寺領絵図」を裏とみる考えに対する疑問点の一つであるが、またその逆に書札礼の一種である「家屋資財請返解案」を反故にしてその裏面に寺領に関わる絵図の案あるいは写を描き、恐らく関連した文書などとともに巻子ないしは続紙とした可能性も考え難いことについては上述の通りである。従って「家屋資財請返解案」が続紙であったと考えられる点を考え併せると、本図およびその前に貼り継がれていた少なくとも一紙分の文書を反故にし、その裏に「家屋資財請返解案」が書かれたと考えたほうが自然ではなかろうか。また上述したように、現状における「家屋資財請返解案」を表、「観音寺領絵図」を裏とする状態が少なくとも大正年間（あるいは明治年間中頃）まで遡り得、それがかつて「古田券文」と表題され、現在天之巻と名付けられた巻子本の初な状態であった可能性が高いことも本図の伝来について考える時に重要な点である。[12]

以上のように、本章は伝来の契機や過程よりも文書としての状態を重視する立場に立ち、「家屋資財請返解案」を表、「観音寺領絵図」を裏とする考えに与するが、その場合でもなお「家屋資財請返解案」が一種の書札礼であるにも関わらず、「古田券文」と名付けられた巻子本において表とされた点については明らかでなく、問題点として残さざるを得ない。

五　「観音寺領絵図」の作製年代

「観音寺領絵図」の作製年代については、諸説一致して奈良時代後半、宝亀二年（七七一）頃かと推定している。

その根拠として、まず第一に、本図の裏に書かれた「家屋資財請返解案」の文中に「去宝字」と見える点がある。これによると本文書は遡っても天平宝字年間以後のものであることになる。しかしこれは「家屋資財請返解案」を裏とした時にのみ「観音寺領絵図」作製年代推定の根拠となるに過ぎず、本章のように「家屋資財請返解案」を表と見た場合には、裏に書かれた「観音寺領絵図」の作製年代を考える積極的な材料とはならない。また第二に、『唐招提寺史料』が、裏の「家屋資財請返解案」が奈良時代の文書であることに疑いないと述べている点である。これは主観的な判断に基づくものでしかないが、文書調査の経験豊かな田中稔氏の指摘として充分に傾聴すべきであり、特に異をとなえる理由はない。

以上の二点は直接「観音寺領絵図」の作製年代を決定する材料とならないが、本図がほぼ奈良時代の作製にかかることを推定させてくれる。

さらに本図の作製年代を直接推定させてくれる材料に、本図の端裏に書かれた「□□□亀二年二月十二日給頭笠大夫」なる端裏書がある。またこれと関連して『南京遺文』に「「亀」の上の字は缺けて居るけれども、（中略）、此の文書の紙の缺けたのを補った稍新しい紙の上に「宝亀」と書いてあるのは、修復した時、もとの文字によって書いて置いたかと想はれるが、此の字も今は継目の中に半隠れて居る」と書かれている点も注意される。事実『南京遺文』所収の写真図版で裏打ち紙（図版の右端中央やや下部）に「宝亀二年」らしい四文字の右半分足らずが「家屋資財請返解案」と天地を逆にして墨色豊かに書かれている。これによれば、大正十年以前に行われた修理で「家屋資財請返解案」の欠けたところを補った紙に「宝亀二年」の墨書があり、それは修理以前に書かれていた端裏書の破損した文字を書き付けたものであったとも考えられるのである。しかしこの「宝亀二年」と書き付けた新しい補紙は現在は外され存在しない。それは、上述したように大正以後、昭和三十二年の重要文化財指定までの間に行われた修理のために起こった、「観音寺領絵図」及び「家屋資財請返解案」の原状により近い大正十年頃の状況を変更する事態を伴った改装によると考えられる。いずれにしろ大正十年には現在ない補紙が付けられ「宝亀二年」と墨書されていたのである。これを修理前の破損した文字によって書いたと考えてよいならば、端裏書の「⊔□⊓⊔亀」の年号を書いた箇所は「宝亀」と考えてよい。しかし現状ではこの裏打ち紙も取り替えられてしまい、文字を確認することができず、この墨書が書かれた時期と宝亀とした根拠は不明とせざるを得ない。ただし上述したように「⊔□⊓⊔亀」を宝亀とするのが通説である。

ところで奈良時代の年号で下に「亀」の文字が付くものには、霊亀・神亀・宝亀の三つがあるが、後述するように通説のごとく本図を寺領の「寄進」に関わるものと考えた場合、端裏書の年号「⊔□⊓⊔亀」は霊亀や神亀でなく、宝亀とするのが妥当であろう。しかしのちに詳しく述べるように本章での検討の結果、本図が寄進と関わりのない図であるとなると、「⊔□⊓⊔亀」は霊亀・神亀・宝亀のいずれであってもよいことになる。上述したような宝亀とする根拠に比べ、「⊔□⊓⊔亀」を霊亀や神亀とする積極的な根拠はないが、かりに「⊔□⊓⊔亀」を宝亀でなく、霊亀あるいは神亀とした場合、「⊔□⊓⊔亀二年」は霊亀二年（七一六）あるいは神亀二年（七二五）となり、いずれにしても本図は奈良時代初期の絵図であることになる。

六　「観音寺領絵図」の性格・内容と作製の経緯

従来、「観音寺領令絵図」に描かれた内容の基礎的な研究、あるいはそれに基づいた本図の作製理由や経緯に関する研究が行われることはなかった。

従来の研究では、『南京遺文』（橋本進吉）が「此の文書の裏面には田地の図があって「御田文度」と題し（傍点引用者、以下同じ）てある。此の図は「寺田」と註したところや「公民田寺受入」と記したところがあるから、多分寺領に関するものであらうと思はれる」と記し、「観音寺領図」が田地の図で、その中に「寺田」あるいは「公民田寺受入」などと記されていることから、寺領に関する図と推定するに止まり、また『唐招提寺史料』（田中稔）も「紙背には某寺々領の略絵図が画かれている。（中略）。端裏書の意味は判然としないが、「頭笠大夫」が寄進したとの意味であろうか。なおこの朱印によりこの絵図は観音寺領絵図と称すべきものであろう」とし、本図が観音寺の寺領を描いた略絵図で、それは「頭笠大夫」によって寄進されたことを示すものかと推測を加えた。さらに『日本荘園絵図集成』（長岡篤）は『唐招提寺史料』（田中稔）の述べたところを祖述しつつ、「端裏書の「□亀二年二月十二日給頭笠大夫」というのは意味不明であるが、「頭笠大夫」が寄進したとも考えられる。――この絵図は「観音寺領」であると考えられそうである。（中略）図の左上方に「治田支度」とあり、開墾計画のための見取図であるとも考えられる」とし、本図が「頭笠大夫」が寄進した観音寺領に関する絵図で、しかも開墾計画のための見取図の可能性があることを示唆した。

「観音寺領絵図」の内容について言及した従来の主な研究は以上の通りであるが、それらは後述するように根本的な問題点を内包している。それはまた他に関連した史料がなく、描かれた土地自体が不明で、現地比定のできないことにも原因がある。

本節では「観音寺領絵図」自体やその端裏などに書かれた文字、あるいは直線・曲線・波線などの表現を主たる手がかりとして本図の主題について考えてみることとする。

本図が観音寺に関わる何らかの田地について描いた絵図であるとの推定は、「観音寺印」なる継目印の存在によ

って一応認めることができる。(13)

そこで次に本図中に書かれた文字や文言に検討を加え、本図が観音寺の田地に関する如何なる絵図であるのかを検討することにしたい。

上述したように『南京遺文』は本図の中に「寺田」と註したところや「公民田寺受入」と書いたところがあることから、本図が寺領に関するものであるとし、また『唐招提寺史料』や『日本荘園絵図集成』は端の下辺に書かれた文字を「治田支度」と読み、『日本荘園絵図集成』はそれを根拠に本図を開墾計画のための見取図とも考えられるとする。

このうち後者の四文字については、「御田文度」と読む『南京遺文』と「治田支度」と読む『唐招提寺史料』・『日本荘園絵図集成』の考えが対立している。まずこの四文字は既に指摘したように他の墨書と異筆で、本図の端の下端に当たる位置に図と天地を逆にして書かれている点が注目される。この点は、この四文字が本図の作製と同時で、その内容と深い関連をもって書かれたものであったと必ずしも断定できないことを示唆している。またこの四文字は「治田支度」と読み難く、『南京遺文』が主張するように、「御田文度」と読んだほうがよいと考える。すなわち対立する両説で同じ文字と判読されている第二・四の両文字は従来の読みの通り「田」「度」と読んで問題ない。問題は両説で異なる文字に判読されている第一・三の両文字にある。第一字は、現状で旁に当たる部分の上端部が完存しているのか否か明らかでないが、筆勢からして旁の横棒と縦棒とが連続するのではなく、T字あるいは十文字に交差していた可能性がある。それ故に第一字は「治」とするよりも「御」と読んだほうがよいと考える。また第三字は『唐招提寺史料』も指摘するように、「第一画の点の輪郭が複雑であるから「支」としたがなお問題は多」く、明瞭に第一画が横棒で始まっているようには見えない。しかしまた「文」としても第一画にやや難がある。「文」「支」いずれとも決し難いが、全体からみて「文」と読んだほうがよいと考える。従ってこの四文字は『南京遺文』の如く「御田文度」と読むのがよく、『日本荘園絵図集成』が推測するような、本図が「治田」を「支度」するための絵図であったとは考えられない。ただしこの四文字を「御田文度」と読んだ場合でも、その意味は必ずしも明瞭でない。ただ例えば「度」は「渡」で、本図の端裏書「□□□亀二年二月十二日給頭笠大夫」に書かれた「給」と同じ意味で「度《わた》」すと読み、この墨書は「御田文」すなわち本図を「笠大夫」に「度」したことを意味すると解釈できる可能性はある。またかりに「御田支度」と読んだ場合、「支度」は「相支度」（出入を計算する）の意味で相博と密接に関わる言葉で、「御田」の相博を示す文言である可能性もあり、本図は「御田支度」すなわち「御田」＝「観音寺」領の寺田と「公民田」との相博による出入を「支度」した絵図であると考えることができる。後者であれば、後述するような本図の内容と一致するが、第三字を「支」と読み難いことは上記の通りである。いずれにしてもこの四文字の墨書はのちにその内容を推し量って書いた墨書の可能性も高く、必ずしも本図の内容を的確に表わしていないとも考えられることから、この四文字の墨書をもって直ちに本図の性格・内容を考えるのは躊躇される。

そこで次に本図中に書かれた墨書・文字について検討を加えることとする。

まず本図の下辺中央に書かれた「南」と「山」の二文字[14]であるが、『日本荘園絵図集成』はこれを「南山」と続けて読み、下辺に表現された山の名と見る。しかし「南」と「山」では明らかに文字の大きさが異なるから、「南」と「山」とは別のもので、既に述べたように「南」は方位を示し、「山」は本図の下辺に波線で描かれた山に対して書かれたと考えることができる。ただし既述の如く、本図は上辺が大きく破損しているために、「南」の他に方位を記したと考えられる文字を確認することができず、上記の点を本図中で確認することはできない。

本図中にはこの他十箇所ほどに墨書あるいは墨痕を認めることができる。しかしこのうち意味をもって判読できるのは、下辺右隅近くの「田」、同じく下辺左端辺りに書かれた「寺田」「出地」「公民田寺受入」「山前」「公民田」の六箇所だけで、これらは従来から判読されていたものである。なおこれら以外に少なくとも三箇所に墨付きを認めることができ、「三」と判読できる箇所（本図左隅の「公民田」と書かれた墨書の左下）もある。これらの文字はおおむね右に九〇度、あるいはさらにそれより大きく右に傾けて書かれ、また上記の「南」と同筆と考えられることについては先に指摘した。

さて下辺右隅に単独で書かれている「田」以外、本図中の文字は下辺左端付近に集中して書かれている。この場合、「田」の意味は明かでないが、「寺田」は文字どおり観音寺の寺田を意味し、また「公民田」は班田農民に班給された口分田のことであろう。一方、「山前」と書かれた箇所からやや西に傾いて北へ向かって引かれた直線を挟んで「寺田」の反対、すなわち西に書かれている「出地」、またその西南に引かれた折れ線を挟んで南に書かれた「公民田寺受入」やさらにその西に引かれた波線のさらに西に書かれた「公民田」は互いに関連をもった記載で、本図作製の意図はまさにここにあったと考えられる。すなわち「山前」を起点に北へ引かれた直線を挟んでその東西に書かれた「寺田」と「出地」は本来両者は一体の「寺田」であったが、そのうちから「山前」を起点として北へ引かれた直線の西側を「出地」に充て、一方「公民田」は本来「公民田寺受入」と書かれた箇所以東に広がっていたが、そのうち「出地」と接する部分を「公民田寺受入」る地として、「寺田」のうちの「出地」の部分と「公民田」のうちの「寺受入」の部分とを相博することを記していると考えられる。従って「山前」は地字で、「寺田」のうち「出地」となる部分と「寺田」として残す部分との境界を設定するに当っての基点で、この地を起点とした南北線をもって「寺田」を東西に分かち、そのうち東半を「寺田」として残すことにしたのに対し、西半部分を「出地」、すなわち「公民田」との相博に充てる田としたのである。このように本図は、「出地」と「公民田寺受入」と記した箇所において観音寺と班田農民との間で田地の相博が行われることを記しているのである。(15)

上述したように、本図には上記の墨書と関連して直線や曲線・波線などが引かれている。

まず東西方向に大きく波打ち本図の下辺に描かれた波線は「南」に墨書された「山」を表現したものであろう。「山」は本図の左端近くの下辺で大きく南に抉れるように入り込む谷となり、やがて本図の左端で北に向きを変え、さざ波状の細かい曲線で表現されるようになる。その西には「公民田」と書かれ、さらにその西、本図の左端に南北の直線が引かれている。この直線は他の直線と同様に田地の境界を示したもので、恐らくその東に「山」を表す曲線に接して書かれた「公民田」は本来この南北直線の西がそれに該当することを示すものであろう。なお以上の表現を参考にすると、破損の著しい上辺の右上に描かれた波線も恐らく「山」の表現であろう。従って本図に画かれた土地は南北を山あるいは丘陵で閉ざされた地域であったことになる。なお「南」の山の北に小さな波をうって引かれた曲線がいわゆる山麓線であろう。しかしこの曲線は本図の下辺左端近くで途切れてしまっている。

さらに下辺の右寄りには、「山」とその麓を繞って小刻みに波打つ山麓線との間に東西方向の直線が引かれている。そしてその東西両端から西北方向へ一本づつ、またその途中から北へ二本、合計四本の直線が引かれている。さらにこの二本の直線の先端当たり、すなわち上辺の右寄りにわずかながら東西方向の直線が引かれていた痕跡を認めることができる。これらの直線は性格が不明であるが、あるいは条里線であろうか。ただし条里線とした場合、山麓線と考えられる波線の南、「南」の山との間に東西方向の直線が引かれている点が問題となる。

以上、本図作製の意図を観音寺と班田農民との間における田地の相博に求めた。

ところで本図の端裏に書かれた「□□□□亀二年二月十二日給頭笠大夫」の意味についても検討を加える必要がある。

既に紹介したように『唐招提寺史料』や『日本荘園絵図集成』では「頭笠大夫」が田地を観音寺に寄進したとの意味に解し得る可能性のあることを示唆した。それは「給」の主体をそのあとに細字右寄せで書かれた「頭笠大夫」と考えたためである。しかし「頭笠大夫」を「給」の主体ではなく、客体として読むこともできる。この場合、端裏書は「□□□□亀二年二月十二日」に本図を「頭笠大夫」に「給」ったことを記していると解することになる。いずれとも決し難いが、「給」を「たてまつる」ではなく「たまう」と読むのであれば、後者の可能性を考えなければならない。

端裏書に関する次の問題は「頭笠大夫」を具体的にいつの誰に当てるかである。それによって本図の意味も大きく異なってくる。

「頭」は職員令では寮の長官「かみ」に対する官職表記であるが、寮も含めた諸司の長官である「かみ」に対して「頭」を用いた可能性も考えられるから、この場合必ずしも寮の長官に限る必要はなく、「頭笠大夫」は、令内外の諸官司の長官在任者を検討の対象としなければならない。従って「頭笠大夫」は笠氏の人物で、「□□□□亀二年二月十二日」の時点で五位以上を帯び、しかも令内外の諸司長官在職者となる。そこでまず「□□□□亀二年」を宝亀二年に限らず、霊亀二年（七一六）あるいは神亀二年（七二五）とすると、この頃笠氏で五位以上を帯した人物には、笠麻呂（大宝四年（七〇四）正月従五位下、慶雲三年（七〇六）～養老四年（七二〇）美濃守）、笠吉麻呂（和銅元年正月正六位下より従五位下、和銅二年造雑物法用司任）・笠長目（和銅二年正月従六位下より従五位下）・笠御室（養老三年（七一九）正月従六位下より従五位下、養老四年授刀助在）の四人が知られる。このうち寮の長官である頭に就任したことを確認できるものはいない。しかし寮に限らなければ、この頃国司の長官に任じられたものに笠麻呂がいる。笠麻呂は慶雲三年七月に美濃守となり、その在任中に木曽路開通の功績によって封戸・功田を賜与された。この功績は後代の人びとによって際だって大きいものと認識されたらしく、『令集解』巻二二考課令殊功異行条所引古記に「殊功異行」の実例として挙げられ、そこでは笠麻呂は「笠大夫」と記されている。上記のように笠氏には麻呂の他に「大夫」と呼ばれ得る人びとがいたが、古記の書かれた天平年間の人びとには麻呂は「笠大夫」で充分通用したのである。その後、麻呂は養老四年に右大弁となって中央に復帰するまで美濃守の任にあり、この間一時尾張守を兼任し、また尾張・三河・信濃三国を管する按察使にも任じている。翌五年元明太上天皇の崩御を契機に出家して沙彌となり満誓と号したが、同七年には造筑紫観世音寺別当となって大宰府に赴任した。以上の経歴にも明らかなように、笠麻呂は霊亀二年の段階で美濃守であったから、本図端裏書の「頭笠大夫」に当たる可能性がある。

一方、「□□□亀二年」を宝亀二年（七七一）とした場合、この頃に五位以上を帯した笠氏の人物として史料に見えるものは、笠真足（天平宝字二年（七五八）八月正六位上より従五位下、同六年右勇士翼）、笠不破麻呂（天平宝字七年正月正六位上より従五位下、同年日向・豊後守）、笠道引（天平宝字八年正六位上より従五位下、同年但馬介、宝亀二年陸奥介、）、笠始（天平神護二年十月無位より従五位下）、笠乙麻呂（神護景雲元年（七六七）正月正六位上より従五位下、同年内蔵助、宝亀元年五月伊豆守）、笠比売比止（神護景雲二年閏六月無位より従五位下）、笠賀古（宝亀元年七月無位より従五位下）ら七人である。しかしこのうち無位から従五位下に初叙された笠始と笠比売比止・笠賀古の三人は女性と考えられ、検討の対象から外れる。残る四人のうち笠真足・笠不破麻呂は天平宝字年間以後の消息が明らかでなく、宝亀二年の時点で生存の確証がないので、一応考慮の外に置いてよいであろう。また笠道引・笠乙麻呂の二人も宝亀二年段階ではいずれも寮の長官「頭」ではなかった。しかし「頭」を諸司の長官とすると、笠乙麻呂は宝亀二年には伊豆守であったので、これに該当することになる。

以上の検討から、本図の端裏書に記された「頭笠大夫」に該当する可能性をもつ人物には、「□□□亀二年」が霊亀二年であるとすると笠麻呂が、また宝亀二年とした場合には笠乙麻呂が、それぞれ該当する可能性がある。しかしいずれも官職は国司の守である。

ところで先に本図が観音寺領の寺田と公民の耕作する田との相博に関する絵図であろうかと推測したが、そのように推測した場合、霊亀二年（七一六）とすれば、それは班年、すなわち班田収授の実施される年であり、また宝亀二年（七七一）としても籍年が宝亀元年で、班年が宝亀四年であったから籍年と班年の間に位置する年であるから、いずれも造籍から班田収授の完了するまでの間に位置する。従って本図が相博する寺田と公民田の位置関係を示した図であるとする推定が正しいとすれば、本図は校田に際して寺田と公民田との相博を行うべく、それに先んじて作製され、校田を担当する「笠大夫」に渡された絵図であった可能性のあることを示唆する。「笠大夫」の官職は、畿外であれば国司の守、京畿内であれば派遣されて校班田を行った校田使・班田使の長官であった可能性がある。なお宝亀四年度の大和国班田使長官は佐伯今毛人であることが大和国添下郡京北班田図に記されているから、「笠大夫」は宝亀二年当時大和国班田使長官ではありえない。ゆえに「笠大夫」が大和国司でない限り、「観音寺領絵図」は観音寺の大和にある寺田とその相博について画いたものではありえないことになる。

七　「観音寺」について

本図の継目裏に押された三顆の印影からその印文を「観音寺印」と読むべきことについては、先に述べた通りである。

ところで既に述べたように本図が唐招提寺に伝えられた理由は必ずしも明らかでない。しかし本図の継目裏に押捺された印が「観音寺印」であるとすると、本図は本来「観音寺」の所蔵であったが、のち何らかの事情で唐招提寺に入り、それが今日に伝えられたと考えることができる。従って問題は「観音寺」と唐招提寺との関連を史料上に見いだし得るか否かにある。

唐招提寺と何らかの関係をもった「観音寺」としては、まず「招提千歳伝記」（『続々群書類従』第十一所収）巻下之三枝院篇に「野州薬師寺」（下野薬師寺）などとともに唐招提寺の枝院に数えられている「肥前州観世音寺」があり、また「山城州」「小幡」に所在した「観音寺」もその一つとして記されている。しかし「肥前州観世音寺」と「山城州」「小幡」の「観音寺」はともに同書の他の箇所に見えず、唐招提寺との関係については「招提千歳伝記」が編纂された元禄十四年（一七〇一）に両寺が唐招提寺の枝院であったか、あるいはかつて枝院であることがあったと考えられていたこと以外に明らかでない。なお「招提千歳伝記」で枝院と呼んでいる寺院には、明らかに唐招提寺の末寺であった寺院（摂津大覚寺、山城善法寺・法金剛院、大和伝香寺など）も含まれているが、枝院篇の末尾に「吾祖宗満㆓諸州㆒、継㆓其法脈㆒者推可㆑知之」と記されているように、末寺とは異なり、唐招提寺、すなわち律宗の法脈を継ぐと考えられていた寺院で、一時的に唐招提寺と法脈上の繋がりをもったに過ぎない寺院も含まれている。従って「肥前州観世音寺」や「山城州」「小幡」所在の「観音寺」は唐招提寺の末寺であると必ずしも考える必要がなく、むしろ法脈上唐招提寺と繋がりをもったことのある寺院であると考えた方がよいであろう。

まず「肥前州観世音寺」については、今日、佐賀・長崎両県に観世音寺あるいは観音寺と称する寺院が多数存在する[16]が、その殆どは曹洞宗ないしは臨済宗に属する禅宗寺院で、しかも中世以降の創建にかかるものが大半を占める。ただその中には古代に遡りうる伝承をもつ寺院も幾つかある[17]。しかし「肥前州観世音寺」を特定する手がかりはない。

一方また「山城州」「小幡」にあった「観音寺」は、今の宇治市木幡付近に存在した寺院であったと考えられる。山城には観世音寺あるいは観音寺と呼ばれる寺院が数カ寺存在したことが知られるが、少なくともそれらの中には木幡に所在したと考えられる「観音寺」はない。木幡の地は古代には現代の木幡あるいは近世の木幡村より遙かに広い範囲に及び、北は京都市伏見区の伏見山辺りまで含んでいたと推定されている[18]。「招提千歳伝記」の枝院篇には「山城州」「小幡」に所在した寺院として「観音寺」の他に「蓮華寺」「山海寺」が掲げられ、さらに「明王寺」「光明寺」「聖徳寺」「常起寺」「普賢寺」なども同篇の記載形式などから「小幡」所在の寺院であった可能性が考えられる。これらのうち、所在を推定できる寺院に「蓮華寺」・「光明寺」・「普賢寺」がある。まず「蓮華寺」は江戸時代に栄えたが、明治八年（一八七五）に廃された寺院で、綴喜郡田辺町飯岡に所在した。なおこの寺の前身かとも推測される観音寺なる寺院が永享元年（一四二九）頃、飯岡に所在したことが知られている[19]。また「光明寺」は城陽市観音堂に所在する真言宗智山派の寺院で、もと同市市辺にあった椎尾山観音寺が中世に焼失した時、その本尊である観音像を移して建てた寺院であると伝える。さらに「普賢寺」は綴喜郡田辺町普賢寺にかつて所在した寺院で、奈良時代の創建にかかる。現在同地には大御堂・筒城大寺とも称される真言宗智山派の息長山観音寺が所在し、普賢寺の後身であるとされている。普賢寺は天武天皇勅願・義淵開基・良弁再興・実忠初代の伝承をもち、奈良時代後半の国宝十一面観音立像が伝来している。そして周辺からは白鳳時代の古瓦が出土する。以上、「招提千歳伝記」で「小幡」に所在したと記されている三カ寺はいずれも久世・綴喜両郡に亙って所在する。従って「山城州」「小幡」の「観音寺」の所在を考える場合、「小幡」の地を現在の宇治市木幡付近に限定せず、むしろそれより広く久世・綴喜両郡の地域をも含めて考える必要があることになる。それ故に「小幡」所在の「観音寺」は、上述した普賢寺の前身である観音寺や、あるいは中世にこの地域に存在した飯岡観音寺や椎尾山観音寺である可能性もある。その他、南山城には相楽郡にも古代に遡る伝承をもつ観音寺があり、それが「招提千歳伝記」の記す「小幡」「観音寺」である可能性もないわけではない。

いずれにしても「観音寺領絵図」の観音寺が「招提千歳伝記」に唐招提寺の枝院の一つとして記される「肥前州観世音寺」や「山城州」「小幡」所在の「観音寺」であった可能性はある。しかし観音寺なる寺院と唐招提寺との繋がりを物語る史料は「招提千歳伝記」の記事以外管見に入らなかった。

ところで本図の観音寺については、既に『唐招提寺史料』や『日本荘園絵図集成』が平城京に所在した観音寺であると指摘している。そしてこれらの諸説が、本図の観音寺を平城京に所在した観音寺に比定したのは、本図が唐招提寺に収蔵されている事実に根拠を置いている。しかし既に指摘したように、本図が観音寺から唐招提寺へと収蔵先を変えるに至った事情が明かでない以上、本図の唐招提寺収蔵の事実をもって観音寺所在地の比定を行うことには問題がある。

なおついでに平城京観音寺についてこれまで明らかとなっている諸点をまとめ、さらに若干の補足を行っておくことにする。

まず所在地については、古く『今昔物語集』第一一道慈亘唐伝三論帰来神叡在朝試語第五に「此ノ国添下ノ郡ニ観世音寺ト云フ寺」と見え、また現在、大和郡山市の北部に観音寺町（旧添下郡観音寺村）があり、また小字名として観音寺領があることから、添下郡、現在の大和郡山市の北部に観音寺があったと考えられている。それは平城京の右京九条一坊に当たる。なお時代は下るが、春日神社文書正応五年（一二九二）四月澄専沙汰状に「合壹段者字観音寺田井在二大和国添下郡辰市辺一」とあり、天文五年（一五三六）三月四日招提寺法華院盛弘水田地作一円職売券押紙に「観音寺山ソ井二段、一向依二不知行ニ一、此松本一段と地替ニスルナリ、此下地ハ法花院学舜房之私領也」とも見える。

次に存続の期間であるが、まず観音寺の建立については、『僧綱補任抄出』天武天皇第二年癸酉条に「僧正智通唐学生、平城観音寺此僧正建立」と記されている。『日本書紀』・『三国仏法伝通縁起』中法相宗・『宋史』日本伝所引王年代記などによると、智通は斉明天皇四年七月に入唐し、玄奘に師事して大乗法相教を求めたと言われる法相宗の系統に属する僧で、一切経は智通将来のものが大部分をなすとも推測されている。[20]智通が僧正となった年代は『元亨釈書』に白鳳元年三月とある。一方、観音寺廃絶の年代については明らかでないが、十世紀後半の永観年間頃までは存在していたことが『東大寺要録』巻第六永観二年湛昭僧都分付帳の記載によって知られる。

また奈良時代、特に天平年間頃の観音寺の様子については正倉院文書からある程度知ることができる。[21]正倉院文書には天平十年七月付けの観世音寺三綱務所宛て勅旨写一切経所牒案（『大日本古文書』巻一五―九八頁）があり、観音寺における三綱とその務所の存在、及び一切経とその目録を所蔵していたことが知られ、その他にも写経所から観音寺への経典返却に関する文書が残されている。[22]また観音寺の住僧としては玄機大徳が知られ、彼は写経所が書写すべき経典を個人で所有していた。これらの点から、観音寺は天平年間頃重要な経典を所蔵する寺の一つであったと考えられる。また経典の貸借状況から、正倉院文書に見える観世音寺は奈良から遠くないところ、恐らく大和国内にあり、これこそ平城京の観音寺であったと考えられている。

最近、平城京左京三条二坊一・二・七・八坪の長屋王邸跡と見られる遺跡から出土した木簡（所謂長屋王家木簡）に、「観世音寺」と記したもののあることが注目される。すなわち表裏には次のように記されている。

・観世音寺蔵唯那等申　給遣三種物　○

・者具受治在　四月十二日　即付帳内川瀬造　○

これは長さ三〇㎝、幅二・五㎝、厚さ三㎜の短冊型の木簡で、下端近くに文字と重複して孔を穿っている。表裏に書かれた文面から観世音寺の蔵の唯那等が「長屋王家」に対し、同家から「給遣」された「三種物」の受領証として送った文書木簡であることがわかる。そしてこれからまず観世音寺が「長屋王家」と極めて深い関係にあったと考えることができ[23]、また観世音寺には「蔵」があり、「蔵」にはそこに収納された物品の出納や管理に当たる唯那等がいたことも知られる。なお川瀬造は長屋王家から「三種物」を「給遣」する使として観世音寺に遣わされ、この受領証を受け取って「王家」に帰り、「王家」では担当の家政機関が孔をあけて他の木簡とともに綴じたと推定される。

また二条大路木簡にも、

・牒　　牒観世音

・魂魂　魂魂羈情

と書かれたものがある。この木簡は破損のため本来の形状を明らかにできないが、表の「観世音」の下には恐らく「寺」の字が続き、観世音寺宛の牒であったと考えられる。ただし裏は明らかに習書であり、表にも「牒」の字を二度書くなど習書風であるから、観世音寺宛の牒の案などではないかと考えられる。

最後に観音寺の寺領については、『東大寺要録』巻第六永観二年湛昭僧都分付帳に、添上郡に所在した横田庄に観音寺領として田二町一段が記されている。

八　おわりに

以上、迂遠な検討の結果からも明らかなように、「観音寺領絵図」は現在唐招提寺文書天之巻冒頭に位置する「家屋資財請返解案」の裏面になっているが、それは両者の本来の表裏関係に基づくもので、「観音寺領絵図」が最初に作製され、それが反故となってのち書札礼の一種と考えられる「家屋資財請返解案」がその裏面に書かれたと推定される。しかし「観音寺領絵図」が反故にされた理由や、それが反故にされて裏面に「家屋資財請返解案」が書かれるに至った経緯、そしてそれが唐招提寺に伝来し、唐招提寺領に関する「古田券」を集めた巻子本の冒頭に収められるに至った経緯は明らかでない。

さて、表の「家屋資財請返解案」については以前に若干の検討を行った通りで、特に付け加えるべき点はないが、裏の「観音寺領絵図」についてはその内容・性格が従来の推定と異なるとの結論に達した。すなわち「観音寺領絵図」は単なる観音寺の寺領を示した絵図、あるいは笠大夫による観音寺への寺領寄進に関わる絵図ではなく、観音寺領の寺田と班田農民の耕作する田との相博に関する図で、恐らくそれが班田ないし校田に関わった笠大夫なる人物（国司または班田使）に進められたことを示すものであると推定された。そして恐らく「□□□

□亀二年」は班田作業の実施される班年ないしはそれに先立って行われる校田の年に当たり、通説のように奈良時代後期の宝亀二年（七七一）、あるいはまた奈良時代初期の霊亀二年（七一六）のいずれとも考えることができる。従って本図は奈良時代における校田・班田の作業あるいはその過程を伺い得る好個の史料であることになる。

本章での考察は以上の通りであるが、今後さらに他の絵図との比較検討が進み、「観音寺領絵図」の性格・内容や歴史的意義が明らかになるとともに、研究に活用されることを願い、ひとまず本章における検討を終えることとする。

註

（1）唐招提寺に現在所蔵されている文書には、この六巻以外に、後世当寺の所蔵に帰したと考えられる東大寺旧蔵文書一巻、末寺である善法寺、大覚寺、法金剛院、伝香寺、淡路国分寺などの古文書で、末寺ごとに巻次を立てられているもの、そして近時当寺に施入されたものや当寺が購入したものなどがある。

（2）玄之巻は小屋裏で見つかった平安時代の文書で、また宇之巻は北側母屋の北面中央に打ち付けられていた文書奉納木箱に納められていた文書を成巻したものである。奈良国立文化財研究所『唐招提寺史料』一昭和四十六年・『奈良六大寺大観』第一三巻唐招提寺二、昭和四十七年参照。

（3）二十一通の文書のうち、第二号以下は備前国津高郡津高郷・山城国相楽郡祝園郷を始めとして、播磨・大和・近江・因幡等の唐招提寺領に関する文書で、第一～七号が奈良時代、第八～一八号が延喜年間以前、第一九～二一号が十一～十二世紀の前期に属するものである。

（4）『日本荘園絵図聚影』三近畿二、平成五年に掲げられた計測値。

（5）従来より本図は大きく破損している部分を下辺とすると考えられ、本図写真図版もそのように掲載されてきた。しかしそれは本図の天地について十分な検討を行った上でのものではない。後述するように、本図の裏面に存在する端裏書や継目印の文字の方向、あるいは本図中で方位を示すと考えられる文字の方向などから、従来の天地を逆にし、大きく破損した箇所を上辺と考える。以下における本図の上下あるいは天地に関する記述はこれによる。

(6)　拙稿「唐招提寺文書天之巻第一号文書「家屋資財請返解案」について」『南都仏教』五七、昭和六十二年(本書付編第一章)。

(7)　東京大学史料編纂所には「家屋資財請返解案」の影写本が所蔵されており、それは明治十九年(一八八六)の影写にかかるものである。この影写本に基づいて作成されたのが『大日本古文書』第六巻、明治三十七年所収の同文書の釈文である。従って遅くとも明治十九年にはその存在が当時『大日本編年史』を担当していた内閣臨時修史局の職員によって知られていたことになる。「家屋資財請返解案」は『大日本編年史』のために同十八年以降全国を史料採訪した際に新たに発見されたものの一つで、それゆえに影写されたと考えられるが、この時その裏面に書かれた「観音寺領絵図」は影写されなかった。恐らく「観音寺領絵図」は大正十年や現在と同様に明治十年頃にも「家屋資財請返解案」の裏として裏打紙が貼られその下に隠れていたものと考えられる。

(8)　橋本進吉氏は「想ふに此の文書は、その裏面にある田地の図が寺領に関するものである為に保存せられたのであって、現在此の文書が表面になり、田地の図は裏面になって裏打の下に埋れて居るのは、恐らく主客顚倒したもので、此等の文書を継ぎ合せて一巻とした時の錯誤であらう。」と記し、また杉本一樹氏は「紙背の田地の図と解案の先後関係について、解案の墨と朱印の重複部分の所見から、同解題(『唐招提寺史料』…引用者註)は「解説」(『南京遺文』…引用者註)とは逆の順序の可能性を示唆している。しかし、朱の状態によって—例えば朱が水っぽい場合などには、その判定も困難なことがままあるので、伝来の契機や過程を考えるなら、断定はできないが「解説」案のほうが自然であると思われる。」とする。

(9)　田中稔氏は「継目印(「家屋資財請返解案」の前後の端に捺された「観音寺印」…引用者註)と文字(「家屋資財請返解案」の文字…引用者註)との前後関係を見ると「□亀二年二月云々」(継目裏書…引用者註)においては明らかに文字の上に朱印が捺されている。一方解案本文末行においては一見したところ文字の墨の上に印の朱の痕跡は認め難い。墨の上に朱印が捺された場合には墨の上に微かながらも朱の存在が認められるのが通例である。しかしここでは紙の上には朱が比較的よく残っているにも拘らず、墨の上に朱の痕跡が認め難いということは、朱印を捺した上に後から文字が書かれたのではないかと思わせる。解案より朱印が先にあったとすれば、『南京遺文』に解案が先に書かれ、反故となって後裏を利用して絵図が書かれたというのとは逆に、絵図が先にあり、反故とされた後解案が書かれたことになる。この絵図は他の関連文書とともに連券となっていたものであろうが、田券もしくはそれに類する文書が反故とされることは例が少ない。もし墨と朱印の前後関係が前述のように墨が後ということになるならば、奈良時代における所領関係文書の保存についても問題を含むことになる。原本について更に精密な検討を加える必要がある。」と記し、長岡篤氏はこれを追認するに止まる。

(10)「家屋資財請返解案」文末行（「倉稲下弁屋物等乎毛□」）の墨と朱印の重複部分における先後関係の検討については、『唐招提寺史料』に言うように墨の上に朱の痕跡が認め難いとすれば、原本においても決着できるかどうかは疑問であり、また以前に同文書を実見したときにもいずれとも決め難い状況であった。

(11)『唐招提寺史料』が「第一号は後半を欠き」と指摘するように、「家屋資財請返解案」は後闕である。ただしこれまで最終行としてきた行「倉稲下弁屋物等乎毛□」のあとに少なくとも一行はあったらしい。

(12)『唐招提寺史料』。

(13)ただし継目印が捺された時点と本図の作製との間に時間の経過があるとすれば、本図作製の時点で単純に観音寺の寺領を描いた図であったと断言できない問題が残るのは勿論のことである。

(14)「山」はこのままでは判読できないが、裏面の「家屋資財請返解案」の側からは裏文字で「山」と明瞭に読みとることができる。

(15)なおこのうち「公民田寺受入」は「公民田」と「寺受入」とが異筆、あるいは「公民田」に対して「寺受入」が追筆である可能性があり、一方またこのうち「公民田」は「田」「寺田」「公民田」と同筆（あるいは「山」や「南」とも同筆）で、「寺受入」は「出地」「山前」と同筆かと見られる。恐らく事実としての田地の存在・配置や田種に関わる前者の記載がまず行われ、のちに後者の寺と公民との間で行われる田地の相博に関する墨書が行われたかと憶測される。

(16)『大日本寺院総覧』大正五年・『全国寺院名鑑』昭和五年・『市町村区分全国寺院大鑑』平成三年などには、佐賀・長崎両県に所在する観音寺あるいは観世音寺と称する寺院として以下の諸寺を掲げている。

まず佐賀県には、

東松浦郡　観音寺（補陀洛山観音寺）　曹洞宗　鎮西町大字名護屋七七二
佐賀郡　観音寺　臨済宗南禅寺派　川副町大字鹿江三四
杵島郡　観音院　真言宗御室派　有明町大字辺田二八八二
神埼郡　観音寺（長谷山観音寺）　曹洞宗　三瀬村大字山中

小城郡　観音寺　臨済宗南禅寺派　芦刈町大字浜枝川一一〇一
藤津郡　平井坊（竹崎観世音寺）　真言宗御室派　太良町大字大浦竹崎甲二四八
唐津市　観音寺　真言宗大覚寺派　唐津市藤崎通七〇一二
佐賀市　観音寺（大内籏山観世音寺）　曹洞宗　佐賀市本庄町大字本庄四〇
佐賀市　観音寺　臨済宗南禅寺派　佐賀市鍋島町大字鍋島七〇一
佐賀市　古賀観音堂　単立　佐賀市北川副町大字木原三二〇
また長崎県には、
下県郡　観音寺　臨済宗南禅寺派　豊玉町小綱一八三―二
上県郡　観音寺　曹洞宗　上県町佐須奈乙三三七
壱岐郡　観音寺　臨済宗大徳寺派　国分東触六七三
壱岐郡　観世音寺　曹洞宗　勝本町立石南触一〇七〇
北松浦郡　御橋観音寺　真言宗智山派　吉井町直谷免又九三―二
北高来郡　観音寺　曹洞宗　飯森町田結里名一一八
西彼杵郡　観音寺　曹洞宗　野母崎町脇岬二三三〇
福江市　観音寺　曹洞宗　福江市幸町三―二
長崎市　観音寺　真言宗醍醐派　長崎市鹿尾町三一―二
長崎市　観音教会　単立　長崎市矢ノ平町二―七―二二
長崎市　高野平観世音　単立　長崎市本河内町一七四八

(17)　例えば、佐賀県では竹崎島（藤津郡太良町）に所在するいわゆる竹崎観世音寺が真言宗御室派に属し、禅宗と関わりなく、しかも古代に遡る伝承を伝えている。この寺は鎌倉時代に隆盛を迎えたと考えられ、それは中世の石造遺物が当寺に残存することや当地方の豪族諸家の文書にも明らかである。この寺は行基の願によって創建されたとの伝承をもつが、創建については明らかでない。また長崎市の真言宗醍醐派に属する観音寺も和銅年間行基によって創建されたと伝える。一方また禅宗寺院のなかにも開創を古代、とりわけ行基に求める寺院がある。例えば、曹洞宗に属する西彼杵郡所在の観音寺はそのひとつであり、本尊千手十一面観世音菩薩像などは行基の作と伝える。

(18)『京都府の地名』日本歴史地名大系二六、昭和五十六年。

(19) 註(18)『京都府の地名』。

(20) 福山敏男「観世音寺」『奈良朝寺院の研究』昭和三十三年。

(21) 福山註(20)論文。なお『続日本紀』天平十年三月丙申条には、山階寺・鵤寺・隅院にそれぞれ千戸・二百戸・百戸の食封を入れるとともに、観世音寺にも五年を限って食封百戸を施入したとの記事があるが、この観世音寺については筑紫の観世音寺説（岩波新古典文学大系『続日本紀』二、平成二年等）と平城京の観音寺説（福山敏男）とがある。

(22) 天平十一年七月二十六日无垢称経、天平二十年五月二十七日四分律疏と二種の法花経疏をそれぞれ観音寺に返却している。

(23) 平城京にあった観音寺の比定地から出土する軒丸瓦と軒平瓦のセット（和銅遷都当初の軒瓦セットの一つ）は、吉備内親王家ないしは長屋王家と推定される左京三条二坊一・二・七・八坪から多数出土し、同地に次ぐ顕著な出土・分布を示している。その他、平城京内では、長屋王家の周辺に出土例が集中する傾向があるが、また唐招提寺下層新田部親王邸・称徳天皇御山荘からも出土しており、特定のところ、あるいは特定の人物が使用した瓦であったとも憶測されている（奈良国立文化財研究所『平城京長屋王邸宅と木簡』平成三年）。

第三章　西大寺古図と「称徳天皇御山荘」

一　はじめに

西大寺に伝えられた古図はいま西大寺と東京大学とに分蔵されている。その古図の多くは鎌倉時代末期に展開された西大寺と秋篠寺との堺相論に関わって作成されたものである。

ところで、平城京右京一条北辺四坊六坪で実施された発掘調査で、丘陵東縁辺部にある奈良時代後半の桁行九間、梁間二間（ともに一〇尺等間、のち南に庇を増設する、庇の出は一四尺）の規模をもつ大型の東西棟掘立柱建物などを検出し、さらにその下、東南の谷に造られた中島をもつ園池と一体となった計画的な配置・構造をもち、少なくとも右京一条北辺四坊の東西にならぶ三・六両坪の二坪を占めることが明らかとなった（第一図）。西大寺に伝来した古図の中にはこの位置に「称徳天皇御山荘跡」（以下「山荘跡」と略記）と伝えられる地を図示したものがあり、両者の関係が注目を引く。

そこでまず「山荘跡」を描く古図を紹介してその作成年代・作成事情を可能な限り明かにし、次いで「山荘跡」と伝えられる地について古図及び現地について検討を加える。猶、この様な中世の古図は現在四幅知られるが、

第一図　調査位置図

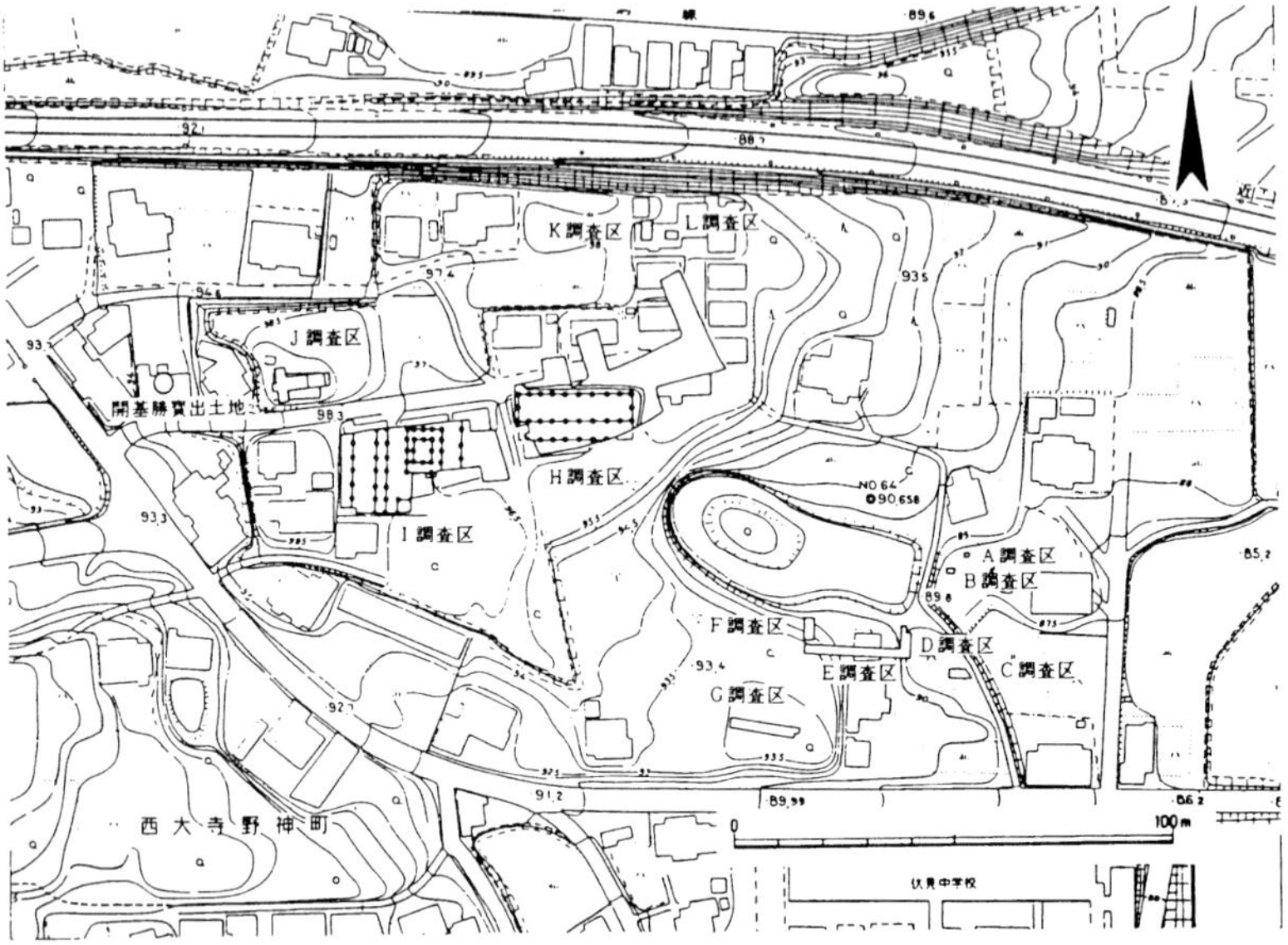

その他にも近世の絵図で「山荘跡」及び「称徳天皇御山荘」（以下「山荘」と略記）自体を描く二幅があるので併せて紹介する。そして最後に「山荘」に関わる古代の文献史料に検討を加える。

二　中世の古図と近世の絵図

西大寺に所蔵されていた古図には第一表に掲げた図一〜図六及び図二参考図の七幅のものがある。このうち図一〜図四及び図二参考図が中世のもので、図五・六が近世のものである。

(一)　中世の古図

図一（第二図）　本図は北を上にし、東西は西一坊大路より一町西の「佐貴路」から西四坊大路まで、南北は一条南大路より一町南の「一条南路」から一条北辺までを描く。条坊線はあたりのための押界の上に墨線で描かれ、各坊は十六の坪に細分される。各坪はほぼ正

第二図　図一

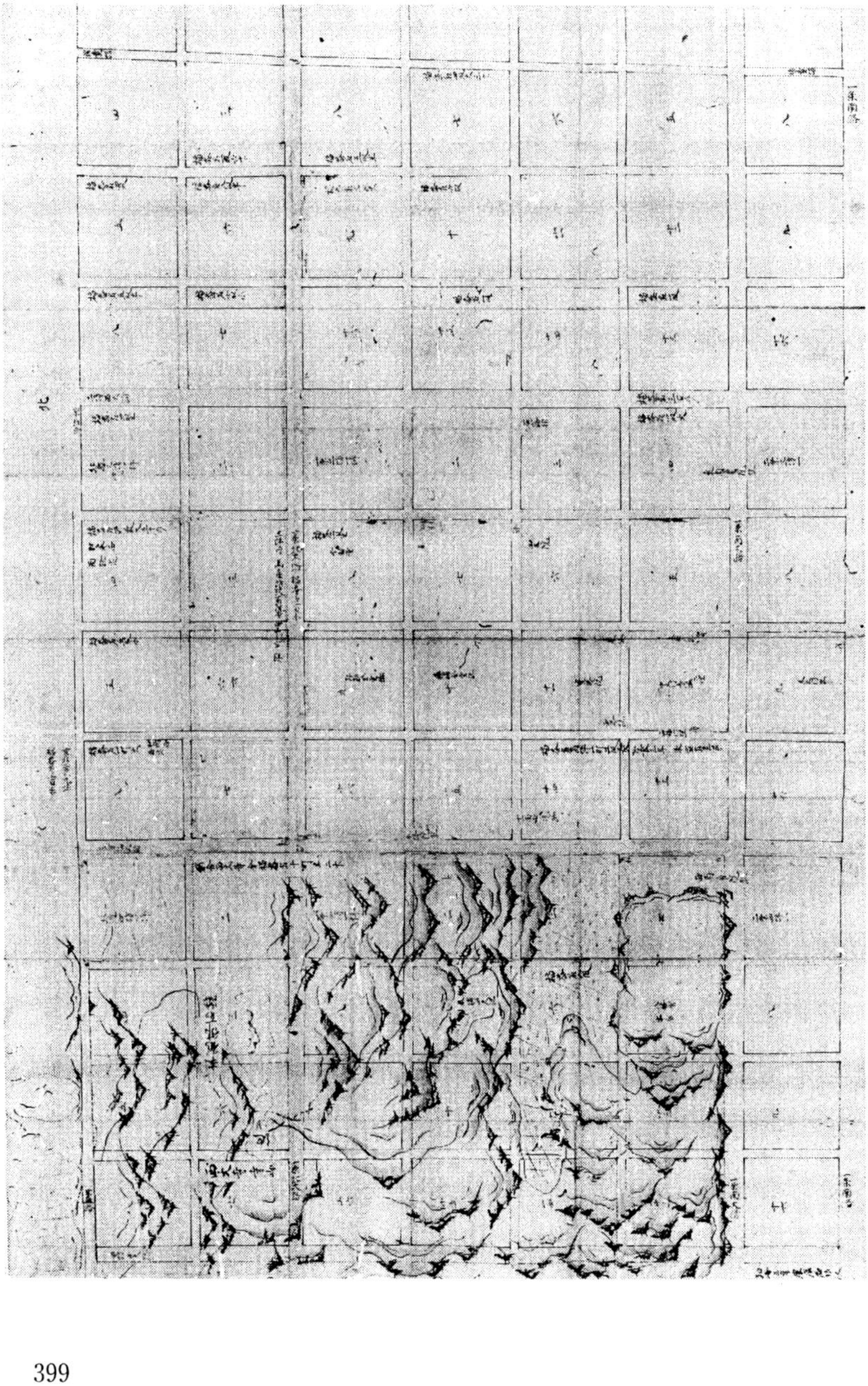

第一表　西大寺古図一覧

	形　状	料　紙	紙　数	法　量	所蔵者
図一	紙本墨書	楮　紙	9紙	92.0cm《タテ》×131.5cm《ヨコ》	東京大学
図二	紙本墨書	楮　紙	9紙	88.1cm×134.0cm	東京大学
図二参考図	紙本淡彩	楮　紙	9紙	79.1cm×150.0cm	東京大学
図三	紙本墨書	楮　紙	4紙	62.5cm×100.7cm	西大寺
図四	紙本墨書	楮　紙	4紙	55.0cm× 63.7cm	東京大学
図五	紙本淡彩	鳥の子紙	4紙	109.4cm×135.0cm	西大寺
図六	紙本淡彩	斐　紙	6紙	109.5cm×131.9cm	東京大学

第二表　図一の押紙

種類	墨書内容（墨書位置）	紙数
I類	都合西大寺分福益名十町半二十歩（北4-2），福益名一町大加南西路定（北3-8）	2枚
II類	石落神（1-3-3），八幡宮本宮（1-4-5），奉鋳四天池（1-4-7）	3枚
III類	本願御所〔×路〕跡（北4-3），池（北4-6），西大寺寺山（北4-7）	3枚
IV類	東南角院跡（1-3-4），四王院（1-3-6），今弥勒堂（1-3-8），弥勒金堂〔×路〕跡（1-3-9），薬師金堂跡（1-3-10），寳塔院・西塔跡（1-3-11），中大門五間跡二重・東楼門三間・西楼門三間（1-3-12），十一面堂院路《ママ》（1-3-14），小塔院跡（1-3-16），西南角院跡（1-4-4），外大門跡（2-3-9）	14枚

猶，墨書位置の（北4-2），（1-3-3）は各々北辺四坊二坪，一条三坊三坪を表わす。

方形で、条間・坊間の大路は京極路を除き坪境小路より広く表現される。西三坊大路以西に山・池・耕地を描出する以外は、図の上端左隅で一条北辺以北に池・田畠らしきものをやや粗雑に描くだけで、西三坊大路以東には絵画的表現は全くみられない。記載は坪付・路名が朱書される外は全て墨書で、墨書は地の文以外に二二紙の押紙にもみられる。

本図左端下方には「弘安三年庚辰歳作之」と墨書があり、又貼題籤に「西大寺敷地図」とあることから、本図は鎌倉時代に入り叡尊によって復興された西大寺の寺域を示すために弘安三年（一二八〇）に作られたと考えられてきた。(1)しかし、本図の記載を検討すると「西大寺敷地図」なる名称が正鵠を射たものでないことが明らかとなる。

前述の如く本図の記載は大きく地の文と押紙とに分けられ、更に押紙は紙質・筆蹟等から四種に細分できる（第二表）。地の文は全て福益名に関するもので、押紙の中にも地の文と同筆のものがある。この種の押紙（押紙Ⅰ類）は地の文と同じく福益名に関わるもので、その他条坊線を表す墨線を訂正するものを含めていずれも地の文同様本図作成時の記載と考えられる。故に本図は元来福益名の分布を示すために作られたと思われる。福益名は西大寺古図中の別の一幅(2)には福増領とみえ、文保元年（一三一七）秋篠寺凶徒等悪行狼藉條々(3)（以下、狼藉條々と略記）では「関東御寄進福益領」とされる。福益名の来歴については永仁六年（一二九八）の西大寺田園目録(4)（以下、田園目録と略記）に詳しい記述がある。すなわち添下郡右京一条二・三両坊の西大寺北辺には一四町三三〇歩の福益名があり、(5)「宝治没取之地」として「武家」より一旦「醍醐寺安楽寿堂」に寄進されたが、永仁五年十二月十四日醍醐寺には「余所」を代わりに施入し、福益名は西大寺に再寄進されたとある。更に裏書に「綾小路禅尼跡若狭前司継母也」とあることから、福益名は若狭前司＝三浦泰村の継母たる綾小路禅尼の所領であったが、宝治合戦での敗北によって没官され、醍醐寺領を経て鎌倉幕府から西大寺に寄進された関東御領であることが判明する。西大寺・真言律宗は鎌倉時代後期関東の武家政権、特に北条得宗家、一門に密着して発展しており、(6)福益名の施入もこれと関わるものと考えられ、福益名の施入と前後して永仁六年四月西大寺が関東祈禱寺となっていることも注目される。(7)以上から本図が作成されうる上限は永仁五年に措定される。

第二種の押紙（押紙Ⅱ類）は「石落神」「奉鋳四天池」「八幡宮本宮」とある同筆の三枚で、いずれも中世の西大寺における信仰と関わりをもつものである。石落神は現在西大寺東門東北方にあり、室町時代中期に属すると思われる桟瓦葺春日造の一間社である。『行実年譜』[8]仁治三年（一二四二）条にはこの小祠の奉祀由来譚がみえる。すなわち、叡尊に菩薩戒を授かった老翁が自らの素性を「少彦名命石落神」と明かしその礼として薬方を授け忽然と消えた。叡尊は施薬院を構えて薬方に従い調合した薬で多くの病人を治し、西大寺東門辺で土地を択んで社を建て石落神を祭った、と。この記事は直接的には『行実年譜』が編まれた元禄年間頃の西大寺呪薬法会の由来と売薬の始めと言われる豊心丹の由緒を記したもので、又石落神奉祀譚としては極めて神秘的な面がありそのまま事実とは認めたいが、看過し得ない点もある。それは西大寺と大神神社との関係である。石落神、すなわち少彦名命は大神神社の祭神大物主神と一体に考えられたり行動を共にしたり、同社に配祀される神々の中でも重要な位置を占める神である。神格の特徴として「石若しくは岩におのれを示現し、若しくはその中に内在すること」が指摘されている[9]ことから石落神の名は相応しく、又医療と関わる神とされるのも、少彦名命が医神の性格を有することによるのであろう。大神神社では少彦名命は今日境内摂社大直禰古神社（若宮）の祭神の一つであるが、若宮は叡尊以来西大寺と深い関係を有し[10]、平安時代以降衰退の一途を辿っていた若宮別当寺大御輪寺を叡尊が弘安八年に中興し、西大寺末寺としたのである。この様に少彦名命＝石落神を介して叡尊・西大寺と大神神社・若宮との関係を把える時、先の記事を簡単に否定し去ることはできない。石落神の由来がたとい『続日本紀』宝亀元年二月丙辰条に言う東塔心礎の破片を寺内浄地に安置したことに遡るとしても、叡尊の頃における大神神社との深い関係から少彦名命と同一視された石落神が更に深く信仰されるに至ったことは事実であろう。

石落神に関する先の記事と関って建長三年（一二五一）の西大寺寺領検注帳[11]（以下検注帳と略記）と田園目録の記載が注目される。前者では右京一条三坊三坪に石落神の敷地一反があり、その十一月八日の祭の御供田もあること、又三坪には「除病院」の地二反が存在したことが判かる。後者では同じ右京一条三坊三坪に「常施院敷地」二段半の存在が知られる。「除病院」「常施院」は恐らく同一のもので、『行実年譜』に言う叡尊建立と伝える施薬院のことであろう。石落神が建長三年には祭られていたと伝えられ、その効験と深く関わる施薬院も同じ坪に存在したことは先の記事の一面での正しさを暗示するものではあるまいか。

「奉鋳四天池」の押紙のある池は位置関係からみて後述する図二・三に唯「池」とのみ記され円形に表現される池に、又近世の絵図である図五・六では「鋳師池」「鋳物師池」と記される池に相当すると思われる。現在西大寺野神町に小さな溜池として残る奥ノ池、イモリ池、イモジ池あるいは野神池等と呼ばれる池がこれに該当すると考えられる。土地の言い伝えでは、称徳天皇が四天王を造るため自らこの地に鋳物師を集めたことに由来する名がイモジ池であると言い、又池とその北にある奥院との間はこの地周辺における宅地の開発が進む前は緩傾斜の畑地で、五十年余り前にここから土を採取した時挙大の黒っぽい銅滓が多量に混入していたとも言う。『七大寺巡礼私記』『扶桑略記』が伝える西大寺四天王像鋳造の度重なる不成功ののちの完成という説話の存在を介して、先述の如き言い伝えをもち、鎌倉時代や江戸時代に「奉鋳四天池」「鋳物師池」と呼ばれた池について考えると、この池が西大寺四天王像を鋳た池として長い間にわたり伝承されてきたことはほぼ間違いない。或いは今日創立時の四天王像の残欠と伝えられる本体の一部・邪鬼を実際に鋳た土地であったのかもしれない。[12] 或いは叡尊が再興した西大寺は奈良時代の規模とは異なり四王堂と塔とを中心としたことを考慮すると、「奉鋳四天池」もこのこととの関連で把えるべきかもしれない。(補註1)

「八幡宮本宮」は西大寺西方に東面して鎮座する。八幡宮は既に長承三年（一一三四）には右京一条四坊五坪にあり（長承三年大和国南寺敷地図帳案）[13]、その東の四坪には供田も存在した。その後も位置に変化はなかったとみえ、田園目録には二条四坊一・八両坪が「字八幡宮南浦」、九坪が「字宮西」、一条四坊四坪が「字宮田」、又右京二条四坊南大路（一条南大路）にある土地について「在西大寺八幡宮前」とある。更に中世の古図にも右京一条四坊四・五両坪を「八幡宮」とし、周辺の坪に「宮田」「八幡宮山」のあることを示す一幅がある。[14]『感心学正記』によれば弘安八年十一月十七日寅時に八幡宮に「御体」（神像）を安置しており、鎌倉時代叡尊によって西大寺復興とともに鎮守たる八幡宮も整備されたことを示唆する事実である。以上押紙II類の三枚は全て西大寺の中世における信仰と深く関わるものであることがわかる。

第三種の押紙（押紙III類）は「本願御所跡〔×路〕」「池」「西大寺寺山」とある三枚で、後に紹介する秋篠寺との堺相論関係の図二・三で特記されたり直接相論の対象となっているものであり、この三枚は秋篠寺との相論に関わって本図に貼付された押紙[15]と考えられる。

第四種の押紙（押紙IV類）はいずれも薄手の楮紙で、押紙I～III類より時代がやや降るかと思われる。全部で十四枚あり、西大寺の堂塔名を記す。十四枚の押紙は更に旧堂塔跡を示すものと当時存在した堂塔を記すものとに分けられる。前者に属する押紙には全て「跡」とあり、後者には「跡」の字がない。押紙IV類が貼られた年代を推定するには後者の現存堂塔が手掛かりとなる。現存堂塔としては「四王院」「宝塔院」「今勒《弥》金堂」がある。「今勒《弥》金堂」とあるのは、別に「弥勒金堂跡」なる押紙の存在からもわかる様に本来の弥勒金堂が失われてのち食堂が弥勒金堂にあてられ、[16]それが存在していることを示している。「今勒《弥》金堂」たる食堂に関しては徳治二年（一三〇七）に焼失し、[17]以後再建されなかったことから、押紙IV類が貼られたのは徳治二年以前に一応措定できる。

以上本図における記載の地の文と四種の押紙について検討してきた結果、地の文と押紙I類は永仁五年以後、II類については不明であるが、III類は秋篠寺との相論に関わって貼られたものと思われ、後述の如く嘉元元年以後、Ⅳ類は徳治二年以前に貼られたと推測しうることが明らかとなり、到底「弘安三年庚辰歳作之」ではありえない内容を有する図であることが確認できる。「弘安三年庚辰歳作之」なる墨書は異筆であって、本図完成後に書き加えられたと考えられる。検注帳が公文所において書写された年が弘安三年であること、本図右京一条三坊十三坪に「弘長三　年依二宣旨一荒畢」とある墨書も検注帳に同様の記述があること等と関わって書き加えられたのかもしれないが、詳しくはわからない。猶、本図には叡尊墓所たる奥院が全く描かれておらず、叡尊入滅後奥院に五輪塔が建立されたのが正応三年（一二九〇）であることから[18]、本図成立の下限を正応三年以前とすると、地の文の福益名の記載と明らかに矛盾を来たすが、奥院が描かれていないことが奥院成立以前を示しているとは必ずしも速断できない。

図二（第三図）　本図は西を上にして西大寺を東南隅に配し、北は相楽川、西は「京内一条」の西延長が河内国へ抜ける道と分岐する地点にある「辻地蔵」(補註2)までを描く。同じ範囲をやはり西を上にして描く別の古図（第四図　図二参考図）があり、両図は記載内容から西大寺と秋篠寺とが嘉元元年（一三〇三）から主として秋篠山（戌亥山）の領有をめぐって相論を展開した時に両寺で各々作成されたと推定されている[19]。本図はそのうち西大寺が作成した図であり、別の古図は相論の審理の過程で秋篠寺が作成し西大寺へ進められた図である。西大・秋篠両寺の相論の展開と、相論と古図との関連については先行研究に譲り[20](補註3)、本図について気付いた点に限り若干触れるに止めておく。

本図の作成年代については、秋篠寺所進の図にみえない新しく貯水池として築かれたと思われる池（本図では奥院南方に丸い池として描かれる「鋳物師池」）が描かれていることから、秋篠寺所進の図と対をなすものながら「多少の時間的ズレがあるのではないか」と推定されている[21]。しかし、本図よりも成立が古いと思われる図一にも

第三図　図二

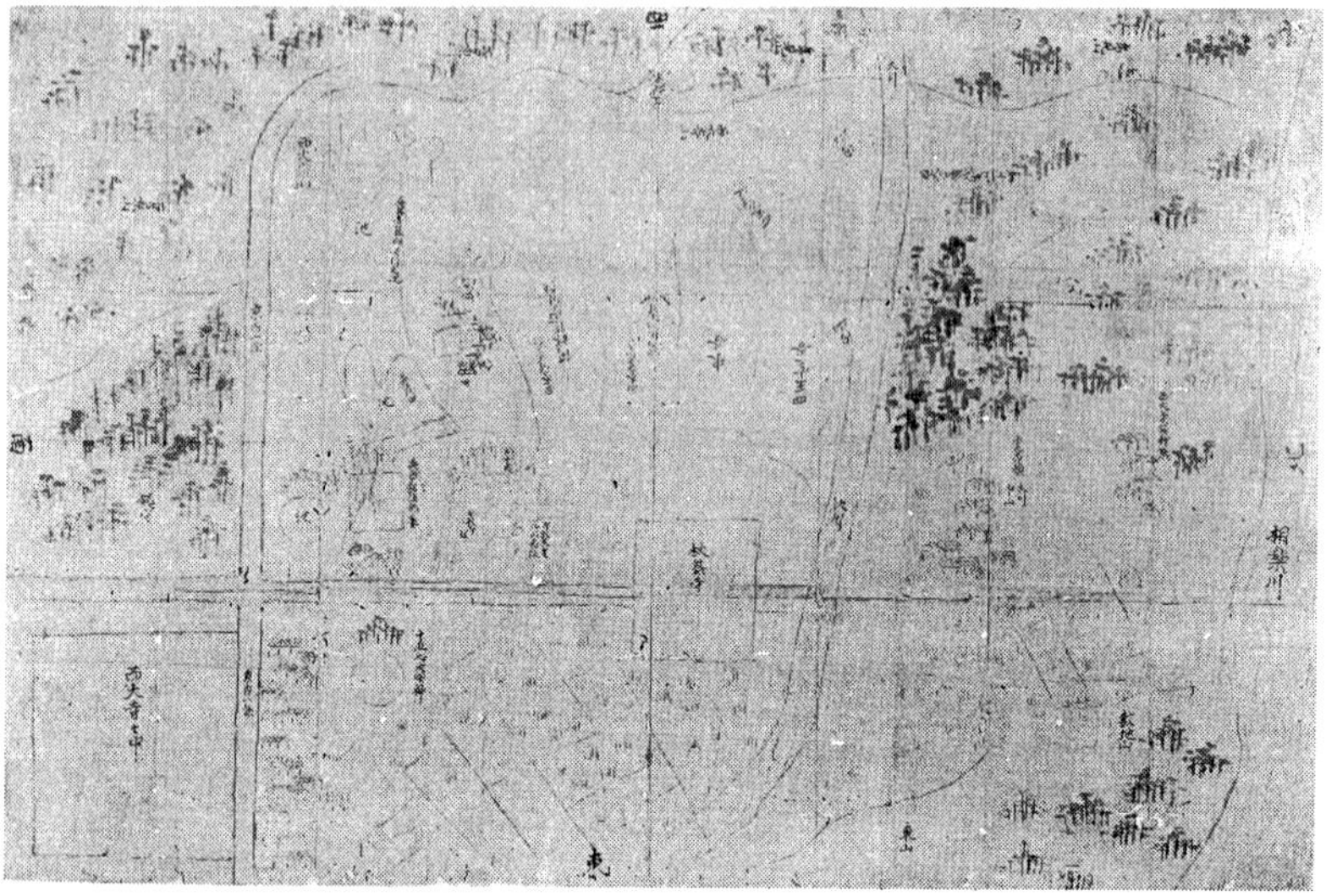

第四図　図二参考図

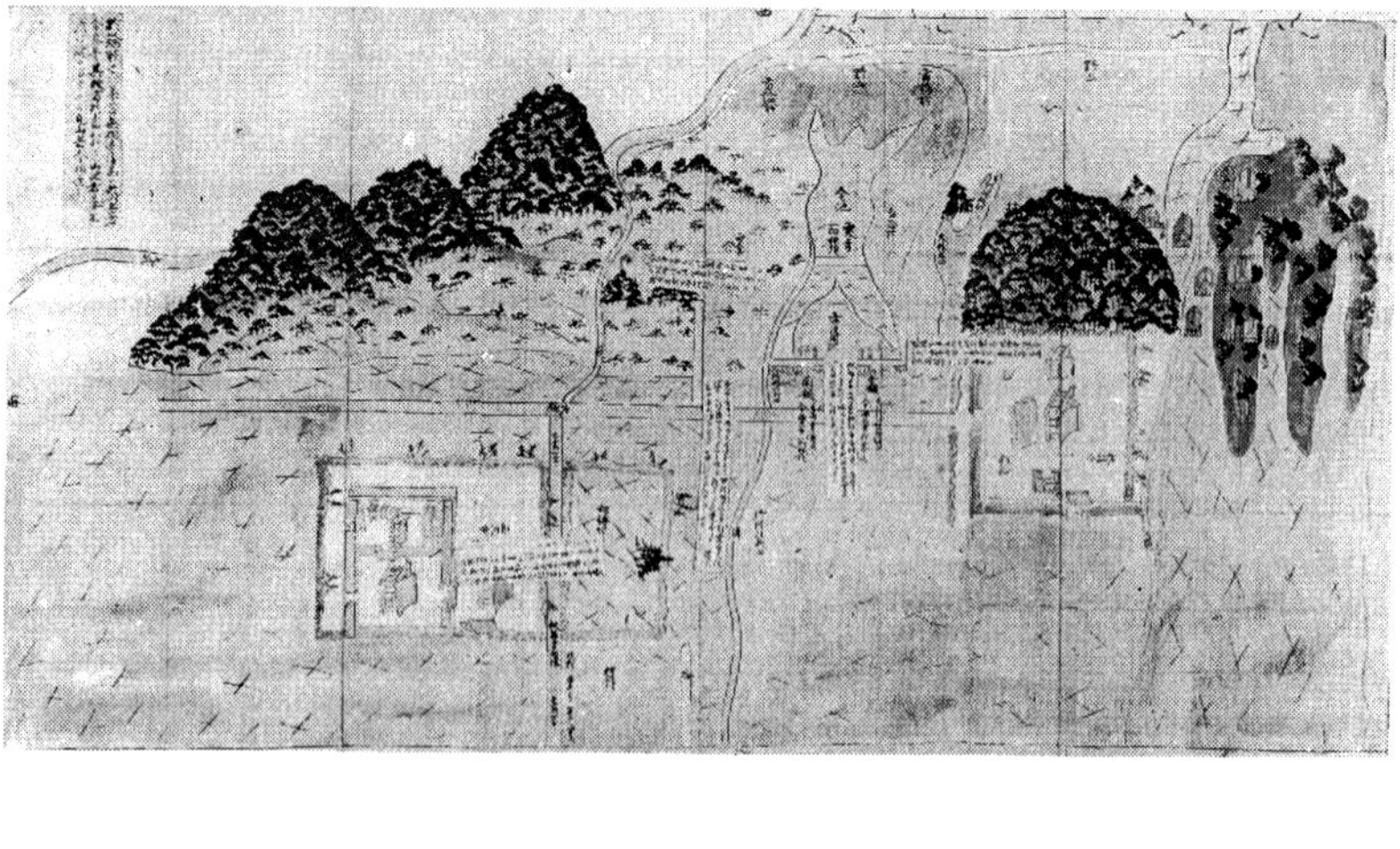

この池は描かれており、又池は西大寺の図である本図において単なる用水池として描かれているのではなく、「弁才天」「本願天皇社」「本願天皇御所跡」等と共に周辺の領有を主張する根拠の一つとして描かれたとみられるから、秋篠寺所進の図に描かれていなくても何ら不審はない。従って右の作成年代推定には問題があり、むしろ両図が完全に対をなし、嘉元元年の相論において作成されたと考えるのが正しいのではなかろうか。

さて図二の記載で目につくのは当然のことながら西大寺が領有を主張する語句である。相論の中心となった秋篠山に対して「西大寺領戌亥山一千町」といい、押熊・大川・中山の在家に対する「西大寺領」の主張、秋篠山領有の主張を側面から支えた「西大寺末寺」阿弥陀山寺・瑜伽山寺跡(22)・谷谷の記入、秋篠寺が寺僧良印西大寺執行職兼帯の時に両寺合力にて築いたと主張する今池に対する「興正菩薩御興行之池」なる主張、西大寺が「内山」と主張する地域を由緒付けると思われる「本願天皇御山荘跡」「興正菩薩御墓」「池」（鋳物師池）の記載、等である。

本図の記載で問題となるのは次の点である。すなわち、秋篠寺所進の図では秋篠寺が「京内一条」を以て寺領の南界と主張するのに対し西大寺はそれより一町北と反論していることを記す押紙が貼られ、図でも当該地を「相博地」とするが、本図では西大寺々中を「京内一条」以南に描き、西大寺の先の主張が明確に示されてはいない。ただ本図では「京内一条」を挟んで西大寺々中の北に「十五処大明神」と在家を描いており、これが西大寺の主張を示したものかもしれない。猶、本図の「興正菩薩御墓」・「池」の位置・「本願天皇御山荘跡」一帯の描き方に問題のあることは後で述べるが、西大寺の領有主張に関わると思われる地物が全く秋篠寺所進図に描かれていないことも当然のことではあるが注目される。

図三（第五図）　本図は図二とほぼ同じ範囲を描くが、図二とは異なり北を上とし、図上では東西方向が長く表現

第五図　図三

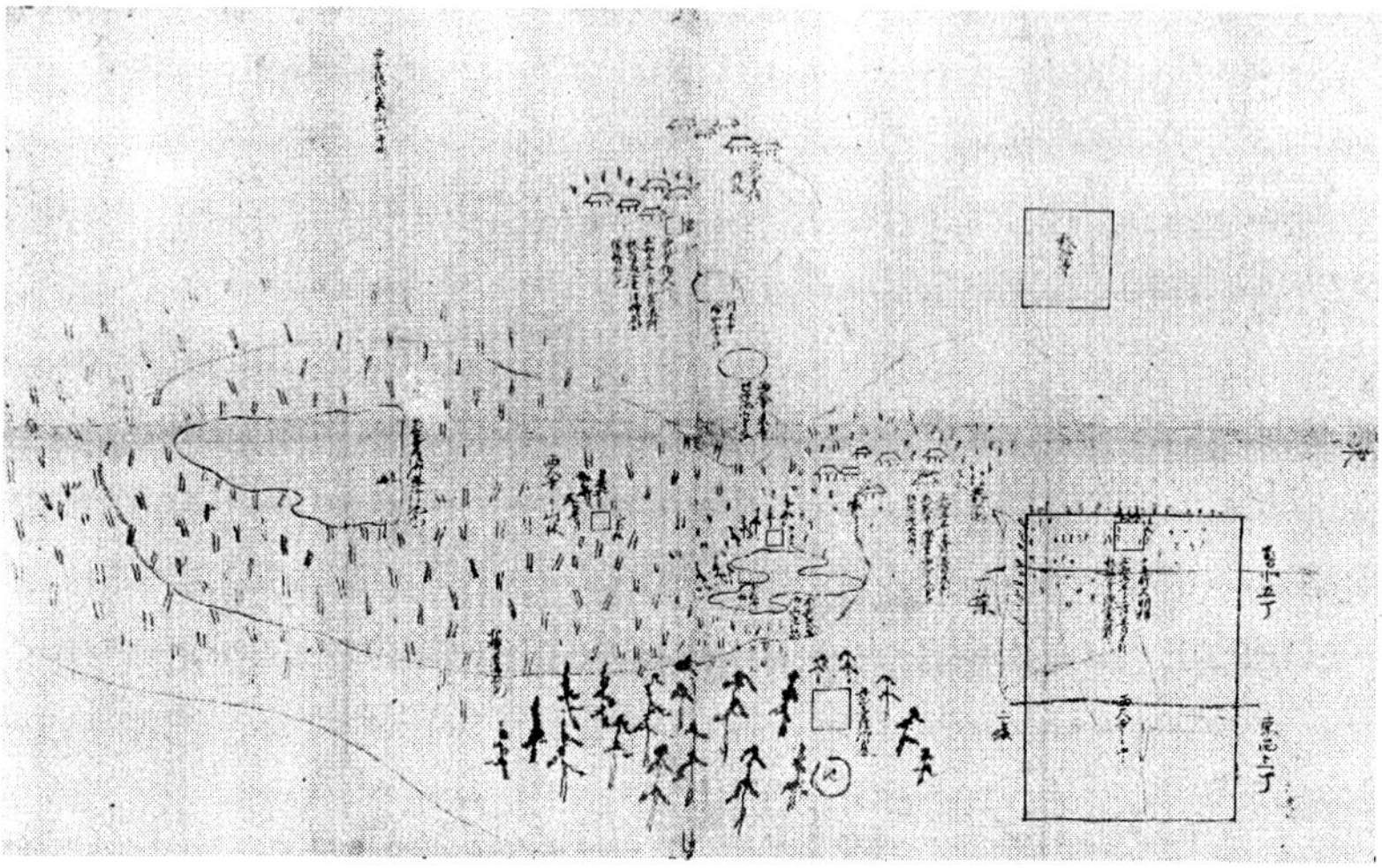

第三表　三図の墨書と「目安」案との対応

図三（墨書位置）	「目安」案
正和五年十二月五日未剋秋篠寺悪党破却（十五所大明神）	同十二月五日巳刻重打二入于当寺一、打二破十五所明神拝殿一、
正和五年十二月五日未剋秋篠寺悪党西大寺土民等住宅焼失所也（西大寺西北方集落）	焼二拂寺辺郷民住屋一、
正和五年十一月七日辰剋秋篠寺悪党追捕破却狼藉所也（西大寺領大川）	去年十一月七日辰剋別当僧正房等差二遣執行盛尊以下自國他國数百人之悪党等於西大寺領大川・忍熊以下所々一、追二捕百姓紀藤次等数宇住屋一、運二取若干米銭色々財物一、結句壊二取堂舎神殿菴室仮屋并数宇在家一、忽成二于荒廃之地一、
打擲刃傷所也	

されているが実際は南北方向に長い。全体的に図二より簡略な表現が目立つが、図二と相違する点は「京内一条」や秋篠寺へ至る「大道」を描かないこと、「京内一条」を越えて「十五所大明神」を「西大寺々中」に取り込んでいること、「本願天皇御山荘跡」の池の向きが異なること、赤皮田池を描いていないこと、等であるが、本図で注目されるのは四カ所の墨書である。それは西大寺十五所大明神、西大寺西北方の集落、西大寺領大川、八王寺社西南方の山中にあり、これらの墨書によって本図が正和五年（一三一六）十一・十二両月頃西大寺及びその寺領に対して行われた「秋篠寺悪党」による狼藉の場所を示すために作成された図であると判明する。(23) 西大寺文書の年月日未詳ながら記述の内容（正和五年十一月七日の狼藉を「去年十一月七日」と記す）から翌文保元年の作成に係るとわかる「目安」案には、本図の墨書に対応する記述（第三表）があり、本図も元来「目安」案とほぼ同じ頃に作られたものと考えられる。

ところが、本図には墨色・書風を些か異にする書き込みがある。一つは西北方の「茶園」、一つは「西大寺々中」を示した長方形の枠の左右の書き込みである。「茶園」については文保元年の狼藉條々の第六条に「一、為二極楽寺開山長老御沙汰一令二植置一茶園幷柿等数百本悉伐払而忽成二荒野一事」とあり、この時の狼藉の場所である「茶園」の所在を示す為に書き加えられたものであろう。「茶園」の所在については一条北辺四坊一坪とする古図(24)があり、地籍図では当該地は「字茶山」とある。後者の書き込みについては全く事情不明である。しかし右方に書かれた「南北五丁」「東西三丁」は「南北」「東西」と「五丁」「三丁」との墨色がやや異なるが同筆と思われ、「西大寺々中」の規模を示したもので、その規模は西大寺の敷地を示したとされる中世の古図にみえる所と一致する。左方の「一条」「二条」の記載については、その右上端から東へ延びる線と関わらせて大路を示すとすると一条北大路は正しいが二条大路は全く誤りであり、又条坊の一条・二条を示すものとすれば二条の位置がおかしい。

第六図　図四

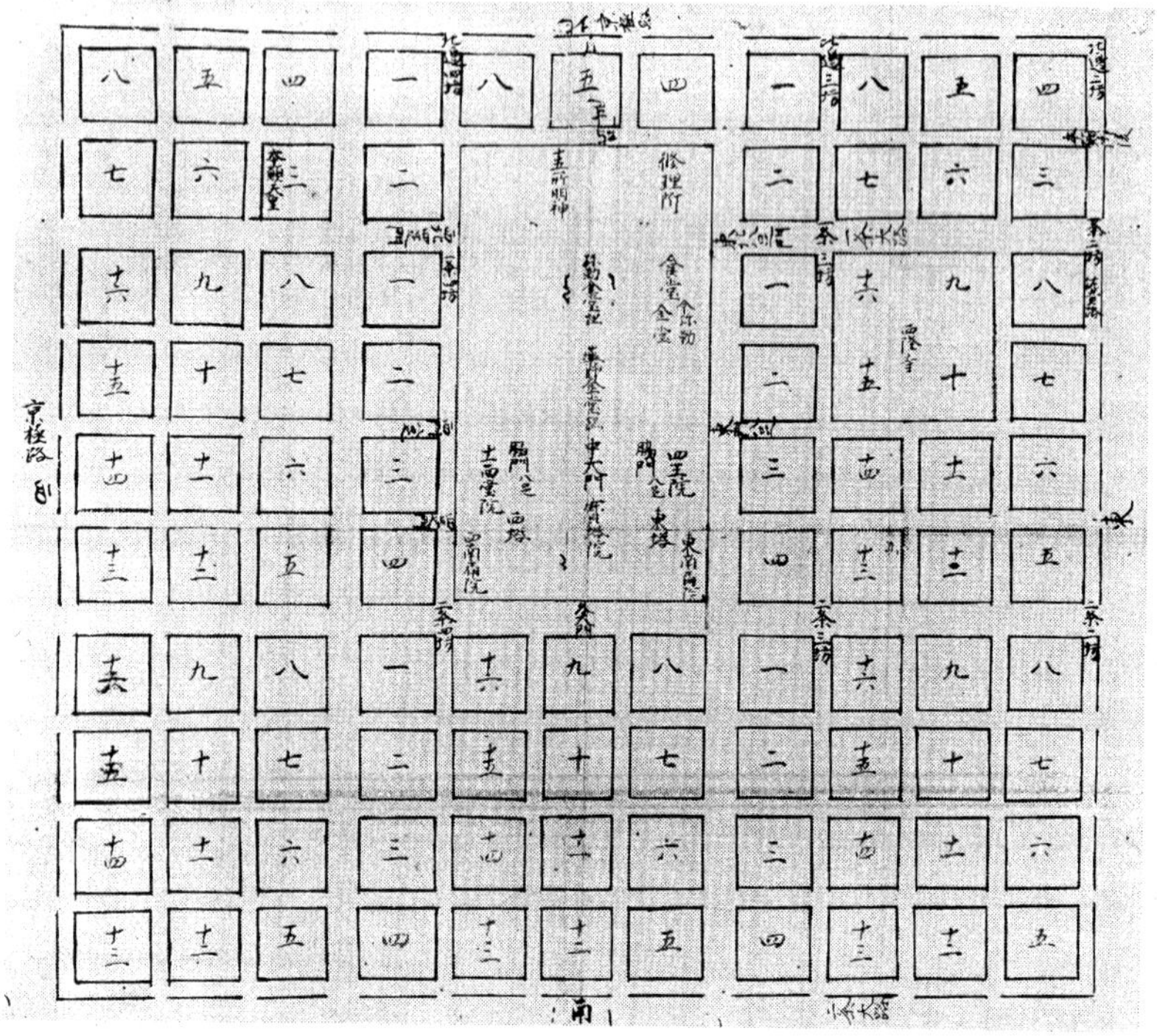

いずれにしても正確に表現されたものではなく、本図の本来的な役割りと何らかの関わりをもつか否かは判断し難い。猶、大路を示すかと思われる墨線の他にも本図にはかなり粗い墨線が引かれており、恐らくこれらの墨線も道を示すために同時に書かれたのではないかと思われる。

図四（第六図）　本図は北を上とし、東西は西一坊大路の一町西佐貴路から京極路、南北は二条大路から京極路を描く。条坊線は墨線で、西大寺・西隆寺寺域内だけ押界で墨線の条坊線が引かれず、両寺寺域を示す外縁は朱線である。東西道路では「一条大路」（一条北大路）と一条南大路のみが広く表わされるのに対し、南北道路では坊間大路でなく一町西の坪境小路が広く表現される。坪付・門を除く堂塔名・道路のうち「一条大路」「二条

大路」のみが朱書で、他は全て墨書である。本図上端裏には表と同筆で「西大寺敷地」なる墨書があり、又「西大寺往古敷地」と墨書した題籤も貼られ、本図は「西大寺の現状を示すのではなく、八世紀の西大寺の寺域、伽藍の様子を示すのを主目的としている」と考えられている。[25] 本図の成立年代を推定するには「食堂今弥勒金堂」「弥勒金堂跡」なる朱書が手掛りとなり、図一の押紙Ⅳ類と同様に徳治二年以前の状況を示している。

本図で注目されるのは北辺四坊三坪に「本願天皇」、北辺二坊三・四坪坪境小路の辺から東にかけて「本願御陵」とある二つの墨書である。「本願御陵」の墨書の位置は、現在治定の孝謙天皇陵とほぼ一致するが、現孝謙天皇陵が治定されたのは文久三年（一八六三）の陵墓修定事業の時で、実はその主たる根拠こそ本図の「本願御陵」なる記載にあったのである。

一方北辺四坊三坪には「本願天皇」と墨書があり、称徳天皇にゆかりのある陵以外の何か――恐らくは、図一・二・三の描く「山荘跡」か図二・三の「本願御社」――の存在を示している。

(二)　近世の絵図

さて、次いで近世の絵図で「山荘」「山荘跡」を描く二点はいずれも江戸時代中期元禄十一年（一六九八）の作成で同筆にかかると思われる。

図五（第七図）「西大寺伽藍絵図」　本図は北を上にし、東西は西一坊大路一町西の佐貴路から京極路、南北は一条南大路一町南の一条南路から京極路まで、本図右端墨書に「総界内東西十一町南北七町」とある範囲を描き、その周囲には多数の門を開く築地らしきものが続る。猶、北の京極以北でも例外的に「本願称徳天皇御廟」が上端右隅に描かれる。

本図上端には「西大寺伽藍絵図」との標題があるが、作成の年代及び目的を明示しているのは左端にある墨書である。「元禄十一祺桂月穀旦以二宝亀十一年十二月廿九日絵図流記一謹模写之者也」とあって、元禄十一年八月吉日に「宝亀十一年十二月廿九日絵図流記」によって模写したもので、西大寺の創建時における盛観を示そうとしたものが本図であるとわかる。「宝亀十一年十二月廿九日絵図流記」のうち「流記」とは宝亀十一年（七八〇）西大寺流記資財帳（以下資財帳と略記）のことで、室町時代の写本かとされる(27)一本が現在西大寺に襲蔵されている。一方「絵図」についてはそれ自体存在が疑わしい(28)。本図については既に史料批判が行われており(29)、江戸時代南都の諸寺で描かれた往古の盛観を示そうとした想像図の一つで、原図が宝亀十一年に作られたとは考え難く、四至については資財帳によったものの路の措定に誤りがあり、鎌倉時代の古図を参考に寺地・伽藍を定め、資財帳の堂塔を想像で配置したものに過ぎず、西大寺の伽藍を考証・復原したものではないとされている。確かに資財帳に依拠したのは西大寺の伽藍のうち長・広を注記する堂塔だけで、配置・堂塔の様式にさえ問題があり、明らかに後世の造営と思われる建物も描かれ、伽藍配置・池の表現等にはかなり観念的な面がみられる。ただ西隆寺に関しては少なくとも主要な堂塔の配置において事実を伝えていることが発掘調査の結果確認されており(30)、本図の評価を困難にしている。しかし、本図が全体として如何程の事実を伝えているのかは問題であり、やはり中世の幾幅かの古図によりつつ宝亀十一年の資財帳を用い想像して描いたものと考えるのが正しいであろう。

図六（第八図）「西大寺古伽藍敷地幷現存堂舎坊院図」　本図は北を上にし、東西は佐貴路から京極路、南北は一条南大路の範囲を主に描き、墨線で四至を明示する。猶、北では京極路以北でも西大寺関連の地物を描く。

本図には上端に「西大寺古伽藍敷地幷現存堂舎坊院図」と墨書で標題があり、又「西大寺現存堂絵図」なる貼題籤もある。更に下端左に「元禄十一暦八月吉日依二弘安二年歳次庚辰古伽藍敷地之図一画二現在荒衰之躰一者也」

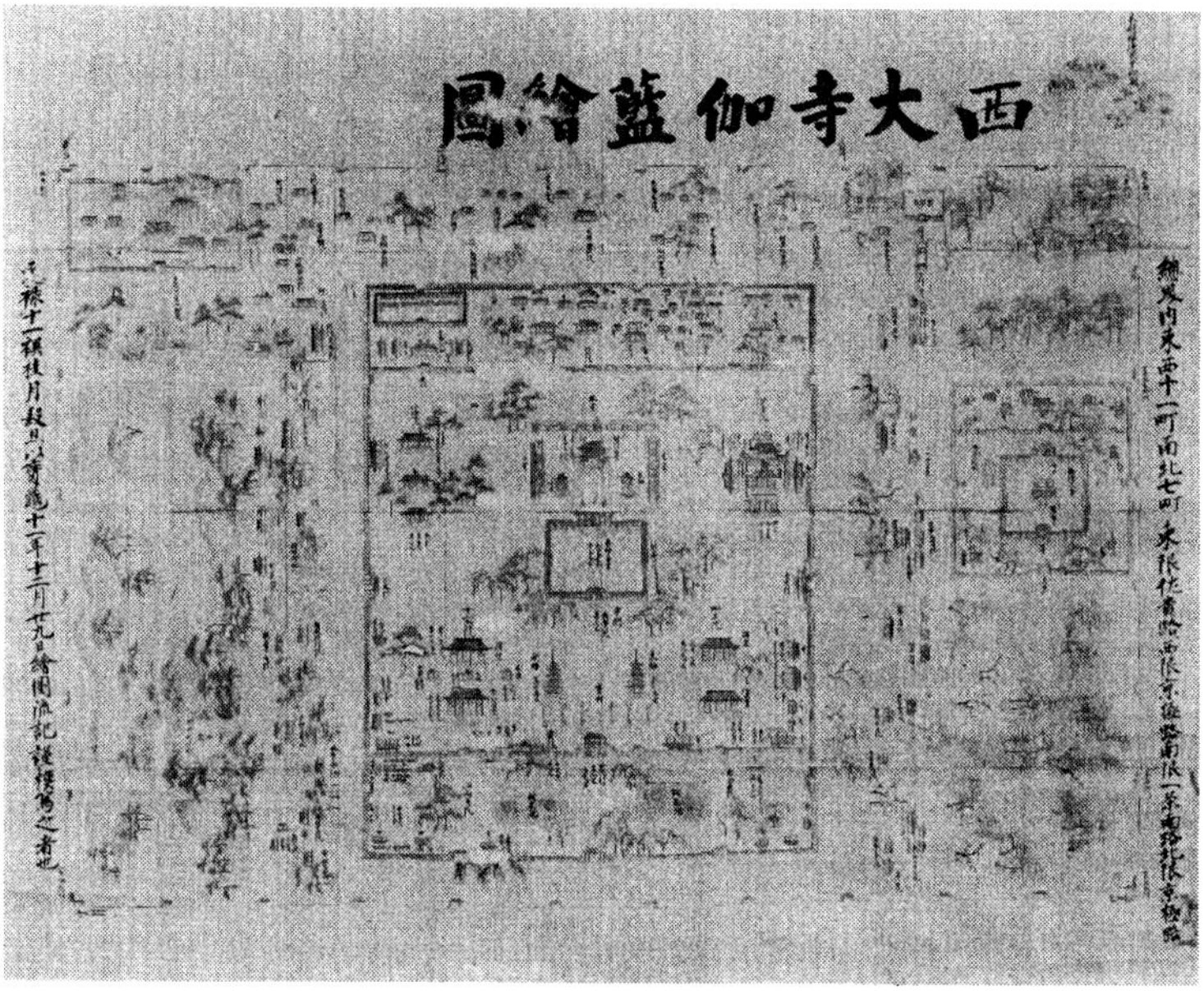

第七図　図五

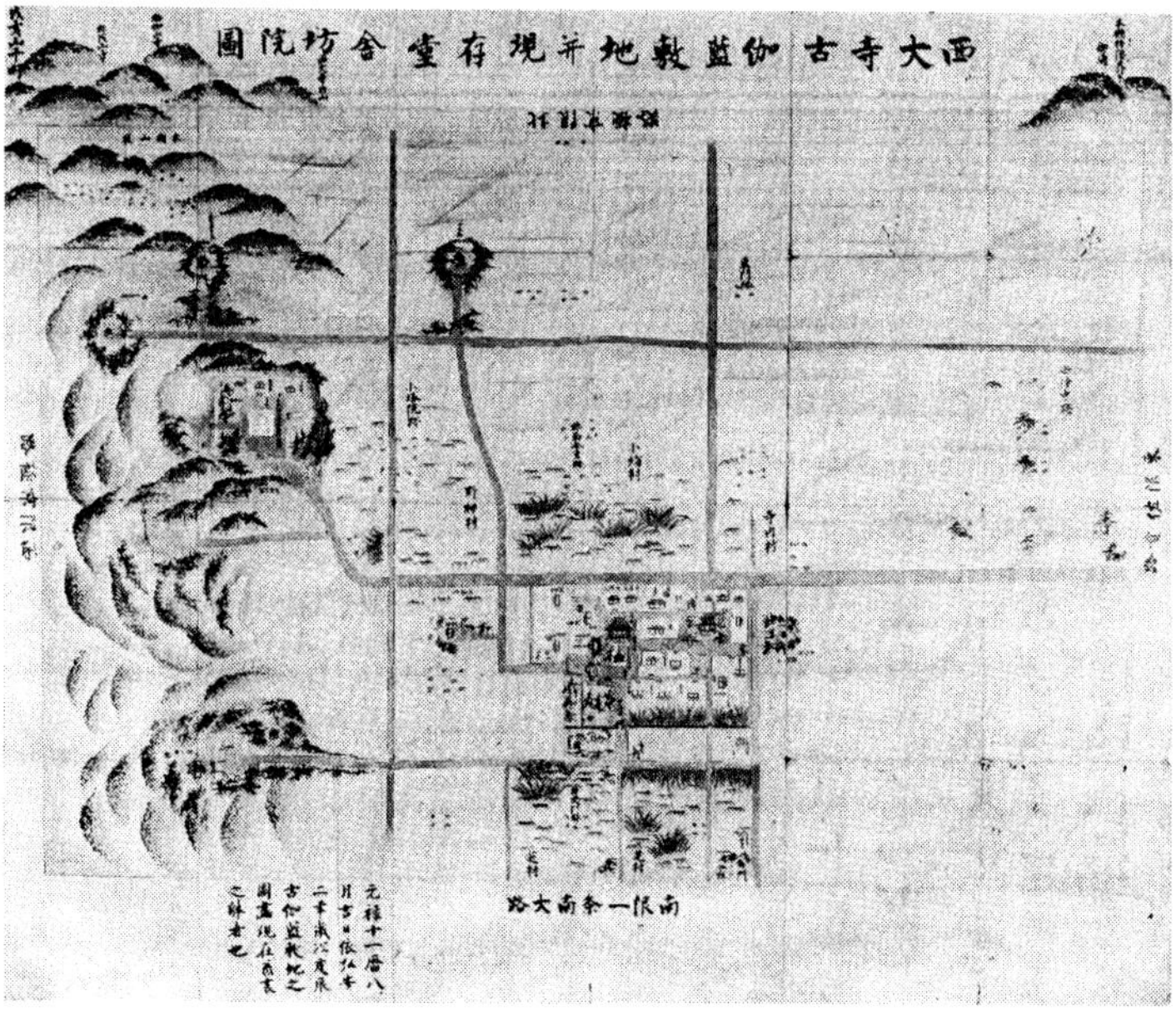

第八図　図六

と墨書がある。これらの墨書から、本図の作成年代が江戸時代中期の元禄十一年八月吉日であること、作成の目的が「弘安二年歳次庚辰古伽藍敷地之図」によって古伽藍敷地の範囲を示し、元禄十一年当時の西大寺の荒廃の現状を描くことにあったことが判明する。猶、本図が依拠したとする「弘安二年歳次庚辰古伽藍敷地之図」は図一に該当すると思われるが、歳次庚辰に当たるのは弘安三年だから「弘安二年歳次庚辰」とあるのは誤りである。図様は西方に山を描く以外に図一との関連性に乏しく、西大寺の伽藍配置も図一に依拠しているとは必ずしも言い難く、全面的に図一に依拠したとはみられない。京極以北に「本願称徳天皇御廟」を描くのは図四に近く、本願山荘北に戌亥山千町・西大寺内山・瑜伽山寺・弥陀山寺を配するのは図二・三に拠ったとみられる。本図は西大寺に伝来した図一をはじめとする数多の古図を参照しつつ描かれ、中でも作成年代を図一に記す「弘安三年庚辰歳」に求めたのであろう。

　本図は元禄当時の西大寺と周辺の有様を伝えている点でも極めて貴重であり、特に西大寺・西隆寺の既に滅んでしまっていた堂塔の位置を礎石で表わしている点が重要である。ただ問題は礎石の位置が当時実際に残っていた礎石によるのか、他に何らかの参照すべきものがありそれによって推測で描かれたものなのかである。西隆寺跡については図五に描く南大門・宝塔・円通殿・楼門・金堂・講堂の位置に礎石を描く。西大寺の古図の中に西隆寺の伽藍配置の一部を記したものがあり、金堂を右京一条二坊九・十・十五・十六坪の中心に、南大門を金堂正南面十・十五坪の南辺に、塔を十坪の東南に朱書している。本図の礎石の配置は基本的にこれに合致し、既述の如く発掘調査の結果もこれを裏付けている。従って西隆寺に関してはほぼ真実を伝えたものとみてよいだろう。一方、西大寺については、元禄当時何らかの形で原位置を保っていた堂塔を除き図五と一致する位置に外大門・中大門・東大門・西大門・薬師金堂・弥勒金堂・西塔・十一面堂院・小塔院・食堂院・政所院等の礎石を描き、やや異なった位置に東門跡礎石、北の京極路に面して開く門らしき礎石を描く。既述の如く図五では堂塔の描写に資財帳と合致しないものが多く、特に十一面堂院では双堂の理解に誤りがあり、その誤りが本図の十一面堂院の礎石の表現に受け継がれている。このことは両図の緊密さを示すもので、本図にも図五同様「古伽藍」を示すに当たって想像が入っているとみられる。

三　西大寺古図にみる「称徳天皇御山荘」

(一)「山荘」の占地（第九図）

中世の古図で「山荘」の所在を条坊坪付で明確に示しているのは図一で、一条北辺四坊三坪から一部六坪にかけて押紙を貼って「本願御所跡」と記している。図四では一条北辺四坊三坪の西端に寄せて「本願天皇」と墨書がある。図二・三は共に条坊線を記さないが、図二では「京内一条」（一条北大路）の北で秋篠寺へ至る道（西三坊大路）の西に「本願天皇御山荘跡」とあり、図三では一条北辺にある十五所大明神より南で図二に比し一層西に描かれる。図二が奥院とその南の池（鋳物師池）を一条北大路より北に描くのは奥院が右京一条四坊八坪に位置すると推定される[31]点からみて誤りと思われ、図三も既に指摘されている様に図全体の配置が正確とは思われず、いずれも「山荘」の占地を推定するには問題がある。図一・四が「山荘」の所在を一条北辺四坊三坪を中心とすることについては検注帳の右京一条北辺四坊三坪の記載に「字本願ノ池シリ」とあるのが参考となる。「本願ノ池シリ」とあるだけでは図二・三にみえる「山荘跡」の池尻か、本願天皇社のある池尻か問題もあるが、いずれにしろ一条北辺四坊三坪には池があり、その付近に称徳天皇ゆかりの施設が存在したと伝えられていたことは事実

第九図　西大寺古図部分

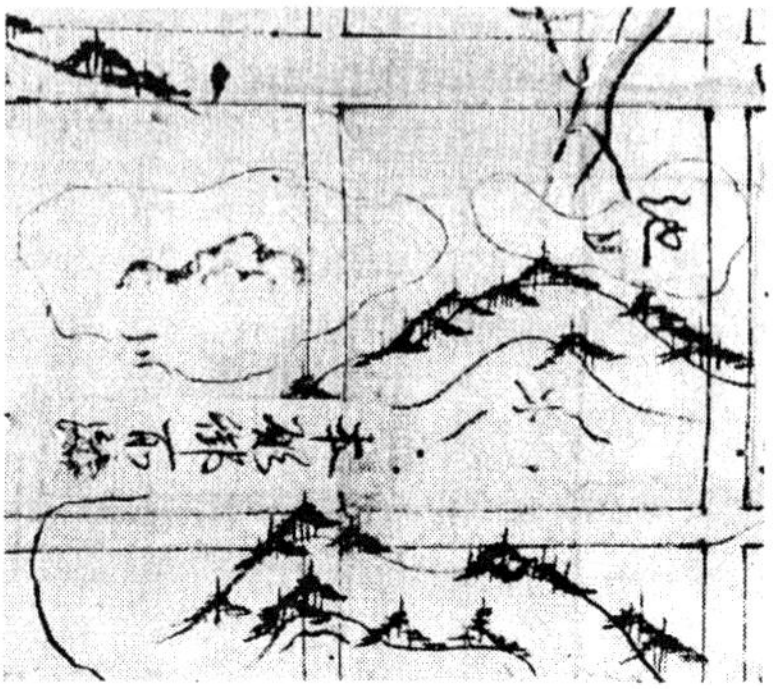

図一

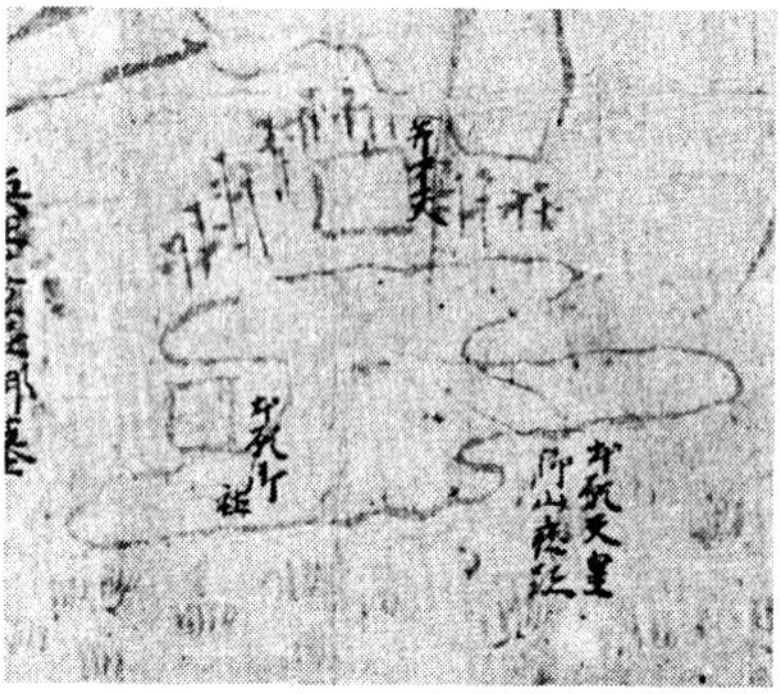

図二

図三

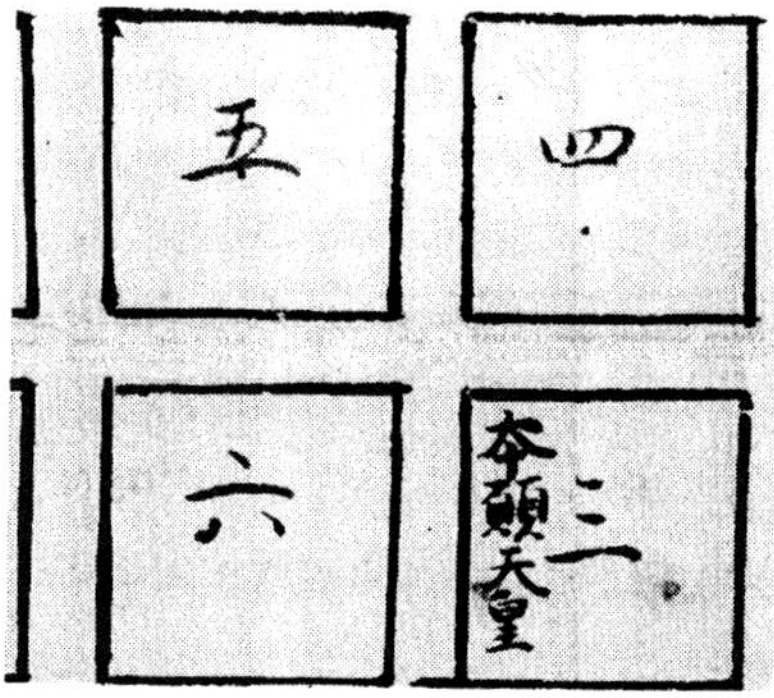

図四

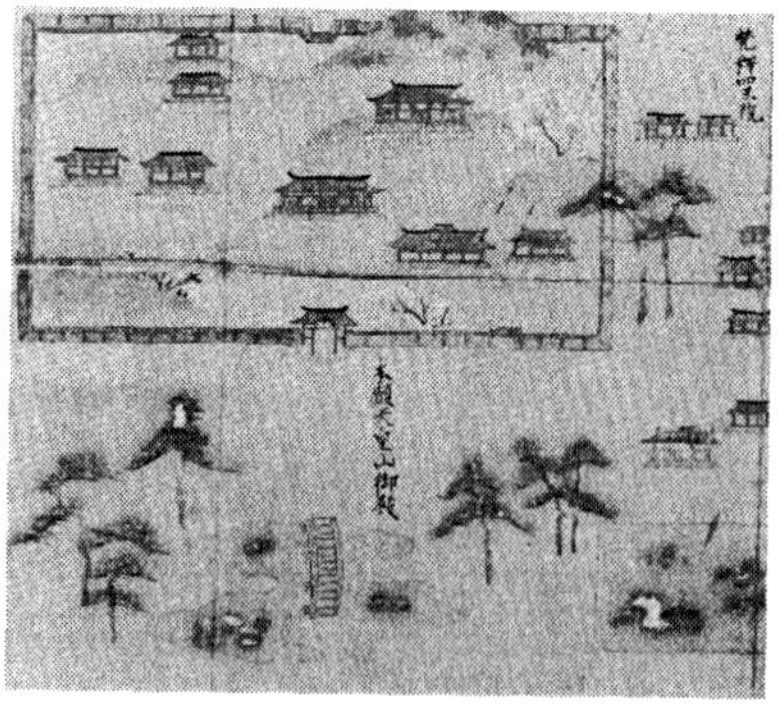

図五

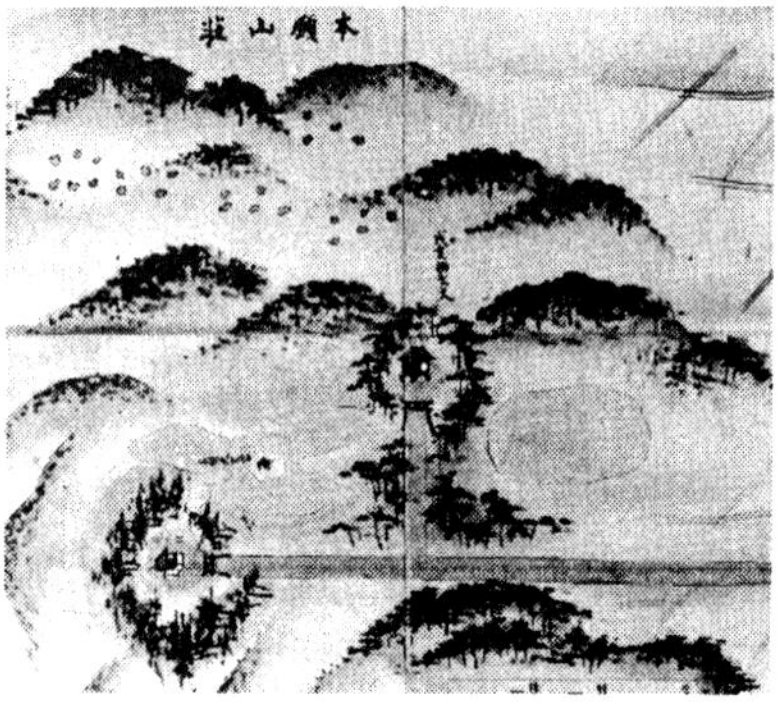

図六

であろう。

一方、近世の絵図は中世の古図と異なる位置に「山荘」を描く。図五は北辺四坊五・八坪に、図六もほぼ同じ位置に「山荘」を描いている。近世の絵図が中世の古図とは異なり北辺の西北隅の二坪に「山荘」を描く理由は不明である。

以上より「山荘」の伝承地としては一条北辺三坪の西寄り、或いは三坪から一部六坪にかけての地を考えるのが至当と思われる。

(二)　「山荘」の位置（第九図）

中世の古図では、図一は一条北辺四坊三・六坪にある中島をもつ東西方向に長い瓢箪形の池の北に「本願御所跡」と墨書する押紙を横に寝かせて貼っている。図二では奥院の北にある池畔の入り組む池の東岸に、図三では池の北岸に「本願天皇御山荘跡」とある。図二・三では池の向きに九〇度のずれがあるが、池の描き方や池に対する墨書の位置、更に池の対岸に弁才天、池の左岸の突出部に本願御社を描く点に共通性がみられ、両図は本来同一の池を描きながら図の天地のとり方で九〇度のずれが生じたものと思われる。図二が図三よりやや古く、図三を描く際に図二を参考としたとも考えられることから、池の向きは本来図二の如く南北方向であったとみることもできるが、いずれの図も地物を正確に描くことが主目的ではなく、訴訟に勝つための正当性を裏付ける重要なものは際立つ様に描かれたのであり、池の向きを正確に描いているとは言い難い。

近世の絵図である図五・六は共に池の位置を一条北辺四坊六・七坪のほぼ中央に描くのに対し、その北で坪を新たにして「山荘」を描いている。池の形は、図五が図二・三を襲っているのに比し図六は池畔の池中への突出を逆に描いている。

以上六幅の古図・絵図から、まず「山荘」のある池の向きと形を決めることは極めて困難である。しかし、一条北辺四坊三坪付近の地勢に徴すると、谷筋は東西ないしは東南から西北の方向にみられ、南北方向のものはない。従って池の向きとしては、図一・二・五・六の如く東西に長い池であったと考えられる。一方、池の形については、元禄十一年に同時に描かれた図五・六が対称的に描くことから、元禄十一年当時に存在した池の形をありのままに描いたとは思われず、中世の図二・三に描く池の姿を写したにすぎないのではなかろうか。むしろ池の形は図一の如く瓢箪形のほぼ今日の池の形に近いものであったとみてよいだろう。猶、図一が池の中央に中島を描き、図五・六がその中島に本願天皇社（宮）を配するのに対して、図二・三は共に本願御社を左岸の突出部に描くだけで中島を全く描いていない。池に中島が存在したことは図一・五・六からみて間違いなく、元禄十一年当時そこには事実本願天皇社が存在したのである。図三・四が本願御社を左岸の突出部に描くのは当時中島の一部が池の対岸に接続していたのかもしれない。

「山荘」の位置に関しては池の北とする図一・五・六と池の東南とする図三がある。図三については先に池の図様に疑義のあることを述べたが、図二とともに弁才天・本願御社の祠の位置を明示する正方形を描くのに対し、「山荘跡」を示す墨書の位置は池の右下で莫然としている。墨書自体には厳密に「山荘跡」の位置を指示する機能はなく、池周辺一帯が「山荘跡」であることを示すにすぎぬのであろう。そうであるとすれば、「山荘」は池とその北を中心に三坪から六坪一帯に営まれたと伝えられていたとみるべきであろう。猶、本願天皇社が池中の中島に祀られたのはこの地一帯が「山荘跡」であったことによるのであろう。

(三)　近世絵図の描く「山荘」

図五が中世の古図によりつつ宝亀十一年の資財帳を用いて想像で描かれた図であることは既に述べたが、一条

北辺四坊五・八坪にわたり「本願天皇山御殿」を具体的に描写する。東西に並ぶ二つの坪を繞る築地と築地南面・北面に開く三つの門、築地の内部には西南隅・北方及び東面築地中央を跨ぐ計五つの小丘と三本の桜の木、五・八坪にわたる敷地の中心に一棟、東南に二棟、西方に二棟、東北方の小丘上に一棟、西北方の小丘麓・中腹に各一棟、計八棟の入母屋造の殿舎を描いている。築地に開く三つの門のうち南面中門のみが基壇を有する入母屋造の四脚門で一間の唐破風の向拝が付くのに対し、他の二門は極めて簡単な棟門であることからみて、南面中門がこの一郭の正門であることがわかる。この正門を入った敷地中心にある高欄付き亀腹状基壇の上に建つ殿舎が形式的な正殿で、「山御殿」に当たると思われるのはその東北、小丘上にあって中心の殿舎と同規模で唯一南面に石階を有する石組の基壇上に建つ殿舎である。これら築地内部にある殿舎には不自然な点が多い。全ての殿舎が東西棟で、それらが散在し相互に有機的連関が全くみられないこと、中心殿舎東南方の越屋根付きの入母屋造の殿舎は本図の他の例から厨の可能性があるが、中近世の寺院の庫裏の発想によっていると思われること、南面中門に付く唐破風の向拝にみられる時代錯誤、等枚挙に遑がない。更に平安時代の寝殿造は言うに及ばず奈良時代の宮殿や邸宅にも苑池が営まれ、池を取り込んで殿舎が配置されたにも関わらず、本図では敷地に苑池が取り込まれず、「山御殿」敷地を繞る築地に開く南面中門に到る道の木橋が架かる池を描くだけで、「山御殿」が築地で苑池と切り離されていることは極めて特異である。

元禄十一年当時の西大寺の現状を描く図六も図五と同じ位置に「本願山荘」と墨書し殿舎跡を示すと思われる礎石を描いている。礎石の配置が図五の主要殿舎の配置に一致することが注目される。既述の通り図五・六の緊密な関係から考えても当然のことであり、図五の殿舎配置の問題はむしろ図六の礎石群の評価に関わってくる。先に述べた本図における西大寺の礎石の問題や「山御殿」の全ての殿舎を礎石建ちに描くこと等から、元禄十一年当時これらの礎石が残存し、それに基づいて本図が描かれたとは到底考えられない。従って近世の図五・六に描かれた「山荘」の姿を直ちに信ずることはできず、「山御殿」「山荘」の名に引かれ、山中、しかも中世の古図よりも北西山深くに本願天皇杜や弁才天のある池と切り離されて描かれるに至ったと考えられる。

㈣　「山荘」伝承地の現状

西大寺の古図にみえる「山荘」伝承地は現在東に向かい緩やかに傾斜する丘陵の北端に近い東南から西北にくい込んだ小さな谷筋周辺にある。「山荘」の池は現在特定の名称をもたないが、ベタ池・ベタイチ池と言ったと伝える。池は明治二十二年（一八八九）・大正五年（一九一六）の地籍図[32]では小字畑山に属するが、『大和国条里復原図』[33]では小字弁財天とあり、池の名は本来弁天池と言ったのがベタ池・ベタイチ池に訛したことがわかる。現在池の周辺や中島に社祠等はないが、既に触れた様に古図には社祠を描くものがある。近世の図五・六では池の中島に本願天皇社（宮）の祠を描き、ベタ池とその東にある池との間を通る道の突き当たりに鳥居と社とを描き「戌亥弁才天」と墨書する。これは江戸時代中期元禄十一年頃の情況であるが、それからほぼ百五十年後の天保十二年（一八四二）に描かれた西大寺所蔵「南都西大寺中古伽藍図」[34]も同じ情況を伝えており、江戸時代中期以降ほぼ百五十年を通じて変化のなかったことが知られる。中世の図二・三も弁才天と本願御社とを描くが、近世の絵図と異なり、本願御社は左岸の池中への突出部、弁才天は池の対岸に奉祀されている。池の複雑な形が中世の古図・近世の絵図を通じて類似するのに比べ、その周辺に祀られる弁才天・本願天皇社の池に対する位置が相違することは注意される。既述の如く本願天皇社があったのは池の中島で、鎌倉時代末期中島が左岸と接続していたか、或いはあたかも接続しているかの如くにみえたことによるものと考えれば問題はない。

本願天皇社については既に指摘した検注帳の記載以外に全く手掛かりはないが、西大寺本願称徳天皇を祭った社と思われ、恐らく「山荘」と伝えられる当地に西大寺の手で祀られるに至ったものであろう。

弁才天に関する記述は永仁六年の田園目録まで遡及できる。永仁六年十一月四日常円房が西大寺に施入した七所七段半の内に「添下郡右京一条北辺四坊三坪内一段弁才天松下田也」とみえ、右京一条北辺四坊三坪の地に弁才天が祀られ、その周辺には図二・三の如く松林が存在したこともわかる。これ以外に中世の文書・記録には直接この弁才天に触れる所はないが、或いはこの弁才天に関する記述かと思われる史料がある。それは応安四年（一三七一）七月の定賢房殺害喧嘩間検断記録で、西大寺白衣寺僧たる定賢房とその与党が同じ僧伊与房等と口論に及び、挙句の果てには定賢房が殺されるに至った事件の検断記録である。問題は口論・殺害事件が発生した場所である。事件が発生したのは、寺僧等が「龍池」で祈雨したところ三日目暮方になって大雨が降り出し、四日目朝祈雨が叶ったことを喜ぶために「弁才天拝殿」に集まった時であった。祈雨の場たる「龍池」と報賽の場たる「弁才天拝殿」とが全く別個の場所とは考え難く、「龍池」畔に「弁才天拝殿」があったと考えてよいであろう。弁才天が日本では多く水辺、特に湖池の中島上に龍神として祠を構えて祀られたことも参考となる。ただ近世の絵図や中世の「寺中曼荼羅」からは今問題としている弁才天以外にも幾つかの弁才天祠が西大寺近辺に存在したことが知られ、俄に検断記録の弁才天と結び付けることは慎まねばならないが、中世の西大寺において特に重視された弁才天祠を該当させるのが妥当と思われ、古図・絵図に描かれた弁才天こそこれに相応しい。

さて、中世の南都において異常なまでに流行したのが天河の弁才天信仰で、それを物語る弁才天像等の遺品が薬師寺や唐招提寺に残り、西大寺もその例外ではなかった。中世の「寺中曼荼羅」・近世の絵図に描かれる西大寺周辺で祀られた弁才天祠の存在は勿論のこと、今日西大寺には中世・近世の十二幅の弁才天像が遺存し(36)、光明真言会の初日大黒天供の行われる大黒堂に弁才天像が並べられることになっており、西大寺における弁才天信仰の盛行を示している。西大寺と弁才天信仰との結び付きは叡尊と弁才天信仰とのつながりに源を求めることができる。『行実年譜』弘安八年四月十日条には、叡尊が再興し末寺化した教興寺の弁天神の前で最勝王経を講読した（弁才天が金光明最勝王経大弁才天女品に説かれていることに基づく講読）とみえ、又寛元三年（一二四五）条には和泉国家原寺で堂宇を修造し新たに建てた中に弁天神社がみえる。更に弁才天信仰と叡尊とのつながりを闡明に示すのは嘉禎三年（一二三七）条である。この年正月叡尊は天河に参詣し、弁天宮で諷経誦呪し「立還式」を作ったとある。この記事自体は「立還式」製作由来譚であって問題もあるが、天河弁才天と叡尊・西大寺との深いつながりを十分に伝えてくれる。この様にみてくると、古図等に描かれた池畔の弁才天は天河から叡尊によって勧請された可能性がでてくる。「寺中曼荼羅」で天川弁才天と書かれる辰巳弁才天と対称の位置にあって近世の絵図では戌亥弁才天と呼ばれたことも右のことを暗示するものではなかろうか。

既述の様に現在ベタ池の周囲や中島には本願天皇社や弁才天等の祠はなく、行方は杳としてつかめないのが現状である。ただ候補が全くない訳でもない。一つは西大寺八幡宮の本殿後方向かって右手に竜王社と共に祀られている厳島社で、明治二十二年の神社明細帳に旧鎮座地を「大字西大寺字弁天池の浮島」とする。ベタ池・ベタイチ池は弁天池の訛と思われるから、ベタ池の浮島に祀られていた弁才天が八幡宮に遷されたことになる。猶、図六ではベタ池の弁才天は戌亥弁才天と記され、この厳島社もまた戌亥弁才天と呼ばれていることも参考となる。八幡宮には他にも摂社があり、参道右手にある厳島社もその一つである。この社は「大字西大寺字芝の茶殿」から遷したもので、図六にみえる辰巳弁才天に当たり、現在西大寺芝の人達が祀っている。一方「弁天池の浮島」から遷されたという弁才天は西大寺から預ったものといい、本殿の祭神と共に祀られ、同じ摂社の厳島社といってもその遷座地及び扱いに差のあることがわかり、「弁天池の浮島」の弁才天と西大寺との結び付きとその重要性が知られる。今一つの候補は現在奈良市押熊町常光寺にある「天満宮」と呼ばれる小祠に天神等と一緒に祀られている弁才天である。十五眷属の揃った八臂像の弁才天で、江戸時代前期頃の製作にかかると思われる。この弁才天像は六十年程前に常光寺がベタ池中島とその南北両岸の土地を所有していた人から預かったものといい、やはりベタ池の中島に祀られていたものであるという。西大寺八幡宮の弁才天も常光寺のものも共にベタ池の中島に祀られていたとする点に問題がある。本来一つであったはずの弁才天が何らかの理由で二つに分かれたと考えられないとすれば、天保年間でさえ弁才天・本願天皇社の二祠として各々別個に祀られていたものが共に弁才天として八幡宮・常光寺双方へ行くこととなったのではないかと思われる。二つの弁才天のうち八幡宮のものについては未調査のため結論を出すに至ってはいないが、今後調査の機会に恵まれることで解答が得られることに期待したい。

四　古代の文献史料と「称徳天皇御山荘」

古代の史料には称徳天皇が行幸した地として「山荘」に該当するものは見当たらない。むしろ称徳天皇がしばしば行幸したのは西大寺である[37]。西大寺が称徳天皇の発願によって東大寺に対する西の大寺として全力を傾けて建立されたことからも当然であろう。ただ称徳天皇の西大寺行幸は行幸とはいえ西大寺造営の進捗と深く関わり、造営の節目毎に行われた[38]。「山荘」が西大寺と関係の深い土地にあったことから西大寺行幸についてみておく。

称徳天皇の西大寺行幸において早くから史料に現われるのは嶋院である。西大寺嶋院については、これを平城京の嶋院とし史料に散見する内嶋院・外嶋院の二院から成るとする瀧川政次郎氏の説もあるが[39]、むしろ岸俊男氏の所説[40]に注目すべきものがある。岸氏によれば、西大寺嶋院は法院と同じもので、西大寺伽藍建立に先立って創建当初より存在し、法院とも呼ばれた様に経巻類を安置・書写する所であったと同時に曲池が存在する嶋（庭園）を中心とした一院であったとされる。そしてその所在を次の二点から右京一条四坊一坪に比定される。一つは田園目録で同坪が「宇西室池田」と呼ばれ、今日当該地には池の痕跡を示すと思われる楕円形の特異な地割が残っていること。二つには図五では「宇西室池田」に当たる付近に「嶋院」と注記した建物があり、その南に中島をもつ長方形の池が描かれていることである。岸氏も言われる様に図五が何に拠って「嶋院」を描いたのか問題があり、臆説の域を出ない。ただ岸説の嶋院と南方の池の所在地の比定には図五の史料批判の上で若干問題がある。図五に描かれる嶋院南方の長方形の池は西大寺所蔵の二幅の近世の絵図にも描かれている。一つは図六で、図五と緊密な関係にあることについては既に述べたが、図六では戌亥弁才天へ通ずる参道を挟んでベタ池と対称の位置に楕円形の池として描かれる。今一つは「南都西大寺中古伽藍図」で、図六と同じ位置に方形の池がある。これら二幅の絵図では池が一条北大路を踏襲したと考えられる十五社明神一の鳥居前を東西に走る道より北に描かれている。これによると、岸氏の言われる様な「宇西室池田」の楕円形の特異な地割を図五に描かれた嶋院南方の池の痕跡とすることはできない。むしろベタ池の堤の東に残る不整円形の地割（この部分のみ八七・五mの等高線が谷状に西へ入り込むのではなく東へ突き出ている）をこの池の痕跡に当てることもできるのではあるまいか。いずれにしろ図五による限り嶋院をベタ池一帯に求めることはできない。ベタ池を中心とした地域については、「山荘」の存在を想定する説[41]と「山荘」説に惹かれつつ嶋院の可能性をも示唆する説[42]とがあるが、後者の説の拠り所がやはり図五であってみれば、先の図五の検討結果からは後者の説には無理があり、俄かに従うことはできない。しかし、ベタ池一帯の地が嶋院である可能性は全くなくなった訳ではない。図五の嶋院自体に如何程の信を置きるのか問題があり、嶋院自身創建当初には現われるものの以後は全く文献史料にみえず、廃絶した堂塔跡を記入した中世の古図にも全く記されないことは注目に値し、案外称徳天皇がしばしば行幸した嶋院がのちに「山荘」となったのが真相であるのかもしれない。「山荘」が文献史料に離宮等と表現されて登場してこないのも西大寺内にある附属施設の如き存在であったからと解することもできる。(43)

五　おわりに

最後に以上の検討結果を簡潔にまとめておきたい。

①西大寺の古図で「山荘跡」を図示するのは全て秋篠寺との相論に関連した図（図二・三）であり、鎌倉時代末期の嘉元元年を遡りえない。古図中最古の図一も「山荘跡」の記述についてはやはり秋篠寺との相論に関って書かれたとみられる。従って「山荘跡」伝承地は鎌倉時代末期を遡りえず、その伝承にも「山荘跡」を描く古図が相論に関わって作成された事情からくる一定の限界を考えねばならない。ただ「本願御社」（西大寺本願称徳天皇を祀る）が少なくとも鎌倉時代中期建長三年まで遡りうることから間接的に「山荘跡」を建長三年まで遡及させることは可能である。

②「山荘跡」伝承地は一条北辺四坊三・六両坪にわたり、その中心に位置するベタ池一帯に当たる。「山荘」の様相、「山荘跡」の情況を描いた二幅の近世の絵図があるが、多くの問題点をもち、「山荘」「山荘跡」の実態を把握する資料とはなしえない。ただ、当該地では中世には「本願御社」「弁才天」が祀られており、それが近世末にまで及んだことが知られる。

③「山荘」の実体を極めることは困難で、西大寺との関係、殊に寺地内に入るのか否かが大きな問題である。「山荘」の実体を考えるには、西大寺の施設として創建当初より存在し、称徳天皇が行幸するが、平安時代以降全く史料に現われなくなる嶋院との関わりも考慮せねばならない。「山荘」の実体が嶋院で、それが「山荘」として伝承された可能性も全く否定はできない。

註

（1）『日本荘園絵図集成』（上）、昭和五十一年。
（2）註（1）『日本荘園絵図集成』（上）。
（3）以下引用文書は特に記さぬ限り全て西大寺文書である。
（4）『鎌倉遺文』一九八九三号。
（5）図一記載の福益名の総面積は田園目録より少なく、西大寺古図の一幅に記す福益名、寺領の面積に近い。
（6）河合正治「西大寺流律宗の伝播」『金沢文庫研究』一四七、昭和四十三年、等。
（7）湯之上隆「関東祈禱寺の展開と歴史的背景」『（静岡大学人文学部）人文論集』二八―二、昭和五十二年。
（8）以下叡尊に関する伝記史料は全て奈良国立文化財研究所『西大寺叡尊伝記集成』昭和四十一年によった。
（9）松村武雄『日本神話の研究』第三巻、昭和三十年。
（10）『大神神社史』昭和五十年。
（11）『鎌倉遺文』七三九八号。
（12）太田博太郎『南都七大寺の歴史と年表』昭和五十二年。
（13）『平安遺文』二三〇二号。
（14）註（1）『日本荘園絵図集成』（上）。
（15）註（1）『日本荘園絵図集成』（上）は本図が相論に関係をもたないとするが疑問である。

(16)『七大寺巡礼私記』奈良国立文化財研究所史料第二二冊、昭和五十七年西大寺条。
(17)『二代要記』(『改定史籍集覧』第一巻)。
(18)『(西大寺叡尊上人)遷化之記』。
(19)太田順三「西大寺の領域的支配の確立と絵図」竹内理三博士古稀記念会『続荘園制と武家社会』昭和五十三年。
(20)藤田明「西大寺と秋篠寺との争論に就きて」『歴史地理』八—一、明治三十九年、『平城村史』昭和四十六年、太田註(15)論文。
(21)註(1)『日本荘園絵図集成』(上)。
(22)嘉元元年太政官牒に「抑件山内当寺二箇末《ママ》寺弥陀山寺瑜伽山寺者本願天皇草創之仁祀、秋篠山同時御寄附之伽藍也、流記文明自哉、佛閣皆凌廃、礎石許相貽、下地已為二当寺領一之上者同仰二恩許一者也」、「至二同山之下地幷貳箇末《ママ》寺旧領内谷田畠方方山子等一者永為二当寺一圓之地一宜レ令二進退領掌一者也」とある。
(23)『奈良六大寺大観』第一四巻西大寺、昭和四十八年。
(24)註(1)『日本荘園絵図集成』(上)。
(25)註(1)『日本荘園絵図集成』(上)。
(26)谷森善臣『山陵考』(『新註皇学叢書』第五巻)。猶、文久三年の陵墓修定事業の内容、谷森善臣と修定事業との関わりについては戸原純一「幕末の修陵について」『書陵部紀要』一六、昭和三十九年参照。
(27)岩本次郎「西大寺資財流記帳」『仏教芸術』六二、昭和四十一年。
(28)西大寺が秋篠寺との相論の際に相論の対象となった秋篠山の領有を主張するために利用したのが「国印流記」であり、訴訟において提出した図が既にみた図二であることから考えて、「国印流記」以外に「絵図」は存在せず、嘉元元年太政官牒(『大日本仏教全書』寺誌叢書第二)に言う「絵図」、すなわち西大寺作成の図に引き付けられて「絵図流記」とされたのではなかろうか。猶、室町時代の写しとされる資財帳(岩本註(27)紹介参照)も相論に関わって書写されたのであって、鎌倉時代末期に遡るとすることができるかもしれない。
(29)註(23)『奈良六大寺大観』第一四巻西大寺。
(30)『西隆寺発掘調査報告』昭和五十一年。

(31) 奈良市『遺存地割・地名による平城京復元図』昭和四十九年。
(32) 明治二十二年添下郡西大寺村実測図、大正七年大字西大寺字限地図。
(33) 奈良県立橿原考古学研究所『大和国条里復原図』昭和五十五年、No.一三。
(34) 小林剛「西大寺における興正菩薩叡尊の事蹟」『仏教芸術』六二、昭和四十一年によれば、史料的価値は余りないというが、江戸時代末頃の西大寺周辺の情況を知るには有益な図である。
(35) 註(23)『奈良六大寺大観』第一四巻西大寺。
(36) 奈良国立文化財研究『西大寺絵画調査目録』昭和三十六年、『奈良国立文化財研究所年報』一九六二、昭和三十七年、清野智海「西大寺蔵板絵弁才天図」『大和文化研究』八―四、昭和三十八年、註(23)『奈良六大寺大観』第一四巻西大寺。
(37) 『続日本紀』天平神護二年十二月癸巳、神護景雲元年三月壬子・九月己酉・二年四月辛酉条。
(38) 岸俊男「嶋雑考」『橿原考古学研究所論集』第五、昭和五十四年、太田註(12)著書。
(39) 瀧川政次郎「長岡京管見」『史迹と美術』五二二、昭和五十七年。
(40) 岸註(38)論文。
(41) 岸俊男「習宜の別業」『日本古代政治史研究』昭和四十一年、森蘊・牛川喜幸「旧西大寺境内の地形と水系」註(36)『奈良国立文化財研究所年報』一九六二。
(42) 牛川喜幸「古代庭園の発見」『月刊文化財』昭和五十一年十一月号、昭和五十一年。
(43) 資財帳に「居地参拾壱町在二右京一条三四坊一、東限二佐貴路一除二東北角、喪儀寮一、南限二一条南路一、西限二京極路一除二山陵、八町一、北限二京極路一」とある記載の解釈をめぐって西大寺寺地の取り方・一条北辺の存否に諸説のあることは周知の通りである。従って「山荘跡」伝承地たる北辺一条四坊三・六両坪が西大寺地内に含まれるか否かは大きな問題である。大井重二郎「京北条里の起点と西大寺占地の関係並に北辺坊の存在について」上・下『史迹と美術』二四二・二四三、昭和二十九年、等・大石雅章「中世大和の寺院と在地勢力」『ヒストリア』八五、昭和五十四年は平安時代末期から鎌倉時代にかけての寺辺での寺領拡大が西大寺によって行われたことを推定し、北辺の存在そのものは勿論のこと北辺に西大寺寺地が及んでいたことへも疑問を呈している。

(補註1) そののち昭和五十九年度に鋳物師池を中心とした地域において緑地整備事業が行われ、池は埋め立てられ公園として整備された。それに先だち奈良市教育委員会によって実施された同池東岸部を中心とする発掘調査の結果、現存する堤は十六世紀以後に造られたものであるが、池自体は奈良時代に遡る可能性も考えられるに至り、中でも奈良時代の堆積土の可能性のある土層からは奈良時代の前半頃の特徴を持つ土器類と共に炭化した木屑・木炭・ふいごの羽口・炉体・鋳物屑などが出土したことから、奈良時代には鋳物師池周辺に鋳物工房が存在していたと推定されるに至った（奈良市教育委員会『奈良市埋蔵文化財調査報告書』昭和五十九年度　昭和六十年）。

（補註２）　現在、奈良市あやめ池南四丁目地内に残る塚状の丘陵上に花崗岩で造られた地蔵尊がある。清水俊明『奈良県史』七石造美術、昭和五十九年によれば、室町初期の作風を伝えるものであると言う。この地蔵尊は高塚の地蔵尊と呼ばれ、かつて西大寺周辺一帯に疫病が流行した時に建てられたと言い伝えられ、現在も西大寺を望む方向に置かれている。地蔵尊のある小丘から西へ、近世大坂へ至る幹線道であった暗峠越えの奈良街道が延びる。これは中世の生駒越道が発展したものと言う。この他に中世奈良から難波に至る主要な道路として大坂路・亀瀬路・上津鳥見路などが知られているが、このうち上津鳥見路の鳥見は、西大寺古図のうち図二の左端に描く鳥見山のことで、現在の奈良市登美ケ丘に当たり、古代の登美・鳥見郷の遺称地である。

（補註３）　西大寺の中世古図・近世絵図については、その後さらに研究が深まり、同じく西大寺に伝えられた所謂京北班田図等とともに、西大・秋篠両寺間における所領相論との関わりでその作製の動機や伝来の過程などが明らかにされつつある。藤田裕嗣「西大寺・秋篠寺相論絵図解読試論」『奈良大学紀要』一六、昭和六十二年・「大和国添下郡京北班田図と地名―現地比定に関する覚書―」『地理学の模索』平成元年、野崎清孝・藤田裕嗣「西大寺および周辺の絵図収集と解読試論」『奈良大学総合研究所所報』創刊号、平成五年、石上英一「西大寺荘園絵図群の研究―京北班田図研究の前提―」『条里制研究』三、昭和六十二年・『京北班田図』の基礎的研究―日本古代田図の調査と史料学―」『東洋文化研究所紀要』一一二、平成二年、弓野瑞子「大和国西大寺与秋篠寺堺相論絵図」『絵引荘園絵図』平成三年、等を参照されたい。

あとがき

本書は、著者が京都大学大学院在学中の昭和五十六年に発表した処女論文「「外記政」の成立―都城と儀式―」以後、平成六年までほぼ十三年のあいだに公表あるいは執筆した論文・報告及び概説の中から、『平安宮成立史の研究』なる表題のもと、主として平安宮の成立に関わる旧稿四編を選び、これに新たに平安宮の内裏に関する新稿一編を加え、さらに奈良時代末期の平城京に関わる史料と発掘調査で検出した遺構について書いた旧稿二編と新稿一編を付編として併せ一書とした、著者にとって初めての論文集である。

『平安宮成立史の研究』の表題のもとこれらの諸論稿をもって一書を編むならば、当然旧稿を全面的に解体して平安宮に存在した諸施設全般に亙って論じるべきであると考えるが、それには長期に及ぶ史資料の収集とそれに基づく緻密な検討が必要であり、その作業は必然的に裏松固禅の『大内裏図考証』の内容を全面的に再検討し、それを歴史的な観点から書き換えることにならざるを得ない。しかし著者の平安宮に関する研究は、対象とする時代も施設も未だ限定されており、その途上にある。それ故に本書では旧稿を収録し、さらにそれを補う新稿を加え、平安宮の成立期に対象を限定した上で、比較的史料の豊富な内裏や朝堂院・豊楽院・太政官関係官衙についてこれまでに明らかにし得た点を述べる形で一書をなすことにした。なお本書に収めた諸論稿は必ずしも一定の構想のもと順次執筆されたものでもなければ、勿論当初から一書をなすことを目的として書かれたものでもなく、幾つかの研究上の幸運が重なって自ずから一書の体をなすに至ったと言っても過言ではない。特に第一章と第二章は後述するように平城宮内裏の報告書の文献担当を佐藤信氏(現東京大学)から引き継いだことによって初めて生まれたものである。ただ著者が常に研究上の関心の一端を平安宮の成立とそれを通じてみた平安時代初期史の再構築に置いていたことは事実であり、そのような関心を持ち続けたことによってこそ本書の諸論稿は執筆され得たと考えている。

さて次に本書の各章と旧稿との関係及びその成り立ち、あるいは新稿執筆の経緯を簡略に記すこととするが、それに先立って本書に旧稿を収録する当たっての基本的態度を明らかにしておきたい。本書では新稿である第一章及び付編第二章の二編以外の旧稿は基本的に旧態を残すこととし、明らかな誤りの訂正と一書をなすに当たっての表現上の統一を図ったほかはほとんど手を加えていない。ただ旧稿発表時にその性格から註を付さなかった第三章には新たに註を付け、また他の各章でも旧稿発表以後における筆者及び諸氏の研究の進展、そして旧稿に対していただいた批判について補註を加えることによって対応することとした。

まず本書の表題である『平安宮成立史の研究』に関する本論五編と付論一編について記すことにする。

第一章　「平安宮内裏の成立過程」

第一章付論　「平城太上天皇御在所「平城西宮」考」

本書は、奈良国立文化財研究所『平城宮発掘調査報告XIII』平成三年で執筆した「内裏地区空間構造の歴史的変遷」と並行して書かれた素原稿をもとに、それを全面的に改稿・増訂して成った新稿である。上記したように、著者は昭和六十年に文化庁へ転出された佐藤信氏に替わって平城宮内裏の報告書『平城宮発掘調査報告XIII』における文献史料からの考察を担当・執筆することとなった。偶然から平城宮内裏区の報告書の作成に参加する機会を得、著者も含め執筆者六人による報告書作成のための共同作業を進めて行く過程で、まず先学の平城宮内裏に対する研究を再検討することになった。そこで従来の研究への方法的な疑問を痛感し、それらを批判する中で本章で採った研究方法、すなわち平安宮内裏と平城宮内裏の空間構造を比較する方法の有効性に気づき、平城宮内裏第Ⅴ期と第Ⅵ期に内裏の内部に相ついで皇后宮と後宮が成立し、平安宮内裏の原型がここに成立したこと、そして発掘遺構が文献史料の空白部分を埋め、文献史料では知り得なかった古代史上極めて重要な事実を示してくれることを確信するに至った。本章の要旨の一部は、内裏地区で検出した遺構の時期変遷をまとめ、その歴史的意義を明らかにする作業の段階に至って執筆者による検討会において報告し、「内裏地区空間構造の歴史的変遷」と題して『平城宮発掘調査報告XIII』に収められた。その際、執筆者である奈良国立文化財研究所の宮本長二郎（現東京国立文化財研究所）・毛利光俊彦・巽淳一郎・本中真（現文化庁）の各氏から貴重なご教示をいただいた。また本章の執筆過程において山岸常人氏から建築史学的な点で種々のご教示をいただいた。

第二章「長岡宮内裏考」

本章は、永らく長岡京の発掘調査研究とその保存に尽力してこられた中山修一先生の古希をお祝いする論集として編まれた『長岡京古文化論叢II』平成三年に縁あって収めさせていただいた小論である。第一章の素原稿を執筆する過程で非常に膨大な量となった内裏の研究のうち、長岡宮に関する部分を独立して公表したいと考えていたところ、ちょうど同論集の編集を担当しておられた財団法人向日市埋蔵文化財センターの山中章氏から執筆の打診があり、それをお引き受けして初めて日の目を見ることとなった。しかし同論集に収めていただいた旧稿の副題「内裏の構造と皇后宮・後宮の所在をめぐって」の後半部分にも明らかなように、当初第一章の一部であったため、長岡宮の内裏全般に目を行き届かせたものとはなっていなかった。それを基に大きく改稿して副題の前半部分の内容を盛り込んで成ったのが本章である。これも方法的には第一章における内裏の空間構造の比較と文献史料の再検討を基調として、長岡宮の二つの内裏について検討を加え、長岡宮の内裏が平城宮内裏の第Ⅴ期及び第VI期の空間構造を受け継ぎ、平安宮へ引き渡す位置にあったことを明らかにした。

第三章「朝政・朝儀の展開」

本章は、中央公論社のシリーズ「日本の古代」第七巻として刊行された『まつりごとの展開』の第三章として書き下ろした朝堂院と朝政に関する概論である。本来ならば本章には朝堂院に関する論文を収めるべきであるが、著者には今直ちに新稿を書き下ろす力も準備もないことから、概論ではあるが時々専門論文に引用されることのある旧稿を採録することとした。旧稿は恩師であり、また著者の専門とする宮の研究においても大先達であった故岸俊男先生と生前ご一緒できた最初で最後の仕事であった。先生は同シリーズの編者のお一人で、同巻を担当・執筆されたが、著者は先生と中央公論社の同巻編集担当者であった岡野俊明氏から、同巻の中核となる原稿であるので思う存分書いて欲しいとの依頼を受け、その言葉通りに書いたため同巻の中では特に長大なものとなった。本章では第四章や第五章に収めた既発表の論文の内容をわかり易く記すとともに、できうる限り発掘調査の成果を吸収し、紹介しようと心がけたつもりである。しかし同シリーズは各章が専門的な論文を目指しつつも読者として一般の方々を想定したものであったことから、行論に必要な史料的根拠や先学の先行研究を十分に引用紹介できなかった。また同シリーズ刊行後既に七年余りを経、宮都の発掘調査では新たな成果も見られるようになってきた。従って旧稿を本書に収めるに当たって、以上の諸点を補うためにでき得る限り註を付けることとした。旧稿は時間的な余裕を十分にいただきながら、著者の悪癖から締切りを過ぎ、一カ月余りで一気呵成に書き上げたものであったが、それまでの準備期間を含め編者と編集者の大きな度量のお蔭で非常に楽しく書かせていただいた思い出が今も残っている。また同巻冒頭に収められた先生の御原稿の校正に当たって既に病床にあった先生への最後の恩返しと考え、思い切って赤を入れさせていただいたが、私の旧稿に対して先生は全く赤を入れられることがなかった。本章を含め本書に収めた本論五編に対する岸先生のご意見を永遠に伺えないことが誠に残念である。

第四章「平安宮草創期の豊楽院」

本章は、京都大学大学院文学研究科博士後期課程(国史学専攻)在学中の第二年目に提出した年度末レポートを基に作成したものである。在学中に成稿し得ず、また発表する機会も得ないまま、著者はその後昭和五十八年に奈良国立文化財研究所に奉職することとなった。しかしちょうどその年、岸俊男先生の京都大学退官を記念する論集『日本政治社会史研究』の刊行に当たり、論文を奉呈するべき一人として提出すべく論文の準備を進めたが、種々の事情から提出期限を過ぎ、論文の提出をほぼ断念した時に、当時京都大学国史研究室の助手であった西山良平氏から執筆の催促を受け、僅かの日時でようやく書き上げ岸先生の退官を記念する論集の一冊『日本政治社会史研究』中巻昭和五十九年の刊行になんとか間に合わせることができた。もし西山氏の激励がなければ本稿は提出できなかったばかりか、日の目を見ることもなかったかもしれない。なお本章は大極殿閤門の機能に注目して書かれた論文で、著者が発掘調査で検出された遺構とそれに関わる文献史料とをどのように整合的に理解すればよいのかを考えるようになった最初の論稿でもある。

第五章「外記政の成立」

本章は、京都大学大学院文学研究科博士後期課程在学中の第一年目に提出した年度末レポートを基に作成したものである。本章は、京都大学文学部史学科に本拠を置く史学研究会の雑誌『史林』に掲載していただくに当たり、やはり当時文学部国史研究室助手で『史林』の編集委員を兼ねておられた西山良平氏の多大の叱咤と激励をいただき、また解りづらい題名に副題を付けることを進められ、その上副題自体を「都城と儀式」と付けていただいたという経緯がある。本章は本来、京都大学大学院に提出した太政官の官司としての構造と官衙としての構造に関する修士論文の註で触れたに過ぎない内容のものであった。しかしその後修士論文で検討して得た結論と同じ方法による論稿が発表され、修士論文の公表を断念した代わりに、その一つの註に過ぎなかった本論の概要を更に深め、またその際当時はまだあまり利用されることのなかった『類聚符宣抄』を積極的に活用した研究を行いたいとの考えのもとで執筆した。

次に付編として収めた三編の論文と付論について記すことにする。

付編第一章「「唐招提寺文書」天之巻第一号文書「家屋資財請返解案」について」

本章は、『南都仏教』五七昭和六十二年に掲載されたものである。付論として収めた「小規模宅地の建物構成—月借銭解の再検討を通じて—」の作成に当たり、平城京の宅地に関する史料を収集する過程で、「唐招提寺文書」天之巻第一号文書「家屋資財請返解案」の写真版の検討を『南京遺文』と『唐招提寺史料』第一とにそれぞれ収められたもので行ったところ、相違のあることに気づき、さらにその翻刻・釈文についても諸書に検討を加え、やはり大きく異なっていることが判明した。そしてあわせて本文書を用いた従来の諸研究が上記の問題点に全く気づかず、またなんらの解決をも試みずに行われていることへの警鐘を鳴らすべく成稿されたものである。なお写真版と翻刻の検討を経て、さらに原本の調査まで当時の上司であった鬼頭清明（現東洋大学）・綾村宏両氏には十分な時間を与えていただいた。また奈良国立文化財研究所加藤優（現文化庁）、東京大学史料編纂所岡田隆男・石上英一・加藤友康の諸氏からは調査中から種々のご教示をいただいた。さらに写真版の作成に当たっては奈良国立文化財研究所佃幹雄氏の手を煩わせた。

付編第一章付論「小規模宅地の建物構成—月借銭解の再検討を通じて—」

本論は、平城京左京九条三坊十坪の発掘調査報告書である奈良国立文化財研究所『平城京左京九条三坊十坪発掘調査報告』昭和六十一年に掲載した考察原稿である。当該調査の詳細については右記の報告書を参照していただきたいが、その意義は一坪を三十二分割した宅地の存在を明らかにしたことにある。このような調査成果を公表する報告書作成の過程で発掘調査によって確認された事実を文献史料と比較すべく小規模宅地に関する史料を収集し、特にその根本史料とされる正倉院文書中のいわゆる月借銭解の内容を検討してその解釈に関する従来の研究に問題点のあることを指摘した。

付編第二章「唐招提寺所蔵「観音寺領絵図」について」

本章は、付編第一章に収めた「「唐招提寺文書」天之巻第一号文書「家屋資財請返解案」について」で検討した唐招提寺所蔵のいわゆる「家屋資財請返解案」の裏文書である「観音寺領絵図」に基礎的な検討を加えたもので、東京大学出版会で刊行予定の『古代荘園絵図研究』に収める拙稿「唐招提寺蔵「観音寺領絵図」」の素原稿である（『古代荘園絵図研究』に収める「唐招提寺蔵「観音寺領絵図」」は紙幅の関係から分量を圧縮し、事実と結論のみを記した）。本書に付編の一つとして「「唐招提寺文書」天之巻第一号文書「家屋資財請返解案」について」を収める当たり、その裏文書である「観音寺領絵図」に関する論稿を執筆する計画をもっていたところ、幸い古代荘園絵図研究会の鎌田元一・金田章裕両氏から同図に関する原稿の執筆依頼があり、お引き受けした。研究会では一度概要を報告させていただいただけであるが、出席者の中にはその場で初めて本図の存在を知られた方々が多数おられ、そのような方々から新鮮なご指摘と論点を提供していただいた。

付論第三章「西大寺古図と「称徳天皇御山荘」」

本章は、奈良市西大寺宝ケ丘における大阪防衛施設局による国家公務員共済組合連合会の宿舎改築に伴って実施された事前調査の報告書である奈良国立文化財研究所『平城京右京一条北辺四坊六坪発掘調査報告』昭和五十九年に収められた考察原稿である。同調査では、丘陵東縁辺部にある桁行九間・梁間二間の大規模な東西棟掘立柱建物など奈良時代後半の建物群を検出し、それがその下、東南の谷にある中島をもつ園池と一体となった計画的な配置・構造をもち、少なくとも右京一条北辺四坊の東西に並ぶ三・六両坪の二坪を占めることを明らかにした。本章は、その報告書作成に当たって、既に知られていた西大寺に伝来する古図類でこの位置に「本願天皇御所」などと墨書する図の再検討とそこに描かれた土地に対する現地調査を交えて執筆された。検出した遺構群・現地の園池と西大寺伝来の図中に描かれた「本願天皇御所」との関係が注目されたが、それを決定付けるには至らなかった。なお「称徳天皇御山荘」周辺で行った聞き取り調査に際して、奈良市文化財審議会長土井実氏・西大寺野神町一丁目自治会長西口正己氏・西大寺水利組合委員長鮫田敏之氏及び委員諸氏・西大寺宝ケ丘町在住岡田種次郎氏、押熊町常光寺などのお世話になった。

以上が本書に収めた諸論稿の執筆経緯の概要である。

さて本書の刊行に当たっては、著者の京都大学及び同大学院在学中にご指導をいただき、古代史研究者としての道へ導いていただいた恩師故岸俊男先生にまず感謝の言葉を捧げ、その御霊前に本書を奉呈させていただきたい。

著者は日本古代史を専攻するべく京都大学に入学し、二年の教養課程を経て文学部の専門課程に進み、そこで初めて岸先生の講義と講読を受講した。今から思えば、著者が学部と大学院に在籍した頃がちょうど岸先生の最も忙しくされていた時期に当たっていた。そのため講義は先生が執筆されたばかりの原稿や現在執筆中の原稿に基づいて行われ、古代史研究の最前線、特に都城に関する最新の研究や発掘調査で出土した文物について語られる、他の大学では考えられないような新鮮な内容のものであった。また講読・演習は学部では『続日本紀』の講読、大学院では『類聚三代格』の輪読で、後者では先生はあまり説明されることがなかったが、報告する大学院生の史料の訓みや説明を注意して聞かれ、しばしば厳しい指摘をされたことが印象に深く残っている。残念ながら著者はご生前の先生から授業以外で一度として直接的なお教えをいただく機会を持ち得なかった。しかしそのような中で先生は、日常の講義や演習での史料に対する姿勢・態度、そしてご自身の生き方自体から、自ずからわれわれ不肖の弟子に対して古代史研究者としてあるべき姿を伝えられようとされていたように思われる。このようにして先生からは古代史研究への尽きない興味を懐かせていただくとともに、またそれと反比例して文献史料の少ない古代史研究の難しさも十分お教えいただいた。それゆえに著者は文献史料だけでなく、発掘調査の成果も取り込んだ古代史の研究を進めてみたいと思うようになった。本書はそのささやかな成果の一部であるが、本書に収めた諸論文について岸先生からの率直な御批評をいただけないことが全く残念である。特に第一章、そしてそのもととなった『平城宮発掘調査報告XIII』での平城宮内裏に関する発掘遺構と文献史料を用いた研究に対するご意見をお聞きしたかった。それは著者が種々の点で岸先生のご意見に対して批判的な見解を述べ、また先生が書かれることのなかった平城宮に関する遺構と史料を用いた研究を、内裏に限られるとは言えなし得たのではないかと考えるからである。このような場合、その成否に関するご感想なりともお聞きしたいと考えるのは、著者ならずとも京都大学で先生の講筵に列したものの偽らざる心情であると思う。

ところで著者が京都大学に在学していたころ、国史研究室には将来を嘱望される若手の古代史研究者として、西山良平（現京都大学）・舘野和己（現奈良国立文化財研究所）・俣野好治（現国立津山工業高等専門学校）・櫛木謙周（現京都府立大学）・寺内浩（現愛媛大学）・盾尾達哉（現鹿児島大学）・本郷真紹（現富山大学）・田島公（現宮内庁書陵部）・吉川真司（現京都大学）の諸氏が相前後して大学院に在籍された。これらの方々はいまやそれぞれ古代史研究の第一線で活躍しておられるが、当時大学での授業は勿論、種々の研究会や勉強会などで席をともにし著者の愚を啓いていただき、また研究を離れた日常生活でも色々な点でお世話をお掛けした。また奈良国立文化財研究所に奉職してからは同僚や先輩諸氏から種々のご教示をいただいた。そしてさらに『西宮記』に関心を寄せる東京と関西・名古屋の中堅と若手の研究者を募った西宮記研究会（代表早川庄八氏）での諸氏との研究・調査活動も著者には多大の刺激となった。一々お名前は掲げないが、これらの諸氏との交流がなければ、本書に収められた諸論稿を執筆することはなかったかもしれない。これらの方々には今後とも更なるご教示・ご鞭撻をお願いしたい。

また本書の出版に当たっては塙書房の吉田嘉次氏と奈良国立文化財研究所の同僚である山岸常人氏にお世話になった。吉田氏には、岸俊男先生の京都大学退官を記念して編まれた『日本政治社会史研究』中巻に本書第四章に収めた「平安宮草創期の豊楽院」を発表した時から、長年に亙って辛抱強く論文集の刊行をお薦めいただいた。吉田氏は所用で関西へ来られた折に必ず来寧され、著者の研究状況を聞かれ、一書にまとめることを常に請われた。また山岸氏は奈良国立文化財研究所の同僚として日頃から著者が研究を進める上で極めて豊かな刺激を与えていただき、しばしばこれまでの筆者の研究を一書にまとめることを強く求められた。もし吉田・山岸両氏の懇切なお薦めと求めがなければ本書はまだ形をなすには至っていないと思う。

最後に私事に亙って恐縮であるが、本来なら地元の大学を出て教師となるはずであった著者のわがままな願いを叶え、京都での十年に及ぶ遊学を許し、その後も故郷石川県に住み続け、著者を遠くから見守ってくれている父義信と母外喜幸、そして就職と同時に生活を共にするようになり、心身両面で著者を支えてくれた妻幾子と那富・朝比古・宮都の三人の子どもに心から感謝の言葉を述べたい。もし彼らの協力がなかったならば、本書は刊行に至らなかったかもしれない。

本書は筆者の長い研究生活における途中経過を報告したものに過ぎない。今後とも自らの関心に従って研究を進め、次なる論文集の刊行を目指したいと考えている。なお、本書は平成六年度文部省科学研究費補助金「研究成果公開促進費」の交付を受けて刊行されるものであり、また平成三・四両年度に交付を受けた文部省科学研究費補助金一般研究（C）による「古代宮都における内裏の基礎的研究」の成果を含んでいる。また本書に写真図版を掲載するに当たり、宮内庁書陵部（第三章第二図年中行事絵巻）・東京大学文学部（付編第三章第二、三、四、六・八図）・奈良国立文化財研究所（第三章第二図版位、付編第二章第一図『唐招提寺史料』第一、付編第三章第一～六図・二図参考図『平城京右京一条北辺四坊六坪発掘調査報告』）・西大寺（付編第三章第五、七図）・唐招提寺（付編第一章第一、三、五図）・岩波書店（付編第一章第一、三、五図『奈良六大寺大観』唐招提寺二、撮影者・薗部澄氏）・中央公論社（第三章第二図版位・年中行事絵巻『日本の古代』第七巻）のご許可をいただいた。厚くお礼を申し上げる。

平成七年一月

橋本義則

索　　引

凡　例

I　宮都事項（(1)宮都，(2)遺構），II　一般事項（(1)一般，(2)人名・氏名），III　引用論著者名に分類し，五十音順に配列した。

I　宮都事項

(1) 宮　都

あ　行

か　行

さ　行

た　行

な　行

は　行

ま　行

や　行

ら　行

わ　行

(2)　遺　構

〔平城宮内裏〕

〔平城宮第一次大極殿院地区〕

〔長岡宮第二次内裏東宮〕

II　一般事項

(1)　一　般

あ　行

か　行

さ　行

た　行

な　行

は　行

ま　行

や　行

ら　行

(2)　人名・氏名

あ　行

か　行

さ　行

や　行

ら　行

III　引用論著者名

あ　行

か　行

さ　行

た　行

な　行

は　行

ま　行

や　行

わ　行

平安宮成立史の研究

1995年3月28日　第1版第1刷

著　者　橋本義則
発行者　白石タイ

発行所　塙書房
〒113　東京都文京区本郷6—8—16
電話　03（3812）5821（代）
振替　00100-6-8782

検印廃止　シナノ印刷・弘伸製本

橋　本　義　則（はしもと・よしのり）

略　歴

1954年　石川県松任市生まれ
1973年　石川県立金沢泉丘高等学校卒業
1977年　京都大学文学部史学科（国史学専攻）卒業
1983年　京都大学大学院文学研究科（国史学専攻）博士後期課程指導認定退学
1983年　奈良国立文化財研究所に奉職
1995年　山口大学人文学部へ転置換
1996年　京都大学博士（文学）
現　在　山口大学人文学部教授

主要著書・論文

『古代宮都の内裏構造』吉川弘文館，2011年
『東アジア都城の比較研究』＜編著＞ 京都大学学術出版会，2011年
奈良国立文化財研究所『平城宮発掘調査報告XIII』1991年（宮本長二郎氏らと共著）
「前田育徳会尊経閣文庫所蔵『西宮記』巻子本をめぐって」『西宮記研究』Ⅰ，西宮記研究会，1991年３月
「古代御輿考―天皇・太上天皇・皇后の御輿―」『古代・中世の政治と文化』思文閣出版，1994年
「天皇宮・太上天皇宮・皇后宮」『古代王権と交流』五―ヤマト王権と交流の諸相，名著出版，1994年

平安宮成立史の研究　〔オンデマンド版〕

2013年5月20日　発行

著　　者　橋　本　義　則
発 行 者　白　石　タ　イ
発 行 所　株式会社 塙　書　房
〒113-0033　東京都文京区本郷6-8-16
TEL 03(3812)5821　FAX 03(3811)0617
URL http://www.hanawashobo.co.jp/

印刷・製本　株式会社 デジタルパブリッシングサービス
http://www.d-pub.co.jp

ISBN978-4-8273-1656-8　C3021　Printed in Japan
定価はカヴァーに表示してあります。